# TRAITÉ

## DES

## DROITS D'USUFRUIT,

### D'USAGE,

### D'HABITATION, ET DE SUPERFICIE.

## ON SOUSCRIT,

A DIJON, CHEZ VICTOR LAGIER, LIBRAIRE, RUE RAMEAU.

# TRAITÉ

## DES

# DROITS D'USUFRUIT,

## D'USAGE,

## D'HABITATION, ET DE SUPERFICIE.

*Par M<sup>e</sup>. Proudhon,*

DOYEN DE LA FACULTÉ DE DROIT DE DIJON.

ANCIEN DOCTEUR EN DROIT,

MEMBRE DE L'ACADÉMIE DES SCIENCES, ARTS ET BELLES-
LETTRES DE CETTE VILLE, ET DE CELLE DE BESANÇON.

## TOME PREMIER.

## DIJON,

DOUILLIER, IMPRIMEUR DE LA FACULTÉ DE DROIT.

1823.

# PRÉFACE.

LA variété de nos besoins et de nos intérêts fait qu'il est souvent utile de pouvoir séparer le droit de propriété de celui de jouissance. C'est, en effet, par ce moyen que le propriétaire foncier trouve un fermier qui, par ses travaux, fertilise le sol dont la jouissance lui est laissée pour un prix annuel; que l'emprunteur trouve un créancier qui lui compte de l'argent pour jouir d'un immeuble jusqu'à ce qu'il ait reçu son remboursement; que souvent on s'abandonne à des impulsions généreuses, en faisant une libéralité qu'on n'aurait pas faite, si l'on ne pouvait donner la propriété qu'en cédant aussi la jouissance; que, par la concession de jouissances plus ou moins étendues, l'on est parvenu, dans des temps plus reculés, à fixer les colons sur les terres, en leur accordant des droits d'usage, soit dans des forêts, pour leur chauffage; soit sur des terrains ouverts, pour le pâturage de leurs bestiaux; que, dans l'exercice du commodat ou du louage, nous obtenons chaque jour, soit à titre gratuit, soit à prix d'argent, l'usage des choses dont le service nous est nécessaire.

Parmi toutes ces modifications et autres

qui peuvent affecter la propriété, ce traité
n'a directement pour objet que les droits
d'usufruit, d'usage, d'habitation, et de superficie; lesquels, sans être tous de la
même importance, sont néanmoins tous
dignes des plus profondes méditations du
Jurisconsulte.

Les droits d'usage et d'habitation, dont
les règles sont tracées dans le Code civil,
quoique d'un moindre intérêt, sous le rapport de leur valeur, parce qu'ils sont d'une
étendue moins considérable dans leur produit, ne laissent pas d'être souvent l'objet
des plus sérieuses difficultés.

Le droit de superficie est, en général,
d'un intérêt moins important dans l'en-
seignement de la Jurisprudence, parce
qu'il est moins commun dans l'usage; néanmoins comme on en trouve encore par
fois des exemples en diverses contrées,
et comme il participe beaucoup des droits
d'usage et d'usufruit, nous n'avons pas dû
hésiter d'en retracer les règles à la fin de
ce traité.

Quant au droit d'usage dans les forêts,
il est d'une importance majeure, soit sous
le rapport de sa durée, comme étant établi à perpétuité; soit sous le rapport de
l'objet auquel il s'applique, comme ab-

sorbant une partie du produit d'un genre de propriété dont la conservation se rattache à un ordre supérieur d'économie publique; soit par rapport au grand nombre de communes et d'habitans des campagnes auxquels il appartient sur les forêts situées près de leurs habitations; soit enfin sous le rapport de sa destination primitive, puisqu'il ne fut établi que comme devant être l'une des causes les plus fécondes de prospérité pour l'agriculture. Mais puisque le Code civil nous renvoie, sur cet important objet, à la disposition des lois forestières qui sont disséminées dans un très-grand nombre de recueils dont plusieurs sont rares et connus de peu de personnes, nous avons cru faire une chose éminemment utile, en réunissant dans un cadre étroit et méthodique l'exposé des principes et des règles qui gouvernent cette matière : nous y indiquons avec une scrupuleuse fidélité les diverses sources où ces règles doivent être puisées ; et l'on y trouvera des discussions assez étendues sur toutes les questions les plus importantes qui ressortent de ce sujet.

Mais de toutes les modifications qui peuvent affecter la propriété, c'est incontestablement la constitution d'usufruit qui est la plus considérable, puisqu'elle emporte la faculté de percevoir le produit entier du fonds, et qu'elle est souvent d'une durée très-prolongée.

Pour peu qu'on réfléchisse qu'il est, sur tous les points du royaume, des pères et mères auxquels la loi accorde la jouissance des biens de leurs enfans mineurs de dix-huit ans; que la plupart des constitutions dotales ne sont stipulées qu'avec des réserves d'usufruit; qu'il est très-rare que la même réserve n'affecte pas les donations ordinaires, et qu'elle est aussi quelquefois la condition des ventes de fonds; que les dispositions faites entre époux, au profit du survivant d'eux, ne portent le plus souvent que sur la jouissance de leurs biens; et qu'il est peu de testamens où l'on ne trouve quelques legs d'usufruit : pour peu qu'on réfléchisse que toutes ces dispositions ayant pour effet immédiat d'associer plusieurs personnes dans le domaine de la même chose et de les placer dans un conflit perpétuel d'intérêts sur les impenses de conservation, réparation et entretien de cette chose, ainsi que sur l'exercice des actions qui peuvent dépendre de leurs droits respectifs, on comprendra facilement combien la connaissance exacte

des

des règles sur cette matière est importante dans la science du droit.

Ce n'est cependant pas là le seul motif
qui nous ait portés à donner, sur ce sujet,
un traité plus approfondi que tout ce qu'on
pourrait trouver dans les auteurs qui s'en
sont occupés avant nous.

Quelque oscillation qui puisse arriver
dans notre législation, les matières sur
lesquelles porte ce traité seront les mêmes :
c'est-à-dire que, sans cesser un seul instant d'être en usage, elles ne perdront rien
de leur caractère. Il y aura toujours des
propriétaires, des usufruitiers, et des usagers; et le droit de nue propriété, ainsi
que ceux d'usufruit et d'usage, seront dans
tous les temps de la même nature qu'ils
sont aujourd'hui : il faudra donc toujours
connaître les règles qui gouvernent l'exercice de ces droits; et l'utilité de notre traité sera toujours la même.

Il est encore bien d'autres considérations qui doivent rendre cet ouvrage in-
téressant, si toutefois l'exécution se trouve
correspondre au plan et au but que nous
nous sommes proposé dans son développement.

L'usufruit ainsi que l'usage et le droit
de superficie, sont chacun une propriété

pour celui qui les possède. Sous ce premier point de vue, ils sont soumis aux règles générales qui gouvernent la classification, la jouissance, la résolution de nos droits et la disposition de nos biens; mais leur caractère particulier les place sous l'empire de diverses lois d'exception, parce qu'ils sont eux-mêmes des propriétés d'exception placées en dehors du cours le plus ordinaire des choses : d'où il résulte que, là où il y a des droits de cette nature à exercer, l'on se trouve souvent embarrassé par le conflit de divers principes dont le choc fait naître les plus sérieuses difficultés qu'on ait à surmonter dans la pratique du droit. Et comme ces difficultés ne peuvent être aplanies que par l'explication soit des principes ordinaires sur le régime commun du droit de propriété, soit des règles d'exceptions qui viennent se mêler dans la cause dont il faut déterminer les effets, l'on est obligé de se livrer à des développemens sans lesquels l'on ne pourrait avec sécurité adopter une opinion sur la question de savoir comment on doit concilier des règles qui se trouvent dans une apparente opposition, et quelle est celle qui doit céder l'empire à l'autre.

On voit par cet exposé, qui est celui du

dessein dans lequel nous avons cherché à exécuter cet ouvrage, qu'il ne doit pas seulement y être question des droits d'usufruit, d'usage et de superficie, solitairement considérés. On sent d'ailleurs qu'une composition qui remplira plusieurs volumes, doit avoir des ramifications plus étendues. On y trouvera donc une foule de questions pratiques et de discussions doctrinales qui se rattachent à presque toutes les parties du droit, et dont la plupart portent sur les points les plus difficiles de la Jurisprudence, telles que, par exemple, celles qui peuvent avoir rapport :

A la manière de déterminer précisément la nature des actes, pour n'en faire ressortir que les effets qui leur sont propres ;

Aux diverses questions qui peuvent se présenter sur les dettes et prestations d'alimens ;

A la formation de la quotité disponible et au calcul des retranchemens à faire sur les libéralités inofficieuses, par application des divers articles du Code qui fixent différemmment les réserves légales dues à des héritiers qui peuvent être simultanément en opposition d'intérêt avec des donataires de diverses classes ;

A beaucoup de questions compliquées sur le fait de la prescription;

A la distinction des diverses actions qui se rattachent soit au droit de propriété, soit à celui d'usufruit, et qui peuvent être proposées soit par le propriétaire, soit par l'usufruitier, conjointement ou séparément;

Aux dispositions testamentaires qui peuvent être frappées de nullité, comme renfermant des substitutions fidéicommissaires;

A l'exposition doctrinale du système que les auteurs du Code ont voulu établir sur l'exercice du droit d'accroissement dans les legs, système méconnu jusqu'à présent par les auteurs qui nous ont précédés et même par les Tribunaux qui l'ont mal saisi;

Au développement de la théorie difficile et toute neuve de l'échéance des fruits civils en fait de baux à ferme;

A l'explication des règles qui ressortent d'un grand nombre d'articles du Code sur la prestation des dommages occasionés par quelques fautes, à quoi viennent se rattacher toutes les questions d'incendies, résolues d'après les principes de notre législation actuelle;

A l'examen des règles qui déterminent

les effets de la chose jugée, et au développement de celles qui concernent le droit de la tierce opposition ;

A un grand nombre de questions touchant le régime hypothécaire ;

Aux règles à suivre dans l'exercice du droit qu'ont les créanciers pour intervenir dans les affaires de leurs débiteurs, et aux effets de la subrogation judiciaire qu'ils peuvent obtenir par suite de leur intervention ;

Aux comptes, liquidations et partages de communautés ;

Aux règles touchant l'exercice de l'action Paulienne ;

Aux effets qui se rattachent aux diverses causes rescisoires ou résolutoires de nos droits ; *etc., etc., etc.*

On voit par cette indication bien courte et que nous pourrions pousser beaucoup plus loin, que le lecteur peut s'attendre à trouver dans ce traité un très-grand nombre de choses qui, en parlant des droits d'usufruit et d'usage, ne se présentent pas d'abord à la pensée, et qui cependant viendront se placer en leur lieu, comme dans un ordre naturel, pour l'éclaircissement des discussions qui seront agitées.

Quoiqu'il y ait peu de parties dans la

législation moins susceptibles de changemens que celle qui gouverne les droits
d'usufruit et d'usage, cependant notre Code
civil renferme, même sur cette matière,
plusieurs innovations heureuses, et il contient aussi un assez grand nombre de dispositions plus claires et de solutions mieux
tranchées qu'elles ne l'étaient par les lois
anciennes.

En conséquence nous avons souvent
cité la disposition des lois romaines et rapporté les traditions de l'ancienne Jurisprudence, tantôt pour chercher dans cette
double source un appui à nos décisions,
tantôt pour faire positivement remarquer
les changemens introduits par la législation nouvelle. Ce plan de travail nous a
naturellement conduits à traiter plus à
fond notre sujet, et à rendre nos discussions d'une utilité plus générale.

Et d'abord, nous avons été amenés de
cette manière à l'examen de toutes les
questions transitoires que la promulgation
des lois nouvelles ne peut manquer de
faire naître sur les points où elles déro-
gent aux anciennes.

En second lieu, signaler celles des lois
romaines qui, comme empreintes d'anciennes formules tout-à-fait étrangères à

nos procédures, sont trop subtiles pour être citées comme raison écrite, et ne doivent plus trouver place dans nos règles de jurisprudence, c'est prévenir des erreurs et écarter des méprises.

Enfin, démontrer la supériorité de notre droit actuel, c'est inspirer au lecteur du respect pour la loi de son pays, et c'est aussi contribuer à resserrer l'un des principaux liens qui attachent l'homme à sa patrie.

Fidèles au devoir de nos fonctions, nous avons dû ne voir, autant que possible, dans le Code civil des Français, que ce Code lui-même, pour l'enseigner suivant l'esprit qui lui est propre et dans toute sa pureté : nous avons donc mis toute notre application à donner par-tout la véritable intelligence du texte, et à en faire ressortir les principes généraux qui régissent les diverses matières que nous avons traitées, pour démontrer ensuite le grand nombre de solutions qui en dérivent. Si nous avons aussi invoqué les dispositions les plus lumineuses du droit romain, c'est parce que les auteurs du Code, ayant eux-mêmes beaucoup puisé dans cette source, nous avons dû y trouver, à notre tour, un commentaire tout naturel sur bien des points de la loi nouvelle.

On voit par-là que cet ouvrage n'est point une compilation de jugemens et d'arrêts rendus par les Tribunaux sur l'application de nos lois nouvelles. Si par fois nous en citons quelques-uns à l'appui de nos décisions, nous en rapportons aussi d'autres pour relever les erreurs échappées aux Magistrats sur des points très-importans dans la science du droit. Nous ne voyons pas que les Dumoulin et les Pothier aient souvent cité des décisions judiciaires à l'appui de leur doctrine, et cependant ces auteurs célèbres n'en ont pas moins rendu les plus éminens services à la science des lois et de la jurisprudence. Combien n'ont-ils pas rendu d'arrêts qu'on n'a jamais réformés? combien n'ont-ils pas porté de décisions qui, combattues d'abord, ont fini par triompher, et se trouvent aujourd'hui reproduites dans nos lois? Sans nous comparer à d'aussi grands maîtres, pourquoi n'aurions-nous pas cherché à les imiter?

La science des arrêts n'est guère, en elle-même, qu'une science de fait, puisqu'elle n'est que la connaissance d'espèces particulières; tandis que, pour nous, le but qu'il s'agit d'atteindre et la seule chose que nous devons nous proposer dans l'e-

xercice des fonctions qui nous sont con-
fiées, c'est de concourir de toutes nos forces
à l'établissement et à la propagation de la
science de notre droit nouveau.

Dans tout ce qui touche à notre législation nouvelle, nous sommes encore bien
loin de voir se former, sur chaque matière,
cette *series rerum perpetuò judicatarum*,
c'est-à-dire cette raison universelle qui,
uniformément appliquée à l'interprétation
doctrinale des lois, constitue les règles
immuables de la Jurisprudence. Nous
sommes encore bien loin d'un pareil état
de choses, puisque, dans le nombre indéfini de questions nouvelles qui ont été agitées devant les Tribunaux, on peut à peine
en trouver quelques-unes qui n'aient pas
été décidées en sens contraires par des
arrêts souvent aussi nombreux d'un côté
que de l'autre.

Une preuve irréfragable que les lois
nouvelles sont loin d'être bien connues et
profondément appréciées sitôt après leur
promulgation, c'est que nous voyons souvent que la Cour de cassation, par de
glorieux retours sur elle-même, adopte
des principes contraires et en vient à des
décisions tout opposées aux arrêts mul-

tipliés qu'elle avait rendus pendant plusieurs années.

Ce n'est donc point dans les décisions
émanées des Tribunaux; mais bien dans
l'examen des lois elles-mêmes; dans la
méditation des bases sur lesquelles elles reposent, et des motifs qui les ont fait porter;
dans l'examen approfondi de leur texte,
la comparaison et le rapprochement de
leurs dispositions, qu'il faut rechercher la
science du droit. La tête la plus remplie
des souvenirs d'arrêts divers, doit être naturellement la plus vide d'idées sur les
grands principes du droit, parce qu'elle
appartient à l'homme qui s'est fait une
étude de ne penser que par les autres.

Et qu'on ne dise pas que nous man-
quons au respect dû à la magistrature en
parlant ainsi de ses décisions.

Ministres des lois, les Magistrats, par
leurs vertus, leurs talens et leurs mœurs,
seront toujours, en France, le plus bel ornement, comme le plus ferme appui de
la société. Leurs personnes, leurs fonctions,
nous respectons tout en eux, hors l'infail-
libilité qu'ils n'ont pas.

Nous entendons seulement nous élever
ici contre l'usage abusif qui s'est introduit
de ne plus lutter qu'à coups d'arrêt,

dans les débats judiciaires, tandis que le temps n'étant pas encore venu où la Jurisprudence pourra être formée sur l'application de nos lois nouvelles, jamais les arrêts n'ont dû avoir moins d'autorité doctrinale qu'aujourd'hui.

C'est précisément cette manière de traiter les procès, qui produit tant de divergence dans les arrêts, parce que le principe d'unité n'est que dans la loi, et que du moment qu'on en abandonne l'étude, ou qu'on se laisse entraîner par des considérations plus ou moins spécieuses, mais étrangères à son esprit, il n'y a plus de point de ralliement qui puisse fixer la marche des Tribunaux sur la même ligne.

Nous n'entendons cependant pas blâmer l'usage où l'on a toujours été de citer les décisions judiciaires intervenues sur des espèces semblables; mais nous voulons que ce moyen ne soit que bien accessoire. Nous ne voulons pas qu'il soit employé comme une dispense de l'étude du droit. Nous ne voulons pas qu'il préjudicie à l'examen approfondi des règles applicables au fond de la cause, parce que c'est toujours de là que doivent ressortir les motifs de la décision du Juge. En un mot, nous ne voulons pas que le jugement d'un procès soit précisément calqué sur le jugement d'un autre, parce que la Jurisprudence n'est point un art d'imitation.

C'est l'abus contre lequel nous nous élevons, qui est lui-même trop peu respectueux envers la magistrature : car quel est, à le bien prendre, le rôle que joue celui qui, fondant le succès d'un procès sur des arrêts de Cours rendus dans d'autres affaires, prétend par-là s'affranchir d'un examen de sa cause, aussi approfondi et aussi scrupuleusement médité que s'il n'avait encore aucun préjugé à citer ? que propose-t-il en invitant ainsi son Tribunal à juger comme un autre Tribunal, sans lui présenter une discussion approfondie de l'affaire qui est à décider ? n'est-ce pas, en d'autres termes, comme s'il disait à ses Juges :

« Vous êtes dispensés d'avoir une conscience qui vous soit propre, puisque voilà une décision qui a été rendue par des Magistrats pleins de probité, et que vous n'avez rien de mieux à faire qu'à prendre leur jugement pour le type du vôtre !

» Vous n'avez pas besoin de connaître la loi par vous-mêmes, ni de réfléchir sur son application, puisqu'une *telle* Cour a fait toute cette élaboration pour vous !

» C'est inutilement que vous attacheriez
» toute votre attention à l'examen de ce
» procès, puisqu'il est reconnu et authen-
» tiquement notoire que c'est ainsi qu'on
» doit juger les causes de cette espèce !

» L'arrêt que je vous propose de copier
» en changeant seulement les noms des
» parties peut être erronné ; mais comme
» vous n'aurez fait qu'adopter de confiance
» la méprise des autres Juges, l'erreur ne
» vous sera point imputable !

» Vous devez renoncer à l'exercice de
» vos facultés intellectuelles, pour pronon-
» cer sur la cause qui vous est présentée,
» puisque voilà une décision qui la pré-
» juge et qui a été rendue par un Tribunal
» qui est votre supérieur dans la hiérarchie
» judiciaire !

» Comme avocat de la cause, je me suis
» dispensé d'en faire un sérieux examen :
» j'ai cru qu'il serait inutile de vous en
» présenter une discussion approfondie ;
» parce que tout cela a eu lieu devant un
» autre Tribunal, et que je vous en offre
» le résultat ! »

Nous avons long-temps cherché un plan
général de division pour cet ouvrage. Nous
l'avions d'abord divisé en grandes masses ;
mais nous avons reconnu ensuite que ce

premier aperçu nous obligeait à beaucoup
de divisions secondaires, et, d'encore en
encore, à une foule de sous-divisions qui,
au lieu de contribuer à la clarté, n'auraient
produit que de la confusion. Nous nous
sommes donc arrêtés à le répartir en une
seule série de chapitres et en une seule
série de numéros qui, dans la confection
de la table, serviront à indiquer le siége
des matières.

Cette division, qui est la plus simple,
sera aussi la plus commode pour le lecteur, parce qu'en voulant savoir ce qui
est dit dans l'ouvrage sur une des matières
qui y sont traitées, il n'aura qu'à consulter
le chapitre destiné à l'explication de cette
matière.

On trouvera à la fin de chaque volume
une table des chapitres qui y seront renfermés.

Outre cette table il y en aura une autre
à la fin de l'ouvrage. Elle fera l'objet d'un
volume séparé. Elle sera divisée en trois
parties : La première comprendra, avec
beaucoup de détail, l'indication alphabé-
tique des matières, sous des mots assez
multipliés pour qu'on puisse toujours aisément les trouver. La seconde portera le
tableau de tous les articles soit du Code

civil, soit de nos autres Codes, qui sont
commentés ou expliqués avec plus ou moins
d'étendue dans l'ouvrage entier. La troisième enfin contiendra la série et l'indication des lois romaines dont l'autorité a
été invoquée, ou sur lesquelles il a été fait
quelques critiques en les comparant à
notre droit nouveau.

Les articles du Code civil sont indiqués
par les numéros qu'on trouve entre deux
parenthèses dans le texte de l'ouvrage.

Nous n'avons pas jugé à propos de placer en tête de chaque chapitre un sommaire indicatif des décisions qui y sont
renfermées. Les raisons qui nous ont décidés à négliger ce moyen que nous voyons
être employé par d'autres auteurs, sont :

1.º Que les divisions énoncées en tête
des chapitres, servent déjà d'indication
pour trouver assez promptement ce que
l'on voudrait y chercher ;

2.º Que les feuilles employées pour le
rapport des sommaires surchargent trop
les volumes ;

3.º Enfin que la table que nous pro-
mettons à la fin de l'ouvrage, remplacera
éminemment tous les sommaires que nous
aurions pu y insérer, et sera en outre d'un
usage beaucoup plus facile.

---

Nous avons encore un autre traité sur
le droit de propriété et la division des
biens, lequel est destiné, avec celui-ci, à
servir de suite à notre premier ouvrage
sur l'état des personnes.

A s'en tenir à l'ordre des matières, il
aurait dû être imprimé avant celui-ci; mais
nous sommes dans le dessein d'en retou-
cher quelques endroits, et il paraîtra un
peu plus tard.

---

# TRAITÉ

### DES

# DROITS D'USUFRUIT,
# D'USAGE, D'HABITATION,
# ET DE SUPERFICIE.

## CHAPITRE PREMIER.

*De la nature du droit d'Usufruit.*

Qu'est-ce que l'usufruit?

1. Aux termes du code civil, l'usufruit est le droit de jouir des choses dont un autre a la propriété, comme le propriétaire lui-même, à la charge d'en conserver la substance. (578.)

Reprenons les principaux termes de cette définition, pour en faire sentir toute la justesse.

Nous disons d'abord : *c'est le droit de jouir,* parce qu'à l'usufruitier appartient la possession naturelle de la chose : *naturaliter videtur possidere is qui usumfructum habet* (1), c'est-à-dire cette espèce de possession qu'exerce celui qui détient réellement la chose, s'en sert, ou la cultive de ses propres mains, et en perçoit par lui-même les fruits et émolumens, ou la cède à un autre qui jouit en son lieu et place, ou en

_____
(1) L. 12, ff. *de acquirendâ possess., lib.* 41, tit. 2.

son nom. *Usufructuarius vel ipse frui eâ re, vel alii fruendam concedere, vel locare, vel vendere potest* (1).

2. Il faut donc, pour véritablement caractériser une constitution d'usufruit, que la délivrance de la chose doive être faite à l'usufruitier pour en jouir par ses mains ou par celles d'un autre qui la tienne de lui; et en cela le legs d'usufruit diffère essentiellement du legs des revenus du fonds, lequel n'a que la nature d'une pension à payer par l'héritier qui jouit lui-même de l'héritage. *Inter fructuarium, et eum cui tantùm fructus fundi debentur, potior hæc est differentia, quòd usufructuarius possidet et propriâ auctoritate fruitur, et fructus capit, vel alii fruendum locat, alter verò non, sed fructus vice pensionis debitæ sibi solvuntur per dominum, plenum proprietarium, et possessorem* (2). Mais nous reviendrons, dans la suite, à des explications plus approfondies là-dessus.

De ce que le droit d'usufruit consiste dans la faculté de jouir, il faut tirer cette conséquence qu'en le considérant dans celui qui en est revêtu, il n'est qu'un droit purement personnel, lequel doit s'éteindre à la mort de l'usufruitier, parce que c'est là le terme nécessaire de toutes les choses qui ne consistent que dans la jouissance de l'homme.

Nous disons en second lieu : *des choses dont un autre a la propriété*. Il est en effet néces-

---

(1) L. 12, §. 2, ff. *de usufructu*, lib. 7, tit. 1.

(2) DUMOULIN, coutume de Paris, tit. I, §. I, gloss. I, n.° 45.

saire à la constitution d'usufruit, que la nue propriété de la chose appartienne à l'un, tandis que la jouissance appartient à l'autre; parce que la jouissance exercée par le maître sur son propre fonds n'est point l'effet d'un droit d'usufruit, mais un attribut de son domaine.

Néanmoins lorsqu'un droit d'usufruit a été légué sur des choses fongibles, c'est-à-dire, sur des choses qui se consomment par le premier usage, ou qu'on fait consister dans le nombre, le poids ou la mesure, tels que sont l'argent, les grains, les liqueurs, du fer en barres, du métal en lingots, pris au poids, etc., etc., l'usufruitier en devient lui-même propriétaire, par la délivrance qui lui en est faite, à la charge d'en rendre autant de pareille qualité, ou la valeur; mais sa jouissance n'est alors qu'un droit d'usufruit improprement dit, et ce n'est que par une espèce de fiction que l'obligation où il est de restituer une valeur égale, tient lieu du droit de nue propriété dans les mains de l'héritier.

3. Comme faculté de jouir d'un fonds appartenant à un autre, l'usufruit, considéré dans ce sens abstrait, est un droit incorporel: c'est un droit de servitude personnelle imposée sur la chose d'autrui. Quoique les auteurs du code ne se soient pas servis de cette expression pour le caractériser, il faut toujours en revenir à ce point de doctrine que nous tenons des romains, que, comme un droit établi sur un héritage pour l'utilité d'un fonds appartenant à un autre maître, est une servitude foncière, de même l'usufruit

est une servitude personnelle, puisqu'il n'existe qu'autant que le fonds de l'un est asservi à la jouissance de l'autre : *Servitutes aut personarum sunt, ut usus et ususfructus; aut rerum, ut servitutes rusticorum prædiorum, et urbanorum* (1). Et qu'on ne s'effraie pas du mot, puisqu'il ne s'agit d'aucun devoir, d'aucun assujettissement imposé à la personne, et que, si nous donnons à l'usufruit la dénomination de servitude personnelle, ce n'est que par la raison qu'il n'est qu'un droit purement personnel dans celui qui le possède sur le fonds d'un autre.

Il résulte de là que pour aliéner, à titre gratuit, un droit d'usufruit, au profit du propriétaire du fonds, il suffit que l'usufruitier, maître de ses droits, y renonce formellement (621); comme il suffit de renoncer à l'usage d'une servitude foncière, ou à l'exercice d'une action, pour qu'elles soient éteintes, sans employer les formes requises pour la validité de la donation entre-vifs, ou la transmission de propriété; parce que l'effet d'une pareille renonciation n'est point une aliénation ordinaire, mais plutôt un retour à l'ordre commun (2).

4. Nous disons en troisième lieu : *droit de jouir comme le propriétaire lui-même,* pour démontrer que les droits de l'usufruitier ne se bornent pas à la perception des fruits qui peuvent naître de la chose, mais qu'ils s'étendent encore à tous les émolumens qui en tiennent lieu, à toutes les commo-

---

(1) L. 1, ff. *de servit.,* lib. 8, tit. 1.

(2) Voyez encore des applications remarquables au chap. 40, sous les n.°ˢ 1940 et 1942.

dités qui peuvent résulter de sa possession, ainsi qu'à tous les droits utiles qui peuvent être accidentellement perçus, comme inhérens à la jouissance du fonds.

Nous disons en quatrième lieu : *à la charge de conserver :* ce qui ne doit point être entendu de l'usufruit improprement dit, qui aurait été légué sur des choses fongibles; mais de celui qui serait établi sur des fonds ou autres objets qui ne se consomment point par le premier usage, et alors ces expressions caractérisent un droit bien différent de celui du propriétaire, puisque l'usufruitier n'a droit de jouir qu'à condition de conserver, sans pouvoir disposer de la chose ni la dénaturer; tandis que le propriétaire jouit et dispose, dissipe et dénature à son gré, par la raison qu'il est maître absolu de ce qui lui appartient ( 544 ).

Nous disons enfin : *à la charge d'en conserver la substance.* Ainsi, l'usufruitier peut faire les changemens accidentels qui, sans affecter la substance de la chose, ni intervertir l'usage auquel elle est destinée, seraient propres à lui procurer une jouissance plus avantageuse; mais comme il ne lui est pas permis d'altérer ce qu'il doit conserver, il ne pourrait ni changer la superficie du fonds d'une manière dommageable pour le propriétaire, ni imposer des servitudes à l'héritage, ni changer la destination voulue par le maître, ni jouir sans entretenir en bon père de famille, parce qu'alors il ne conserverait pas la substance de la chose.

Pour donner une idée plus complette de la

nature de l'usufruit, nous devons le considérer
encore, soit dans sa constitution elle-même, soit
sous le rapport de la personnalité du droit, soit
sous celui des choses auxquelles il s'applique.

5.   I. Considérée en elle-même, la constitution
d'usufruit emporte aliénation de partie de la
chose, *sed etiam ususfructûs dationem, alie-*
*nationem esse* (1): elle opère un démembrement
de propriété, *separationem recipit : ut ecce, si*
*quis usumfructum alicui legaverit, nam hœ-*
*res nudam habet proprietatem, legatarius verò*
*usumfructum* (2); car quoique l'usufruit ne soit
pas une partie matérielle du fonds, il est néanmoins une portion du domaine, puisque le domaine cesse d'être plein et entier entre les
mains du propriétaire, quand la nue propriété
est séparée de l'usufruit.

6.   De là il résulte que le maître de la nue propriété ne pourrait forcer l'usufruitier à recevoir
le rachat de son usufruit, comme on peut forcer le propriétaire d'une rente foncière, stipulée même en champart, à en recevoir le rachat (530); attendu que l'usufruit étant une
portion du domaine, n'est point l'objet d'une
simple créance mobilière, mais bien une propriété réelle entre les mains de l'usufruitier;
et que, dans l'exercice du droit privé, nul individu ne peut être contraint par un autre, à
vendre ce qui lui appartient, si ce n'est pour
satisfaire aux engagemens qu'il aurait contractés
envers lui; tandis qu'au contraire la rente fon-

---

(1) L. 7, cod. *de rebus alienis non alienand.*, lib. 4, tit. 51.
(2) §. 1, instit. *de usufructu*, lib. 2, tit. 4.

cière, ne représentant plus le fonds, du moment qu'elle est déclarée rachetable par les
lois, n'est, d'un côté, qu'une créance, et de
l'autre, une dette dont le débiteur peut s'affranchir malgré le créancier.

7. Le plein domaine du fonds soumis à l'usufruit, appartient donc, sous différens rapports,
tant au légataire de l'usufruit qu'à l'héritier. Il
appartient à l'usufruitier quant à l'utilité actuelle, et à l'héritier quant à la nue propriété,
en sorte qu'on doit considérer l'usufruitier et
le propriétaire comme deux communiers qui se
trouvent forcément en rapport d'intérêts dans
la même chose, quoique sous différens aspects;
d'où il résulte que, dans l'exercice de leurs droits
respectifs, ils sont, à certains égards, soumis
aux obligations qui naissent de la communion
de propriété, ainsi que nous l'expliquerons plus
amplement dans la suite (1).

Cependant l'usufruitier n'ayant rien dans la
nue propriété, et le propriétaire, de son côté,
n'ayant rien dans la jouissance actuelle, on ne
trouve pas entre eux le fondement d'une communion proprement dite, dans le matériel de
la chose : c'est pourquoi l'un ne pourrait intenter l'action en licitation contre l'autre, pour
mettre fin à leur conflit d'intérêts; car cette
action, n'ayant été introduite que pour faire
cesser les embarras, et prévenir les querelles
qui naissent de la jouissance commune ou de
la copropriété, ne peut recevoir d'application

_____

(1) Voy., entre autres, sous les n.ᵒˢ 1730 et 1911.

entre l'usufruitier et le propriétaire, qui ne sont ni cojouissans, ni copropriétaires : *Sed si fortè alius proprietatem fundi habeat, alius usumfructum, magis est ut cesset hæc pars orationis, quæ de divisione loquitur : nulla enim communio est* (1).

Mais comme les droits de l'un et de l'autre portent sur le même objet; comme leurs intérêts à la conservation de la chose sont, sous beaucoup de rapports, et souvent indivisibles; comme leurs droits respectifs sont dans une corrélation nécessaire; comme dans l'exercice de ces droits, et dans l'accomplissement de leurs obligations, ils se trouvent fréquemment sous une mutuelle dépendance, nous devons dire dès à présent qu'ils sont dans une espèce de communion, sauf à indiquer plus particulièrement, par la suite, les conséquences qui résultent de cette vérité.

8. La constitution d'usufruit doit nécessairement être faite à terme, soit que ce terme soit exprimé, ou seulement sous-entendu.

L'usufruit, en effet, est une propriété essentiellement temporaire; car s'il pouvait être perpétuel dans sa durée, le droit de propriété ne serait plus rien : *ne in universum inutiles essent proprietates, placuit certis modis extingui usumfructum et ad proprietatem reverti* (2). C'est pourquoi lorsqu'il est établi au profit d'un établissement public, qui est destiné à du-

_____

(1) L. 6, ff. *de rebus eorum qui sub tut.*, lib. 27, tit. 9.

(2) L. 3, §. 2, ff. *de usufructu*, lib. 7, tit. 1.

rer toujours, la loi, dans le silence de l'homme, lui assigne un terme sous-entendu, et au-delà duquel il ne doit plus avoir lieu; *nam si quis eos perpetuò tuetur, nulla utilitas erit nudœ proprietatis, semper abscedente usufructu* (1): d'où nous devons tirer cette conséquence que, si la jouissance intégrale d'un fonds avait été expressément léguée à perpétuité au profit d'une commune, le droit légué n'aurait d'usufruit que le nom, et que ce serait véritablement la propriété qui aurait été donnée.

9. II. Considéré dans celui qui en est revêtu, l'usufruit, quant au droit, est une propriété purement personnelle, incommunicable, ou incessible de l'un à l'autre, par *actes entre-vifs*, et intransmissible par la voie de l'hérédité.

L'usufruit est, pour l'usufruitier, un droit purement personnel, parce qu'il consiste dans la faculté de jouir; faculté essentiellement corrélative à la personne qui en use; faculté qui s'éteint nécessairement avec cette personne, parce qu'on ne peut plus être jouissant quand on n'est plus : et de là résultent plusieurs conséquences remarquables.

10. *La première*, qu'on ne pourrait léguer un droit d'usufruit à quelqu'un et à dater de son décès, attendu qu'il ne peut commencer à l'instant même où il doit finir; *usumfructum, cùm moriar, inutiliter stipulor : idem est in legato : quia et constitutus ususfructus, morte intercidere solet* (2).

_____

(1) L. 8, ff. *de usufructu legat.*, lib. 33, tit. 2.
(2) L. 5, ff. *de usufructu legat.*, lib. 33, tit. 2.

11. *La seconde*, que si l'usufruit a été établi pour un temps déterminé, comme pour dix ans, par exemple, sa durée ne devra pas s'étendre jus-qu'à ce terme, si l'usufruitier meurt auparavant.

12. *La troisième*, que, quoiqu'en thèse générale on soit censé stipuler tant pour ses héritiers que pour soi-même (1122), néanmoins, lorsqu'il s'a-git d'un droit d'usufruit établi par acte entre-vifs, il n'est toujours acquis qu'au profit de celui pour lequel il a été nominativement sti-pulé, et ne peut s'étendre à ses successeurs, sans une stipulation expresse à cet égard.

13. *La quatrième*, que l'erreur dans la per-sonne de celui au profit duquel on voudrait établir un droit d'usufruit, pourrait être pro-posée comme cause de nullité de l'acte, lors même que la concession de ce droit serait faite par un contrat commutatif, parce que la consi-dération de la personne doit naturellement être une cause principale de la convention (1110), lorsqu'il s'agit de l'établissement d'une jouissance essentiellement inhérente au cessionnaire, et qui doit finir avec lui.

14. *La cinquième*, qu'une libéralité en usufruit ne devrait point être déclarée nulle, par cela seul que le donataire serait du nombre des personnes qui, dans les cas ordinaires, sont réputées per-sonnes interposées pour faire parvenir le don à un incapable; car il ne peut y avoir lieu à une vé-ritable interposition de personne, concertée dans la vue de transporter l'objet de la donation entre les mains et sur la tête d'un autre, que quand la chose donnée est elle-même transmissible,

ce qui ne se trouve pas dans le droit d'usufruit.

C'est sans doute par ce motif que, sous le rapport du défaut de capacité, la loi (1970) ne déclare nulle la donation d'une rente viagère, que dans le cas où le donataire est lui-même incapable de recevoir.

Nous disons *par cela seul,* etc., etc.; car s'il s'agissait d'un usufruit considérable dont les émolumens fussent bien au-dessus des besoins du donataire, alors il pourrait, suivant les circonstances, y avoir lieu à la présomption de la loi, parce qu'il serait possible que le donataire eût, dans son superflu, de quoi enrichir plus ou moins la personne prohibée.

Mais dans le cas d'une modique jouissance à vie, comme dans celui d'une simple pension alimentaire, nous ne croyons pas que la présomption d'interposition de personne soit admissible et doive rendre nulle la libéralité.

15. Aux termes de l'article 595 du code, l'usufruitier peut jouir par lui-même, donner à ferme à un autre, *ou même vendre ou céder son droit à titre gratuit.* Et suivant l'article 2118, l'usufruit des immeubles peut être frappé d'hypothèque au profit des créanciers de l'usufruitier, ce qui suppose qu'il peut être aliéné aussi par expropriation forcée; mais ce seroit une erreur de penser que ces dispositions de la loi dussent être entendues d'un transport parfait; car, puisqu'il est démontré qu'en droit, l'usufruit est essentiellement personnel dans celui qui en est revêtu, il en résulte que la cession que l'usufruitier peut en faire au profit d'un tiers, sans

le concours du propriétaire, ne renferme que
l'exercice du droit, et non le droit lui-même;
que nonobstant cette cession, le cédant est tou-
jour l'usufruitier en titre; qu'il reste toujours
soumis aux obligations usufructuaires qui pèsent
sur lui, dès le principe, pour garantir la conservation de la chose envers le maître du fonds,
et que c'est toujours par sa mort que l'usufruit
doit prendre fin.

Lorsqu'un droit d'usufruit est légué à un enfant mineur de dix-huit ans, c'est le père qui
en a la jouissance, et qui en perçoit tous les
émolumens utiles; et néanmoins c'est toujours
l'enfant qui est le véritable usufruitier. Lorsqu'une femme apporte en dot un droit d'usufruit à son mari, c'est celui-ci qui en jouit durant le mariage, et cependant il n'est pas l'u-
sufruitier en titre. Il en est de même de celui
au profit duquel l'usufruitier a fait cession de
son droit. La cession opère bien une aliénation de fait dans la jouissance; elle transporte
bien au pouvoir du cessionnaire tout ce que
cette jouissance peut avoir d'utile; mais elle
n'opère pas un transport parfait dans le droit
lui-même: elle n'en transfère que l'exercice. Le
cessionnaire a si peu la qualité d'usufruitier
proprement dit, que si, durant la vie du cédant, il vient à décéder, il transmet à ses héritiers les droits de jouissance qui lui sont acquis par la cession (1), ce qui ne pourrait être,
si c'était un droit d'usufruit véritable qui lui

_____

(1) L. 8, §. 2, ff. *de periculo et commod. rei vend.*,
lib. 18, tit. 6.

eût été transféré; puisqu'il s'éteindrait par son décès.

16. Concluons donc que l'usufruit est une propriété incommunicable et incessible, de l'un à l'autre, par acte entre-vifs, et que, si les lois déclarent qu'il peut être cédé, cela ne doit être entendu que de la jouissance de fait, ou de l'exercice de droit, et non du droit en lui-même.

17. L'usufruit est donc une propriété essentiellement temporaire : toujours incertaine dans sa durée, et par conséquent nécessairement incertaine aussi dans sa valeur; et de-là l'on doit tirer quelques conséquences pratiques qu'il ne sera pas inutile d'indiquer ici.

18. *La première;* que, pour régler l'application de l'article 2019 du code, portant que la solvabilité d'une caution ne s'estime qu'eu égard à ses propriétés foncières, excepté en matière de commerce, où lorsque la dette est modique, le créancier d'une valeur notable pourrait refuser pour caution celui qui ne serait qu'usufruitier, encore que son droit d'usufruit portât sur des immeubles : car, quoique l'usufruit soit alors lui-même une propriété foncière, il est tel par l'incertitude de sa valeur, qu'il ne pourrait servir de fondement à l'état de sécurité entière dans lequel la loi veut que le créancier soit placé, quand on-lui a promis, ou qu'on lui doit une caution.

19. *La seconde ;* que, pour l'application de l'article 167 du code de procédure, qui veut que l'étranger demandeur ou intervenant ne soit

exempt de fournir la caution *judicatum solvi* qu'autant qu'il consigne une somme jugée suffisante, ou qu'il justifie que *ses immeubles situés en France sont suffisans* pour répondre des frais et dommages-intérêts auxquels il pourrait être condamné; sa partie adverse ne serait point obligée de se contenter de la justification d'un droit d'usufruit immobilier dont la valeur toujours incertaine ne pourrait être pour elle d'un recours assuré; et c'est ainsi que le décidait déjà la loi romaine: *Sciendum est, possessores immobilium rerum satisdare non compelli.... Eum verò, qui tantùm usumfructum habet, possessorem non esse Ulpianus scripsit* (1).

20. *La troisième;* que pareillement, et pour l'application de l'article 3 de la loi du 10 septembre 1807, portant que l'étranger cesse d'être contraignable par corps, en matière civile, du moment qu'il justifie qu'il possède, sur le territoire français, des immeubles d'une valeur suffisante pour assurer le paiement de sa dette, on doit décider encore qu'un droit d'usufruit immobilier n'est pas de nature à mettre sa liberté à couvert, parce qu'il est impossible d'affirmer avec sécurité qu'une valeur soit suffisante lorsqu'elle ne peut cesser d'être incertaine.

21. *La quatrième;* que, pour l'application de l'article 2212 du code portant que si le débiteur poursuivi justifie, par baux authentiques, que le revenu net et libre de ses immeubles pendant

_____

(1) L. 15, ff. *qui satisdare cogantur,* lib. 2, tit. 8.

une année, suffit pour le payement de la dette en capital, intérêts et frais, et s'il en offre la délégation au créancier, la poursuite peut être suspendue par les juges, sauf à être reprise s'il survient quelque opposition ou obstacle au payement, l'usufruitier ne serait point admissible à revendiquer le bénéfice de cette délégation forcée, sur les revenus des biens dont il jouit à ce titre, à moins que la portion du prix du bail déjà acquise jour par jour, à son profit, comme fruit civil, ne fût suffisante à la garantie du créancier.

Il faut, en effet, que le débiteur poursuivi *justifie*, par baux authentiques, que le revenu *net* et *libre* de ses immeubles pendant une année suffit au payement qui lui est demandé : il faut que la délégation offerte au créancier, porte sur un droit certain : or on ne peut pas dire que l'usufruitier qui n'a d'autres revenus que ceux qu'il attend des biens dont il jouit à ce titre, réunisse toutes ces conditions en sa faveur, puisque son droit de jouissance est toujours incertain, et ne peut cesser d'être purement éventuel dans sa durée.

Le propriétaire, comme nous le dirons plus bas (1), peut déléguer et aliéner irrévocablement son droit de jouissance pour l'avenir ; mais l'usufruitier ne le peut pas dans un sens également absolu, puisque ce droit ne peut cesser d'être résoluble par son décès.

Si les auteurs du code ont voulu que le propriétaire pût forcer son créancier à recevoir la

(1) Voy. sous le n.° 985.

délégation dont il s'agit, pour surseoir à l'action en expropriation par lui intentée, c'est parce qu'elle contient, pour celui-ci, un gage autant certain que possible; on ne pourrait donc, sans faire sortir cette disposition de la loi hors de son hypothèse, l'appliquer à la cause de l'usufruitier qui ne peut offrir qu'un gage absolument incertain dans sa valeur.

22.   L'usufruit est, de sa nature, intransmissible héréditairement; car, si l'héritier de l'usufruitier pouvait le recueillir dans la succession du défunt, comme un de ses autres biens, il en serait de même des héritiers du premier successeur, et ainsi de suite, en sorte qu'il n'aurait pas de fin, parce qu'il n'y aurait pas de raison pour s'arrêter à un successeur plutôt qu'à l'autre, et qu'ainsi le droit de propriété ne serait plus qu'une chose illusoire dans les mains de son maître.

Mais quoique l'usufruit, envisagé sous le rapport de la personne de celui qui en est revêtu, ne soit qu'un droit personnel qui s'éteint avec lui, il n'en est pas moins un droit réel, *jus in re*, dans la chose qui y est soumise, puisqu'il entraîne, pour le temps de sa durée, un démembrement dans la propriété; et c'est le dernier point de vue sous lequel il nous reste à l'examiner ici.

23.   III. CONSIDÉRÉ dans l'objet auquel il s'applique, l'usufruit emprunte le corps de la chose même qui doit être livrée à l'usufruitier pour qu'il en jouisse : la loi le place au rang des meubles ou des immeubles, suivant qu'il est établi sur des choses mobilières ou immobilières

(526),

(526), et dans ce dernier cas, elle veut qu'il soit susceptible d'hypothèques, pour le temps de sa durée (2118), comme le fonds sur lequel il est assis.

L'usufruit d'un fonds doit donc être envisagé comme un immeuble particulier, civilement séparé et distinct de la nue propriété, puisque la loi veut qu'il remplisse, par lui-même, les fonctions d'un véritable immeuble; et de là résultent plusieurs conséquences remarquables:

24.  *La première,* qu'un acte constitutif d'usufruit sur un fonds, doit être passible du droit proportionnel d'enregistrement établi pour les mutations immobilières, puisqu'il emporte aliénation d'un immeuble.

25.  *La seconde,* que la donation entre-vifs d'un droit d'usufruit sur des immeubles, doit être transcrite au bureau des hypothèques dans l'arrondissement duquel les fonds sont situés, puisque la loi veut que les donations de biens susceptibles d'hypothèques reçoivent ce complément de forme extérieure, pour en assurer l'exécution (939).

26.  *La troisième,* que celui qui a un droit d'hypothèque acquis sur l'usufruit immobilier, appartenant à son débiteur, ne doit pas simplement s'inscrire sur le fonds; mais doit au contraire, par déclaration expresse, s'inscrire sur l'usufruit, puisqu'aux termes de la loi (2148), l'inscription hypothécaire doit contenir l'indication de l'*espèce,* et la situation des biens sur lesquels le créancier entend conserver son privilége.

27.  *La quatrième,* que dans le cas de la saisie

réelle d'un droit d'usufruit, comme dans celui de la saisie d'un autre immeuble, il n'y a que les fruits échus depuis la dénonciation faite au saisi, qui soient immobilisés (1), pour être distribués avec le prix de l'immeuble par ordre d'hypothèques, attendu que ce n'est que le droit d'usufruit lui-même qui est immeuble, et non les fruits du fonds qui pourraient en avoir été détachés auparavant.

28. *La cinquième,* que celui qui, ayant acquis un droit d'usufruit sur un fonds, a fait transcrire son titre au bureau du conservateur, n'a plus rien à redouter des créanciers qui, munis de titres hypothécaires sur le fonds, n'auraient pas pris inscription dans la quinzaine de la transcription de son acte (2), et que toute inscription postérieurement prise, même en vertu de titres antérieurs à la constitution d'usufruit, ne pourrait plus frapper d'hypothèque que la nue propriété de l'immeuble; puisque, dans le droit, l'usufruit doit être considéré comme un fonds particulier qui en aurait été affranchi par l'exécution des formalités de droit.

29. *La sixième,* que celui qui acquiert un droit d'usufruit sur un fonds grevé d'hypothèques inscrites au moment de son acquisition, peut, comme tout autre acquéreur d'immeuble, provoquer l'affranchissement de son usufruit, en faisant transcrire son titre au bureau du conservateur (2181), pour le notifier ensuite aux créanciers inscrits et les requérir à la suren-

---

(1) Art. 689 du cod. de procéd.
(2) Art. 834 du cod. de procéd.

chère, suivant les formes ordinaires prescrites pour la purgation des hypothèques, dans les cas de mutations volontaires (2185), comme le pourrait celui qui aurait acquis un fonds particulier faisant partie d'un domaine généralement hypothéqué par son vendeur; sauf aux créanciers le droit d'exiger ou un supplément d'hypothèque, ou le remboursement de leurs créances, contre le débiteur qui, par ce démembrement, aurait porté atteinte à leur sécurité (1).

30. *La septième,* que dans le cas de la vente intégrale du fonds, exécutée tant sur le' propriétaire que sur l'usufruitier, il serait nécessaire de fixer, par ventilation, la partie du prix correspondant à la valeur de la nue propriété, pour en faire la distribution aux créanciers du propriétaire, ou par ordre d'hypothèques, s'ils avaient conservé leur privilége sur la nue propriété, ou par contribution, si aucuns d'eux n'étaient privilégiés, et le surplus du prix devrait être aussi distribué aux créanciers de l'usufruitier, suivant l'ordre de préférence qui pourrait exister entre eux, ou par contribution; attendu qu'il y aurait comme deux immeubles simultanément vendus sur deux différens débiteurs, et dans l'intérêt de divers créanciers dont les gages porteraient sur la nue propriété seulement, pour les uns; et sur l'usufruit seulement, pour les autres.

_____

(1) Voy. encore au chap. 19, sous le n.º 892.

# CHAPITRE II.

## Des Qualités qu'on doit reconnaître dans l'Usufruitier.

L'USUFRUITIER est propriétaire de son droit d'usufruit :

Il est possesseur et même en possession civile de ce droit :

Il est détenteur à titre précaire du fonds dont il jouit :

Il est établi gardien de la chose, et doit veiller à sa conservation :

Il est procureur fondé pour les actes dans l'exécution desquels ses intérêts sont indivisiblement liés avec ceux du propriétaire.

Tels sont les différens aspects sous lesquels nous devons encore, par forme d'instruction préliminaire, envisager l'usufruitier, pour en faire usage par de nombreuses applications qu'on trouvera dans la suite.

31. I. ET D'ABORD, l'usufruitier est propriétaire de son droit d'usufruit, puisque ce droit lui appartient; d'où l'on doit tirer cette conséquence que, quand l'usufruit a été établi sur un fonds, l'usufruitier est propriétaire foncier, mais propriétaire temporaire d'un immeuble, puisque la loi veut qu'en ce cas, l'usufruit soit considéré comme un immeuble particulier, civilement séparé et distinct du fonds ou de la nue propriété.

32. II. L'USUFRUITIER, une fois mis en jouissance du fonds, est un vrai possesseur : il a la possession civile de son usufruit, puisqu'il en jouit en vertu d'un titre légitime et comme propriétaire.

Sous ce point de vue l'usufruitier n'est point un simple détenteur, parce qu'il possède *pro suo;* qu'il possède, en son nom propre, le démembrement qui lui appartient dans la propriété foncière; qu'en un mot, il possède corporellement et *animo sibi habendi,* cette portion du domaine qui constitue un immeuble entre ses mains.

Il résulte de là que l'usufruitier d'un fonds doit avoir tous les avantages des interdits possessoires, soit pour intenter la complainte à l'effet d'écarter celui qui vient le troubler dans sa jouissance; soit pour obtenir sa réintégrande, quand il a été dépossédé par un autre : la loi romaine est précise à cet égard.

L'on sait que l'interdit *uti possidetis* n'a été introduit, par le Préteur, que dans la cause des possesseurs d'immeubles, pour maintenir en paisible jouissance celui qui est troublé dans sa possession : *Hoc interdictum de soli possessore scriptum est; quem potiorem Prætor in soli possessione habebat* (1). Or, dit Ulpien, j'estime en général que cet interdit doit avoir lieu même entre plusieurs usufruitiers, dans le cas où l'un des contendans agirait pour la défense de son usufruit, et l'autre pour celle de sa possession :

(1) L. 1, §. 1, ff. *uti possidetis,* lib. 43, tit. 17.

*In summâ puto dicendum, et inter fructuarios hoc interdictum reddendum, etsi alter usum-fructum, alter sibi defendat possessionem* (1). L'usufruitier a donc l'action en complainte, lorsqu'il est troublé dans sa possession.

La loi romaine n'est pas moins précise sur l'action en réintégrande, qu'elle lui accorde dans le cas où il a été déjeté de sa possession, par voie de fait : *Undè vi interdictum necessarium fuisse fructuario apparet, si prohibeatur utifrui usufructu fundi* (2). Et elle met une bien grande différence entre l'usufruitier qui jouit d'un fonds, et celui qui n'en serait que le simple détenteur en qualité de mandataire ou fermier du propriétaire, puisque, dans ce dernier cas, quoique les voies de fait auraient eu lieu contre le mandataire et le fermier, elle veut que ce soit seulement le propriétaire qui soit considéré comme dépossédé, et qu'à lui seul appartienne l'action en réintégrande : *Quod servus, vel procurator, vel colonus tenent, dominus videtur possidere, et ideò his dejectis ipse dejici de possessione videtur, etiamsi ignoret eos dejectos per quos possidebat. Et si quis igitur alius, per quem possidebam, dejectus fuerit, mihi competere interdictum, nemini dubium est* (3).

Cette disposition des lois romaines sur les avantages du possessoire accordé à l'usufruitier, doit encore avoir lieu dans notre juris-

---

(1) L. 4, ff. *eodem.*
(2) L. 3, §. 13, ff. *de vi et vi armatâ*, lib. 43, tit. 16.
(3) L. 1, §. 22, ff. *eodem.*

prudence, nonobstant que l'article 25 du code de procédure n'accorde l'exercice de ces sortes d'actions, qu'à ceux qui possèdent à titre non précaire, attendu que l'usufruitier ayant un droit propre et réel dans la chose, est loin de n'être qu'un détenteur à titre précaire; que le code lui-même veut que le mari qui est usufruitier des biens de sa femme, exerce seul toutes les actions possessoires au sujet de ces biens, et qu'il y aurait une contradiction choquante dans l'esprit de nos lois, qui veulent que l'usufruit soit considéré comme immeuble, si, après avoir admis ce principe, on en refusait les conséquences à l'usufruitier.

33. III. L'USUFRUITIER n'a néanmoins que la qualité de détenteur du fonds dont il jouit à ce titre, et cette proposition n'est point en contradiction avec la précédente.

Il faut, en effet, comme nous l'avons déjà remarqué plusieurs fois, voir deux choses bien distinctes dans un fonds grevé d'usufruit:

Il faut y voir l'usufruit qui appartient à l'usufruitier; usufruit qui, pour son maître, remplit les fonctions d'un immeuble particulier, civilement séparé et distinct du fonds:

Il faut y voir encore la nue propriété qui reste dans les mains du propriétaire.

C'est au moyen de cette distinction qu'on parvient facilement à concilier un nombre considérable de textes de droit écrit qui paraissent déclarer dans un sens absolu, les uns que l'usufruitier est un vrai possesseur, les autres qu'il n'est qu'un simple détenteur.

L'usufruitier a d'abord la possession corporelle et de fait : il l'exerce physiquement par
ses actes de jouissance : eh bien ! en tant que
cette jouissance s'applique à son propre droit,
elle n'est point une simple détention précaire;
elle prend, au contraire, le caractère d'une
véritable possession civile, ainsi que nous venons de le démontrer dans le développement
de la proposition précédente.

Mais lorsqu'on envisage cette jouissance comme
appliquée, en fait, à la propriété qui reste dans
les mains du maître; lorsqu'on la considère relativement au fonds, pour en déterminer les
effets par rapport au droit de propriété, elle
n'a plus les caractères d'une véritable possession, et l'usufruitier, sous ce point de vue,
loin d'être un possesseur proprement dit, possédant *animo domini*, n'est plus qu'un détenteur précaire jouissant pour et au nom du propriétaire; et c'est là une vérité facile à démontrer.

L'usufruitier n'a droit de jouir qu'à la charge
de conserver et de rendre le fonds; il ne peut
demander la délivrance de son legs que sous
cette condition qui lui est imposée par la loi;
ce n'est que subordonnément à cette condition
qu'il peut avoir la volonté de jouir, puisqu'elle
est essentiellement inhérente à son titre de jouissance; or, celui qui ne demande à entrer dans
un fonds, et qui n'y est établi qu'à condition
de le conserver pour un autre, ne peut en jouir
*animo sibi habendi :* il le détient, mais ne possède pas. Il n'en est que le détenteur de fait,

parce qu'il ne peut le posséder *animo domi-ni*. La possession de droit, la vraie possession civile du fonds, reste entre les mains du maître qui en a livré l'entrée : tels sont, dit Ulpien, l'usufruitier, le fermier, ou le locataire, qui sont dans le fonds et cependant ne le possè-dent pas. *Is qui rogavit ut precariò in fundo moretur, non possidet : sed possessio apud eum qui concessit, remanet. Nam et fructuarius et colonus et inquilinus sunt in prædio ; et tamen non possident* (1).

34. C'est par suite de ce principe que la loi romaine veut que, dans un acte translatif de propriété actuelle, la clause de rélocation (2), ou celle de réserve d'usufruit, au profit de ce-lui qui a aliéné son fonds, ait toute la force d'une tradition réelle, et que par l'empire de cette clause, l'acquéreur se trouve investi de la pos-session même du fonds dont la jouissance ci-vile ne peut plus être exercée qu'en son nom, par le précédent propriétaire, qui, n'ayant plus que la qualité de fermier ou d'usufruitier, ne continue à jouir que pour le nouveau maître: *Quisquis rem aliquam donando vel in do-tem dando, vel vendendo, usumfructum ejus retinuerit : etiamsi stipulatus non fuerit, eam continuò tradidisse credatur, nec quid ampliùs requiratur, quò magis videatur facta traditio: sed omnimodò idem sit in his causis, usum-fructum retinere quod tradere* (5). L'existence

_____

(1) L. 6, §. 2, ff. *de precario*, lib. 43, tit. 26.
(2) L. 77, ff. *de rei vindicat.*, lib. 6, tit. 1.
(3) L. 28, cod. *de donationib.*, lib. 8, tit. 54.

de l'usufruit suppose donc nécessairement la possession civile du fonds entre les mains du propriétaire (1). Voilà une vérité de principe : voyons-en les conséquences.

La possession civile du fonds appartient au propriétaire : donc l'usufruitier ne peut le prescrire (2256), quelque longue que soit sa jouissance; puisque la possession appliquée au fonds n'est pas la sienne.

La possession civile du fonds est à celui qui a la qualité de propriétaire : donc si le fonds appartient à un tiers, la prescription n'aura pas lieu au profit de l'usufruitier, mais seulement au profit de celui qui passe pour être le propriétaire.

Nous terminerons en observant que, si la clause de rétention d'usufruit équivaut à une tradition réelle du fonds, c'est seulement lorsque l'acte peut être, par sa nature, translatif de propriété actuelle, ainsi que nous l'avons énoncé dès le principe. Car si cet effet naturellement attaché à la réserve d'usufruit, répugnait au caractère de l'acte, la clause devrait plutôt être regardée comme surabondante et inutile, et ce serait alors le cas d'appliquer la règle qui veut que les expressions dont on se sert dans une convention, soient toujours subordonnées à la nature du contrat (2).

____

(1) Voy. dans POTHIER, sur l'art. 285, tit. 15 de la coutume d'Orléans; et dans le journal de cassation de Denevers, an 1817, pag. 8.

(2) Voy. dans LOISEAU, au traité du déguerpiss., liv. 4, chap. 5, n.° 3.

Ainsi, lorsque le contrat par lequel on a voulu aliéner la propriété d'un fonds, avec réserve d'usufruit, est nul, la clause de rétention qui en fait partie, étant nulle elle-même, ne peut opérer les effets d'une véritable tradition (1).

Ainsi, dans une institution contractuelle dont l'effet, quant à la transmission de propriété, est essentiellement reporté au décès de l'instituant, les clauses, soit de réserve d'usufruit, soit de retour en cas de prédécès de l'institué, ne doivent être considérées que comme des expressions d'un style impropre de la part du notaire, ou des clauses surabondantes, et inutilement voulues, par excès de précaution de la part du donateur (2); mais si l'acte de libéralité était conçu d'une manière obscure; s'il y avait du doute sur la question de savoir si c'est une institution contractuelle qu'on a voulu d'abord exprimer, ou si c'est une donation de biens présens, la clause de rétention d'usufruit ou de retour serait le plus puissant moyen de lever tous les doutes sur la nature de la libéralité, pour la faire réputer donation de biens présens.

35. On voit par ce qui est dit dans ce paragraphe et dans le précédent, que l'usufruitier et le propriétaire sont, quoique sous différens rapports, deux véritables possesseurs du même domaine,

_____

(1) Voy. dans DARGENTRÉ, sur l'art. 265 de la coutume de Bretagne, n.° 5.

. (2) Voy. dans CHABROL, sur la coutume d'Auvergne, chap. 14, art. 26, sect. 4; et dans DUNOD, en ses observations sur la coutume de Franche-Comté, pag. 581, n.° 14.

et de-là l'on doit tirer cette conséquence que toute action purement réelle qui a pour objet un immeuble grevé d'usufruit, telle que l'action en revendication, en déclaration d'hypothèque, en délaissement, etc., etc., doit être dirigée tout à la fois et contre le propriétaire et contre l'usufruitier, puisqu'ils sont l'un et l'autre possesseurs, et que c'est contre ceux qui se trouvent en possession de l'héritage qu'on doit agir en vertu des actions de cette nature (1).

36. IV. L'USUFRUITIER a la qualité de gardien de la chose, puisqu'il n'a droit de jouir qu'à la charge de conserver et de rendre, et qu'il est même obligé de fournir un cautionnement pour la sureté de cette obligation.

Les devoirs que cette qualité impose à l'usufruitier ne sont pas tels que, pour leur accomplissement, il lui suffise de s'abstenir lui-même de tous actes qui tendraient à dégrader le fonds; il doit en outre protéger la chose et la défendre contre les entreprises des tiers; car aux termes du code (614), si pendant la durée de l'usufruit, un tiers commet quelque usurpation sur le fonds, ou attente autrement aux droits du propriétaire, l'usufruitier est tenu de le dénoncer à celui-ci; faute de quoi il est responsable de tout le dommage qui peut en résulter pour le propriétaire, comme il le serait de dégradations commises par lui-même.

Ainsi l'usufruitier qui se permettrait d'hypo-

_____

(1) Voy. dans POTHIER, sur la coutume d'Orléans, pag. 744, n.° 32.

théquer ou de vendre le fonds dont il a la jouissance, ne se rendrait pas seulement coupable de
stellionat envers le créancier ou l'acquéreur, en
hypothéquant ou vendant sciemment le fonds
d'autrui (2059); mais il serait encore gravement
répréhensible envers le propriétaire dont il aurait compromis les intérêts, au lieu de veiller à
leur conservation.

Ainsi, l'usufruitier serait responsable de tous
dommages envers le propriétaire, si par le non-
usage il avait laissé prescrire des servitudes acquises au fonds dont il a l'usufruit : *et si fortè
fuerint servitutes, non utendo fructuario, amis-
sæ, hoc quoque nomine tenebitur* (1).

Ainsi encore, et généralement pour tous autres
objets, l'usufruitier ne pourrait pas toujours se
libérer à la fin de l'usufruit, par la restitution de
la partie de la chose qui resterait entre ses mains,
quoiqu'il n'eût commis lui-même aucunes dégradations, qui eussent été cause du dépérissement.
Car il devrait être condamné à payer l'estimation de tout ce qui serait perdu par sa faute,
comme s'il avait laissé prescrire des créances, sans
en poursuivre le remboursement, ou laissé faire
des anticipations sur des fonds, sans réclamer,
ni dénoncer l'entreprise au propriétaire. *Inter-
dùm autem inerit proprietatis æstimatio, si fortè
fructuarius, cùm possit usucapionem interpellere,
neglexit, omnem enim rei curam suscepit* (2).

---

(1) L. 15, §. 7, ff. *de usufruct.*, lib. 7, tit. 1.
(2) L. 1, §. 7, ff. *usufructuarius quemadmod. caveat.*,
lib. 7, tit. 9.

En un mot, l'usufruitier, comme gardien conservateur de la chose, doit répondre des pertes
de toutes espèces qui peuvent arriver par son
défaut de vigilance; car, outre que le texte que
nous venons de transcrire ne cite le cas de la
prescription que par forme d'exemple, le jurisconsulte Paul retrace positivement la règle générale dans la loi qui suit immédiatement; *nam,*
dit-il, *usufructuarius custodiam præstare debet*
(1); en sorte qu'il faut tenir pour constant, que
l'usufruitier est responsable, même pour simples
fautes d'omission, dans les soins qu'il doit à la
conservation de la chose, de quelque manière
qu'il en ait souffert la perte ou le dépérissement.

Ainsi, quoique les grosses réparations ne soient
point à la charge de l'usufruitier, il est néanmoins obligé d'avertir le propriétaire des dégradations considérables ou des accidens de tous
genres qui peuvent les occasioner, lorsque celui-ci n'est pas présent sur les lieux, afin qu'il
puisse, par suite de cet avertissement, arrêter le
cours de plus grands dépérissemens, en réparant
avec promptitude; sans quoi l'usufruitier se rendrait passible des dommages et intérêts que pourrait souffrir le propriétaire pour n'avoir pas été
averti. *Si fructuarius non denuntiaverit, cùm
potuerit, proprietario probabiliter ignoranti peri-
culum ruinæ, vel inundationis, aut aliud fien-
dum impensâ proprietarii, et damnum secutum
fuerit, tenebitur ipsi proprietario ad interesse.*

---

(1) L. 2, ff. *eodem.*

*Est enim velut procurator proprietarii, et tenetur
ei ad omnem curam et custodiam* (1).

Nous examinerons ailleurs quel est le genre de
faute ou de culpabilité nécessaire, dans l'usufruitier, pour le rendre responsable des pertes
du propriétaire.

37. V. L'USUFRUITIER a la qualité de fondé de
pouvoir dans les causes où ses intérêts sont liés
avec ceux du propriétaire, et il peut alors exercer les fonctions de celui qu'on appelle en droit
*procurator in rem suam;* et même *in rem alterius.*

Cette proposition n'est en quelque sorte qu'une
conséquence de la précédente : néanmoins comme
elle mérite une attention particulière, par rapport aux applications nombreuses qu'elle rece-
vra dans la suite de cet ouvrage, nous devons
encore remonter aux principes sur lesquels elle
repose, et l'expliquer avec quelques développemens.

Pour cela nous exposerons successivement et
aussi briévement que possible, ce que c'est qu'un
*procurator in rem suam :* quelle est la nature particulière du mandat dont ce *procurator* est chargé :
comment l'usufruitier se trouve revêtu de cette
espèce de mandat : quelles sont les actions à l'exercice desquelles il est applicable : enfin, quelle est
l'étendue des pouvoirs que l'usufruitier peut exer-

---

(1) DUMOULIN, coutume de Paris, tit. 1, §. 1, gloss. 8,
n.° 70. — Voy. encore dans BANNELIER, tom. 2, pag. 565,
n.° 6, édit. in-4.° — Dans VALIN, sur la coutume de la
Rochelle, art. 7, n.° 45. — Dans VOET, sur le digeste,
tit. *de usufructu,* n. 33.

cer en cette qualité, et quelles en sont les conséquences.

*Procurator in rem suam is dicitur, cui, in
utilitatem suam, mandatæ sunt actiones.* C'est
celui qui agissant en vertu d'une cession, ou en
vertu d'un mandat exprès ou tacite, exerce,
dans son intérêt propre, l'action d'un autre (1).

Cette espèce de mandat est d'une nature toute
particulière, puisque le mandataire est lui-même
maître de la chose, ou en tout ou en partie,
suivant qu'elle est totalement ou en partie dans
son intérêt; *sed etsi in rem suam datus sit pro-*
*curator, loco domini habetur, et ideò servan-*
*dum erit pactum conventum* (2). D'où résulte
cette conséquence que le mandant ne peut ni
révoquer cette espèce de mandat, ni mettre
obstacle à son exécution, et que les pouvoirs du
mandataire restent les mêmes après la mort du
mandant. *Procuratore in rem suam dato, præ-*
*ferendus non est dominus procuratoris in litem*
*movendam, vel pecuniam suscipiendam : qui*
*enim suo nomine utiles actiones habet, rectè*
*eas intendit* (3).

38.   L'usufruitier n'est pas uniquement *procurator*
*in rem suam ;* il l'est encore *in rem alterius,* ou
en d'autres termes, *in rem domini,* en tant qu'il
doit conserver la chose pour son maître.

---

(1) Voy. L. 2, §. 5, ff. *familiæ erciscundæ,* lib. 10,
tit. 2. — L. 8, §. 10 in fine, *mandat.,* lib. 17, tit. 1.
— L. 8, cod. *de hæred. vend.,* lib. 4, tit. 39. — L. 4
in princip., ff. *de re judicatá,* lib. 42, tit. 1.

(2) L. 13, §. 1, ff. *de pactis,* lib. 2, tit. 14.

(3) L. 55, ff. *de procuratoribus,* lib. 3, tit. 3.

A.

A la vérité ce n'est que par un mandat tacite qu'il se trouve revêtu de ce pouvoir; mais, pour n'être que tacite, ce mandat n'en est pas moins très-réel, quoiqu'il soit loin d'entraîner les mêmes conséquences qu'une procuration expresse, comme nous le ferons remarquer plus bas. Il dérive de l'obligation de veiller à la garde de la chose; obligation qui ne peut être imposée à l'usufruitier qu'en lui accordant les moyens de la remplir.

Le jurisconsulte Paul avait défini l'usufruit; *jus alienis rebus utendi-fruendi, salvâ earum substantiâ :* c'est-à-dire, le droit de jouir sans altérer la substance de la chose, ou tant que dure la substance de la chose. Quoique ce texte ne fût pas absolument positif sur ce devoir de conserver, imposé à l'usufruitier; quoiqu'il pût y avoir de l'équivoque à ce sujet, néanmoins, pris égard à ce qu'il était tenu des réparations viagères, et responsable des pertes arrivées par sa négligence, les meilleurs interprètes en avaient déjà tiré cette conséquence qu'il devait être considéré comme investi des pouvoirs nécessaires pour agir et défendre dans toutes les mesures conservatoires : mais la définition qui nous est donnée dans le code, caractérise bien mieux encore soit le devoir imposé, soit le mandat délégué, par la loi, à l'usufruitier, pour la garde et la conservation des objets soumis à sa jouissance; car, lorsqu'on dit qu'il n'a le droit de jouir *qu'à la charge de conserver la substance* des choses, il est évident que cela ne signifie pas seulement qu'il doit user sans dégrader lui-même, mais qu'il est en outre chargé de protéger et défendre contre les atteintes qui pourraient être portées par des tiers.

L'usufruitier doit donc conserver le fonds, non-seulement dans son intérêt personnel et en tant qu'il lui appartient quant à l'usufruit, mais encore dans l'intérêt du propriétaire à l'égard duquel il pourrait être garant des pertes arrivées par sa faute : mais puisque la loi veut qu'il soit ainsi le gardien de la chose, et qu'il la défende contre les entreprises des tiers, sous peine d'une responsabilité personnelle, il faut en conclure qu'il est le mandataire légal pour tous les actes nécessaires à l'exercice de la garde qui lui est confiée; parce qu'on ne peut vouloir la fin, sans vouloir aussi les moyens d'y parvenir; c'est-à-dire, en d'autres termes, que l'usufruitier a véritablement la qualité de *procurator in rem suam*, et même *in rem alterius*, revêtu d'un mandat tacite pour tout ce qui concerne la garde et l'administration de la chose, et qu'il peut utilement agir soit par actes extrajudiciaires, soit en justice, dans l'intérêt du propriétaire lui-même; car, comme on peut stipuler au profit d'un tiers, lorsque telle est la condition d'une stipulation qu'on fait pour son propre intérêt (1121), de même on peut agir en justice pour l'avantage d'un autre, lorsque celui qui agit, poursuit un intérêt qui lui est propre, et qui est inséparable de l'intérêt de ce tiers; or, l'usufruitier, agissant pour la conservation de la chose, agit pour son avantage, non-seulement en ce qu'il défend son droit d'usufruit; mais aussi en ce que devant, en diverses circonstances, la garantie des pertes arrivées par sa négligence, l'action, sous ce rapport, se réfléchit encore dans son intérêt propre; d'où il résulte qu'il ne peut être repoussé par défaut d'intérêt ni de qualité (1).

Sitôt qu'un homme est constitué usufruitier, dit Dumoulin, il est par là même établi mandataire général du propriétaire, et peut agir, en cette qualité, soit dans les actes extrajudiciaires, soit même en justice, pour tout ce qui a rapport à la garde et à la conservation de la chose et des droits qui en sont accessoires. *Eo ipso quòd constitutus est usufructuarius, videtur sibi commissa custodia rei et mandatum generale. Ita quòd censetur procurator generalis proprietarii, ut possit exercere illa quæ concernunt curam, custodiam, et conservationem ipsius rei et jurium ejus : nedùm extra judicium, sed etiam in judicio, undè hoc procuratorio nomine poterit nunciare novum opus, nedùm per jactum lapilli, sed etiam per prætorem, et directis actionibus confessoriis uti, pro servitutibus fundo fructuario debitis* (2).

39. Mais quelles sont les actions à l'exercice desquelles cette espèce de mandat est applicable?

C'est par le concours de trois circonstances

---

(1) Ainsi l'a jugé la cour de cassation par arrêt du 7 octobre 1813, rapporté par Denevers, recueil de 1815, pag. 58.

(2) Coutume de Paris, tit. 1, §. 1, gloss. 1, n.° 15. — Voy. encore, et par comparaison, ce que nous avons dit sous le n. 2230.

qu'on doit en reconnaître le caractère et les distinguer.

Il faut que l'action directe appartienne au propriétaire, puisque l'usufruitier doit l'intenter ou y défendre *procuratorio nomine ;*

Il faut que l'usufruitier ait un droit actuel de jouissance, acquis sur la chose qui fait l'objet de l'action, puisqu'il doit être *actor in rem suam ;*

Il faut enfin que l'action ait trait à la garde et conservation de la chose, puisque la qualité de *procurator* dérive ici de la charge de conserver.

Ainsi, lorsqu'un voisin entreprend indûment quelque construction préjudiciable au fonds grevé d'usufruit, et qu'il s'agit de demander l'interdiction de ses travaux, quoique l'action directe en dénonciation du nouvel œuvre appartienne au propriétaire de l'héritage, l'usufruitier peut néanmoins l'intenter seul, *procuratorio nomine*, tant dans l'intérêt du maître de la nue propriété, que dans le sien propre, parce qu'alors il agit comme gardien du fonds tout en revendiquant un droit de jouissance qui est le sien. *Usufructuarius autem opus novum nunciare suo nomine non potest; sed procuratorio nomine nunciare poterit, aut vindicare usumfructum ab eo qui opus novum faciat : quæ vindicatio præstabit ei, quòd ejus interfuit opus novum factum non esse* (1).

Ainsi encore que, quoique *ex apice juris*, l'usufruitier ne soit pas recevable à revendiquer

_____

(1) L. 1, §.20, ff. *de novi operis nunciat.*, lib. 39, tit. 1.

directement et *proprio nomine* (1), un droit de
servitude établi à l'avantage du fonds dont il
jouit, parce que la servitude réelle fait partie
de l'héritage dominant, et qu'il n'y a que le
propriétaire ayant le domaine de la chose qui
puisse directement et *proprio nomine*, en former
la revendication, il peut néanmoins, en sa qualité de *procurator in rem suam*, agir, en ce cas,
comme dans celui de la dénonciation du nouvel
œuvre, ou exercer l'action confessoire utile, par
la raison que son usufruit s'étendant sur le tout,
la jouissance de la servitude elle-même lui est
due, et qu'il doit veiller à en conserver les
avantages au profit du propriétaire, au lieu de
la laisser prescrire par le non-usage. *Item Ju-
liano placet, fructuario vindicandarum servi-
tutum jus esse secundum quòd opus novum nunciare poterit vicino et remissio utilis erit* (2).

Pour estimer l'étendue et fixer les bornes des
pouvoirs attachés à la qualité de *procurator*
dans l'usufruitier, il ne faut que se rappeler les
principes d'où ils dérivent.

C'est comme chargé de la conservation de
la chose qu'il est revêtu de cette espèce de
mandat, et c'est comme gardien qu'il l'exerce;
il n'est donc pas mandataire général pour intenter toutes sortes d'actions, ni pour défendre
dans toutes espèces de causes concernant la
propriété: il ne l'est, comme le dit Dumoulin,
que dans les actions qui concernent la garde,

---

(1) L. 1 in princip., ff. *si ususfructus petat.*, lib. 7,
tit. 6.

(2) L. unicâ, §. 4, ff. *de remissione*, lib. 43, tit. 25.

la conservation et l'administration de la chose. *Non tamen est propriè procurator generalis, sed quoad quædam, videlicet quæ respiciunt custodiam, defensionem et administrationem rei et jurium ejus. Undè tenetur conservare jura, pertinentias, et servitutes debitas proprietati, seu fundo fructuario : et si permiserit eas usucapi vel præscribi, tenetur ad interesse. Igitur habet jus agendi pro illis juribus et pertinentiis et servitutibus, videlicet per obliquum et in consequentiam actione confessoriâ usufructuarius nomine suo, vel per directum procuratorio nomine domini* (1). On doit ajouter encore que ce mandat tacite s'étend à tout ce qui, en améliorant la jouissance de l'usufruitier, améliorerait aussi le sort du propriétaire, parce que telle est nécessairement l'intention présumée de celui-ci : il faut donc tenir pour constant, comme le dit aussi Sotomayor, que si l'on doit rejeter l'opinion des auteurs qui refusent tout mandat tacite à l'usufruitier, pour agir en ce qui touche à la propriété, on ne doit pas davantage admettre le système de ceux qui lui accordent un mandat général, pour toutes espèces d'actions ayant pour objet les droits du propriétaire dans la chose; qu'il y a un juste milieu à garder, et que le mandat tacite de l'usufruitier doit être borné aux actes concernant la garde, la défense, l'administration, et la conservation du fonds, attendu que ce sont là les choses dont il est seulement chargé par son titre. *Deindè utramque*

(1) Coutume de Paris, tit. 1, §. 1, gloss. 1, n.° 16.

*sententiam temperandam in hunc modum, ut scilicet fructuarius non dicatur propriè procurator in rem suam, sive procurator generalis, aut generale mandatum obtinens, sed quoad quædam, videlicet quæ respiciunt custodiam, defensionem et administrationem aut conservationem rei fructuariæ et jurium ejus : hæc enim tacitè illi demandata videntur* (1).

La conséquence qu'on doit tirer de l'existence de ce mandat tacite dans l'usufruitier, c'est que, quand il en use dans les bornes qui lui sont prescrites, on ne peut le repousser par fin de non-recevoir, sous le prétexte que l'action directe n'est pas la sienne, puisqu'il a le droit de l'exercer par représentation du maître : et ce droit lui appartient toutes les fois que les intérêts du propriétaire sont indivisiblement liés avec les siens, et toutes les fois encore qu'il s'agit de prévenir quelques pertes ou de réprimer quelques entreprises dont la garantie pourrait réfléchir sur lui, s'il les laissait consommer en gardant le silence.

Mais il n'est pas permis de pousser cette conséquence jusqu'au point de prétendre que, par l'effet de cette espèce de représentation, l'usufruitier se trouve établi contradicteur légitime pour le propriétaire, en ce sens que l'exception de la chose jugée contre lui doive peser sur ce dernier ; car ce serait avoir une très-fausse idée de la nature du mandat tacite dont nous parlons.

L'usufruitier est loin d'avoir la faculté de

---

(1) Sotomayor, tractat. *de usufructu,* cap. 20, n.° 16.

disposer de la chose, puisqu'il est obligé de la conserver; il ne peut donc avoir le droit de compromettre en jugement la propriété du fonds; il peut bien rendre meilleure la condition du propriétaire, mais il n'a pas le droit de rendre sa cause plus désavantageuse: *Fructuarius causam proprietatis deteriorem facere non debet: meliorem facere potest* (1). D'où il faut conclure que s'il peut agir *procuratorio nomine,* en vertu du mandat tacite inhérent à sa qualité de gardien, cela ne doit avoir lieu que sans préjudice des droits du propriétaire. Celui-ci peut donc toujours former tierce opposition aux jugemens rendus contre l'usufruitier, et c'est pourquoi nous avons dit, dès le principe, que ce mandat tacite, quoique très-réel dans l'usufruitier, est loin d'entraîner les mêmes conséquences qu'une procuration expresse, émanée du propriétaire; car le mandat que celui-ci aurait donné pour le mettre en qualité de cause et plaider dans son intérêt, le rendrait passible de l'exception de la chose jugée.

Nous terminerons ce chapitre en avertissant le lecteur qu'il doit se pénétrer sérieusement de ces notions sur les diverses qualités de l'usufruitier, parce qu'elles doivent servir à la solution d'un très-grand nombre de questions qui seront proposées dans la suite.

___

(1) L. 13, §. 4, ff. *de usufructu,* lib. 7, tit. I.

# CHAPITRE III.

## De l'Usufruit comparé.

40. Pour bien observer les caractères propres et distinctifs d'une chose, il ne suffit pas toujours de l'examiner en elle-même ; il faut la voir aussi dans ses rapports de similitude et de différence avec les autres qui s'en rapprochent le plus. Ce n'est que par cet examen qu'on peut le mieux se convaincre si la définition qu'on en donne est juste; et si cette définition réunissant toutes les qualités voulues par les logiciens, ne convient qu'à la chose, et convient à toute la chose définie.

Ce motif seul serait déjà suffisant pour que le lecteur dût s'attendre à trouver, en tête d'un ouvrage approfondi, des considérations plus étendues sur la nature du droit qui y est traité; et quand ce ne serait que pour satisfaire à cette attente, nous devrions nous livrer ici à quelques développemens qui, ressortissant de la comparaison du droit d'usufruit avec les autres droits qui peuvent affecter la propriété, fissent mieux connaître le caractère particulier de l'un, tout en donnant des notions utiles sur les autres.

Mais il est une raison plus importante encore qui nous engage à remplir cette tâche; c'est que souvent, dans la pratique des affaires, on argumente par comparaison d'une chose à une autre. Lorsque la loi se tait sur l'espèce

particulière qui est en litige, on veut appliquer à cette espèce la décision qu'on trouve
portée, dans le droit, pour un autre cas; cette
manière de raisonner peut être juste, et l'on
verra, dans la suite de cet ouvrage, que nous
en avons fait usage plus d'une fois. Il est d'autant plus permis de l'employer que, comme
l'observe le jurisconsulte Julien, tous les cas
particuliers ne pouvant point être renfermés
dans les lois, il faut bien, lorsque leur sens
est clair dans une cause, que le juge s'empare
du principe établi, pour en étendre l'application aux causes semblables et rendre en conséquence ses jugemens: *Non possunt omnes ar-
ticuli sigillatìm aut legibus, aut senatúscon-
sultis comprehendi: sed cùm in aliquâ causâ sententia eorum manifesta est, is qui
jurisdictioni præest, ad similia procedere, atque ita jus dicere debet* (1). Cette règle tracée
par le droit romain, pour la direction du juge,
se trouve aussi, mais implicitement, dans notre
code; car, en déclarant (4) le juge coupable
de déni de justice lorsqu'il refuse de juger sous
prétexte du silence, de l'obscurité, ou de l'in-
suffisance de la loi, il faut bien qu'il lui accorde la faculté de recourir aux principes généraux, pour en faire l'application, par identité de raison, aux causes semblables.

On trouve dans le droit beaucoup de cas
décidés de cette manière (2); et quand il y a

_____

(1) L. 12, ff. *de legibus,* lib. 1, tit. 3.
(2) Vide l. 32, ff. *ad leg. Aquiliam,* lib. 9, tit. 2. —
L. 108, ff. *de verb. oblig,* lib. 45, tit. 1. — L. 7, cod.
*de revocand. donat.,* lib. 8, tit. 56,

véritablement identité de rapports dans les choses, le juge qui applique à une cause la décision portée pour une cause semblable, ne donne point une interprétation extensive à la loi; il ne fait plutôt que soumettre à la même règle une espèce particulière qu'on doit considérer comme subordonnée à la généralité du principe qu'il invoque.

Mais cette manière de raisonner a aussi ses dangers. Poussée trop loin, elle serait une source d'anarchie dans l'administration de la justice : on ne doit donc l'employer qu'avec prudence et circonspection; car les choses, même d'une nature différente, se ressemblent néanmoins souvent sous beaucoup de points de vue; et si l'on doit appliquer à un cas semblable la décision textuelle portée dans un autre, on doit aussi, par le motif contraire, juger plutôt différemment, s'il y a diversité essentielle entre les espèces. Dans cette alternative, si l'on veut véritablement prendre la raison pour guide de sa conscience, ce n'est pas par quelques rapports de similitude ou de diversité accidentelles qu'on doit se décider, mais par les caractères semblables ou différens qui tiennent à l'essence même des choses : ce qui nous ramène à l'objet que nous nous sommes proposé dans ce chapitre, c'est-à-dire, à l'examen comparatif du droit d'usufruit avec les autres droits qui peuvent affecter la propriété.

Voyons d'abord quelle est la différence qui existe entre un legs d'usufruit et un legs de propriété.

## COMPARAISON

### Des Legs d'usufruit et de propriété.

41.  Le legs d'un fonds comprend le domaine
entier. Le legs d'usufruit n'a pour objet qu'un
démembrement dans la propriété. Il semble
donc, au premier coup d'œil, qu'il n'y a de
différence entre ces deux legs, que dans le plus
ou le moins, c'est-à-dire, qu'en ce que l'un
comprend le tout, tandis que l'autre est borné
à une partie du domaine; mais il ne faut pas
s'arrêter là : il y a encore d'autres différences entre
ces deux dispositions considérées sous d'autres
points de vue; différences qui ressortissent de
la nature des choses et qui sont très-remarquables.

42.  1.º Si on a vendu une maison, qui, avant
l'exécution du contrat, ait été incendiée, ou
détruite par un autre accident, le vendeur
doit toujours le sol, *nam et aream tradere
debet, exusto ædificio* (1). Il en est de même
dans le cas du legs de la propriété; si l'édifice
a été brûlé même pendant la vie du testateur,
le légataire n'en est pas moins fondé à exiger
la délivrance du sol, *insulâ legatâ, si combusta esset, area possit vindicari* (2). Au contraire, dans le cas du legs d'usufruit seulement, il est certain, dit Ulpien, que la maison étant brûlée, l'usufruit n'est dû ni sur le

---

(1) L. 21 in fin., ff. *de hæred. vel acti. venditâ,* lib.
18, tit. 4.

(2) L. 22, ff. *de legat.* 1.º

sol, ni sur les matériaux : *certissimum est, exustis ædibus, nec areæ, nec cæmentorum usumfructum deberi* (1). Et telle est aussi la décision de notre code (624).

43. 2.º Lorsqu'il s'agit du legs de propriété, si, après son testament, le testateur a bâti sur le fonds légué, la maison cède au profit du légataire : *si areæ legatæ, post testamentum factum, ædificium impositum est : utrumque debebitur, et solum et superficium* (2). Dans l'exécution de cette libéralité, on suit la maxime qui veut que l'édifice cède au sol, comme en étant l'accessoire, et qu'il soit en conséquence livré au légataire, à moins que l'héritier ne prouve d'ailleurs qu'il y a eu changement de volonté et révocation du legs de la part du testateur (3). Cette décision de la loi romaine se trouve implicitement dans l'article 1019 du code. Dans le legs d'usufruit, au contraire, il suffit que, postérieurement à l'époque de sa disposition, le testateur ait bâti sur le fonds dont il avait légué la jouissance, pour que son legs soit par cela seul révoqué de plein droit : *si areæ ususfructus sit legatus, et in eâ ædificium sit positum, rem mutari et usumfructum extingui constat* (4). La raison de cette différence, c'est que le droit de propriété s'attache principalement au sol dont l'existence est im-

---

(1) L. 5, §. 2, ff. *quibus modis ususfruct. amitt.*, lib. 7, tit. 4.

(2) L. 39, ff. *de legat.* 2.º

(3) L. 44, §. 4, ff. *de legat.* 1.º

(4) L. 5, §. 3, ff. *quibus mod. ususfruct. amitt.*, lib. 7, tit. 4.

muable, tandis qu'au contraire le droit d'usufruit n'est principalement attaché qu'à la superficie qui n'est qu'un accident du fonds, et
qui par conséquent peut être changée, en
sorte que, par la substitution d'un accident à
l'autre, ou d'une superficie à l'autre, le legs
d'usufruit se trouve avoir perdu son objet.

44. 3.º Les mêmes règles s'appliquent à l'hypothèque. Lorsqu'une maison, qui avait été hypothéquée, se trouve détruite, le sol reste affecté de l'hypothèque; *domo pignori data et area
ejus tenebitur* (1): quoique, dans le même cas,
l'usufruit de la maison s'éteigne par la destruction de l'édifice. La raison de la différence,
c'est que l'hypothèque est imprimée sur toute
la chose, et frappe toutes les parties de la chose
indivisiblement, tandis que le démembrement
de propriété qui constitue l'usufruit ne repose principalement que dans la superficie.
Par la constitution d'hypothèque on a voulu
pourvoir, de la manière la plus efficace, à la
sureté du créancier; et comme il vaut mieux
encore pour lui qu'il ait un gage dans le sol,
plutôt que de n'en avoir plus, lorsque l'édifice
vient à être détruit, on est censé le lui avoir
voulu conserver; tandis qu'en léguant l'usufruit
d'une maison, on n'a voulu que léguer le droit
de l'habiter ou l'occuper en totalité, conformément à sa destination; droit qui ne peut
plus exister quand il n'y a plus de maison.

Lorsque l'hypothèque ne porte que sur l'u-

---

(1) L. 21, ff. *de pignerat. actione,* lib. 13, tit. 7.

sufruit, elle s'évanouit par l'extinction de l'u-
sufruit ( 2118 ), comme l'usufruit s'évanouit lui-
même par la destruction du bâtiment sur lequel seul il est établi ( 624 ).

45.    4.º Dans le cas du legs de la propriété d'un
troupeau; si, du vivant du testateur, le nombre
des bêtes diminue tellement qu'il n'y ait plus
de quoi former un troupeau, ou une univer-
salité propre à se reproduire, ce qui reste, au
décès du testateur, n'en est pas moins dû au
légataire, comme faisant partie du tout dont
la propriété lui avait été léguée : *si grege legato, aliqua pecora, vivo testatore, mortua
essent, in eorumque locum aliqua essent sub-
stituta : eumdem gregem videri. Et si diminu-
tum ex eo grege pecus esset et vel unus bos
superesset, eum vindicari posse, quamvis grex
desiisset esse : quemadmodùm insula legata, si
combusta esset, area possit vindicari* (1). Lorsqu'au contraire on n'a légué que l'usufruit
d'un troupeau, si le nombre des bêtes est tellement réduit qu'il n'y ait plus de quoi composer un troupeau, l'usufruit n'est pas dû sur
ce qui reste : *cùm gregis ususfructus legatus
est, et usque eò numerus pervenit gregis, ut
grex non intelligatur, perit ususfructus* (2);
réduction qu'un autre texte fixe à moins de
dix pour un troupeau de moutons, et à
moins de quatre ou cinq pour un de porcs :
*quidam decem oves gregem esse putârunt : por-*

---

(1) L. 22, ff. *de legat.* 1.º
(2) L. 31, ff. *quib. mod. ususfruct. amitt.,* lib. 7, tit. 4.

*cos etiam quinque vel quatuor* (1). Il faut cependant observer que cette loi romaine sur l'extinction du droit d'usufruit d'un troupeau, ne peut être adaptée à notre droit actuel qu'avec une modification considérable.

Elle est telle, par la généralité de ses expressions, qu'elle doit être entendue soit d'un legs d'usufruit dont le droit n'est pas encore ouvert, soit de celui qui serait déjà ouvert et acquis : néanmoins, nous verrons plus bas que, d'après les dispositions du code civil, on ne pourrait plus adopter cette décision pour l'extinction de l'usufruit qui serait ouvert et acquis à l'usufruitier.

## COMPARAISON
### Des Droits d'usufruit et d'usage.

46. L'usage est le droit accordé à quelqu'un de se servir de la chose appartenant à un autre, ou d'en percevoir les fruits et émolumens, jusqu'à concurrence de ce qui lui est nécessaire pour ses besoins et ceux de sa famille ( 630 ).

47. Ce droit convient avec l'usufruit en plusieurs points sous le rapport desquels il est permis d'argumenter de l'un à l'autre.

D'abord, il s'établit comme l'usufruit, ou par acte entre-vifs ou par disposition de dernière volonté, et s'éteint de même par abus de jouissance, par consolidation du droit de propriété, par la perte de la chose, par la mort de l'usager.

Comme l'usufruit, il a la nature d'une servitude personnelle, puisque c'est un droit inhé-

(1) L. 3, ff. *de abigeis,* lib. 47, tit. 14.

rent

rent à la personne, et qu'il ne peut s'exercer que sur la chose d'autrui.

Mais, quoique le droit d'usage soit assimilé à celui d'usufruit sous plusieurs points de vue, il en diffère néanmoins essentiellement sous beaucoup d'autres.

L'usufruitier a le droit de percevoir tous les fruits du fonds, même *ad compendium;* en sorte qu'il peut vendre, à son profit, tous ceux qui ne sont pas nécessaires à sa consommation : l'usager, au contraire, n'a le droit d'en prendre que jusqu'à concurrence de la mesure de ses besoins; d'où il résulte que le droit d'usufruit ne peut être sans celui d'usage, puisqu'il s'étend à toutes les commodités du fonds; et qu'au contraire le droit d'usage peut être sans celui d'usufruit (1), puisqu'il ne s'étend qu'à une partie du produit de l'héritage qui y est soumis. Il résulte encore de là, que si on a légué, sur le même fonds, l'usufruit à l'un et l'usage à l'autre, c'est l'usager qui doit, en premier ordre, percevoir ce qui lui est nécessaire, puisqu'il a à exercer un droit dont la limite est déterminée jusqu'à une quotité fixe, et que l'usufruitier ne doit avoir que le surplus, puisque son droit est indéfini sous le rapport de sa quantité : *Si alii usus et alii fructus ejusdem rei legetur, id percipit fructuarius quod usuario supererit* (2).

Il y a encore, entre ces deux droits, des différences très-remarquables, résultant de ce

(1) L. 14, §. 1, ff. *de usu et habit.,* lib. 7, tit. 8.
(2) L. 42, ff. *de usufructu,* lib. 7, tit. 1.

que celui d'usage doit être étendu jusqu'à la quantité des émolumens qui sont nécessaires à l'usager, et doit se terminer seulement au point où la mesure se trouve fixée par la nécessité; tandis que l'usufruit comprend indistinctement tous les revenus du fonds; car de là il suit :

48.   1.º Que le droit d'usage, considéré en lui-même et comme droit de servitude, est indivisible, puisqu'on ne doit le restreindre au-dessous, ni le porter au-delà de la limite qui lui est assignée par la loi de sa nature, et qu'il s'applique, de même que l'hypothèque, à tout le fonds et à toutes les parties du fonds qui en est grevé; tandis que l'usufruit est un droit divisible comme les émolumens qui en sont l'objet, ou comme le fonds sur lequel il est établi : *Usús pars legari non potest : nam frui quidem pro parte possumus ; uti pro parte non possumus* (1).

2.º Qu'il ne peut y avoir lieu au droit d'accroissement entre deux légataires conjoints dans un legs de droit d'usage, puisque la quantité que chacun d'eux doit obtenir est limitée par la mesure de ses besoins alimentaires ; *per fideicommissum fructu prædiorum ob alimenta libertis relicto, partium emolumentum ex personá vitá decedentium, ad dominum proprietatis recurrit* (2) ; tandis que le droit d'accroissement s'exerce entre les colégataires de l'usufruit, comme entre ceux de la propriété.

Cependant, si, dans le fait, les fruits du fonds sur lequel on avait assigné un droit d'usage à

---

(1) L. 19, ff. *de usu et habit.*, lib. 7, tit. 8.
(2) L. 57, §. 1, ff. *de usufructu*, lib. 7, tit. 1.

plusieurs, ne suffisaient pas pour satisfaire aux besoins de tous, l'un des légataires venant à manquer, les autres devraient profiter de la portion vacante, jusqu'à concurrence de ce qui leur serait nécessaire.

Sous le rapport de son étendue, le droit d'usage est plus rigoureusement personnel dans l'usager, que celui de l'usufruit dans l'usufruitier ; car l'usage étant borné à la mesure des besoins de la personne qui en jouit, mesure qui ne serait pas la même dans un autre individu, il faut en conclure que ce droit ne pourrait être ni loué, ni cédé à un autre (631), ni conséquemment hypothéqué par l'usager; tandis que l'usufruit est susceptible d'être loué, ou cédé à un autre (595), ou hypothéqué pour le temps de sa durée (2118).

49. Mais, sous le rapport de son terme, ou de sa durée, l'usufruit est, à son tour, plus rigoureusement personnel et intransmissible aux successeurs de l'usufruitier, que le droit d'usage à ceux de l'usager.

Si, en effet, le droit d'usufruit, établi sur un fonds, pouvait être perpétuellement transmissible aux successeurs de l'usufruitier, le droit de propriété ne serait plus rien, puisque le propriétaire n'aurait pas même l'expectative de percevoir un jour quelque chose sur le produit du fonds: il faut donc, de toute nécessité, que l'usufruit s'éteigne par le décès soit de l'usufruitier unique qui aurait été seul appelé à en jouir, soit par le décès des autres légataires qui pourraient avoir été nominativement appelés à la même jouissance après lui, dans le cas où le droit serait établi sur plusieurs têtes déterminées, sans qu'il puisse jamais être indéfiniment transmissible; tandis qu'au contraire le droit d'usage n'absorbant pas tous les produits du fonds, et son exercice ne rendant pas nul le droit de propriété dans les mains du maître, il n'y a pas de contradiction à le rendre perpétuel dans sa durée comme il l'est effectivement, lorsqu'il est accordé à une corporation ou à un établissement public, ainsi que nous le verrons dans la suite de cet ouvrage.

Il y a plus : on peut établir, sur une forêt, un droit d'usage aux échalas, pour l'entretien d'une vigne (1); un droit d'usage au bois de chauffage, pour les habitans d'une maison ; un droit d'usage au parcours, pour les bestiaux nécessaires à l'exploitation d'une ferme. Dans tous ces cas, le droit d'usage participe de la nature des servitudes réelles établies sur un fonds, pour l'avantage et l'utilité d'un héritage appartenant à un autre propriétaire, et il devient par-là même transmissible à tout successeur, même à titre singulier, qui se trouve revêtu du droit de propriété de la vigne, de la maison ou du domaine, pour l'avantage desquels il a été établi : mais ce caractère que l'usage peut emprunter de la servitude réelle, serait absolument inconciliable avec la nature du droit d'usufruit qui ne peut cesser d'être essentiellement un droit personnel.

---

(1) L. 6, §. 1, ff. *de servit. præd. rustic.*, lib. 8, tit. 3.

COMPARAISON
## Du Legs d'usufruit avec celui des revenus d'un fonds.

50. Léguer à quelqu'un les revenus d'un fonds, n'est pas lui léguer le fonds en propriété ; le légataire ne pourrait donc, en vertu d'une pareille disposition, revendiquer l'héritage comme sien. Cependant le domaine de la chose ne doit pas être perpétuellement inutile, ou même à charge à son maître, et c'est ce qui arriverait si le legs des revenus était, de sa nature, perpétuel dans sa durée ; d'où l'on doit tirer cette première conséquence, que cette espèce de legs et celui d'usufruit sont de même nature, en ce qu'ils doivent s'éteindre l'un et l'autre par la mort du légataire, sans être transmissibles à ses héritiers, à moins d'une disposition expresse, qui les établisse sur plusieurs têtes ; et c'est ainsi que le décide la loi romaine : *Patrimonii mei reditum omnibus annis uxori meæ dari volo. Aristo respondit, ad hæredem uxoris non transire : quia aut usuifructui simile esset, aut huic legato, in annos singulos* (1).

D'autre part, il ne faut pas confondre le revenu d'un fonds avec les fruits en nature. Le revenu ne s'étend pas à la valeur totale du produit ; il ne comprend que ce qu'on peut tirer du fermier pour prix de son fermage. La perception des revenus ne se rattache point à la détention du fonds : elle ne suppose point que celui qui en profite, jouisse lui-même de l'héritage, puisque l'objet de cette perception consiste dans

---

(1) L. 22, ff. *de usufruct. legat.*, lib. 33, tit. 2.

une valeur de convention qui doit être payée par le tiers détenteur cultivant le fonds.

Léguer à quelqu'un, en totalité ou en partie, les revenus d'un domaine, n'est donc pas lui léguer le droit d'en jouir par lui-même, mais seulement celui d'exiger de l'héritier une prestation annuelle correspondant à la valeur totale ou partielle du produit net; un pareil legs n'est donc point un legs d'usufruit, puisque l'usufruitier a essentiellement le droit d'exiger la délivrance du fonds (1): *Sempronio do, lego ex redactu fructuum, oleris et porrinæ, quæ habeo in agro Farrariorum, partem sextam: quæritur an his verbis ususfructus legatus videatur? Respondi, non usumfructum, sed ex eo quod redactum esset, partem legatam* (2).

Le legs des revenus et celui de l'usufruit d'un fonds diffèrent donc essentiellement:

1.º En ce que, par le legs des revenus, on n'impose aucune servitude personnelle sur le fonds, comme par celui d'usufruit;

2.º En ce que le legs des revenus est totalement mobilier; tandis que celui d'usufruit d'un immeuble est immobilier dans son objet.

3.º Dans le legs d'usufruit l'héritier n'a qu'une chose à livrer, c'est la jouissance du fonds même: dans celui des revenus au contraire, l'héritier a le choix ou de livrer les fruits du fonds en nature, sauf toute déduction des frais de culture et de semence, ainsi que des impôts; ou de payer annuellement la valeur estimative du produit net

---

(1) Voy. sous le n.º 2.
(2) L. 58, §. 1, ff. *de usufructu*, lib. 7, tit. 1.

de l'héritage (1) ; et en ce dernier cas, le legs de revenus n'est plus, dans son exécution, qu'un legs de fruits civils qui échoient jour par jour.

4.º Le legs du revenu n'emporte aucun démembrement de propriété, et n'est conséquemment pas susceptible d'être hypothéqué dans son objet, comme celui d'usufruit.

5.º Dans le cas du legs d'usufruit, l'héritier ne peut disposer que de la nue propriété du fonds; tandis que dans le cas du legs des revenus, l'héritier n'étant chargé que d'en servir la rente, peut aliéner à son gré le fonds en plein domaine : *Fundi Æbutiani reditus uxori meæ quoad vivat dari volo : quæro, an possit tutor hæredis fundum vendere, et legatario offerre quantitatem annuam, quam vivo patre-familiâs ex locatione fundi redigere consueverat? Respondit, posse* (2).

6.º En exécution du legs de revenu, le légataire ne peut pas exiger la jouissance du fonds, comme il le peut dans le cas de l'usufruit : *Item quæro, an habitare impunè prohiberi possit? Respondit, non esse obstrictum hæredem ad habitationem præstandam* (3).

7.º Dans le cas du legs de revenu, le légataire n'étant pas mis en possession du fonds, n'est point tenu de le réparer comme s'il en était usufruitier.

8.º L'héritier lui-même n'est pas obligé de ré-

---

(1) *Argumentum* ex l. 26, §. 2, ff. *de legat.* 1.º; et ex l. 32, §. 8, ff. *de usufruct. legat.*, lib. 33, tit. 2. Vide et Cujacium ad l. 38, ff. *eod.*

(2) L. 38, ff. *de usufruct. legat.*, lib. 33, tit. 2.

(3) D. l. 38, ff. *eod.*

parer le fonds dont le revenu a été légué, parce que personne ne peut être obligé à rien dans son propre intérêt. Mais, si, par son fait, il causait des dégradations qui atténuassent le revenu, il en serait responsable envers le légataire : *Item quœro, an compellendus sit hœres reficere prœdium? Respondit, si hœredis facto minores reditus facti essent, legatarium rectè desiderare, quod ob eam rem deminutum sit* (1).

9.° Dans le cas du legs d'usufruit, le légataire ayant droit d'exiger la délivrance du fonds en l'état où il se trouve, doit obtenir tous les fruits pendans par racines, sans aucune déduction pour frais de culture : il n'en est pas de même dans l'exécution du legs de revenus; ici, le montant de la prestation due au légataire ne doit être estimé que déduction faite des impenses de culture, comme dans tous comptes et rapports de fruits à faire par un tiers possesseur; *fructus eos esse constat, qui, deductâ impensâ, supererunt* (2). Il y a plus; le légataire doit être obligé de souffrir, en outre, une réduction égale à la charge de l'impôt foncier assis sur l'immeuble, parce que le montant du revenu est nécessairement diminué par les charges qu'il doit supporter (3).

51. Lorsque le revenu d'un fonds a été légué et que l'héritier vend cet immeuble à un tiers, pourrait-il offrir au légataire l'intérêt annuel du prix de la vente, pour lui tenir lieu de la prestation qui lui est due? Non; dit le jurisconsulte

---

(1) D. l. 38, ff. *eod.*
(2) L. 7, ff. *solut. matrimonio,* lib. 24, tit. 3.
(3) Vid. l. 32, §. 9, ff. *de usufruct. legat.,* lib. 33, tit. 2.

Scævola, parce que le légataire ne peut être tenu
de supporter la chance d'une vente faite, à trop
bas prix, par le propriétaire : *Liberto suo ita le-*
*gavit : præstari volo Philoni, usque dùm vivet,*
*quinquagesimam omnis reditûs, quæ prædiis à*
*colonis vel emptoribus fructus ex consuetudine*
*domus meæ præstantur : hæredes prædia ven-*
*diderunt, ex quorum reditu quinquagesima re-*
*licta est. Quæsitum est, an pretii usuræ, quæ*
*ex consuetudine in provinciá præstarentur, quin-*
*quagesima debeatur? Respondit, reditûs quinqua-*
*gesimas legatas, licet prædia vendita sunt* (1).

. Dans le même cas, le légataire aurait-il le
droit de suite sur l'immeuble, entre les mains de
l'acquéreur, pour en exiger la prestation annuelle qui ne serait pas payée par l'héritier,
comme il l'aurait, s'il s'agissait d'une rente foncière ? Non ; dit Cujas (2), puisque le legs des revenus se réduit à une simple prestation annuelle,
et qu'ainsi, il n'imprime aucune servitude ni réelle
ni personnelle sur le fonds ; c'est aussi ce que décide positivement la loi romaine : *Paulus res-*
*pondit, servitutem constitutam non videri, neque*
*in personam, neque in rem* (3). D'où il résulte
encore, comme le dit le même auteur, que,
dans l'exécution de cette espèce de legs, l'héritier, même lorsqu'il continue à posséder le fonds,
a le choix ou de délivrer au légataire le revenu
en nature, sauf la déduction dont nous avons
parlé, ou de lui en offrir l'estimation.

---

(1) L. 21, ff. *de annuis legat.*, lib. 33, tit. 1.
(2) In comment. ad leg. 38, ff. *de usufruct. legat.*
(3) L. 12, ff. *de annuis legat.*, lib. 33, tit. 1.

52. Mais, dans quelle classe doit-on ranger le legs des fruits d'un fonds? Est-il de même nature que celui d'usufruit, ou que celui des revenus?

Les fruits ne sont point un droit, mais bien une chose corporelle: l'usufruit au contraire est un droit incorporel et non pas une chose physique; donc un simple legs de fruits n'est pas un legs d'usufruit.

Néanmoins le legs des fruits *annuels* d'un fonds emporte le droit d'usufruit: *Si quis ita legaverit: fructus annuos fundi Corneliani Caio Mævio do, lego : perindè accipi debet hic sermo, ac si ususfructus fundi esset legatus* (1). Dans ce cas, ce n'est point un legs de revenus qui a été fait, parce que le légataire doit être mis en jouissance pour percevoir ces fruits : c'est au contraire un véritable legs d'usufruit que le testateur est censé avoir voulu faire, puisqu'il a accordé au légataire le droit de percevoir annuellement et par ses mains le produit du fonds, en nature (2).

### COMPARAISON
*Du Droit d'usufruit avec celui qui appartient à l'héritier envoyé en possession des biens de l'absent.*

53. Lorsqu'un homme a été mis en déclaration d'absence, son héritier présomptif est autorisé à demander l'envoi en possession provisoire de ses biens, jusqu'à ce qu'il reparaisse, ou qu'on ait de ses nouvelles; sous l'obligation toutefois de rendre compte à l'absent du cinquième des

---

(1) L. 20, ff. *de usufruct.*, lib. 7, tit. 1.
(2) Voyez dans Menochius, præsumpt. lib. 4, præsumpt. 136.

fruits, s'il revient, ou qu'on ait de ses nouvelles dans les quinze ans depuis sa disparition, ou du dixième s'il ne reparaît qu'après les quinze, mais avant les trente ans ( 127 ).

Ce droit de jouissance accordé par la loi à l'héritier envoyé en possession des biens de l'absent, a bien quelque similitude avec le droit d'usufruit; mais, pour peu qu'on y réfléchisse, on voit cependant qu'il en diffère essentiellement.

L'envoyé en possession jouit, en effet, des biens de l'absent, mais il n'en jouit que par rapport à la présomption de mort du propriétaire à l'hérédité duquel il est appelé : il en jouit donc comme héritier provisoirement mis en possession, c'est-à-dire, comme propriétaire présumé; qualité qui est exclusive de celle d'usufruitier.

Sous quelques rapports qu'on envisage l'usufruitier, il n'est toujours qu'un simple dépositaire-gardien de la propriété, sans avoir, à ce sujet, les actions du maître. Il n'en est pas de même de l'héritier envoyé en possession; car, quoique celui-ci ne soit également que dépositaire-gardien du fonds, comparativement à l'absent, il a néanmoins durant sa possession, même provisoire, toutes les actions du maître, lorsqu'il est question d'agir (817), ou de défendre contre des tiers (154), en sorte qu'il est à leur égard contradicteur légitime pour l'absent ; tandis que l'usufruitier ne peut jamais compromettre les droits du propriétaire.

Les droits de l'usufruitier sont immuables, parce que sa condition est fixe : ceux de l'héri-

tier envoyé en possession sont au contraire soumis à des chances différentes, parce que sa condition n'est pas définitivement déterminée, et
qu'il est possible qu'en dernière analyse il doive
être regardé comme propriétaire, ou traité
comme administrateur seulement.

Pour bien apprécier les droits de cette possession, il faut en faire l'application aux deux
hypothèses qui peuvent éventuellement se présenter, et qui sont celle du retour, et celle du
non-retour de l'absent.

Lorsque l'absent ne reparaît pas, l'héritier,
définitivement confirmé dans sa possession, n'est
censé avoir joui dès le principe, que comme
étant propriétaire lui-même en sa qualité de
successeur légitime du premier maître de la
chose, et il n'y a aucune époque à laquelle
on puisse dire qu'il ait eu la qualité d'un
simple usufruitier.

Si au contraire l'absent reparaît, la cause de
l'héritier envoyé en possession se présente sous
un autre aspect : mais elle n'est toujours pas celle
d'un usufruitier; c'est celle d'un administrateur.

Dans ce cas, en effet, la possession provisoire
n'est considérée que comme un dépôt donnant
à l'héritier la gestion des biens de l'absent à
charge de lui rendre compte (125); et la loi
lui accorde même des pouvoirs très-étendus,
pour cette administration, puisqu'elle ne lui
refuse que celui d'aliéner ou d'hypothéquer les
immeubles (128), par acte purement libre et
volontaire.

Ainsi, lorsque l'héritier présomptif obtient du

tribunal la possession provisoire des biens de
son parent, la justice qui, dans cette cause,
stipule au nom de l'absent, nomme réellement
à celui-ci, pour le cas où il reparaîtra, un
administrateur ou un fondé de pouvoir chargé
de tout ce qui a rapport à la conservation et
à la gestion des biens. Et si cet administrateur conserve une partie des revenus lorsqu'il
rend son compte, ce droit ne change rien à la
nature de son titre. Il en résulte seulement
qu'au lieu de le charger d'un mandat gratuit,
la loi a voulu qu'il eût une récompense, pour
qu'il fût engagé, par cet avantage, à employer
tous ses soins dans sa gestion; en sorte que cette
espèce d'association de jouissance, rémunéra-
toire des travaux de l'administrateur comptable,
n'a toujours rien qui caractérise un droit d'u-
sufruit.

Une autre différence entre la cause de l'usufruitier et celle de l'héritier envoyé en possession provisoire, c'est que la possession de l'usufruitier est toujours précaire; que le terme lui
en est connu, et qu'il n'a aucune expectative
d'être un jour propriétaire du fonds : tandis
que l'héritier envoyé en possession peut croire
de bonne foi au décès de l'absent, et se regar-
der dès à présent comme propriétaire; et en
cas de doute où d'incertitude, il a au moins
l'expectative d'être confirmé dans cette propriété, si l'absent ne reparaît point.

Les actes et les droits de l'un et l'autre ne
doivent donc pas être soumis aux mêmes règles,
puisqu'en principes, tout est différent dans leur

cause; et de là résultent plusieurs conséquences remarquables :

54. *La première;* que si les règles particulières établies par la loi, sur la durée des baux stipulés avec l'usufruitier, peuvent être, en certains cas, invoquées, par raisonnement de comparaison, sur l'exécution de ceux qui auraient été consentis par l'héritier envoyé en possession provisoire, on doit convenir qu'elles ne sont pas rigoureusement applicables à ceux-ci; qu'en conséquence, et en thèse générale, l'absent qui reparaît est tenu de l'exécution des baux qui ont été faits ou renouvelés, même par anticipation, de bonne foi et sans fraude, par le possesseur provisoire; et qu'il doit les exécuter même au-delà de la période des neuf ans dans laquelle on se trouve lors de son retour, s'ils ont été stipulés pour un plus long cours : parce qu'ils ne sont par eux-mêmes que des actes d'administration, et que le possesseur qui les a stipulés en sa qualité d'administrateur, ou de procureur fondé en titre, n'a rien fait d'incompétent ou d'étranger à ses pouvoirs.

55. *La seconde;* que si, durant l'absence déclarée, il a été rendu, sur des questions de propriété, quelques jugemens contre l'héritier envoyé en possession provisoire, l'absent qui reparaît se trouve passible de l'exception de la chose jugée, sans pouvoir former tierce opposition à ces jugemens, attendu qu'il y a été représenté par un contradicteur légitime dans la personne de l'héritier envoyé en possession; tandis que les jugemens qui auraient été rendus contre l'usufruitier sur les droits de propriété soumis à sa

jouissance ne pourraient jamais être opposés au propriétaire.

56. *La troisième;* qu'encore que la loi n'accorde à l'usufruitier aucune action en reprise pour les améliorations qu'il a faites dans le fonds (599), l'absent qui reparaît ne peut néanmoins refuser de tenir compte de celles qui auraient été faites par l'héritier envoyé en possession provisoire, jusqu'à concurrence de l'augmentation de valeur qu'il trouve dans l'immeuble, parce que ce possesseur doit être présumé n'avoir agi que dans l'expectative où il était de se voir un jour confirmé en la propriété du fonds; que n'ayant voulu améliorer que pour lui-même, sans agir par esprit de libéralité envers l'absent, celui-ci se trouve soumis au principe général qui ne permet à personne de vouloir s'enrichir aux dépens d'autrui, et que l'exception particulière apportée à ce principe dans la cause de l'usufruitier, n'ayant pas ici le même fondement, ne doit point être étendue à la cause de l'héritier provisoire.

57. *La quatrième;* qu'on doit porter la même décision, et à plus forte raison encore, en ce qui concerne les grosses réparations qui, par leur nature, sont une charge de la propriété, avec cette différence néanmoins que les améliorations ne doivent être payées que jusqu'à concurrence de la plus-value du fonds; tandis qu'on doit rembourser toute la somme que les grosses réparations ont coûté, ou raisonnablement dû coûter.

Mais en ce qui touche aux réparations d'entretien, du moins aux réparations d'entretien ordinaire, comme, dans les termes du droit commun, elles sont une charge des fruits, l'absent et l'héritier provisoire doivent y concourir chacun dans la proportion du montant des revenus dont ils profitent.

COMPARAISON

*Du Legs d'usufruit et du Legs annuel.*

58.  Le legs annuel, dit Domat, est celui par lequel le testateur assigne à quelqu'un, par forme de pension, une certaine somme d'argent, ou une certaine quantité de denrées, à payer chaque année par son héritier.

Nous disons, *par forme de pension ;* car si le legs était étranger à toute cause renaissante, ou plutôt s'il ne consistait que dans le don d'un capital divisé en plusieurs annuités pour en faciliter le paiement, il serait d'une autre nature que le legs annuel ; et le légataire mourant avant les années d'atermoiement, transmettrait tous ses droits à ses héritiers : *Si verò non pro alimentis legavit, sed in plures pensiones divisit, exonerandi hæredis gratiâ, hoc casu ait, omnium annorum unum esse legatum; et intra decennium decedentem legatarium, etiam futurorum annorum, legatum ad hæredem suum transmittere. Quæ sententia vera est* (1).

Le legs d'une rente viagère, ou d'une pension, a cela de particulier, que les arrérages

––––––––––––––––

(1) L. 20, ff. *quandò dies legatorum cedat,* lib. 36, tit. 2.

en sont dus dès la mort du testateur, et avant toute demande en justice, lorsque la libéralité a été faite à titre d'alimens ( 1015, §. 2. )

Le legs annuel peut être fait pour un temps déterminé, ou pour toute la vie du légataire; et quoique le testateur n'ait point expressément donné à l'objet de sa libéralité, la qualification de rente viagère ou de pension, néanmoins elle ne passe point aux héritiers du légataire, sans une disposition expresse qui l'ordonne ainsi : *Si in annos singulos alicui legatum sit; Sabinus ( cujus sententia vera est ), plura legata ait, primi anni purum, sequentium conditionale : videri enim hanc inesse conditionem, si vivat : et ideò mortuo eo, ad hæredem legatum non transire* (1). Le legs d'usufruit et le legs annuel ont donc cela de commun, que l'un et l'autre s'étendent à toute la vie et ne s'éteignent qu'à la mort du légataire, quand le testateur ne leur a point assigné d'autre terme.

Mais le legs annuel diffère du legs d'usufruit, 1.º en ce que celui-ci ne peut jamais être perpétuel dans sa durée, parce que cela anéantirait le droit de propriété; tandis que le legs annuel peut être fait non-seulement au profit du légataire, mais encore pour l'avantage de ses héritiers à l'infini : *In annalibus legatis vel fideicommissis, quæ testator non solùm certæ personæ, sed et ejus hæredibus, præstari voluit, eorum exactionem omnibus hæredibus, et eorum*

---

(1) L. 4, ff. *de annuis legat.*, lib. 33, tit. 1.

*hæredum hæredibus, servari pro voluntate les-
tatoris præcipimus* (1).

Il en diffère, 2.° en ce que le legs d'usufruit,
fait au profit d'une commune ou d'un établissement public, est, de plein droit, borné à trente
ans dans sa durée (619); tandis que le legs annuel est présumé fait pour toujours, par cela
seul qu'il a été assigné au profit d'un corps per-
manent, ou d'un établissement public (2).

Il en diffère, 3.° en ce que le legs d'usufruit
d'un immeuble est lui-même immobilier, et emporte constitution d'une servitude personnelle
sur le fonds; tandis que le legs annuel ne peut
être qu'une créance mobilière.

Il en diffère, 4.° en ce que le legs d'usufruit
s'éteint par la mort civile (3), comme par la
mort naturelle (617) de l'usufruitier; tandis que
la rente viagère ne s'éteint qu'à la mort naturelle de celui qui en est propriétaire (1982);
en sorte que, dit M. Touillier (4), le paiement
doit en être continué pendant la vie naturelle
du rentier, soit à lui, si elle a la nature de rente
alimentaire, soit, dans le cas contraire, à ses
héritiers, mais sans être dispensés de prouver
l'existence du condamné, par un certificat de
vie.

Il en diffère, 5.° en ce que, comme le dit
Domat, si les fonds sujets à l'usufruit ne produi-
saient rien, le droit de l'usufruitier se trouverait

---

(1) L. 22, cod. *de legat.,* lib. 6, tit. 37.

(2) L. 23 et 24, ff. *de annuis legat.,* lib. 33, tit. 1.

(3) L. 8, ff. *de annuis legat.,* lib. 33, tit. 1.

(4) Le droit civil français, tom. 1, pag. 216.

sans usage; mais le legs d'une certaine quantité de grains, vins ou autres choses, est indépendant de ce qui peut se trouver dans la récolte. Et quand même un tel legs serait assigné à prendre sur les récoltes de chaque année, il ne laisserait pas d'être dû, lorsqu'il n'y aurait aucune récolte; pourvu que celles des années précédentes pussent y suffire, et que l'intention du testateur ne fût pas contraire : *Vini Falerni quod domi nasceretur quotannis, in annos singulos binos culeos hæres meus Attio dato : etiam pro eo anno, quo nihil vini datum est, deberi duos culeos; si modò ex vindemiâ cæterorum annorum dari possit* (1). *Quæ sententia, si voluntas non adversetur, mihi quoque placet* (2).

59.  Suivant la disposition du droit romain, dès que l'année est commencée, le legs annuel est acquis, même dans le futur, pour toute l'annuité correspondante à l'année ouverte : *in omnibus quæ in annos singulos relinquuntur, hoc probaverunt ut initio cujusque anni hujus legati dies cederet* (3). En sorte que le légataire peut dèslors exiger le payement entier de la prestation due pour toute l'année (4), et que s'il meurt sans l'avoir reçue, il transmet à ses héritiers son droit à ce sujet (5) : cette disposition est fondée, dit Domat, sur ce qu'il est naturel qu'un legs qui

--------

(1) L. 17, §. 1, ff. *de annuis leg.*, lib. 33, tit. 1.

(2) L. 13, ff. *de tritico et vino legat.*, lib. 33, tit. 6.

(3) L. 12, §. 1, ff. *quandò dies legat. cedat*, lib. 36, tit. 2.

(4) L. 1, cod. *quandò dies legat. ced.*, lib. 6, tit. 53.

(5) L. 8, ff. *de annuis legatis*, lib. 33, tit. 1.

tient lieu d'un fonds pour l'entretien, soit acquis
par avance, afin que le légataire puisse ainsi pourvoir aux approvisionnemens qui lui sont nécessaires pour son année. Mais cette jurisprudence
doit-elle encore avoir lieu sous l'empire de notre
législation actuelle?

Nous ne le pensons pas; et la solution négative
de cette question résulte, soit des principes généraux du code, soit même du texte de l'article 1980.

Et d'abord les principes généraux établis dans
le code civil sur l'échéance des intérêts des rentes,
résistent à ce qu'on admette encore aujourd'hui
la décision de la loi romaine sur ce point; car
les prestations successivement dues pour l'acquit
d'une rente viagère, ne sont autre chose que des
fruits civils : or, le code déclare généralement
que tous les fruits de cette espèce ne s'acquièrent
que jour par jour (586); donc on n'en doit pas
l'annuité tout entière dès le premier jour où ils
commencent à courir.

Aux termes de l'article 1015, les intérêts ou
fruits de la chose léguée ne courent au profit du
légataire, avant toute demande en délivrance
formée de sa part, que dans deux cas : l'un, si
le testateur l'a expressément ordonné : l'autre,
lorsqu'il s'agit d'une rente viagère léguée à titre
d'alimens : or, dire que les intérêts courent, c'est
dire, en d'autres termes, qu'ils échoient jour
par jour, puisque leur cours n'a pas d'autre effet
que celui de cette échéance journalière; donc ils
ne sont point exigibles d'avance et par annuité,

puisqu'on ne peut exiger le payement que de ceux qui ont couru et qui sont échus.

Enfin, aux termes de l'article 1980, la rente viagère n'est acquise au propriétaire, que dans la proportion du nombre de jours qu'il a vécu, à moins qu'il n'ait été convenu qu'elle serait payée d'avance; donc, abstraction faite de toute stipulation qui en ordonnerait le payement d'a-vance, la rente viagère n'est due qu'au fur et à mesure de son échéance.

Vainement voudrait-on dire qu'il ne s'agit, dans cet article, que de rentes viagères éta-blies par contrat; cette objection ne serait d'au-cune considération, soit parce que, dans ce texte, les auteurs du code n'ont fait qu'exprimer plus explicitement le principe déjà établi par l'article 1015, pour le cas où la rente viagère est l'effet d'une disposition testamentaire; soit parce qu'il résulte de l'article 1969, que, dans ce même chapitre, on avait aussi en vue les rentes consti-tuées par legs.

60. LE LEGS d'alimens est aussi un legs annuel et viager; mais il a un caractère particulier qui le distingue de la rente viagère ordinaire, même lorsqu'elle est léguée à titre d'alimens.

On entend par legs d'alimens proprement dit, celui par lequel le testateur donne, soit en ar-gent, soit en denrées, à quelqu'un ce qu'il lui faut pour sa nourriture et son entretien, sans fixer le montant de la prestation qui doit rem-plir cet objet.

Le legs d'alimens s'étend à tout ce qui est né-cessaire, non-seulement pour la nourriture de

l'homme, mais encore pour son logement et son
vêtement (1), parce qu'il faut ces trois espèces
de choses pour satisfaire aux besoins corporels
de la vie.

Ce legs est de même nature qu'une pension
viagère, en tant que l'un et l'autre sont également annuels : que dans l'un comme dans l'autre,
le cours ou les arrérages échoient jour par jour,
comme fruits civils ; et qu'enfin l'un s'éteint
comme l'autre par la mort naturelle seulement et
non par la mort civile du légataire, lorsque le
testateur n'a assigné aucun autre terme à sa libéralité.

Mais le legs d'alimens diffère de celui de la
rente viagère, en ce que, quand on cède simplement à quelqu'un des alimens, la prestation
à payer par l'héritier n'étant point déterminée
par le testateur, doit être annuellement fixée,
suivant la mesure des besoins du légataire, à
moins que les parties ne conviennent, une fois
pour toutes, d'un abonnement perpétuel; tandis
que, dans le cas de la rente viagère, la prestation
annuelle est invariablement fixée par la disposition du testateur.

Lorsqu'il s'agit de déterminer le montant de
la prestation alimentaire, la loi romaine nous
indique comme circonstances auxquelles on doit
prendre égard, la condition du légataire, les
habitudes libérales du testateur, l'affection plus
ou moins grande qu'il lui portait, et le montant
plus ou moins considérable des revenus de l'hé-

---

(1) L. 6, ff. *de aliment. legat.*, lib. 34, tit. 1.

rédité: *Cùm alimenta per fideicommissum relicta
sunt, non adjectâ quantitate ; ante omnia ins-
piciendum est, quæ defunctus solitus erat ei præstare ; deindè quid cæteris ejusdem ordinis reliquerit ; si neutrum apparuerit, tum ex facultatibus defuncti, et caritate ejus, cui fideicommissum datum erit, modus statui debebit* (1).

61. Sous les rapports de l'étendue des droits, le
legs de la rente viagère se rapproche plus de celui d'usufruit, et le legs d'alimens a plus de similitude avec celui d'usage.

En effet, comme l'usufruitier a droit de recueillir tous les fruits du fonds, pour en faire son
profit, soit qu'ils excèdent, ou non, ce qui est
nécessaire à sa consommation ; de même le légataire de la rente viagère est en droit d'en percevoir tous les arrérages lors même qu'ils seraient
bien au-dessus de ses besoins et qu'ils lui four-
niraient une source d'épargnes : au contraire,
dans le cas d'un legs d'usage ou d'alimens, le légataire ne peut toujours obtenir que ce qui correspond à la mesure de ses besoins ; et de cette
différence il en résulte encore une autre : c'est
que dans le legs d'usufruit ou de rente viagère,
la conjonction entre colégataires doit donner lieu
à l'exercice du droit d'accroissement, ce qui ne
peut être dans les legs d'usage ou d'alimens, par
la raison qu'ici les droits des parties prenantes
sont essentiellement limités (2).

---

(1) L. 22 in princip., ff. *de aliment. legat.,* lib. 34,
tit. 1.

(2) Voy. dans VoET, sur le digeste *de usufructu accres-
cendo,* lib. 7, tit. 2, n.° 3.

Mais, sous un autre point de vue, il y a une grande différence entre le droit d'usage et le legs d'alimens.

Celui qui lègue un droit d'usage sur un fonds, lègue un droit immobilier qui suit l'héritage en quelques mains qu'il passe, un droit de servitude personnelle qui s'exerce indivisiblement sur le fonds, soit que l'héritage n'appartienne qu'à un, soit qu'il appartienne à plusieurs héritiers, comme si c'était un droit d'hypothèque; tandis que celui qui fait un legs d'alimens n'établit qu'une créance purement mobilière à la charge de toute la succession; créance divisible et dont ses héritiers, en quelque nombre qu'ils soient, ne sont personnellement et chacun tenus que dans la proportion de leur quote héréditaire (1); sauf à prendre, lors du partage de la succession, les précautions sagement indiquées dans les lois tant anciennes (2) que nouvelles (826) pour assurer le payement des créanciers sur quelques objets mis en réserve, ou placés dans le lot d'un seul héritier qui en demeurerait chargé.

62. Il ne faut pas non plus confondre le legs d'alimens avec la dette alimentaire qui est fondée sur les devoirs de la parenté entre les divers membres d'une même famille.

Le legs d'alimens étant une créance fondée sur un titre, le payement en est dû sans prendre égard à la question de savoir si le légataire est

_____

(1) Voy. dans Dumoulin, *de divid. et individ.,* part. 2, n.° 238; et dans Voet, sur le digeste *de alimentis legat.,* n.° 5.

(2) L. 3, ff. *de aliment. legat.,* lib. 34, tit. I.

'réellement ou pauvre ou riche; en conséquence, qu'il parvienne ou non à meilleure fortune, par la suite, sa créance reste la même; comme si l'héritier vient à se ruiner, il n'en reste pas moins débiteur de la prestation dont il a été chargé par le testateur.

Il en est tout autrement dans la dette légale des alimens : ici l'obligation n'étant fondée que sur l'état de nécessité où se trouve l'un, et sur l'état d'aisance de l'autre, si le créancier arrive à meilleure fortune, il ne lui est plus rien dû, puisque la cause de sa créance n'existe plus; comme si le débiteur tombe dans la pauvreté, il ne doit plus rien, parce que la dette n'était fondée que sur des ressources qui ne sont plus.

Le legs d'alimens n'établit qu'une dette divisible entre les héritiers, parce que c'est une charge de la succession; charge qui ne les atteint que dans la proportion suivant laquelle ils sont appelés à la succession.

Il n'en est pas ainsi de la dette légale des alimens: elle est indivisible, en ce sens que si plusieurs parens se trouvent ensemble au même degré, et que ce degré soit tel que la loi y attache l'obligation de fournir des alimens à un de leurs proches, mais que quelques-uns d'entre eux n'en aient pas les moyens, les autres qui sont dans l'aisance doivent fournir à tout ce qu'exigent les besoins de celui qui est pauvre, et n'y en eût-il qu'un ayant assez de facultés pour satisfaire à cette dette, il devrait encore l'acquitter seul en son entier, parce qu'il est tenu, en vertu d'une qualité personnelle, et que c'est comme si céux qui sont pauvres n'existaient pas, puisque la loi ne les oblige point (1).

63. Dans le cas du legs d'alimens, les divers cohéritiers qui en ont été chargés ne peuvent cesser d'en être tous codébiteurs, parce qu'ils ne peuvent cesser d'être tous héritiers : et comme la dette est entr'eux divisée de plein droit, l'insolvabilité de l'un ne peut aggraver la condition de l'autre. Il en est autrement de la dette légale des alimens : si quelques-uns des parens sont tombés dans l'état d'indigence, ils cessent d'en être tenus, et celui dont la fortune est suffisante, n'ayant plus de codébiteur, reste seul obligé à la prestation tout entière.

Nous avons dit plus haut que le legs d'alimens comporte la charge de fournir non-seulement les denrées de consommation pour la nourriture, mais encore le logement et le vêtement. Il en est de même de l'obligation alimentaire qui n'est fondée que sur la disposition de la loi, parce que, dans tous les cas, ces trois choses sont également nécessaires à la vie.

Et de-là il faut tirer cette conséquence pratique, en fait de rapport, que l'enfant ne peut être tenu de rapporter à la succession de son père les habillemens qu'il en a reçus pour son usage ordinaire, puisque le père en les lui fournissant n'avait fait qu'acquitter sa dette.

S'il en est autrement des effets qui, outre l'habillement personnel de l'enfant, lui sont livrés comme trousseau, lors de son établissement,

_____

(1) Voy. dans Surdus, *de alimentis*, tit. 9, quest. 14; et sur-tout dans le journal du palais, tom. 1, p. 756.

c'est par la raison que ces effets sont une espèce d'approvisionnement accordé par forme d'aisance dans le futur, plutôt que pour satisfaire aux besoins présens.

## COMPARAISON

*De la Constitution d'usufruit et du Fidéicommis.*

64. La constitution d'usufruit a aussi quelque similitude avec la substitution fidéicommissaire, en ce que l'usufruitier, comme le grevé de substitution, est chargé de conserver et de rendre la chose; que l'un et l'autre doivent faire inventaire pour établir la base du compte qu'ils ont à rendre, et que ce n'est qu'au terme fixé pour l'ouverture du fidéicommis, comme ce n'est qu'au terme fixé pour la cessation de l'usufruit, que le substitué ou le propriétaire sont en droit d'entrer en jouissance.

Mais, si, sous ces divers rapports, il est permis d'argumenter de l'un à l'autre, il est d'autres points de vue sous lesquels leurs conditions et leurs droits sont essentiellement différens.

Et d'abord, la nue propriété du fonds dont l'usufruitier jouit, est absolument hors de son domaine, tandis que le grevé de substitution est propriétaire de l'héritage substitué; en sorte que, durant la jouissance du légataire de l'usufruit, l'héritier est réellement saisi de la propriété; au lieu que le substitué n'est saisi de rien durant la jouissance de l'institué : qu'il n'a que l'expectative de recueillir après le décès de celui-ci, et que s'il vient à mourir avant lui, la propriété

qui n'était que résoluble entre les mains du grevé, lui reste incommutablement acquise.

La restitution à faire par l'usufruitier, n'est
qu'une remise de la possession de fait; tandis que
celle qu'exécute le grevé de substitution est trans-
lative de la propriété entre les mains du substitué.

Lorsqu'on donne l'usufruit à l'un et la propriété à un autre, il est nécessaire que le donataire de la propriété soit déjà existant au moment de la donation, si la libéralité est faite par
acte entre-vifs, ou au moment du décès du testateur ( 906 ), s'il s'agit de disposition à cause de
mort; parce que le droit de propriété ne peut
exister avant le propriétaire : dans la substitution, au contraire, il n'est pas nécessaire que le
substitué soit déjà existant ( 1048 ), puisqu'il n'y
a encore à son égard aucune translation de propriété. Il suffit qu'il soit existant au moment de
l'ouverture du fidéicommis, temps auquel seulement il doit devenir propriétaire de la chose.

65.   Il résulte de là que, dans le cas de la substitution, le grevé a non-seulement toutes les actions
qui sont relatives au possessoire et à la jouissance
du fonds substitué, mais encore toutes celles qui
portent sur le droit de propriété, puisqu'il est
propriétaire ; que s'il est rendu quelques jugemens contre lui, ils auront tous leurs effets,
en ce qui le touche; et si, dans l'instance, il a été
assisté par le concours du tuteur à la substitution, ou que celui-ci y ait été appelé, les substitués seront passibles de l'exception de la chose
jugée, comme ayant été représentés par les con-

tradicteurs légitimes que la loi leur donne, en chargeant l'un de conserver, et l'autre de veiller à la conservation des biens substitués.

Il n'en est pas de même à l'égard de l'usufruitier : celui-ci n'a pas les actions qui ne concernent que le droit de propriété, puisqu'il n'est pas propriétaire; et en conséquence s'il était rendu contre lui quelque jugement blessant les droits du propriétaire qui n'aurait pas été appelé, ce dernier ne serait pas passible de l'exception de la chose jugée, ainsi que nous l'exposerons plus amplement dans la suite.

## COMPARAISON

*De l'Usufruit et des Servitudes réelles.*

66. Le droit d'usufruit a, dans son caractère propre, ses points de différence et d'identité avec le droit de servitude réelle.

1.° Il diffère de la servitude réelle, en ce qu'il n'est constitué qu'en faveur de la personne de l'usufruitier et s'éteint au décès de cette personne; tandis que la servitude réelle, étant établie sur un fonds pour l'utilité d'un autre fonds, est perpétuelle dans sa durée, comme l'objet auquel elle s'applique.

2.° En ce que l'usufruit ne peut être légué ni stipulé pour commencer à la mort de l'usufruitier; tandis que rien n'empêche que la servitude réelle ne soit ainsi léguée ou promise pour le temps qui suivra le décès du propriétaire du fonds.

3.° L'usufruit d'un fonds est lui-même un

immeuble civilement distinct et séparé de la nue
propriété; immeuble qui peut être spécialement
hypothéqué et aliéné au profit d'un tiers, indépendamment de la propriété : la servitude réelle
au contraire n'est qu'une qualité inséparable du
fonds, laquelle ne peut être ni spécialement hypothéquée, ni aliénée qu'avec le fonds.

4.° L'usufruit établi sur un édifice seulement
s'éteint par la destruction totale du bâtiment, et
ne revit point par la reconstruction de l'édifice :
la servitude réelle, au contraire, revit par le rétablissement de la chose ( 704 ).

67. Mais, sous d'autres rapports, l'usufruit participe essentiellement de la nature des servitudes.

1.° Pris dans un sens abstrait, pour la simple
faculté de jouir, l'usufruit, comme la servitude,
est un droit incorporel; en sorte qu'à l'égard
de l'un comme à l'égard de l'autre, un acte de
renonciation expresse suffit pour en opérer l'extinction.

2.° L'usufruit d'un immeuble est classé, par
la loi, au rang des immeubles, comme les servitudes foncières (526), qui sont aussi nécessairement immobilières, puisqu'elles ne sont que
des qualités de l'héritage auquel elles s'appliquent.

3.° L'usufruit ne peut être établi au profit
d'une personne que sur le fonds qui appartient
à un autre (578), comme la servitude ne peut
être constituée sur un héritage qu'à raison et
pour l'utilité d'un immeuble appartenant à un
autre maître (637); en sorte que l'un (617)
comme l'autre (705) s'éteignent également par
consolidation ou confusion, et qu'on applique

également à l'un et à l'autre la maxime : *res sua nemini servit.*

4.º L'usufruit, comme la servitude, considérés l'un et l'autre dans l'objet auquel ils s'appliquent, sont également des charges purement réelles; charges qui n'affectent que le fonds; d'où résulte cette conséquence, que, comme le propriétaire de l'héritage grevé de servitude n'est obligé à autre chose qu'à en souffrir l'usage (698), de même le propriétaire d'un fonds grevé d'usufruit n'est obligé qu'à en souffrir l'exercice, sans pouvoir rien faire qui y mette obstacle; mais sans être tenu à aucune prestation personnelle envers celui qui a droit de jouir de l'usufruit, puisque la loi ne lui impose d'autres devoirs que celui de ne pas nuire, *par son fait,* ni de quelque manière que ce soit, aux droits de l'usufruitier (599).

## COMPARAISON

### De l'Usufruit et de la Jouissance fondée sur le prêt.

68. Le prêt peut avoir pour objet, ou des choses qui ne se consomment pas par le premier usage, et alors on l'appelle commodat ou prêt à usage; ou des choses fongibles, et dans ce cas on l'appelle prêt de consommation.

Ce sont plus communément des meubles, comme un instrument, un lit, une table, une voiture, un cheval, qui sont l'objet du prêt à usage; néanmoins, comme le dit Pothier, les immeubles peuvent aussi en être l'objet : tous les jours un ami prête à son ami sa cave, son grenier, un appartement dans sa maison (1).

Dans le prêt à usage, l'emprunteur se sert de la chose d'autrui et en use gratuitement; comme dans la constitution d'usufruit, celui qui en a le droit, jouit des choses qui appartiennent à un autre.

Dans le prêt à usage encore, l'emprunteur doit donner à la conservation de la chose les soins d'un bon père de famille, pour la rendre en bon état, comme l'usufruitier doit veiller à la conservation des choses dont il jouit, pour les rendre à la fin, sans détériorations imputables à sa faute.

Mais le prêt ne transfère à l'emprunteur aucun droit réel dans la chose; il n'opère aucun démembrement de propriété, comme la constitution d'usufruit.

L'usufruitier, comme nous le verrons plus bas, peut quelquefois vendre les meubles soumis à son usufruit; l'emprunteur ne peut jamais aliéner la chose qui lui a été prêtée.

L'usufruitier est obligé à toutes les réparations d'entretien; l'emprunteur, comme le dit Pothier, n'est tenu que des impenses ordinaires, qui sont une charge naturelle du service qu'il tire de la chose prêtée.

Ainsi, lorsque c'est un immeuble qui a été prêté, l'emprunteur ne doit que les impenses nécessaires pour pourvoir aux menues réparations qu'on appelle communément locatives, et

---

(1) Traité du prêt à usage, n.º 14.

qui

qui sont considérées comme ayant immédiatement pour cause l'usage de la chose : tandis
que toutes les réparations de gros entretien pe-
seraient sur l'usufruitier.

Ainsi, lorsque l'usufruit a été établi sur des
animaux, l'usufruitier doit non-seulement les
nourrir, mais il doit pourvoir, à ses frais, à
toutes les impenses extraordinaires que pourraient occasioner leurs maladies; l'emprunteur,
dans le même cas, n'est obligé qu'à la nourriture, et il a l'action *commodati contraria*, pour
répéter les impenses extraordinaires, à moins
qu'elles ne soient absolument minutieuses.

Le maître de la chose prêtée, sans terme
convenu pour la rendre, peut la répéter sitôt
que l'emprunteur a consommé l'usage pour lequel le prêt avait été fait : l'usufruitier, au contraire, a le droit de garder la chose jusqu'à la
mort, s'il n'y a pas eu d'autre terme fixé à sa
jouissance.

69. Il y a aussi quelque similitude et en même
temps des différences essentielles entre le prêt
de consommation et l'usufruit légué sur des
choses fongibles.

Ils conviennent en ce que, dans le cas de
cette espèce d'usufruit, comme dans celui du
prêt de consommation, les choses qui en sont
l'objet passent également dans le domaine de
l'emprunteur ou de l'usufruitier, et que ni l'un
ni l'autre ne sont obligés de les conserver. Ils
diffèrent néanmoins essentiellement :

1.º En ce que le prêt est toujours un contrat
qui n'a lieu que par acte entre-vifs; tandis que

l'usufruit s'établit aussi par des dispositions à cause de mort.

2.º En ce que l'emprunteur n'est obligé à fournir aucune caution, s'il ne s'y est expressément soumis par l'acte de prêt; tandis que l'usufruitier doit en donner une, s'il n'en est pas dispensé par le titre constitutif de son usufruit ( 601 ).

3.º En ce que l'usufruit légué sans terme exprimé par le testateur, s'étend jusqu'à la mort de l'usufruitier ( 617 ); tandis que la restitution du prêt reçu sans terme fixé pour le remboursement, peut être exigé à la volonté du prêteur, sauf les délais d'humanité qu'il est permis aux juges d'accorder à l'emprunteur ( 1244 ), suivant ce que peuvent équitablement exiger les circonstances où il se trouve ( 1900 ).

4.º En ce que l'usufruit établi pour un temps déterminé, n'en est pas moins éteint par la mort naturelle ou civile de l'usufruitier, arrivée avant le terme fixé; tandis que, dans le prêt stipulé pour un temps, les héritiers de l'emprunteur décédé avant le terme, jouissent du délai qui avait été accordé à leur auteur.

5.º L'usufruitier ou ses héritiers sont maîtres de se libérer par la restitution en nature, ou par le paiement du prix estimatif des choses qui avaient été reçues dans le principe ( 587 ); l'obligation est ici alternative : l'emprunteur n'a pas la même option ( 1892, 1897, 1902 ).

Si l'usufruitier ou ses héritiers optent pour le remboursement de l'estimation en numéraire, la constitution de l'usufruit participera plutôt de la vente faite à terme : si au contraire ils préfèrent la restitution en nature, l'usufruit aura plus de similitude avec le prêt ou l'échange.

70. 6.º Une autre différence bien remarquable entre l'un et l'autre, et qui n'est qu'une conséquence de la précédente, c'est qu'en cas d'option pour se libérer par le paiement du prix des choses reçues, c'est au temps de la délivrance qui en avait été faite, qu'on doit se reporter pour fixer l'estimation due par l'usufruitier ou ses héritiers, si cette estimation n'a pas été consignée dans un inventaire; attendu que dès cette époque l'obligation de l'usufruitier a été fixée, sous le rapport de l'estimation due, comme sous celui de la restitution en nature (1). Dans le prêt, au contraire, lorsque l'emprunteur ne veut ou ne peut rendre la chose en nature, il ne lui est permis de la remplacer que par une estimation (1903) de valeur égale, eu égard au temps et au lieu où la chose devait être rendue d'après la convention.

## COMPARAISON

*Du Droit d'usufruit avec celui de jouissance par antichrèse.*

71. Déjà nous avons vu ce que c'est que le droit d'usufruit: il faut aussi voir ce que c'est que l'antichrèse, pour pouvoir les comparer l'un à l'autre.

L'antichrèse ne s'établit que par écrit : la loi ne veut pas qu'on puisse la prouver par témoins.

C'est un contrat par lequel un débiteur livre

---

(1) Voy. dans Sotomayor, *de usufructu*, cap. 17, n.º 23.

à son créancier la jouissance d'un immeuble, pour en percevoir les fruits ; à la charge de les imputer annuellement sur les intérêts de sa créance, s'il en est dû, et ensuite sur le capital (2085).

Nous disons, *livre à son créancier;* parce que l'antichrèse n'est pas un contrat simplement consensuel : c'est au contraire un contrat-pignoratif qui ne se forme que par la tradition de la chose qui en est l'objet; car, puisque c'est un nantissement, il faut bien que son objet ait été livré pour que le créancier puisse dire qu'il en est nanti : et c'est pourquoi la loi veut que ce créancier soit, de plein droit, tenu de payer les contributions et de fournir aux impenses d'entretien du fonds (2086); charges qui ne pèsent jamais que sur celui qui est en jouissance, à moins qu'il n'y ait quelque stipulation qui en dispose autrement.

72.   Ce contrat est utile au créancier en ce qu'il lui fournit les moyens de se payer de ses propres mains, sans frais et sans être obligé d'en venir à des saisies qui sont toujours désagréables à pratiquer, et coûteuses dans leur résultat; et par la même raison, le débiteur peut y trouver son avantage en ce qu'il acquiert sa tranquillité et met obstacle aux poursuites annuelles qui pourraient être dirigées contre lui.

73.   Lorsque, dans la constitution de l'antichrèse, les parties ont stipulé que les fruits se compenseront avec les intérêts de la créance, ou totalement, ou jusqu'à une certaine concurrence, cette convention, si elle n'est point entachée de

vice usuraire, doit s'exécuter comme toute autre qui n'est point prohibée par les lois ( 2089 ); mais s'il n'y a rien eu d'expressément stipulé sur la compensation des fruits du fonds, la valeur en doit être imputée conformément aux règles qui ressortent de la nature du contrat et de la fin pour laquelle il a été institué.

74. Ainsi, lorsqu'un débiteur livre son fonds en jouissance à son créancier, il suffit que la créance de celui-ci porte intérêts, et qu'il soit dit que l'immeuble est baillé en antichrèse, sans qu'il soit besoin d'ajouter que les fruits seront compensés avec les intérêts de la créance, puisque tel est le but naturel de ce contrat, et qu'il suffit de désigner la chose, sans y ajouter l'énonciation des effets qu'elle doit produire.

75. Ainsi, lorsqu'il est constant que la valeur des fruits doit s'élever au-dessus du taux légitime des intérêts de la créance, les parties qui n'ont fait aucun règlement de compensation à ce sujet, sont censées avoir eu l'intention de se conformer à la règle ( 1254 ) qui veut que l'imputation se fasse d'abord sur les intérêts et jusqu'à due concurrence, et que l'excédant seulement vienne en déduction du capital.

76. Ainsi, lorsque la créance ne porte point intérêt et n'est point encore exigible lors de la constitution de l'antichrèse, l'imputation des fruits doit entièrement être faite sur le capital, puisqu'il n'y a pas d'autre chose qui soit due, et alors le créancier est censé s'être soumis à recevoir de cette manière le remboursement de son capital par parties.

77. Mais, si la créance qui ne portait point intérêt dès son principe, était échue, nous croyons que la seule constitution d'antichrèse devait suffire pour lui faire produire des intérêts moratoires à compenser jusqu'à concurrence de leur montant, avec les fruits du fonds, parce que l'intention des parties doit être présumée concordante avec la nature de la négociation passée entre elles; que la fin principale de l'antichrèse étant de compenser des intérêts avec des fruits, on doit présumer que les parties ont voulu qu'il y eût des intérêts là où elles en ont établi le principe et le mode de compensation; autrement elles auraient voulu un effet sans cause : on devrait d'autant moins hésiter d'admettre cette présomption toute naturelle, qu'autrement il faudrait supposer que le créancier eût voulu se porter un grave préjudice à lui-même, soit en consentant à reculer son remboursement, soit en consentant à le morceler par des imputations successives et partielles de fruits, à faire valoir sur son capital.

78. Si le créancier est obligé d'acquitter les impôts et les charges réelles qui pèsent sur le fonds ainsi que de fournir aux impenses d'entretien et de réparations, ce n'est que sauf son droit de reprise sur les fruits, parce qu'il faut toujours qu'il soit entièrement payé de sa créance, tant en intérêt qu'en capital. Cette circonstance ainsi que celle qui peut résulter de l'inégalité du montant des intérêts comparé à la valeur des fruits de l'immeuble, font que par le contrat d'antichrèse les parties s'imposent nécessairement l'o-

bligation d'un compte à régler entr'elles et en définitive, à moins qu'elles n'aient, dès le principe, traité à forfait sur le tout.

Tels sont les principaux effets que l'antichrèse produit entre les parties qui l'ont souscrite ; mais elle en produit d'autres encore envers les tiers, et qu'il n'est pas moins essentiel de bien signaler. Pour en établir le principe avec autant de précision que possible, il faut soigneusement remarquer deux choses :

79. *La première;* que, par l'antichrèse, le débiteur ne cède qu'une perception de fruits à faire sur son fonds, pour servir à l'acquit de sa dette : que, de son côté, le créancier n'acquiert que l'espèce de possessoire qui lui est cédée ; que toute la concession se bornant là, parce que l'antichrèse n'est que cela, il faut dire que la créance n'est point affectée sur la propriété même de l'immeuble remis en nantissement, et que le créancier n'acquiert pas, sur cet immeuble, un droit réel qui puisse lui donner la faculté de le suivre entre les mains d'un tiers, comme lorsqu'il s'agit de la constitution de l'hypothèque.

80. *La seconde;* que l'antichrèse est un contrat de garantie, par cela seul que c'est un contrat de nantissement : que, par l'effet de ce contrat, le créancier reçoit un cautionnement réel dans la chose même qui lui est cédée : que, comme le créancier auquel on a fourni une caution fidéjussoire, ne peut être forcé de libérer la caution qui lui a été donnée, qu'autant qu'on lui fait le remboursement de sa créance, en capital et intérêt ; de même le créancier nanti par anti-

chrèse ne peut être contraint d'abandonner la
jouissance qui lui a été cédée, qu'autant qu'il est
remboursé de sa créance ( 2087 ): et de-là il résulte que, quoique l'antichrèse ne produise pas
un droit d'affectation par hypothèque sur l'immeuble, elle produit néanmoins un droit de
rétention qui donne au créancier un privilége
considérable, ainsi que nous l'expliquerons dans
un moment; mais, avant d'en venir à cette
application, il faut encore dire quelque chose
sur l'usage de ce contrat nouvellement rétabli
dans le nombre de nos institutions civiles, desquelles il avait été, pour ainsi dire, entièrement
effacé.

81.    On voit par différens textes soit du digeste (1),
soit du code Justinien (2), que le contrat d'antichrèse était connu et usité anciennement chez
les Romains. Les principes de leur droit n'y
répugnaient point, parce qu'à Rome il était alors
permis de stipuler l'intérêt de l'argent prêté.
*Cùm debitor gratuitá pecuniá utatur, potest cre-*
*ditor de fructibus rei sibi pigneratæ ad modum*
*legitimum usuras retinere* (3). Mais depuis l'é-
tablissement du christianisme, les lois de l'église
ayant déclaré usuraire et illicite l'intérêt de l'argent dont le sort principal ne serait pas aliéné
à perpétuité, l'antichrèse fut aussi, et par voie
de conséquence, généralement prohibée par ces

___

(1) L. 39, ff. *de pignerat. actione*, lib. 13, tit. 7. —
L. 11, §. 1, ff. *de pignoribus*, lib. 20, tit. 1.

(2) LL. 14 et 17, cod. *de usuris*, lib. 4, tit. 32.

(3) L. 8; ff. *de quibus causis pign. vel hyp. contraha-*
*tur*, lib. 20, tit. 2.

mêmes lois. *Quoniam non solùm viris ecclesiasticis, sed etiam quibuslibet aliis periculosum
est usurarum lucris intendere : auctoritate præ-
sentium duximus injungendum, ut eos, qui de
possessionibus, vel arboribus, quas tenere in
pignore noscuntur, sortem deductis impensis
receperunt : ad eadem pignora restituenda sine usurarum exactione ecclesiasticâ districtio-
ne compellas* (1). Cependant, comme il s'agit
ici d'une matière purement temporelle, les lois
de l'église n'étoient obligatoires sur ce point,
qu'autant que leur exécution avait été consacrée
par la jurisprudence civile, ou ordonnée par les
princes; et nous avions, à cet égard, différens
usages en France, parce qu'il y avait des provinces où les canons de l'église étaient rigoureusement suivis en fait d'usure (2), et d'autres
où ils n'étaient point également observés (3).

82. Mais depuis le décret du 2 octobre, sanctionné le 3 novembre 1789, qui a permis généralement en France de prêter l'argent à
*terme fixe* avec stipulation d'intérêt, suivant le
taux déterminé par la loi, l'antichrèse a pu y
être légitimement et par-tout mise en usage, et
ce contrat a dû, comme tous les autres, trouver sa place et ses règles particulières dans notre
nouveau code.

Il ne faut cependant pas perdre de vue que,

---

(1) Decret. Gregor., lib. 5, tit. 13, cap. 2, *de usuris.*

(2) Voy. dans GRIVEL, décis. 83; et dans BOUHIER,
chap. 76, n. 148 et suiv.; et chap. 77, n. 23.

(3) Voy. dans CATELLAN, arrêts notables du Parlement
de Toulouse, liv. 5, chap. 1.

si les fruits du fonds baillé en antichrèse sur-
passaient visiblement en valeur l'intérêt du capital prêté, tel que le taux en est réglé par la
loi du 3 septembre 1807 (1), l'excédant devrait
être imputé sur le capital, lors même que, dans
le contrat, il aurait été convenu entre les parties que la perception des fruits du fonds ne
tiendrait lieu que du payement des intérêts
tombant à la charge du débiteur. On ne conçoit
pas, en effet, que la loi puisse autoriser, par voie
indirecte et détournée, la perception d'un intérêt excédant visiblement le taux qu'elle-même a
fixé, avec prohibition de le dépasser.

83. Nous disons *excédant visiblement :* car il faut
remarquer qu'une convention faite à prix fixe
sur une perception de fruits, est toujours com-
pliquée de chances aléatoires, soit sur l'estimation des fruits dont le prix varie sans cesse,
soit sur le montant du produit du fonds, qui
peut être abondant, médiocre, ou nul, suivant
le cours des saisons, ou celui des orvales qui
peuvent être favorables ou contraires aux récoltes; d'où il résulte qu'on ne doit pas procéder ici d'après une estimation très-rigoureuse :
*Si eâ lege possessionem mater tua apud credi-*
*torem suum obligavit, ut fructus in vicem usu-*
*rarum consequeretur; obtentu majoris percepti*
*emolumenti propter incertum fructuum even-*
*tum rescindi placita non possunt* (2). Mais si,
toutes chances calculées, il était reconnu que

---

(1) Voy. au Bull. des lois, 4.ᵉ série, tom. 7, pag. 49.
(2) L. 17, cod. *de usuris,* lib. 4, tit. 32.

le revenu annuel et net du fonds dût excéder
l'intérêt du capital prêté : si, par exemple, le
créancier nanti du gage l'avait donné à ferme
pour un prix supérieur au taux de son intérêt (1), il faudrait bien céder à l'évidence et
venir au secours du débiteur.

84. Les droits du créancier nanti par antichrèse,
et ceux de l'usufruitier, sont semblables en plusieurs points.

Ils n'ont l'un et l'autre que la jouissance de
la chose d'autrui : leur possession, en tant qu'elle
s'applique au fonds, est également précaire, et
résiste, par sa nature, à ce qu'ils puissent jamais prescrire l'immeuble : le créancier nanti
se paye des intérêts de sa créance, par le produit qu'il perçoit sur le fonds, comme l'usufruitier se paye aussi de ses propres mains des intérêts qui peuvent lui être dus par la succession.
Ils sont l'un et l'autre tenus des charges annuelles
et de l'entretien du fonds, et peuvent également renoncer à leur jouissance pour se dégager de ces charges.

85. Mais leur condition est, sous d'autres rapports,
bien différente, en ce que, dans l'antichrèse,
le gage du créancier ne repose que sur les
fruits, ou la perception des fruits : ce contrat
n'opère aucun démembrement dans la propriété, et n'attribue pas à l'engagiste de droit réel
sur le fonds. Il ne pourrait en conséquence
hypothéquer son droit, comme l'usufruitier peut
hypothéquer son usufruit, et même l'engager

_____

(1) Voy. dans les institutions au droit français, par
SERRES, page 458.

par antichrèse envers son propre créancier, parce qu'il est un immeuble pour lui : *Ususfructus an possit pignori hypothecæve dari, quæsitum est, sive dominus proprietatis convenerit, sive qui solum usumfructum habet? Et scribit Papinianus libro undecim responsorum, tuendum creditorem* (1).

La jouissance de l'engagiste est toujours précaire dans un sens plus étendu, puisqu'il peut toujours être évincé par le remboursement de sa créance; tandis que l'usufruitier ne peut être dépossédé avant le terme de son usufruit.

L'antichrèse est un contrat dont les effets passent aux héritiers; tandis que l'usufruit ne passe pas aux héritiers de l'usufruitier.

86. Si, dans l'antichrèse, le créancier est tenu des charges annuelles et des impenses d'entretien du fonds, ce n'est qu'une avance qu'il est censé faire pour ces divers objets, puisqu'il a le droit de les répéter en compte avec le débiteur (2086); tandis que l'usufruitier qui acquitte les charges annuelles, ou qui pourvoit aux réparations d'entretien, ne satisfaisant qu'à sa dette personnelle, ne peut jamais avoir le droit de les répéter en comptant avec le propriétaire, attendu qu'il ne doit aucun compte des fruits par lui perçus.

87. Lorsqu'un fonds, ou un droit d'usufruit a été remis en antichrèse, les autres créanciers du propriétaire ou de l'usufruitier peuvent-ils évincer celui qui a reçu ce nantissement?

_____

(1) L. 11, §. 2, ff. *de pignor. et hyp.*, lib. 20, tit. 1.

Pour la solution de cette question, il faut faire plusieurs distinctions, suivant qu'il s'agit ou de simples créanciers cédulaires, ou de créanciers hypothécaires antérieurs à la constitution d'antichrèse, ou enfin de créanciers hypothécaires postérieurs à cette constitution.

Si c'est un créancier qui n'ait aucun droit réel par hypothèque ou privilége sur le fonds baillé en antichrèse, et qui néanmoins se présente pour faire exproprier l'immeuble ; quelle que soit la date de sa créance, et lors même qu'elle serait authentiquement antérieure à celle du nantissement, le créancier antichrésiste doit être maintenu dans sa jouissance, par cela seul qu'il est le premier nanti, puisqu'il a pour lui la règle *in pari causâ possessor potior haberi debet.* Et l'on trouve dans Vedel, annotateur de Calettan, livre cinq, chapitre premier, la relation d'un arrêt du parlement de Toulouse, du 14 mai 1725, qui l'a ainsi jugé.

88. Si c'est un créancier hypothécaire qui se présente pour faire exproprier l'immeuble baillé en nantissement, et que son hypothèque ait été établie sur cet immeuble avant la constitution de l'antichrèse, le créancier nanti ne peut être recevable à demander sa maintenue dans la jouissance du fonds; parce qu'il n'a pas été au pouvoir de leur débiteur commun, de paralyser les effets de l'hypothèque accordée au premier, en cédant ensuite, et après coup, la jouissance de l'immeuble au second.

Le créancier nanti par antichrèse ne peut avoir le même avantage qu'un fermier qui aurait été établi sur le fonds postérieurement à la constitution de l'hypothèque, et la disparité entre la cause de l'un et celle de l'autre est immense.

Un homme, en hypothéquant son fonds, ne se prive pas de la faculté de l'administrer, et par conséquent de l'affermer, puisque l'établissement du fermage est un acte d'administration. C'est pourquoi la loi veut qu'en cas de saisie de l'héritage, faite à requête des créanciers du bailleur, le fermier qui a un bail dont la date est certaine et antérieure au commandement (1), soit maintenu dans sa jouissance; mais alors le fermier établi par le débiteur, devient le fermier de l'adjudicataire du fonds, et reste chargé de payer à celui-ci le fermage stipulé dans le bail, ce qui n'empêche pas que la vente ne doive être portée à son juste prix, et ce qui par conséquent ne peut atténuer les effets de l'hypothèque des créanciers.

89. Mais quand il s'agit de la constitution d'antichrèse, il y a aliénation de jouissance au profit du créancier avec lequel elle a été stipulée, et cette aliénation est telle par sa nature, qu'elle peut durer indéfiniment, et que le créancier nanti n'est obligé d'en payer aucun rendage, puisque ce n'est que pour se payer lui-même qu'il a reçu cette jouissance. Si donc il pouvait la conserver, nonobstant l'expropriation du fonds provoquée par un créancier ayant hypothèque antérieure au nantissement, la vente ne pourrait être faite qu'à vil prix, puisque l'adjudica-

_____

(1) Voy. l'art. 691 du code de procéd.

taire n'aurait ni le droit d'entrer de suite dans la jouissance effective de l'immeuble, ni celui d'en exiger un revenu de la part du créancier nanti. D'où il suit que les droits antérieurement acquis au créancier hypothécaire se trouveraient paralysés et comme anéantis par la constitution de l'antichrèse ; ce qui ne peut être.

90. Si enfin il s'agit de créanciers dont les hypothèques n'aient été établies sur le fonds que postérieurement à la constitution de l'antichrèse, ils ne peuvent en poursuivre l'expropriation au préjudice du créancier nanti, et celui-ci doit avoir le droit de se faire maintenir dans sa jouissance, ou de se faire payer en premier ordre sur le prix de la vente.

Suivant l'expression textuelle de l'article 2087 du code : « *Le débiteur ne peut, avant l'entier acquittement de sa dette, réclamer la jouissance de l'immeuble qu'il a remis en antichrèse.* » Or, on ne conçoit pas comment le débiteur pourrait céder à un tiers plus de droit qu'il ne lui en reste à lui-même sur cet immeuble : donc le créancier au profit duquel il a voulu l'hypothéquer postérieurement à la constitution de l'antichrèse, ne pourrait pas non plus déposséder le créancier nanti, sans le rembourser de ce qui lui est dû, ou sans souffrir qu'il fût payé, en premier ordre, sur le prix de la vente.

91. A la vérité, lorsqu'il s'agit de donation entre-vifs, le donateur peut encore valablement hypothéquer ou vendre le fonds donné, tant que le donataire n'a pas fait transcrire sa donation, ce qui peut entraîner la ruine totale du

bienfait, par l'éviction entière du donataire: et il arrive de là que le donateur qui s'était dépouillé, peut encore céder à un tiers le droit de déposséder le donataire quoiqu'il n'aurait pu le déposséder directement lui-même. Ce droit qui paraît si contraire à la raison naturelle, est néanmoins dans la raison civile; et les législateurs ont été obligés d'en venir jusqu'à le consacrer, pour donner aux transactions sociales toute la sureté qu'elles doivent avoir, parce que les donations entre-vifs ne se font presque jamais qu'avec réserve d'usufruit, et qu'ainsi, le donateur n'étant point dépossédé de fait en son vivant, les personnes tierces auxquelles il aurait recours pour en obtenir de l'argent, pourraient toujours être induites en erreur sur ses véritables moyens de solvabilité. Voilà pourquoi l'on avait inventé la formalité de l'insinuation qui se fait aujourd'hui par la transcription de l'acte de donation sur un des registres de la conservation des hypothèques : formalité qui est destinée à instruire le public de l'existence de la donation, et dont l'accomplissement est d'une importance telle, que jusque-là le donateur peut encore valablement engager envers un tiers l'immeuble qu'il a donné. Mais en tout ce qui touche aux effets des conventions, ce cas-là est unique dans le droit, et l'on est si loin de pouvoir le comparer avec la constitution de l'antichrèse, qu'ici au contraire tout est nécessairement public et patent, puisque le créancier ne peut être nanti qu'en tant qu'il est mis de fait en jouissance du fonds.

92.

92. Ainsi, la question qui nous occupe doit être uniquement décidée d'après les règles du droit commun sur les effets des conventions ordinaires. Voyons donc encore plus explicitement quelles sont ces règles.

Celui qui possède un fonds en toute propriété, peut en aliéner la jouissance pour un temps et sous condition, comme il pourrait en aliéner le domaine entier ou la nue propriété seulement, parce que le droit de jouissance n'est pas moins dans le commerce que celui de propriété ; or, en fait, la constitution d'antichrèse emporte bien certainement une aliénation de jouissance, puisqu'elle n'est que cela ; et cette aliénation de jouissance est bien réellement consommée, puisque la loi veut et déclare expressément que le débiteur qui a consenti ce contrat, reste privé de la jouissance de son héritage, et ne puisse la reprendre qu'en offrant un autre paiement à son créancier.

93. Si donc, après la constitution d'antichrèse, le débiteur qui l'a stipulée veut encore vendre son fonds, ou l'hypothéquer au profit d'un tiers, le droit de jouissance déjà aliéné ne pourra être transmis au nouvel acquéreur soit par vente volontaire, soit par adjudication sur poursuite hypothécaire, que sous la même condition ; c'est-à-dire, que le créancier nanti ayant la priorité dans son acquisition de jouissance, pourra, vis-à-vis du nouvel acquéreur, en exiger la conservation, comme il aurait pu la retenir vis-à-vis de son débiteur lui-même, jusqu'à ce qu'on lui offre le remboursement de sa créance : *Aliena-*

*tio cùm fit, cum suâ causâ dominium ad alium
transferimus, quœ esset futura si apud nos res
mansisset* (1). Une fois que l'aliénation de jouissance est consommée par la dation *in solutum*
faite au profit du créancier, elle est dans le patrimoine de celui-ci, jusqu'à ce qu'on lui offre
un autre payement; et la raison, comme le texte
du droit positif nous disent également qu'on ne
doit point être admis à l'en priver en vertu d'un
acte de vente auquel il n'a point eu de part : *Id
quod nostrum est, sine facto nostro ad alium
transferri non potest* (2). D'autre part, le nouvel acquéreur n'étant et ne pouvant être que
l'ayant-cause du débiteur qui avait consenti l'antichrèse, ne peut faire valoir que les droits de
celui-ci, et doit souffrir toutes les exceptions qui
lui seraient opposables, s'il demandait lui-même la
jouissance du fonds : *Cùm quis utitur adminiculo
ex personâ auctoris; uti debet cum suâ causâ, suis-
que vitiis* (3) : il faut donc qu'il reconnaisse que
le contrat d'antichrèse qui avait été passé avec
le créancier, forme un obstacle à son entrée en
possession comme il en aurait formé un avec le
vendeur lui-même, puisqu'il ne fait que succéder
à ses droits: *Quod ipsis qui contraxerunt, obstat ;
et successoribus eorum obstabit* (4). Telles sont les
règles inspirées par la droite raison et consignées
dans le droit positif pour fixer les droits de ceux
avec lesquels la même personne a successive-

---

(1) L. 67, ff. *de contrahend. empt.*, lib. 18, tit. 1.
(2) L. 11, ff. *de regul. jur.*
(3) L. 13, §. 1, ff. *de acquirend. poss.*, lib. 41, tit. 2.
(4) L. 143, ff. *de regul. jur.*

ment contracté : telles sont les règles qui veulent
généralement que le cessionnaire ou l'acquéreur
soit obligé de souffrir toutes les exceptions qu'on
aurait pu opposer au cédant ; mais, pour peu
qu'on y réfléchisse, combien ne reste-t-on pas
convaincu que ces règles doivent être appliquées
avec une rigueur scrupuleuse en faveur du créancier nanti par antichrèse, quand on considère
que, pour se soustraire à leur application vis-à-
vis de lui, il faudrait lui arracher un payement
qu'il a légalement reçu en acquit d'une dette légitime, et le lui arracher par suite d'obligations contractées après coup par le débiteur qui s'en était
dessaisi ? comment l'imagination ne serait-elle pas
révoltée à la vue d'une pareille injustice ?

Concluons donc que le créancier, nanti par
antichrèse, ne peut pas plus être dépossédé
par l'acquéreur ou le créancier hypothécaire du
fonds, avec lesquels son débiteur aurait traité
postérieurement à la constitution d'antichrèse,
qu'il ne pourrait l'être directement par ce débiteur lui-même ; qu'en conséquence ce n'est qu'en
lui offrant le remboursement pécuniaire de sa
créance, ou en souffrant qu'il le prélève en premier ordre sur le prix du fonds, qu'il peut être
permis de le priver de la jouissance qui lui en a
été cédée, et qu'il peut la retenir jusqu'à l'accomplissement de cette condition, à laquelle seule
son déguerpissement forcé se trouve subordonné
d'après la convention des parties.

94. Il ne résulte cependant pas de là que la constitution d'antichrèse opère, sur le fonds, une
affectation réelle de la dette, à l'égal de l'hypo-

thèque ou du privilége par hypothèque ; et ce serait une erreur de le penser ainsi.

L'affectation par hypothèque, ou du privilége par hypothèque, produit un droit réel qui suit l'immeuble en quelques mains qu'il passe ; tandis que l'antichrèse ne produit qu'un droit de rétention qui s'évanouit entièrement dès que le créancier nanti est dépossédé.

L'hypothèque donne au créancier hypothécaire une action pour attaquer ; tandis que le droit de rétention ne produit qu'une exception pour défendre.

Avec son droit d'hypothèque le créancier n'est point supposé être en possession du fonds ; tandis que le droit de rétention n'est fondé que sur la possession et ne peut exister pour celui qui ne possède pas.

95. Pour mieux faire saisir encore la différence qui existe entre l'un et l'autre de ces droits, supposons que le créancier nanti par antichrèse, demande lui-même la vente par expropriation du fonds dont il a été mis en jouissance. Il peut certainement ouvrir cette action dans la vue de se procurer le remboursement du capital de sa créance ; comme tout créancier, même simple cédulaire, peut faire vendre les fonds de son débiteur pour obtenir son payement sur le prix. Eh bien, dans cette hypothèse, le créancier nanti aura, par le seul fait de la vente exécutée à sa requête, renoncé à son droit de rétention, parce qu'on ne peut vendre et retenir tout à la fois la même chose. Cela étant ainsi, lorsqu'on paraîtra au procès-verbal d'ordre pour procé-

der au nantissement du prix, il se verra primé
par tous les autres créanciers ayant hypothèques, quelles qu'en soient d'ailleurs les dates, et il
ne pourra que venir au marc le franc ou par
rétribution avec les cédulaires, parce que s'étant
volontairement dépouillé de son privilége de rétention, il n'aura plus aucun droit de préférence
à prétendre ni envers les uns, ni envers les autres; et c'est sur ce point que diffèrent principalement le nantissement sur gage et le nantissement par antichrèse; car le créancier nanti par
gage, peut lui-même faire vendre le meuble
pour être payé sur le prix par préférence à tous
autres, parce que ce n'est pas seulement la jouissance, mais bien la propriété du meuble qui est
affectée à son privilége; tandis qu'au contraire
celui qui est nanti par antichrèse, ne peut que
retenir l'immeuble pour en jouir jusqu'à ce qu'il
ait été payé, parce que son gage ne consiste que
dans la jouissance du fonds.

96.  Le droit de rétention dont nous parlons ici,
et sur lequel nous aurons occasion de donner
encore d'autres développemens dans la suite de
cet ouvrage (1), produit donc un privilége aussi
efficace que celui qui ressort de l'hypothèque,
quoiqu'il ne l'opère pas de la même manière. Il
a son fondement dans l'équité, parce qu'il ne serait pas juste que celui qui est nanti d'une chose
sur laquelle il a un intérêt ou une créance légitime à faire valoir, pût être forcé à s'en dessai-
sir avant qu'on l'eût satisfait. Ce privilége, con-

---

(1) Voy. au chap. 51, sous le n. 2549.

sacré dans une foule de cas par les lois romaines, est aussi reconnu par notre code, non-seulement en ce qui touche au créancier nanti par antichrèse, mais encore dans beaucoup d'autres circonstances : prenons pour exemple, celui du fermier avec lequel il a été convenu qu'en cas de vente du fonds, son bail pourra être résolu. Nonobstant cette stipulation sur la résolution du fermage, il est dû au fermier expulsé une indemnité à régler à l'amiable ou par experts, indemnité pour le recouvrement de laquelle il peut n'avoir aucune hypothèque assise sur le fonds, puisqu'elle peut être due en vertu d'un bail sous seing privé, comme en vertu d'un acte authentique. Cependant la loi ( 1749 ) veut qu'en cas de vente ce fermier ne puisse être expulsé sans avoir été préalablement payé des dommages et intérêts qui lui sont dus. Voilà donc un droit de rétention établi là où il n'y a point de créance hypothécaire, droit de rétention qui opère un privilége aussi efficace que celui de l'hypothèque, quoiqu'il n'y ait pas d'hypothèque. Pourquoi en serait-il autrement dans le cas de l'antichrèse, où la loi déclare expressément et avec autant d'énergie que le créancier nanti ne peut être dépossédé par son débiteur, qu'autant que celui-ci lui offre l'entier remboursement de sa dette ?

## COMPARAISON

### De l'Usufruit et de l'Emphytéose.

97. L'emphythéose, dit Domat, est un contrat par lequel le maître d'un héritage le donne à l'em-

phytéote pour le cultiver et l'améliorer, et pour en jouir et disposer à perpétuité, moyennant une certaine rente en deniers, grains, ou autres espèces, et les autres charges dont on peut convenir.

On voit par cette seule définition, combien l'emphytéose diffère de la constitution d'usufruit, puisque l'emphytéote, acquérant la propriété du fonds, jouit de sa propre chose, tandis que l'usufruitier n'est que jouissant de la chose d'autrui.

Ainsi, en argumentant de l'un à l'autre, l'on peut dire que tous les droits que les lois accordent à l'usufruitier sur l'usage de la chose, doivent, à plus forte raison, appartenir à l'emphytéote; mais qu'il ne serait pas permis d'adopter l'hypothèse inverse, pour attribuer à l'usufruitier tous les droits de l'emphytéote.

Ce que nous venons de dire de l'emphytéose comparée à l'usufruit, doit être appliqué, par identité de raison, aux baux à locaterie perpétuelle, ou à culture perpétuelle, lesquels sont également translatifs de propriété entre les mains des preneurs (1).

L'emphytéose, qui tient un milieu entre la vente et le bail, peut être stipulée aussi, soit pour durer pendant la vie du preneur seulement, soit pour tout autre temps déterminé. Alors elle n'emporte pas aliénation du fonds; et, dans ce cas, elle n'est autre chose qu'un bail plus ou moins modifié, suivant qu'elle a été stipulée pour une

_____

(1) Voy. l'art. 2 de la loi du 18 décembre 1790, et le décret du 2 prairial an 2; et dans le nouveau répert., tom. 11, pag. 477, col. 2.

durée plus ou moins étendue; ou que la pension annuelle qui doit être payée au bailleur,
se rapproche plus ou moins de l'équivalent des
fruits qui seront perçus par le preneur; ou enfin que celui-ci est plus ou moins chargé d'a-
méliorer le fonds (1).

## COMPARAISON

### Des Droits d'usufruit et de location.

58. L'usufruit peut être établi moyennant une
somme annuelle, à payer par l'usufruitier durant sa jouissance, comme il peut être vendu
pour un prix une fois payé; attendu que les
choses qui sont dans le commerce peuvent être
aliénées, cédées, et transmises par toutes sortes
de conventions non prohibées par les lois, et
qu'il n'existe aucune loi qui défende ce mode
d'acquérir un droit d'usufruit : quelle sera alors
la différence de ce droit d'usufruit et de celui
de location ou de bail à ferme ?

Sans doute, en ce cas, il y aurait quelque
ressemblance entre l'usufruit et le bail à ferme:
on peut même dire que, dans cette espèce mixte,
l'un participe des qualités de l'autre; néanmoins
il faut bien se garder de les confondre comme
s'ils étoient identiques, attendu que ce n'est pas
par quelques similitudes accidentelles, mais par
les attributs essentiels des choses qu'on doit les
distinguer.

Sous le rapport de sa cause, l'usufruit peut

---

(1) Voy., sur la nature de ce contrat, ce que dit Dunod en son traité des prescript., pag. 339.

n'être établi que par la loi; tandis que la location ne peut être qu'un effet de la volonté de l'homme : et quand il s'agit de l'usufruit constitué par l'homme lui-même, il peut l'établir tant par testament que par acte entre - vifs, tandis que le droit de location ne peut résulter que d'une convention.

Sous le rapport de sa cause encore, l'usufruit peut n'être et n'est réellement le plus souvent que l'effet d'une pure libéralité; le droit de location, au contraire, ne peut être que l'effet d'un contrat commutatif.

99. Quant à ses effets, la constitution d'usufruit emporte un droit réel assis sur l'immeuble; un droit de servitude personnelle acquis à l'usufruitier : le bail, au contraire, ne confère au preneur d'autres droits que ceux qui résultent de sa convention et qui ne produisent que des actions purement personnelles entre lui et le maître du fonds.

L'usufruitier jouit d'un immeuble qui est le sien, puisque le démembrement de propriété qui lui est acquis, constitue un immeuble entre ses mains ( 526 ); tandis que le preneur à ferme n'est que le détenteur de l'immeuble qui lui est affermé : il ne jouit, en son nom propre, que des actions personnelles résultant de son bail, puisqu'il n'y a que ces actions qui lui soient acquises, sans aucune aliénation du domaine utile faite à son profit.

Ces caractères essentiellement distinctifs des droits d'usufruit et de location, considérés soit sous le rapport de leur cause, soit sous celui de

leurs effets, entraînent une foule d'autres différences qui n'en sont que des conséquences plus
ou moins immédiates.

100. Le bailleur est obligé de rendre l'édifice en
bon état de réparations de toutes espèces, avant
d'en livrer la jouissance au preneur (1720),
parce que telle est la condition sous-entendue
dans leurs obligations réciproques : l'usufruitier
est au contraire tenu de recevoir la maison dans
l'état où elle se trouve (600), parce que tout
son droit n'est que dans la chose.

Dans le louage, le bailleur est obligé non-
seulement de mettre le preneur en possession,
mais encore de lui garantir une paisible jouissance pendant la durée du bail (1719), parce
que telle est la conséquence naturelle de leurs
obligations personnelles et réciproques : dans la
constitution d'usufruit, le propriétaire n'est tenu
qu'à souffrir la jouissance de l'usufruitier, sans
rien faire qui y mette obstacle, par la raison
encore que les droits de celui-ci ne sont que
dans la chose, et ne portent point sur la personne du propriétaire.

L'usufruitier majeur peut abdiquer son droit
(622), pour se soustraire aux charges qui y
sont inhérentes et n'en sont que la suite, attendu que tout homme maître de ses droits peut
y renoncer; tandis que le preneur ne peut, sans
le consentement du propriétaire, renoncer à son
bail, pour se dégager de l'obligation de cultiver
et de payer le prix du fermage, parce qu'il est
de l'essence de toute convention légalement stipulée, que l'une des parties ne puisse la dissoudre sans l'aveu de l'autre.

Dans le bail à ferme, le preneur peut réclamer une indemnité pour non-jouissance occasionée par cas fortuit ou force majeure (1769, 1773), attendu que la garantie lui est due, même en ce cas : dans l'usufruit, toute perte semblable est pour l'usufruitier.

Le bail fait sans terme ne dure que le temps nécessaire pour que le preneur puisse recueillir tous les fruits des héritages affermés (1774); l'usufruit établi sans terme s'étend à la mort de l'usufruitier.

Le bail n'est pas résolu par le décès du fermier (1742); l'usufruit, au contraire, établi avec ou sans désignation de terme, s'éteint toujours par la mort de l'usufruitier.

Enfin, lorsqu'il s'agit de l'exécution d'un bail, les actions qui ont pour objet des réparations locatives prétendues, ou des dégradations alléguées par le propriétaire, doivent être portées d'abord à la justice de paix de la situation des lieux (1); tandis qu'en fait d'usufruit, les actions de ce genre, pour le développement desquelles il y a toujours des questions de droit plus ou moins difficiles à décider entre le propriétaire et l'usufruitier, ou ses héritiers, doivent indubitablement être soumises, en premier lieu, à la juridiction ordinaire des tribunaux d'arrondissement.

101. Mais puisque le droit d'usufruit est si différent de celui de location, comment justifier la définition que les auteurs du code nous en ont

_____

(1) Cod. de procéd., art. 3, §. 3 et 4.

donnée, en disant simplement qu'il consiste dans *le droit de jouir des choses dont un autre a la propriété, comme le propriétaire lui-même, à la charge d'en conserver la substance?* Ne peut-on pas dire que cette définition est tellement inexacte, qu'elle convient même au droit de location, puisque le locataire ou le fermier ont aussi le droit de jouir de la chose d'autrui, comme le propriétaire lui-même, à la charge d'en conserver la substance? Et qu'aujourd'hui le droit de location est comme celui d'usufruit, un droit réel, *jus in re,* puisqu'aux termes du code (1743), le fermier peut, comme l'usufruitier, revendiquer la jouissance du fonds entre les mains du tiers acquéreur avec lequel il n'a pas contracté? Ne résulte-t-il pas de là qu'il n'y a plus entre l'un et l'autre, de différence que sur la transmissibilité aux héritiers, et qu'en conséquence notre définition est d'autant plus imparfaite qu'elle ne s'exprime pas même sur ce point?

Nonobstant ces raisonnemens, pour peu qu'on réfléchisse sur la valeur des termes, on reste convaincu que la définition de l'usufruit, telle que l'ont donnée les auteurs du code, est parfaitement juste, et ne convient nullement au droit de location.

Et d'abord, le simple droit de jouir n'est par sa nature qu'un droit personnel : l'homme ne peut jouir qu'autant qu'il est vivant : conséquemment lorsqu'on n'énonce qu'un simple droit de jouir, dans l'usufruitier, il n'est pas nécessaire d'en exprimer l'intransmissibilité.

L'usufruitier a une véritable jouissance dans la chose soumise à son usufruit, puisque tous les fruits et émolumens qui en naissent lui appartiennent et cèdent à son profit. Le fermier, au contraire, ne jouit véritablement que du fruit de ses travaux dans l'étendue des avantages qui peuvent résulter pour lui de sa convention : il ne jouit pas, dans un sens proprement dit, du fonds affermé; ou, en d'autres termes, il n'a pas de jouissance qui s'applique au fonds comme un droit réel; car, les choses entendues dans un sens propre et rigoureux, celui-là seul jouit véritablement d'un fonds, qui en retire, à son profit, *et proprio nomine*, tous es fruits et émolumens : or, ce profit n'appartient qu'au bailleur et non au fermier, puisque celui-ci verse annuellement entre les mains du maître de la ferme, tout ce qui est censé produit net du fonds, en se réservant seulement la valeur qui peut compenser le prix de ses travaux et de ses frais de culture : c'est donc le propriétaire lui-même qui jouit, puisque c'est lui qui perçoit à son profit le revenu net du fonds; et c'est pourquoi, parlant du fermier, les lois l'appellent seulement *possessionis alienæ detentor* (1).

L'usufruit est le droit de jouir, à la charge seulement de conserver la substance de la chose; le droit de location ne s'exerce au contraire qu'à la charge de payer le prix du bail, puisque les réparations qui affectent la substance de la chose ne sont point à la charge du preneur.

____

(1) L. 10, cod. *undè vi,* lib. 8, tit. 4.

Dans le cas même où l'on supposerait un droit d'usufruit établi moyennant une prestation annuelle, il serait toujours essentiellement différent de celui de location, en ce que l'usufruitier est toujours tenu des réparations de gros entretien, c'est-à-dire, des réparations qui affectent la substance de la chose; qu'il est obligé d'y pourvoir lors même que les dégradations ne proviennent pas de son fait, et qu'elles n'ont été causées que par accident ou vétusté; au lieu que le fermier ou le locataire ne doivent que les simples réparations locatives qui n'affectent point la substance de la chose, et qui sont censées n'être occasionées que par leur fait (1754), sans avoir pour cause la vétusté ou la force majeure (1755) : ils ne jouissent donc pas des effets de leurs baux, à la charge de conserver la substance des choses, comme l'usufruitier qui doit tout ce qui a rapport au gros entretien (605).

102.   Enfin il n'est pas exact de dire que le droit de location soit aujourd'hui un droit réel, *jus in re,* comme celui d'usufruit.

Si la constitution d'usufruit suppose un droit réel, *jus in re,* acquis à l'usufruitier sur le fonds, c'est parce qu'elle opère un démembrement de propriété; qu'elle emporte, pour un temps, l'aliénation d'une partie du domaine : il n'en est pas de même du droit de location; il n'y a ici aucun démembrement de propriété, puisque c'est le bailleur qui reste encore revêtu du droit de possession, et même de jouissance proprement dite.

Si, aux termes du code (1743), le bail n'est

pas, comme il l'était anciennement, résolu par la vente du fonds, ce n'est pas que le preneur ait véritablement un droit réel en vertu duquel il puisse suivre la chose, comme sienne sous le rapport du domaine utile, et la revendiquer entre les mains du tiers acquéreur; mais c'est seulement parce que les auteurs de cette disposition nouvelle de nos lois ont voulu que l'aliénation du fonds affermé ne fût consentie ou censée consentie que sous la condition que le tiers acquéreur y stipulât, ou fût censé y avoir stipulé l'obligation personnelle d'entretenir le bail; ce qui donne bien au fermier un droit de rétention sur la jouissance, mais non un droit réel sur le fonds.

Déjà, dans les principes de l'ancienne jurisprudence et sous l'empire de la loi romaine, lors de la vente d'un fonds faite au nom du fisc, l'acquéreur était, de plein droit, tenu de l'entretien du bail, ou des indemnités du fermier, s'il voulait le faire sortir (1), non pas que ce dernier eût, par un simple acte de location, acquis aucun démembrement de propriété, ni aucun droit réel sur le fonds appartenant à l'Etat, mais parce que la loi avait voulu que, par un privilége particulier, le fisc ne pût être actionné en recours de la part du fermier qui serait évincé; en conséquence de quoi la vente n'était censée faite que sous la condition que l'acquéreur serait tenu d'exécuter le bail, lors même que cette condition n'était point expri-

_____

(1) Voy. dans Depeisse et son annotateur, *du contrat de louage*, tit. 2, sect. 3, n.° SEXTO, tom. I, pag. 124.

mée dans l'adjudication; *emptorem verò pen-*
*sionem ejus anni accepturum, ne fiscus colono*
*teneretur, quòd ei frui non licuisset, atque si*
*hoc ipsum in emendo convenisset* (1). Pourquoi
les auteurs du code, sans supposer aucun droit
réel acquis au fermier sur le fonds, n'auraient-
ils pas pu ordonner qu'une semblable condition
serait toujours sous-entendue, en sa faveur,
dans l'acte de vente des héritages affermés ?

Cependant, suivant la doctrine enseignée par
les auteurs (2), d'après la disposition 'de la loi
romaine, les baux à longues années, c'est-à-dire
ceux qui sont faits pour un espace de temps
au-dessus de neuf années, participent, en quelque chose, de l'aliénation du domaine utile, et
donnent au preneur un droit réel sur le fonds;
droit qui déjà, dans l'ancienne jurisprudence,
mettait obstacle à l'expulsion du fermier, par
l'acquéreur à titre singulier : *quod, ait prætor,*
*si actio de superficie postulabitur, causâ cogni-*
*tâ dabo : sic intelligendum est, ut si ad tempus*
*quis superficiem conduxerit, negetur ei in rem*
*actio. Et sanè causâ cognitâ ei qui non ad*
*modicum tempus conduxit superficiem, in rem*
*actio competet* (3). Doit-on conclure de là que
les baux à longues années comportent un véritable droit d'usufruit ? Non; parce que, comme
nous l'avons déjà dit, ce n'est pas par quelques

---

(1) L. 50, ff. *de jure fisci,* lib. 49, tit. 14.
(2) Voy. dans Depeisse et les autres auteurs par lui
cités, sur le contrat de louage, tit. 2, sect. 5, n.° NONO,
tom. 1, pag. 125.
(3) L. 1, §. 3, ff. *de superficiebus,* lib. 43, tit. 18.

similitudes

similitudes accidentelles qu'on doit juger des
choses pour confondre, dans la même classe,
celles qui sont d'ailleurs d'une nature toute
différente.

En admettant que le preneur à longues années
ait un droit réel acquis pour une garantie plus
rigoureuse de l'exécution de son bail, il ne résulte pas de là, comme conséquence nécessaire,
que ce droit soit un démembrement de propriété, comme l'usufruit; on doit plutôt dire
que ce n'est toujours qu'un droit mobilier,
comme celui de l'hypothèque, attendu qu'il n'est
que l'accessoire d'une obligation personnelle qui
est elle-même mobilière.

103. On trouve néanmoins', dans le nouveau
répertoire, au mot *usufruit*, §. 1, n.° 3, une
longue et savante dissertation, dans laquelle le
célèbre auteur de cet article s'est attaché à
prouver avec toute la force du raisonnement et
l'érudition qui le distinguent si éminemment,
que les droits du bail à vie et de l'usufruit sont
de même nature; mais nonobstant toute la déférence qu'on doit au sentiment de cet auteur,
nous n'hésitons point à adopter l'opinion contraire.

Cette question n'est pas sans importance dans
la pratique des affaires, et mérite conséquemment d'être examinée avec attention.

En effet, si le bail à vie emporte constitution
d'usufruit, il opère un vrai démembrement dans
la propriété foncière; il a la nature d'un immeuble et se trouve passible de l'hypothèque,
pour le temps de sa durée; tandis que, s'il n'a

que la nature du bail, il n'est qu'un droit mobilier non suceptible d'être hypothéqué par le preneur.

Si l'on doit confondre la constitution du bail à vie avec celle de l'usufruit, de manière à donner à l'un tous les attributs que la loi assigne à l'autre, le preneur par bail à vie sera, de plein droit, et sans aucune stipulation expresse, obligé à toutes les réparations de gros entretien; tandis que, s'il n'est considéré que comme locataire ou fermier, il ne sera tenu que des réparations locatives.

Si le preneur par bail à vie est usufruitier, il devra, de plein droit, payer tous les impôts fonciers et autres charges annuelles, sans qu'il soit besoin de lui imposer expressément cette obligation; tandis que, s'il n'est que locataire ou fermier, il ne doit que le prix de son bail, s'il n'a rien promis au-delà par sa convention.

Aux termes du code, le preneur à bail est responsable des accidens d'incendie, s'il ne prouve le cas fortuit : cette disposition est générale; elle doit donc être appliquée au preneur par bail à vie, comme à tout autre locataire ou fermier : identifiant la constitution du droit d'usufruit avec celle du bail à vie, doit-on conclure de là que la même responsabilité pèse aussi sur l'usufruitier ?

Nous pourrions pousser plus loin les indications de cette espèce; mais celles-là suffisent pour prouver que la question proposée mérite d'être soigneusement examinée, et doit trouver ici sa place.

La question à décider est celle-ci : Un bail à vie, consenti sans mélange d'aucunes stipulations expresses qui doivent le faire dégénérer en une autre espèce, établit-il, sur le fonds, un droit réel de même nature que celui d'usufruit, et doit-on appliquer aux droits et obligations du bailleur et du preneur, les règles tracées par le code sur les intérêts respectifs du propriétaire et de l'usufruitier ?

Pour écarter d'abord tout ce qui doit être étranger à la solution de cette question, nous observerons en premier lieu, que, quoique le bail à vie finisse à la mort du preneur, comme l'usufruit finit au décès de l'usufruitier, ce seul rapport de similitude est loin d'être caractéristique d'une identité absolue de nature dans les droits de l'un et de l'autre; car le droit d'usage, le legs des revenus d'un fonds, celui d'une pension viagère, s'éteignent aussi par le décès de l'usager ou du légataire, et cependant ils sont d'une nature toute différente de celle du droit d'usufruit.

Observons en second lieu, qu'il ne seroit pas permis non plus de dire que le bail à vie est essentiellement différent du droit d'usufruit, par cela seul qu'il comporte une charge quelconque annuellement imposée au preneur; car l'usufruit peut aussi être établi à titre onéreux comme à titre lucratif. Celui à qui on lègue un droit d'usufruit à condition de payer annuellement une somme à un autre, n'en est pas moins un véritable usufruitier : le mari qui a la jouissance des biens dotaux de sa femme, le bénéficier qui a celle des biens de son bénéfice, ne laissent pas d'être de vrais usufruitiers, quoiqu'ils doivent supporter, l'un les charges inhérentes au mariage, l'autre celles qui sont attachées à la desserte de son bénéfice.

Observons enfin, que les contrats n'étant pas de simples mots, mais bien des choses dont les attributs essentiels sont indépendans de la dénomination plus ou moins impropre qu'on pourrait leur avoir donnée, ce n'est pas à la qualification du bail à vie ou de la constitution d'usufruit qu'il faut précisément s'attacher pour en déterminer l'espèce; mais bien aux droits et obligations qui doivent en résulter, dans l'intérêt des parties, d'après les clauses et stipulations qu'elles ont voulu insérer dans leur contrat.

104.   Il n'est pas toujours facile de distinguer parfaitement les choses qui paraissent d'une nature mixte, tels que l'usufruit acquis moyennant une prestation annuelle, ou un bail à vie. Pour parvenir à cette distinction, occupons-nous d'abord à poser avec précision les principes qui doivent nous diriger dans cette recherche.

Ces principes, nous les trouvons consacrés, soit par le droit romain, soit par la loi française, et ils sont éternels comme la raison sur laquelle ils reposent.

C'est un principe constant que, pour apprécier les droits qui résultent d'une convention écrite, et en déterminer positivement la nature, on ne doit la voir que dans l'acte même qui en contient la substance et les conditions; qu'on ne peut rien y ajouter qui soit étranger à ce qui est écrit, puisqu'aux termes du code, il n'est pas

même permis de remonter à ce qui serait allégué
avoir été dit avant, lors, ou depuis l'acte (1341),
pour proposer la preuve de stipulations ou de
conditions qui ne s'y trouveraient pas consignées;
attendu que l'écriture n'est employée dans les
actes que pour établir la preuve de tout ce que
les parties ont voulu faire; *fiunt autem scripturæ ut quod actum est probari possit* (1); qu'en
conséquence on ne doit rien supposer de plus
que ce qui est arrêté par écrit, à moins qu'il ne
s'agisse de droits et d'obligations qui, quoique non
exprimés, ne laissent pas d'être sous-entendus,
comme étant les effets naturels de la convention
dans son espèce.

Une autre maxime non moins avérée, c'est
que, pour bien déterminer l'espèce d'une convention, il ne faut pas la voir seulement dans
les mots, mais dans les choses; qu'il ne faut
point s'arrêter à la dénomination plus ou moins
impropre qu'elle aurait reçue, soit par erreur,
soit dans la vue de faire un acte simulé; et qu'en
conséquence il faut, sur ce point, distinguer soigneusement le *scriptum* et le *gestum,* comme
deux choses très-différentes.

Nous empruntons ces expressions du droit
romain comme particulièrement propres à rendre nos idées. Le *scriptum* consiste dans le nom
ou la qualification qu'on a voulu donner osten-
siblement à l'acte, par l'écriture. Le *gestum,* au
contraire, est ce qu'on a voulu obtenir en exécution; c'est ce qui se rapporte à l'action exé-

---

(1) L. 4, ff. *de fide instrumentorum,* lib. 22, tit. 4.

cutive du contrat et qui caractérise cette action.
Eclaircissons cela par des exemples.

Pierre et Paul se présentent devant un notaire pour rédiger, en forme authentique, un
acte par lequel l'un déclare qu'il *fait vente* de
son domaine à l'autre, pour une somme de
12,000 fr. qui lui sont payés comptant, en
présence du notaire et des témoins; au moyen
de quoi l'acquéreur est envoyé en possession
du domaine vendu avec promesse de toute garantie. Le *scriptum* de ce contrat consiste dans
la dénomination de vente qu'on lui a donnée
par l'écriture; et le *gestum* se rapporte à la
numération effective du prix, à l'envoi en possession de l'immeuble, et à la garantie promise
par le vendeur, parce que toutes ces choses
appartiennent à l'action exécutive du contrat.

Si, au lieu d'énoncer une vente, ils déclaraient que l'un a consenti, au profit de l'autre,
un bail à ferme du même domaine, pour neuf
années, moyennant une TELLE somme d'argent, ou une TELLE quantité de blé payable
annuellement au propriétaire, par le preneur,
le *scriptum* se rapporterait à la dénomination
de *bail à ferme*, et le *gestum* à la mise en
jouissance du fermier, avec toute garantie de
droit, d'une part, et à la délivrance annuelle
du prix du fermage, d'autre part.

Souvent, dans les conventions, le *gestum*
est plus ou moins sous-entendu, sans être exactement exprimé; alors la prévoyance du législateur supplée à l'imprévoyance de l'homme,
et le contrat n'en doit pas moins être exécuté

dans toute l'étendue des droits et obligations que la loi attache à son espèce : *Si nihil convenit, tunc ea præstabuntur, quæ naturaliter insunt hujus judicii potestate* (1). Ainsi, quoique, dans un contrat de vente, on n'ait pas stipulé, à la charge du vendeur, d'autre obligation que celle de livrer la chose aliénée, il n'en est pas moins tenu, de plein droit (1626), de garantir l'acquéreur de l'éviction totale ou partielle que celui-ci pourrait souffrir, ainsi que des charges prétendues sur l'objet vendu, et qui ne seraient point déclarées dans le contrat, comme dans le cas du bail le propriétaire est tenu de livrer la chose en bon état de réparations de toute espèce, et de faire, pendant la durée du fermage, toutes celles qui peuvent devenir nécessaires, autres que les locatives (1720), encore que les parties ne s'en soient pas expliquées dans l'acte d'amodiation.

On voit souvent aussi que le *gestum* se trouve exprimé d'une manière contraire au *scriptum*, et c'est là sur-tout la marque distinctive des actes simulés qui ont lieu lorsque, sous l'apparence d'un acte ostensible, les parties agissent dans la vue d'exécuter une autre convention.

Supposons, par exemple, que, dans un acte auquel les parties donnent le nom d'échange, l'une soit convenue de livrer sa maison en toute propriété à l'autre qui, de son côté, doit rendre une somme de 12,000 fr. en contre-échange : un pareil acte sera une véritable vente, et n'aura que le nom du contrat d'échange. Suppo-

---

(1) L. 11, §. 1 in fine, ff. *de action. empt. et vendit.*, lib. 19, tit. 1.

sons encore, pour un autre exemple, que, dans une convention à laquelle les parties donnent le nom de vente, il soit dit que le vendeur a fait ou doit faire remise du prix à l'acquéreur : cet acte n'aura de vente que le nom, et ne sera, dans la vérité du fait, qu'une donation déguisée sous l'apparence trompeuse d'une aliénation à titre onéreux.

Dans les cas de cette dernière espèce, c'est par le *gestum* qu'on doit apprécier la nature de la convention, et appliquer cette maxime du droit romain : *Non quod scriptum, sed quod gestum est inspicitur* (1); parce que les contrats ne sont pas de simples mots, mais des choses; ce n'est donc ni l'erreur ni le mensonge renfermés dans les mots, qu'on doit prendre pour guides lorsqu'il faut apprécier l'espèce du contrat, mais la vérité des faits : *Quia in contractibus rei veritas, potiùs quàm scriptura prospici debet* (2); c'est donc seulement à ce que les parties ont voulu obtenir en exécution qu'on doit s'attacher pour déterminer la nature de la négociation, et non pas à une fausse dénomination qui, ou par méprise, ou par affectation, aurait été donnée au contrat.

Mais, pour appliquer sagement cette règle dans l'interprétation d'une convention, il faut qu'il paraisse clairement, par l'acte même, que le *gestum* n'est pas concordant avec le *scriptum,* ou que cela soit d'ailleurs démontré; car, supposer, sans preuve, que l'écriture d'un acte

---

(1) L. 3, cod. *plus valere,* lib. 4, tit. 22.
(2) L. 1, cod. *eodem.*

est mensongère, et le supposer pour détourner l'exécution directe du contrat, ce serait se jeter dans l'arbitraire au lieu de faire une juste appréciation de la chose; ce serait faire une hypothèse condamnée par l'écriture même, et en tirer une conséquence que rien ne saurait justifier.

Ainsi, toutes les fois qu'il n'est pas démontré que le *gestum* ou l'action exécutive du contrat se trouve en opposition avec le *scriptum* ou la dénomination donnée à l'acte, c'est l'écriture qui doit faire la loi, *credenda est scriptura* (1); alors on ne doit plus voir que la convention telle qu'elle est dénommée par les parties, parce que les contractans n'ont voulu s'expliquer ainsi, que pour choisir une espèce plutôt qu'une autre; et comme en admettant un principe, on veut virtuellement aussi toutes les conséquences qui en dérivent, il faut en conclure que si les traitans ne se sont pas expliqués sur tout ce qu'ils sont censés avoir voulu obtenir l'un de l'autre, ils n'en sont pas moins obligés à toutes les suites que l'équité, l'usage, ou la loi donnent à l'obligation d'après sa nature (1135); car en donnant leur consentement à la cause, ils sont censés avoir voulu tous les effets qu'elle doit naturellement produire.

105. Appliquons actuellement ces principes à toutes les hypothèses où il pourrait être question de comparer la constitution d'usufruit avec le bail à vie.

_____

(1) L. 37, §. 5 in fine, ff. *de legat.* 3.

SUPPOSONS, en premier lieu, qu'on nous présente un acte dans lequel il soit dit que le propriétaire d'un fonds en a cédé ou aliéné l'usufruit au profit d'un autre, pour et moyennant une somme payable annuellement au maître de l'héritage, par l'acquéreur de l'usufruit, sans ajouter d'autres explications sur leurs engagemens respectifs, ni rien stipuler de plus qui puisse faire dégénérer la convention en une autre espèce.

Ne trouvant, dans cet acte, rien qui mette le *gestum* en opposition avec le *scriptum*, et par conséquent rien qui puisse nous porter à une interprétation contraire ou étrangère au sens littéral des mots, nous devons appliquer la règle posée ci-dessus, *credenda est scriptura*; et dire que c'est véritablement un droit d'usufruit que les contractans ont voulu établir, puisqu'ils l'ont énoncé ainsi, et que rien ne démontre qu'ils aient voulu autre chose que ce qu'ils ont dit.

Cet acquéreur d'usufruit est donc en tout semblable à celui auquel le propriétaire du même fonds en aurait légué la jouissance à charge de payer annuellement la même pension à son héritier ou à un tiers. Tel est le principe; voyons-en les conséquences.

C'est un droit d'usufruit et non un droit de location qui se trouve établi par cet acte; donc l'acquéreur doit conserver la jouissance du fonds jusqu'à sa mort, quoique cela ne soit pas explicitement porté dans son titre, parce que l'usufruit établi sans terme dure naturellement jusqu'au décès de l'usufruitier; tandis que si c'était un bail, le fermier n'aurait le droit de jouir que jusqu'à ce qu'il eût perçu tous les fruits du fonds (1776, 1774).

C'est un droit d'usufruit que les parties ont voulu établir : or, l'usufruitier n'a droit de jouir qu'à la charge de conserver la substance de la chose; donc l'acquéreur, outre la pension promise au propriétaire, sera tenu encore de toutes les impenses nécessaires à l'acquit des charges annuelles imposées au fonds, et aux frais des réparations de gros entretien, quoiqu'on ne s'en soit pas nominativement expliqué, puisque la loi veut que toutes ces charges soient naturellement inhérentes à l'usufruit (605, 608); tandis que, si ce n'était qu'un bail, le preneur ne devrait que la prestation annuelle stipulée dans l'acte, et les simples réparations locatives provenant de son fait (1754, 1755).

C'est un droit d'usufruit qu'on a voulu établir : donc l'acquéreur usufruitier n'aura rien à répéter à la fin de sa jouissance pour les améliorations qu'il pourra faire dans le fonds (599); tandis que, si c'était un bail, le preneur aurait une action en indemnité pour le même objet (1).

C'est un droit d'usufruit qu'on a voulu établir : donc l'acquéreur est tenu de prendre la chose dans l'état où elle se trouve, puisque la loi impose généralement cette obligation à l'u-

----

(1) L. 61 in principio, ff. *locati*, lib. 19, tit. 2. — Voy. aussi dans Garcias, *de expensis et meliorationibus*, cap. 6, n.° 20.

sufruitier (600), et que le silence des parties
à cet égard fait présumer de leur part la volonté tacite de s'en rapporter aux dispositions
générales de la loi (1135); tandis que si c'était
un bail, le propriétaire devrait au contraire
mettre la chose en bon état de toutes espèces
de réparations (1720), avant d'en livrer la jouissance au fermier.

C'est un droit d'usufruit qu'on a voulu établir : or, l'usufruitier peut toujours renoncer à
son usufruit pour se dégager des charges qui
y sont inhérentes (621, 622), parce que son
droit et ses obligations sont entièrement dans
la chose; donc l'acquéreur de l'usufruit dont
il s'agit ici, pourra en faire l'abandon pour se
soustraire, dans l'avenir, soit au paiement de
la prestation annuelle promise au propriétaire,
soit aux frais des réparations d'entretien; comme
le légataire d'un droit d'usufruit à charge de
payer annuellement une pension à un tiers,
pourrait en faire abandon, après l'avoir accepté;
comme encore celui qui, par un contrat d'ar-
rentement, a acquis un héritage moyennant
une rente foncière, peut se dégager du paiement de la rente et de l'obligation d'entretenir le fonds, dans le futur, en déguerpissant
l'héritage (1); tandis que, si c'était une location
ordinaire ou à vie qu'on eût voulu contracter,
le preneur ne pourrait y renoncer, parce que
l'objet de cette espèce de contrat ne consiste

_____

(1) Voy. dans Loiseau, traité du déguerpiss., liv. 4;
chap. 9; et dans Pothier, traité du contrat de bail à
rente, n.º 123.

principalement que dans les obligations personnelles respectivement consenties entre le preneur et le bailleur, et qu'il est de l'essence de
toute convention, que nul ne puisse, contre le
gré de l'autre partie, se dégager des obligations personnelles qu'il y a légalement consenties.

106. Supposons, en second lieu, qu'il soit dit,
dans un contrat, que le propriétaire d'un domaine en a cédé et aliéné l'usufruit à un autre,
pour en jouir, sa vie durant, comme un véritable usufruitier, à la charge de payer annuellement au maître du fonds une somme en argent, ou une prestation fixée en denrées; mais
qu'on ait ajouté que l'usufruitier ne sera néanmoins passible que des charges et réparations
locatives.

Dans cette seconde espèce, le *scriptum* ou
la dénomination donnée à la chose par l'écriture, indique bien une constitution d'usufruit;
mais le *gestum* ou l'action exécutive de la convention n'appartient qu'au bail à vie, puisque
le preneur n'y contracte que les obligations
d'un fermier. Nous devons donc appliquer ici
la règle *Non quod scriptum, sed quod gestum est
inspicitur;* et si nous voulons interroger le code
sur le détail et l'étendue des devoirs qu'un tel
acte impose au preneur, ce n'est pas au chapitre de l'usufruit, mais à celui du louage qu'il
faudra chercher, puisqu'il ne doit supporter
que les charges locatives. Il en est de même
quant à l'appréciation des droits respectifs des
parties; car c'est une règle constante que, dans

toute espèce de négociation, les droits de l'un sont toujours en correspondance avec les devoirs de l'autre. Ainsi, l'un ne peut pas être fermier que l'autre ne soit bailleur ou amodiateur; et comme, sous cette double qualité, l'un et l'autre sont nécessairement tenus de toutes les obligations respectives que la loi fait dériver du contrat de bail, sur les objets dont les parties ne se sont pas positivement expliquées; de même encore, l'un et l'autre ont respectivement à exercer entre eux tous les droits sous-entendus dans cette convention d'après sa nature propre.

Ainsi, dans cette seconde espèce, le preneur ne devra rien au-delà du paiement annuel de son fermage, si ce n'est les impenses de réparations locatives; et s'il fait des constructions utiles ou autres améliorations sur le fonds, il aura une action en reprise à ce sujet.

De son côté le propriétaire sera tenu de mettre préalablement le fonds en bon état de toutes espèces de réparations: il devra par la suite faire toutes celles de gros entretien et supporter en outre toutes les charges annuellement imposées au fonds; tandis que s'il s'agissait d'un droit d'usufruit acquis au preneur, celui-ci devrait prendre la chose dans l'état où elle se trouve, supporter toutes les impenses pour impôts et réparations d'entretien, et n'aurait aucune action en reprise pour améliorations.

107. Supposons, en troisième lieu, qu'il soit dit, dans un acte, que le propriétaire d'un domaine l'a amodié, par bail à vie à un autre, moyen-

nant une certaine prestation en grains, annuellement payable au maître, par le fermier, et en
outre à condition que celui-ci sera tenu de
supporter toutes les charges usufructuaires, ou
toutes les charges et conditions que les lois imposent aux usufruitiers.

Dans cette troisième hypothèse, le *scriptum*
ou la dénomination du contrat indique par le
sens littéral et naturel des termes, un véritable
bail à vie ; mais le *gestum* ou l'action exécutive
porte directement sur un droit d'usufruit, parce
qu'en imposant au cessionnaire toutes les charges
qui sont inhérentes à l'usufruit, il doit avoir aussi
tous les droits corrélatifs qui s'y rapportent. Ainsi,
soit par la raison qu'il s'agit d'une jouissance à
vie, soit parce que, pour l'exercice de ce droit, le
cessionnaire est soumis aux règles établies pour
les usufruitiers, nous devons appliquer à cette
hypothèse la règle *Non quod scriptum, sed quod
gestum est inspicitur*, et dire que cet acte renferme une véritable constitution d'usufruit, établi à titre onéreux.

Nous disons, *soit parce qu'il s'agit d'une jouissance à vie, soit parce que l'exercice du droit cédé
est soumis aux règles établies pour l'usufruit ;*
car il faut bien remarquer qu'il ne suffit pas de
trouver dans un acte, des stipulations donnant
lieu à des droits ou à des charges extraordinaires, pour conclure de là que la convention
dégénère en une autre espèce ; qu'ainsi un bail
ne change pas de nature, quoique les réparations usufructuaires y soient mises à la charge
du preneur. Pour être fondé à dire que le con-

trat dégénère véritablement de la dénomination qui lui est donnée, il faut que son exécution paraisse, en général, subordonnée aux règles établies pour une autre espèce, et que les parties l'ont ainsi voulu, même pour les détails naturellement sous-entendus entre elles et non exprimés dans l'acte.

108. Supposons, en quatrième lieu, qu'il s'agisse d'apprécier les droits résultans d'un acte par lequel le propriétaire d'un domaine a déclaré qu'il en cédait par bail à vie la jouissance à un autre, moyennant un rendage annuel fixé en argent ou en blé, sans rien ajouter de plus, sur les obligations respectives des parties ; ou pour mieux dire, sans rien ajouter qui fût étranger à la nature propre de cette convention et qui fût capable de la faire dégénérer en une autre espèce.

L'auteur de l'article du répertoire que nous avons cité, soutient que, même dans cette hypothèse, le bail à vie emporte une véritable constitution d'usufruit.

« Peut-on constituer, dit-il, un usufruit par
» bail? ou, en d'autres termes, y a-t-il quelque
» différence entre l'usufruit et le bail à vie ?

« Cette question était d'un grand intérêt avant
» le code civil, pour savoir si le preneur à vie
» d'une maison pouvait exercer contre les sim-
» ples locataires qui le précédaient en date, le
» privilége de la loi *emptorem* et celui de la loi
» *œde*, c'est-à-dire, s'il pouvait les expulser pu-
» rement et simplement, lorsqu'il ne s'était pas
» obligé envers son bailleur d'entretenir leurs

» baux,

» baux, et si, dans tous les cas, il pouvait les
» expulser pour occuper par lui-même.

» Elle peut encore se présenter aujourd'hui
» pour différens objets, et notamment à l'effet
» de savoir si un bail à vie est passible d'hy-
» pothèque.

» Il en est certainement passible, s'il emporte
» le droit d'usufruit ; car l'article 2118 du code
» civil déclare *susceptible d'hypothèque l'usu-*
» *fruit des biens immobiliers et de leurs acces-*
» *soires pendant le temps de sa durée.*

» Mais s'il ne diffère pas, quant à son essence,
» d'un bail ordinaire, il est meuble comme ce-
» lui-ci ; et par conséquent il est, comme celui-
» ci, incapable de recevoir l'impression d'une
» hypothèque.

» Examinons donc s'il y a une différence
» réelle entre un usufruitier et un preneur à vie.

» Il y en aurait sans doute une très-grande si,
» par le bail à vie, le bailleur et le preneur avaient
» expressément déclaré, l'un ne vouloir pas cé-
» der, l'autre ne vouloir pas acquérir, un droit
» d'usufruit. Et il en serait de même, si, sans le
» déclarer expressément, les parties avaient fait
» clairement entendre que telle était leur inten-
» tion ; si, par exemple, elles étaient convenues
» que le *bailleur* demeurerait chargé des répa-
» rations usufructuaires, et supporterait toutes
» les contributions.

» Mais hors ce cas, nous n'imaginons pas
» quelle différence on pourrait assigner entre
» un usufruitier et un preneur à vie. »

L'auteur soutient, comme on le voit, que le

bail à vie conçu sans mélange d'aucune stipulation étrangère à sa nature propre, opère une véritable constitution d'usufruit; mais a-t il bien raison ?

Dans cette espèce, le *scriptum* de l'acte, la qualification donnée à la convention, le nom employé pour désigner la négociation, n'ont trait et ne se rapportent qu'à un contrat de louage ou de bail; et le *gestum* ou l'action exécutive n'a aucun caractère contraire : nous devons donc appliquer ici la règle *credenda est scriptura*. Les termes de la convention étant clairs, on doit croire que la volonté des contractans n'a été autre que celle qui est indiquée par le sens naturel de leurs expressions; on doit donc tenir pour constant qu'ils n'ont voulu faire qu'un simple bail, puisqu'ils n'ont parlé que d'un bail. Peu importe qu'il y ait quelque rapport de similitude entre le bail à vie et la constitution d'usufruit, puisqu'ils diffèrent d'ailleurs si essentiellement, comme nous l'avons démontré plus haut. Y eût-il même, dans cette question, lieu d'élever quelques doutes, par argumentation, ce que nous n'admettons pas, il faudrait encore s'en rapporter aux termes de la convention, plutôt que de la faire dégénérer en une autre espèce, suivant la maxime *in re dubiâ meliùs est servire verbis* (1); parce qu'on ne doit pas arbitrairement sortir des limites que les parties se sont elles-mêmes tracées.

Ce n'est que par forme d'interprétation sur le

---

(1) L. 1, §. 20, ff. *de exercit. act.*, lib. 14, tit. 1.

choix des conséquences à attribuer à une pareille convention, qu'on pourrait en faire ressortir un droit d'usufruit, puisque rien n'en porte l'expression dans les termes dont elle est conçue : mais voyons si cette interprétation ne serait pas forcée, et si elle pourrait être soutenable.

Aux termes de l'article 1135 du code, les conventions obligent non-seulement à ce qui y est exprimé, mais encore à toutes les suites que l'équité, l'usage et la loi donnent à l'obligation *d'après sa nature.*

109. Quelle est donc véritablement la nature de la convention dont il s'agit ?

Ce n'est point une donation ; elle n'a point la nature d'un acte de libéralité, puisqu'elle n'a été consentie que moyennant un prix : c'est donc un contrat commutatif, par lequel l'une des parties est censée rendre à l'autre l'équivalent de ce qu'elle reçoit (1104) ; c'est-à-dire, par lequel le preneur ou fermier est censé rendre annuellement au maître du domaine l'équivalent de la jouissance qui lui est cédée par celui-ci : le prix du fermage doit donc être considéré comme équivalant à tout le revenu net du fonds, et le fermier ne doit rien au-delà puisqu'il n'a rien promis de plus.

Cela étant ainsi, ne serait-il pas contre tous les principes d'équité d'imaginer interprétativement, comme contenu dans ce bail à vie, un droit d'usufruit auquel le fermier n'avait jamais pensé, et d'imaginer ce droit comme un moyen d'étendre les obligations du preneur, jusqu'à lui faire supporter toutes les impenses des

réparations de gros entretien et des charges annuelles imposées au fonds ; tandis qu'aux termes
du bail, il n'a promis et ne doit autre chose que
le prix de son fermage, prix qui est censé porté
à toute la valeur de la jouissance qui lui est cédée : où est la loi, où est l'usage qui puissent autoriser une interprétation aussi peu conforme à
l'équité ? Il n'y a, et il ne peut y avoir ni loi ni
usage aussi injustes. Et loin de là, s'il pouvait y
avoir du doute, c'est encore en faveur du fermier
qu'il devrait être levé, puisque la loi veut que,
dans le doute, la convention s'interprète contre
celui qui a stipulé et en faveur de celui qui a contracté l'obligation (1162) : donc on ne doit pas
admettre une pareille interprétation ; donc ce
n'est pas dans le chapitre de l'usufruit, mais
bien seulement dans celui du louage, qu'on doit
interroger le code sur les suites et les effets qui
résultent d'une convention de cette nature.

Sans doute on aurait pu stipuler dans le contrat, que le preneur serait chargé soit des impôts annuels, soit de tel ou tel genre de réparations ; mais alors il se serait défendu sur le prix
du bail qui aurait été d'autant moins élevé : on
ne pourrait donc, sans offenser tous les principes d'équité, appliquer à cette convention un
système interprétatif qui étendrait ainsi ses charges, et qui pourrait les porter au-delà du double
de ce qu'il avait promis.

110. L'auteur dont nous osons combattre l'opinion, cherche à établir son système par les raisonnemens suivans :

« Tout le monde convient, dit-il, qu'il n'y a

» aucune différence entre les droits de l'acqué-
» reur à vie et les droits de l'usufruitier. En effet,
» vendre à vie la jouissance d'un immeuble, et
» en vendre l'usufruit, c'est évidemment la même
» chose. Aussi trouve-t-on dans la *gazette des*
» *Tribunaux*, tome 15, page 257, un arrêt de
» la grand'chambre du parlement de Paris, du
» 23 décembre 1772, qui a jugé, plaidant Rim-
» bert et Picard, que l'acquéreur à vie d'une
» maison pouvait, comme jouissant de tous
» les droits d'un véritable usufruitier, exercer
» contre un locataire antérieur, le privilége de
» la loi *œde.*

» Et pourquoi en serait-il autrement d'un
» bail à vie pur et simple, que d'une vente à vie ?

» On ne pourrait en donner qu'une raison :
» ce serait de dire que le prix du bail à vie dé-
» pend de la vie du preneur et se paye chaque
» année; au lieu que le prix de la vente à vie est
» fixe et se paye comptant.

» Mais cette différence est absolument insi-
» gnifiante quant à la nature du droit conféré
» par l'un et l'autre acte. »

Observons d'abord que cette manière de prouver une chose est essentiellement défectueuse, en
ce qu'elle ne repose sur aucun principe d'où l'on
doive déduire, comme une conséquence nécessaire, que le bail à vie et la constitution d'usufruit
soient d'une nature identique : ce n'est là qu'une
argumentation par comparaison d'une chose à une
autre; c'est-à-dire, une argumentation qui suppose précisément la base qu'il faudrait préalablement établir. Quelque séduisante que puisse

être une semblable manière de raisonner, elle
ne peut figurer qu'au rang des preuves accessoires : elle sera toujours dans le genre de celles
qui sont loin d'opérer, par elles-mêmes, une véritable conviction; car il n'y a rien dans la nature
qui ne soit susceptible d'être attaqué par des
objections de comparaison, et il ne nous resterait, sur-tout dans l'ordre moral, aucune vérité
constante, si, pour révoquer en doute les principes les plus certains, il suffisait de les combattre par des objections plus ou moins fortes et
dont notre faible raison ne verrait pas même de
solution bien tranchée.

En usant de la même manière d'argumenter,
on peut faire voir que le raisonnement transcrit
ci-dessus, prouve trop ou qu'il se rétorque
contre le système à l'appui duquel il est invoqué.

L'usufruit, en effet, peut être établi pour un
temps déterminé, comme il peut l'être pour la
vie de l'usufruitier. Si donc on veut partir de la
double hypothèse que la vente de jouissance
n'est qu'un droit d'usufruit établi à titre onéreux, et qu'il n'y a pas réellement de différence
entre cette vente et le bail ; on dira : vendre la
jouissance d'un fonds pour neuf années, c'est
établir un droit d'usufruit pour neuf ans : or, il
n'y a pas de différence essentielle entre la vente
de jouissance et le bail ; donc un bail de neuf
ans est un véritable droit d'usufruit.

111. Opposera-t-on à ce raisonnement que la comparaison que nous venons de faire ne peut avoir
lieu relativement au bail de neuf ans, parce qu'il

n'opère aucun droit réel acquis au preneur sur le fonds, comme quand il s'agit du bail à vie?

La rétorsion va se représenter avec plus de force encore.

Il est vrai que, suivant la jurisprudence attestée par les auteurs et fondée sur les expressions de la loi romaine, le bail ordinaire n'opérait sur le fonds aucun droit réel acquis au fermier, et au moyen duquel il fût garanti de la crainte de se voir expulsé par le nouvel acquéreur à titre singulier; il est vrai encore que ce droit, qu'on refusait au preneur par bail ordinaire, on l'accordait à celui qui avait amodié pour un temps plus long; mais il n'était pas opéré seulement par le bail à vie : il l'était aussi par tout fermage consenti pour plus de neuf ans (1), suivant la disposition du droit écrit : *Et sanè causâ cognitâ ei qui non ad modicum tempus conduxit superficiem, in rem actio competet* (2). Cela étant ainsi, nous pouvons faire, avec toute justesse, le raisonnement suivant :

Le droit réel qui résulte de la location à longues années est de même nature, quel que soit d'ailleurs l'espace de temps pour lequel le fermage a été consenti; il est donc le même dans le bail à vie que dans celui de douze ou dix-huit ans : or, dans le bail de douze ou dix-huit ans, il n'opère point un droit d'usufruit; donc il ne l'opère point non plus dans le bail à vie.

112. Abordons actuellement, sous d'autres rap-

---

(1) Voy. dans Depeisse, et les auteurs par lui cités, sur le contrat de louage, sect. 5, n.° *nono*.

(2) L. 1, §. 3, ff. *de superficiebus*, lib. 43, tit. 18.

ports, le raisonnement que nous avons à combattre.

L'acte de vente d'une jouissance à vie établira, si l'on veut, un droit d'usufruit à titre onéreux, puisque le droit d'usufruit n'est autre chose que le droit de jouir du fonds dont un autre a la propriété; mais est-il bien vrai qu'il n'y ait pas de différence essentielle entre cette vente et un bail à vie, quoique l'un et l'autre soient faits pour le même temps?

La vente d'une jouissance à vie est un contrat absolument aléatoire : l'intérêt du prix payé ne peut équivaloir à l'estimation de la jouissance annuelle, car autrement il y aurait donation du capital : l'acquéreur peut donc beaucoup gagner par sa longévité, comme il peut tout perdre par une mort prématurée; le bail à vie n'a au contraire rien d'aléatoire, puisque le prix ne peut en être dû que jour par jour, au fur et mesure de la jouissance du fermier : convenons donc que, sous ce seul rapport, il y a déjà une différence essentielle entre l'un et l'autre.

Dans le cas de la vente d'une jouissance à vie ( 1614 ), comme dans celui de l'usufruit établi à tout autre titre ( 600 ), l'acquéreur ou l'usufruitier est également tenu de prendre la chose en l'état où elle se trouve; dans le bail au contraire, le propriétaire doit préalablement pourvoir aux réparations de tous genres ( 1720 ). Ainsi les droits des parties sont bien loin d'être identiques dans l'une et l'autre espèce.

Dans la vente de jouissance à vie, la chose

vendue est absolument au péril de l'acheteur, en sorte que si le fonds vient à être détruit par cas fortuit, il perd également et la jouissance qu'il en avait acquise, et le prix qu'il en avait payé : dans le bail à vie, tout reste, au contraire, au péril du maître; car, si le fonds vient à être détruit, il ne lui sera plus dû de fermage.

Dans le cas de la vente à vie, le droit vendu, *unico pretio*, embrasse aussi par forme de masse unique, toutes les jouissances cédées à l'acquéreur; c'est pourquoi il peut bien être chargé des réparations d'entretien qui sont comme le passif de cette masse de jouissance : mais dans le bail à vie tout est à jour; le prix en échoit jour par jour, comme la jouissance s'exerce jour par jour : il ne serait donc ni raisonnable, ni conforme à la nature de ce contrat, de faire ici supporter la même masse de passif au preneur.

113. Mais pourquoi toutes ces différences entre la vente de jouissance et le bail à vie?

C'est que le preneur par bail à vie, comme le fermier par bail ordinaire, ne sont réellement pas plus l'un que l'autre, acquéreurs d'une jouissance proprement dite. C'est le propriétaire qui seul a la vraie jouissance du fonds, puisque c'est lui qui perçoit la valeur de tout le produit de son héritage : le fermier à vie, comme le fermier par bail ordinaire, étant également tenus de rendre, ou de payer annuellement l'équivalent de tout le produit du fonds, ne perçoivent, en bénéfice, que le produit de leurs travaux, même en supposant que leurs conventions soient avantageuses; en sorte que ce sont les fruits de leur industrie qui forment l'objet de la jouissance qui leur appartient.

Voilà pourquoi le propriétaire est tenu, soit de mettre d'abord en bon état de réparations le fonds amodié, soit de pourvoir par la suite aux réparations de gros entretien, soit de supporter les charges annuelles, à moins que par des stipulations particulières, le fermier n'en ait été chargé en considération d'un prix plus faible convenu par le bail. Il n'y a donc véritablement aucune constitution d'usufruit dans le bail à vie.

## COMPARAISON

### Des Droits d'usufruit et de superficie.

114. Nous avons vu ce que c'est que le droit d'usufruit; il convient d'expliquer ce que c'est que celui de superficie, pour pouvoir mieux faire sentir la comparaison de l'un avec l'autre.

Dans le langage des lois, on entend par superficie les constructions ou plantations édifiées sur un terrain, et qui sont inhérentes au sol: *quæ suprà terræ faciem sunt.* Ainsi, les ceps d'une vigne sont la superficie du terrain sur lequel elle est implantée (1), comme l'édifice considéré en lui-même est la superficie du fonds sur lequel on a bâti: *ædes ex duobus rebus constant, ex solo et superficie* (2).

C'est par la diversité des superficies, dit Cujas, qu'on distingue les diverses espèces d'immeubles,

---

(1) L. 13 in princip., ff. *de servit. rust. præd.,* lib. 8, tit. 3.

(2) L. 23, ff. *de usucapion.,* lib. 41, tit. 3.

savoir, les vignes, champs, prés, maisons et forêts : *genera agrorum distinguuntur superficie,
id est, illis rebus quæ in iis nascuntur.* (1). Et
aux termes du code (2148, §. 5), c'est par l'expression de la superficie qu'on doit indiquer,
dans les inscriptions hypothécaires, l'espèce de
fonds sur lequel on entend prendre ou conserver l'hypothèque.

115. Dans les termes du droit commun, la propriété d'un fonds emporte la propriété du dessus et du dessous (552); ainsi, le propriétaire d'une maison est également propriétaire
soit du sol, soit de l'édifice qui en est l'accessoire; et le droit de propriété étend ses effets
jusque dans la région supérieure, pour écarter
la construction de tout ouvrage qui pourrait
être avancé dans le ciel, ou l'espace vide qui
est au-dessus du sol : *quia cœlum, quod supra
id solum intercedit, liberum esse debet* (2); et
comme encore pour faire couper les branches
des arbres qui depuis le fonds du voisin s'é-
tendent sur le nôtre (672).

Néanmoins il est possible qu'un homme se
trouve propriétaire de l'intérieur d'un fonds,
tandis qu'un autre en a la surface, comme cela
arrive dans le cas de la concession d'une mine
faite au profit d'un autre que le maître de l'héritage (3). Et nous voyons qu'aux termes du

---

(1) *Ad legem* 2, ff. *de servitutibus.*
(2) L. 1, ff. *de servit. præd. urb.,* lib. 8, tit. 2.
(3) Voy. la loi du 21 avril 1810, bulletin 285, n.° des
lois 5401, tom. 12, pag. 357, 4.° série.

code (553), on peut acquérir, même par prescription, un souterrain ou une cave, sous le bâtiment d'autrui; comme il est possible encore
que dans le partage d'une maison, l'étage supérieur soit adjugé à l'un, tandis que le rez-de-
chaussée reste à l'autre (664).

Sans entendre assimiler entièrement ces divers cas avec le contrat de superficie proprement dite, nous pouvons cependant les indiquer
comme exemples, pour faire voir que, quoique
la superficie et le sol ne constituent naturellement qu'un seul tout, ils peuvent cependant être
civilement séparés l'un de l'autre, et que cette
séparation est une des modifications possibles de
la propriété.

116. La superficie d'un fonds peut donc être
l'objet d'un contrat de louage, comme elle peut
être celui d'un contrat de vente, et dans l'un
et l'autre cas, l'acquéreur, ou le fermier, sont
investis de toutes les actions tant réelles (1) que
personnelles qui résultent de la nature de leurs
titres, ou pour revendiquer l'objet de l'acquisition, ou pour exiger la délivrance de la chose
louée, à l'effet d'en jouir librement; *qui superficiem in alieno solo habet, civili actione sub-
nixus est. Nam, si conduxit superficiem, ex con-
ducto; si emit, ex emplo, agere cum domino
soli potest* (2). Et les droits acquis par le contrat superficiaire, passent aux héritiers du preneur
ou de l'acquéreur, suivant les règles ordinaires.

_____

(1) LL. 73, 74 et 75, ff. *de rei vindicat.*, lib. 6,
tit. 1.

(2) L. 1, §. 1, ff. *de superficiebus*, lib. 43, tit. 18.

Lorsque le contrat d'aliénation d'un immeuble porte sur le fonds même, les droits résultant de l'acquisition sont naturellement perpétuels dans leur durée. Il n'en est pas toujours de même de ceux qui sont transmis par l'aliénation de la superficie seulement ; car la superficie actuelle peut être changée ou détruite sans qu'on puisse dire que le fonds ne reste pas le même, quoiqu'il subisse dans sa face extérieure de nouvelles modifications effectuées par quelques accidens, ou opérées par la main du temps ; alors la constitution de superficie doit se trouver éteinte, comme restant sans objet.

Le contrat de superficie tire son origine du droit romain. Il est défini par Loiseau (1) dans les termes suivans :

« Les Romains, dit-il, connaissaient dans leur
» usage un contrat de superficie, *contractum*
» *superficiarium*, qui était le bail d'une place
» pour bâtir, à cette condition, que le preneur
» jouirait de la maison par lui bâtie tant qu'elle
» durait, et étant ruinée et démolie, la place
» retournait franchement à son maître, qui ce-
» pendant en demeurait toujours seigneur di-
» rect, à raison de quoi, pendant le bail, on
» lui payait certaine redevance appelée *sola-*
» *rium quod pro solo penderetur.* »

117. Quoique la constitution de superficie ait plus communément des maisons ou bâtimens pour objet, elle peut avoir lieu aussi pour le droit de jouissance des arbres qui seraient im-

_____

(1) Traité du déguerpiss., liv. 1, chap. 4, n.° 31.

plantés dans un terrain, ou qui y croîtraient naturellement (1); et il n'est pas rare de voir des cas dans lesquels des communes sont reconnues propriétaires de divers terrains, tandis que des particuliers ont le droit exclusif d'y planter des arbres à fruit, ou de couper à leur profit les arbres forestiers qui y croissent naturellement.

Il y a donc quelques caractères de ressemblance entre la constitution d'usufruit et celle de superficie; car le superficiaire comme l'usufruitier jouissent d'un sol qui ne leur appartient pas; l'un et l'autre ont un droit réel dans le fonds d'autrui; l'un et l'autre ont l'action en revendication pour obtenir la délivrance et la jouissance de la chose; l'un et l'autre peuvent intenter l'action en dénonciation du nouvel œuvre (2) contre le voisin qui apporterait du trouble à leur jouissance; le droit de l'un et de l'autre est également un immeuble susceptible d'être hypothéqué pour le temps de sa durée (3); enfin le droit de superficie dans un bâtiment s'évanouit comme celui d'usufruit, par la destruction de l'édifice.

Cependant ils diffèrent essentiellement, en ce que le droit de superficie n'est pas seulement un droit de servitude personnelle, comme celui d'usufruit, mais un droit de propriété transmissible aux héritiers et à tous autres successeurs (4).

---

(1) Voy. dans VOET, sur le dig., tit. *de superficiebus.*

(2) L. 1, §. 20; et l. 3, §. 3, ff. *de novi operis nunciat.*, lib. 39, tit. 1.

(3) L. 15, ff. *qui potiores in pignore*, lib. 20, tit. 4.

(4) Voy. dans Sotomayor, *de usufructu*, cap. 6, n.os 13 et sequent.

# CHAPITRE IV.

## *De la Division de l'Usufruit.*

118. Sous le rapport de sa cause, on divise l'usufruit en usufruit légal, et en usufruit conventionnel, suivant qu'il est établi par la loi, ou par la volonté de l'homme (579).

On appelle donc usufruit légal celui qui est établi de plein droit par la disposition de la loi; et il y en a cinq espèces particulières, qui sont:

1.º L'usufruit que la loi accorde, à raison de la puissance paternelle, aux père et mère, sur les biens de leurs enfans mineurs, jusqu'à ce que ceux-ci soient parvenus à l'age de dix-huit ans accomplis, ou jusqu'à leur émancipation;

2.º Le douaire dû aux veuves qui se sont mariées sous l'empire des coutumes, qui, en cas de survie, leur accordait un droit de jouissance plus ou moins étendu sur les biens de leur mari;

3.º Le droit de jouissance qui résulte du fait du mariage, soit au profit de la communauté, sur les biens des deux époux mariés suivant le régime communal; soit au profit du mari seulement, sur les biens de la femme, si les époux en se mariant ont adopté le régime dotal;

4.º Le droit d'usufruit qui appartient aux bénéficiers sur les biens de leurs bénéfices;

5.º Enfin le droit d'usufruit qui appartient au Roi sur le domaine de la Couronne.

Nous parlerons successivement de chacune

de ces espèces particulières, dans les chapitres suivans.

L'usufruit conventionnel est celui qui est établi par la volonté de l'homme.

Quoiqu'il puisse être établi par dispositions testamentaires, comme par actes entre-vifs, nous lui donnons simplement la dénomination d'usufruit conventionnel, soit pour nous conformer à l'usage adopté par les auteurs , soit parce qu'il faut bien lui assigner un nom particulier.

119. Sous le rapport des choses sur lesquelles on peut établir un droit de jouissance, l'usufruit se divise en usufruit proprement dit et en usufruit improprement dit, ou quasi-usufruit.

L'usufruit proprement dit est celui qui est établi sur les choses dont on peut jouir en les conservant. Tels sont les immeubles et même une grande partie des choses mobilières.

Dans cette espèce d'usufruit, la chose, quant à la nue propriété, reste dans le domaine du propriétaire, tandis que l'usufruitier en jouit à la charge de la conserver.

L'usufruit impropre ou le quasi-usufruit est celui qui a pour objet des choses fongibles, c'est-à-dire des choses qui se consomment par le premier usage, comme le vin et le blé, ou qu'on fait consister dans le nombre, le poids ou la mesure, tels que l'argent, ou le fer en barre, ou un métal quelconque en lingot, pris au poids.

Ces choses sont appelées *fongibles*, parce que, dans les diverses négociations dont elles peuvent être l'objet, elles remplissent leurs fonctions

dans

dans le genre, en ce qu'une quantité quelconque est représentée ou compensée par une pareille quantité. *Ideò dicuntur fungibiles quia
una alterius vice fungitur.*

120.   Lorsqu'on a légué la jouissance des choses
de cette nature, l'usufruitier en devient propriétaire par la délivrance qu'il en reçoit, puisqu'il
n'est tenu ni de conserver, ni de restituer précisément ce qu'il a reçu, mais seulement d'en
rendre l'équivalent en estimation, ou en quantité pareille; et c'est pourquoi on appelle ce
droit de jouissance, un usufruit improprement
dit, ou quasi-usufruit. *Si vini, olei, frumenti
ususfructus legatus erit : proprietas ad legatarium transferri debet. Et ab eo cautio deside-
randa est, ut quandocumquè is mortuus aut
capite deminutus sit, ejùsdem quantitatis res
restituantur : aut æstimatis rebus, certæ pecuniæ nomine cavendum est; quod et commodiùs
est. Idem scilicet de cæteris rebus quæ usu con-
tinentur, intelligendum* (1).

Il résulte de là qu'en fait de choses fongibles,
il n'y a pas de différence entre le droit d'usufruit et le droit d'usage qui auraient été légués
sur une quantité déterminée, puisque dans un
cas, comme dans l'autre, la même quantité devrait être livrée à l'usager comme à l'usufruitier, et que l'un comme l'autre ayant droit de
consommer la chose, en acquerraient également
la propriété, par la délivrance qui leur en serait
faite, et seraient soumis à la même obligation et

_____

(1) L. 7, ff. *de usufruct. earum rerum,* lib. 7, tit. 5.

au même cautionnement pour la restitution de la valeur estimative, ou d'une pareille quantité à la fin de leur jouissance. *Si usus tantùm pecuniæ legatus sit, quia in hác specie usús appellatione etiam fructum contineri magis accipiendum est, stipulatio ista erit interponenda* (1).

Il en résulte encore que le droit d'usufruit, ainsi que celui d'usage, légués sur des choses fongibles, ne s'éteignent, ou pour mieux dire, ne prennent fin que par la mort naturelle ou civile des légataires, lorsqu'on n'a point fixé d'autre terme à leur jouissance; *in stipulatione de reddendo usufructu pecuniæ, duo soli casus interponuntur, mortis et capitis diminutionis* (2); car un pareil droit ne peut cesser ni par abus de jouissance, ni par le non-usage, ni par la perte de la chose reçue, ni par consolidation du droit de propriété à celui d'usufruit.

Lorsqu'on a légué le droit d'usufruit ou d'usage sur une somme ou autre chose fongible, le légataire se trouve réellement créancier de la succession, comme si la somme lui était léguée en toute propriété et sans charge de restitution, puisqu'il a le droit d'en exiger le payement, comme devant en acquérir la propriété par la délivrance qui lui en sera faite : il a conséquemment sur les immeubles de l'hérédité, l'hypothèque légale qui est accordée à tout légataire (1017), et ne doit prendre inscription qu'en son nom seul, puisqu'il est seul créancier, lors

_____

(1) L. 10, §. 1, ff. *eodem.* (2) L. 9, ff. *eodem.*

même qu'au terme de son usufruit, il devrait rendre la somme à un autre qu'à l'héritier.

121. Les interprètes du droit romain ne sont pas d'accord sur la question de savoir si les habits et vêtemens de l'homme, ou autres meubles qui, sans se consommer par le premier usage, s'usent néanmoins plus ou moins promptement lorsqu'on s'en sert, peuvent être l'objet d'un usufruit proprement dit; et si, en conséquence, l'usufruitier, quant à ces sortes d'objets, n'est tenu à autre chose qu'à en user en bon père de famille, et à les rendre dans l'état où ils se trouveront à la fin de sa jouissance; ou si, au contraire, on doit les estimer lors de son entrée en possession, pour les mettre à ses risques et périls, comme si c'étaient des choses fongibles, et l'obliger par là à en rendre seulement le prix à la cessation de son usufruit.

D'après la doctrine de quelques-uns d'entre eux (1), on doit généralement ranger en deux classes les meubles livrés à l'usufruitier, suivant qu'ils sont de nature à résister plus ou moins long-temps à l'usage qu'on en fait, et dire qu'il n'y a que ceux qui s'usent promptement qu'on doive comparer aux choses fongibles.

D'autres vont jusqu'à soutenir que tous les meubles quelconques qui sont susceptibles d'être détériorés et atténués par l'usage, doivent être estimés lors de l'entrée en jouissance de l'usufruitier qui, moyennant cette estimation, en ac-

_____

(1) Voy. dans Cancerius, *variat. resolut.*, part. 3, cap. 20, n.ᵒˢ 212 et suiv.

quiert le domaine, en sorte qu'ils restent à ses risques et périls, et qu'il peut dès-lors les vendre et en disposer comme si c'étaient des choses fongibles, à la seule charge d'en rendre le prix estimatif à la fin de l'usufruit (1). Ils fondent cette opinion sur ce que, s'il en était autrement, et si l'usufruitier pouvait se libérer par la restitution de meubles usés, il lui serait permis de rendre moins qu'il n'aurait reçu, ce qui serait contraire à l'équité. Ils se fondent encore sur un passage des institutes où Justinien paraît le décider ainsi pour les habillemens dont l'usufruit aurait été légué : *Constituitur autem ususfructus non tantùm in fundo et ædibus, verùm etiam in servis et jumentis et cæteris rebus : ( exceptis quæ usu ipso consumuntur.) Nam hæ res neque naturali ratione, neque civili recipiunt usumfructum. Quo in numero sunt vinum, oleum, frumentum,* VESTIMENTA : *quibus proxima est pecunia numerata. Namque ipso usu assiduâ permutatione quodammodò extinguitur. Sed utilitatis causâ senatus censuit, posse etiam earum rerum usumfructum constitui : ut tamen eo nomine hæredi utiliter caveatur. Itaque, si pecuniæ ususfructus legatus sit; ita datur legatario, ut ejus fiat, et legatarius satisdet hæredi de tantâ pecuniâ restituendâ, si moriatur, aut capite minuatur. Cæteræ quoque res ita traduntur legatario, ut ejus fiant; sed æstimatis his, satisdatur, ut si moriatur,*

---

(1) Voy. dans SOTOMAYOR, *de usufructu,* chap. 17, n.<sup>os</sup> 30 et suiv.

*aut capite minuatur, tanta pecunia restitua-*
*tur quanti fuerint æstimatæ* (1). Mais ce passage, qui ne doit être considéré que comme un
extrait du Digeste, se trouve, sur ce point, en
opposition avec les textes les plus formels dans
lesquels on voit que l'usufruit établi sur des
vêtemens ne doit point être comparé à celui
qui n'aurait que des quantités ou choses fongibles pour objet : *Et si* vestimentorum *usus-*
*fructus legatus sit, non sicuti quantitatis usus-*
*fructus legetur, dicendum est; ita uti eum de-*
*bere, ne abutatur* (2) : c'est-à-dire, qu'on ne
doit pas confondre ce legs avec celui des quantités dont l'usufruitier ne peut jouir sans abuser, et qui, par cette raison, lui sont acquises
par la délivrance qu'il en reçoit, tandis que
les vêtemens, quoique de nature à être promptement usés, n'étant pas des choses fongibles,
restent dans le domaine de l'héritier, et ne sont
acquis qu'en jouissance seulement à l'usufruitier, qui peut, à la fin de son usufruit, se libérer en les restituant dans l'état d'usure où
ils peuvent se trouver, pourvu qu'ils n'aient point
été détériorés par fraude : *Si vestis ususfructus*
*legatus sit, scribit Pomponius, quanquam hæ-*
*res stipulatus sit, finito usufructu vestem reddi,*
*attamen non obligari promissorem, si eam sine*
*dolo adtritam reddiderit* (3); parce qu'il n'est

---

(1) Instit., §. 2, *de usufructu,* lib. 2, tit. 4.
(2) L. 15, §. 4, ff. *de usufructu,* lib. 7, tit. 1.
(3) L. 9, §. 3, ff. *usufructuarius quemadmodùm ca-*
*veat,* lib. 7, tit. 9.

point de la nature des obligations de l'usufruitier qu'il soit tenu de rendre la chose dans
le même état de valeur où elle était quand il
l'a reçue.

C'est conformément à l'esprit de ces derniers
textes, que les auteurs du code ont tracé nos
règles actuelles sur l'usufruit des divers objets mobiliers, puisqu'ils ont établi, comme un principe
général, qu'il n'y a que les choses fongibles qui
viennent en compensation l'une de l'autre (1291),
comme les quantités abstraites; que c'est seulement dans le cas où l'usufruitier reçoit des
choses de cette nature, dont il ne peut faire
usage sans les consommer, comme l'argent,
les grains, les liqueurs, etc., qu'il doit en rendre
une pareille quantité ou l'estimation à la fin
de sa jouissance (587); et que si l'usufruit comprend des choses qui, sans se consommer de
suite, se détériorent peu à peu par l'usage,
comme du linge, des meubles meublans, l'u-
sufruitier a le droit de s'en servir pour l'usage
auquel elles sont destinées, et n'est obligé de
les rendre à la fin de l'usufruit, que dans l'é-
tat où elles se trouvent, non détériorées par son
dol ou par sa faute (589).

Il est évident que si, dans ce texte que nous
rapportons littéralement, les auteurs du code
ont cité le linge et les meubles meublans, ce
n'est que *exempli gratiâ*, et non pas *limitandi
causâ*; puisque la disposition de cet article embrasse généralement toutes les choses qui *ne
se consomment pas de suite* par l'usage qu'on
en fait. D'où nous devons tirer cette consé-

quence, que, sans faire aucune distinction entre les meubles qui s'usent promptement et ceux qui ont naturellement une plus longue durée, il faut tenir pour constant que l'estimation qui peut en être faite n'en transfère pas la propriété à l'usufruitier, à moins qu'on n'en soit formellement convenu; et qu'il n'y a que les choses fongibles qui lui soient acquises *potentiâ rei*, et qui restent à ses risques et périls.

Nous verrons dans la suite que l'usufruit d'un fonds de commerce n'est qu'un usufruit improprement dit, ou un quasi-usufruit, dans le sens expliqué ci-dessus, parce qu'un fonds de commerce ne peut être comparé qu'à une masse de choses fongibles représentées par la valeur estimative qu'elles ont dans l'exercice du commerce, en sorte que c'est la jouissance de cette valeur et non celle des choses représentées, qui constitue tout l'avantage légué à l'usufruitier.

122. Mais dans quelle classe doit-on, en général, ranger les créances? Doit-on les placer au rang des meubles ordinaires, ou doit-on les considérer comme des choses fongibles?

Il y a des auteurs qui ont prétendu qu'on devait considérer les créances comme des choses fongibles en matière d'usufruit (1), d'où résulterait cette conséquence que l'usufruitier en deviendrait propriétaire par la délivrance des titres qui lui en serait faite, et qu'il devrait rendre le montant des capitaux, lors même qu'il n'en aurait pas reçu le remboursement; mais

---

(1) V. dans TULDENUS sur le Digeste, *de usufructu earum rerum*, cap. I.

c'est là une erreur, parce que, comme nous le ferons voir dans la suite, l'usufruitier n'étant généralement tenu qu'aux soins d'un bon père de famille, il ne peut être, en fait de créances, responsable que des suites de la négligence qu'il aurait apportée à en poursuivre le recouvrement.

L'objet d'une créance pécuniaire est bien une chose fongible qui se trouve acquise en toute propriété à l'usufruitier qui en touche le remboursement; mais la créance elle-même n'est point une chose fongible, autrement on pourrait payer une créance par une autre, comme on peut payer une quantité de blé ou de vin, par une quantité égale; ce qui n'est pas possible. Et, loin qu'il soit permis de confondre la créance avec le capital qui en est l'objet, c'est que l'une s'évanouit par la prestation de l'autre.

# CHAPITRE V.

## *De l'Usufruit paternel.*

Nous diviserons ce chapitre en quatre sections. Nous examinerons :

Dans la première, ce que c'est que l'usufruit paternel ; à qui il appartient ; quelle est son origine, et quel est l'esprit particulier du code sur cette institution ;

Dans la seconde, quelle est son étendue sous le rapport des objets auxquels il s'applique ; ou, en d'autres termes, quels sont les biens aux-

quels il s'applique, et quels sont ceux qui en
sont exceptés ;

Dans la troisième, quelles sont les charges
dont cette espèce d'usufruit est spécialement
affectée ;

Dans la quatrième enfin, quel est le terme
de cette jouissance des père et mère, et comment elle peut et doit cesser.

## SECTION PREMIÈRE.

*Ce que c'est que l'Usufruit paternel. — Quelle
est son origine. — A qui il appartient. —
Quel est l'esprit particulier du code à ce sujet.*

123. Aux termes de l'article 384 du code, « Le
» père, durant le mariage, et, après la disso-
» lution du mariage, le survivant des père et
» mère, auront la jouissance des biens de leurs
» enfans jusqu'à l'âge de dix-huit ans accom-
» plis, ou jusqu'à l'émancipation qui pourrait
» avoir lieu avant l'âge de dix-huit ans. »

Voilà ce que nous entendons par usufruit
paternel : mais reprenons les principales expressions de cet article.

*Le père durant le mariage :* tant que le père
est vivant, il est seul revêtu de la puissance
paternelle ; et cela est dans l'ordre naturel des
choses, puisque la mère est elle-même sous la
puissance du mari. Jusque-là le père doit donc
avoir seul les émolumens utiles, attachés à un
pouvoir qu'il exerce seul.

124. *Après la dissolution du mariage :* tout est
ici en rapport avec les enfans du mariage seu-

lement; d'où il suit que les père et mère n'ont pas d'usufruit légal sur les biens de leurs enfans illégitimes, parce que ce droit de jouissance ne peut exister que dans le cas où la loi l'accorde.

Si l'article 583 du code accorde aux père et mère quelques-uns des effets de la puissance paternelle sur leurs enfans illégitimes mais légalement reconnus, il les restreint positivement à ce qui concerne le droit de correction; donc il en exclut le droit d'usufruit légal.

Il n'y avait pas même raison non plus d'établir ce droit à l'égard de ceux-ci comme à l'égard des autres.

D'une part, l'enfant naturel n'a pas les mêmes droits que l'enfant légitime sur la succession de ses père et mère; il est donc juste que ceux-ci n'aient pas non plus les mêmes droits sur ses biens.

D'autre part, l'enfant naturel ne peut pas forcer son père à le reconnaître ; il serait donc encore contre l'équité, qu'un père qui aurait repoussé loin de lui un enfant qui n'avait rien, pût tout-à-coup faire une invasion dans le patrimoine de cet enfant, en le reconnaissant seulement lorsque quelques biens lui seraient acquis.

Enfin, et nous le répétons encore, le droit d'usufruit légal est un don de la loi positive; il ne peut exister que là où la loi l'établit expressément, et elle ne le donne qu'à l'égard des enfans du mariage : donc il n'existe pas envers les enfans illégitimes.

125. *Le survivant des père et mère :* autrefois, dans les pays de droit écrit, les femmes ne participaient ni à la puissance paternelle, ni aux avantages qui y sont attachés; conséquemment la veuve n'avait jamais l'usufruit légal des biens de ses enfans; mais, dans nos mœurs, on n'a plus voulu priver les mères des droits que la nature leur accorde; et la loi les associe aujourd'hui à ce bénéfice de la puissance paternelle.

*Auront la jouissance:* c'est-à-dire, l'usufruit, suivant que ce droit est ailleurs qualifié (389) par le code.

Ce droit de jouissance est véritablement un droit d'usufruit légal (601), puisqu'il n'est établi que par la volonté de la loi.

Il est soumis aux règles générales de l'usufruit, comme toute espèce particulière rentre sous le gouvernement du genre auquel elle appartient.

Néanmoins, comme toute espèce particulière doit avoir son caractère propre et distinctif; comme elle doit être régie par des lois spéciales, quant aux qualités qui n'appartiennent qu'à elle, le droit de jouissance des père et mère a aussi des règles d'exception qui lui sont exclusivement propres dans plusieurs cas, soit sous le rapport de sa cause et de sa durée, soit sous celui des objets auxquels il s'applique, soit sur-tout sous celui de ses charges.

Voilà pourquoi il est nécessaire de consacrer ici un chapitre particulier sur le développement des droits qui, n'étant relatifs qu'à cette espèce, sortent de l'empire des règles communes.

126. *Jusqu'à l'âge de dix-huit ans :* ainsi, après cet âge et jusqu'à la majorité des enfans, le père ou la mère n'est plus qu'un tuteur comptable des revenus de leurs biens.

*Ou jusqu'à l'émancipation :* ainsi ce droit de jouissance n'est aujourd'hui qu'un effet accessoire de la puissance paternelle, puisqu'il s'évanouit entièrement par l'acte d'émancipation : il n'en a pas même toute la durée, puisqu'il expire au moment où les enfans ont acquis l'âge de dix-huit ans, tandis que ce n'est qu'à 21 ans qu'ils cessent d'être soumis à la puissance paternelle : c'est une récompense que la loi accorde aux père et mère pour les soins qu'ils doivent avoir de leurs enfans en bas âge, et voilà pourquoi elle cesse d'avoir lieu à l'époque où les soins les plus multipliés cessent d'être nécessaires : en un mot, c'est une espèce de traitement établi par la loi, au profit de celui qui est revêtu de cette magistrature domestique, traitement qui, dans tous les cas, doit s'évanouir avec la charge à laquelle il est inhérent; d'où il résulte que le père émancipant ses enfans ne pourrait plus, comme autrefois, en pays de droit écrit, conserver même la moitié de l'usufruit légal de leurs biens, puisqu'il n'y a plus d'usufruit légal après l'émancipation.

Il faut encore tirer de là cette conséquence que, quand les enfans mineurs viennent à décéder, l'usufruit légal est éteint par leur décès et ne peut durer jusqu'à l'époque où ils auraient eu leurs dix-huit ans accomplis ; parce que la mort n'est pas moins puissante que l'émancipation, pour mettre fin à la puissance paternelle (1).

127. La constitution légale d'usufruit, comme effet de la puissance paternelle, nous vient du droit romain dont il ne sera pas inutile de retracer ici rapidement les dispositions à ce sujet, puisque celles de notre code s'y rattachent encore à certains égards, comme à leur source primitive, et que d'ailleurs il pourrait se présenter des questions transitoires pour la solution desquelles on serait obligé de remonter encore à ces anciennes règles.

A Rome, cet usufruit n'appartint jamais qu'au père ou autres ascendans mâles du côté paternel, parce qu'eux seuls étaient revêtus de la puissance paternelle sur leurs enfans et descendans ; et ce droit durait jusqu'à la mort de l'usufruitier.

Dans les premiers temps de la législation romaine, dont les principes barbares rendaient le père propriétaire de son fils, et lui donnaient droit de vie et de mort sur lui, le fils ne pouvait avoir aucune propriété ; tout ce que le fils pouvait acquérir était acquis et appartenait, de plein droit, au père que la loi lui donnait pour maître absolu (2). Il n'y avait en conséquence point encore d'usufruit paternel, puisque les enfans n'étaient pas encore propriétaires.

---

(1) Sur tout cela, voyez encore plus bas, sous les n.ᵒˢ 2050 et suivans.

(2) Instit. *per quas personas cuique acquirit.*, lib. 2, tit. 9, §. 1.

128. Mais cette législation inhumaine ayant été abrogée, et la faculté de simple correction ayant succédé à ce domaine proscrit par le droit de la nature, les lois accordèrent au fils de famille le droit d'avoir un patrimoine particulier connu sous le nom de *Pécule* (1), et dont on distingua par la suite quatre espèces qui furent successivement établies en leur faveur, pour les porter au métier des armes, ou les encourager à la culture des arts, ou stimuler leur industrie dans l'administration domestique. Ces pécules étaient connus et distingués par les dénominations de *Pécule Castrense, Quasi-Castrense, Adventice*, et *Profectice*.

129. LE PÉCULE castrense, qui vient en premier ordre, fut aussi établi le premier, en faveur de l'art militaire; on l'accorda aux fils de famille enrôlés comme soldats (2), ou employés au service civil des armées (3), pour les encourager par la perspective de jouir, en toute liberté, des choses qu'ils acquerraient à la guerre.

Cette espèce de pécule se composait: 1.º des effets mobiliers que les père et mère ou autres parens, ou amis, donnaient aux militaires lors de leur départ pour l'armée (4): 2.º des successions de leurs compagnons d'armes, parens (5) ou amis (6), tant mobilières qu'immobilières, qui

---

(1) L. 5, §. 3, ff. *de peculio*, lib. 15, tit. 1.
(2) L. 11, ff. *de peculio castrensi*, lib. 49, tit. 17.
(3) L. 6, cod. *de peculio castrensi*, lib. 12, tit. 37.
(4) L. 1, cod. *eodem*.
(5) L. 4, cod. *eodem*.
(6) L. 5, ff. *de peculio castrensi*, lib. 49, tit. 17.

pouvaient leur être dévolues par testamens faits dans le service militaire conséquemment aux affections réciproques que conçoivent ordinairement (1) les uns pour les autres ceux qui courent les mêmes dangers : 3.º tout ce qu'ils pouvaient acquérir avec leur gain militaire (2).

Le fils était propriétaire absolu de cette espèce de pécule, en sorte que le père n'y avait aucun droit de propriété ni d'usufruit (3), quoiqu'il conservât d'ailleurs sa puissance paternelle sur la personne du militaire (4).

130.   LE PÉCULE quasi-castrense fut établi en faveur de ceux qui cultivaient les sciences et les arts. Il comprenait les traitemens des magistrats (5); ceux des professeurs publics des sciences (6); les revenus des bénéfices (7), et tout ce que les ecclésiastiques pouvaient acquérir au service des autels (8); les honoraires des avocats (9); les prix et dons ou récompenses accordés par le gouvernement même aux personnes du sexe qui auraient bien mérité de la patrie (10).

Dans cette espèce de pécule, comme dans la

---

(1) L. 12, ff. *de peculio castrensi*, lib. 49, tit. 17.
(2) L. 1, cod. *de peculio castrensi*, lib. 12, tit. 37.
(3) L. 2, cod. *eodem.* —L. 4, §. 1, ff. *eodem.*
(4) L. 3, cod. *eodem.*
(5) L. 37, cod. *de inofficios. testam.*, lib. 3, tit. 28.
(6) L. 1, ff. *de extraord. cognit.*, lib. 50, tit. 13.
(7) L. 34, cod. *de episcopis*, lib. 1, tit. 3.
(8) Novel. 123, cap. 19.
(9) L. 4, cod. *de advocat. advers. judic.*, lib. 2, tit. 7.
(10) L. 7, cod. *de bonis quæ liberis*, lib. 6, tit. 61.

précédente (1), le fils, quoique non émancipé, était réputé père de famille (2) : le père n'en avait ni la propriété, ni l'usufruit (3). Le fils pouvait en jouir librement, le vendre et en disposer de toute manière (4).

131. LE PÉCULE adventice se composait : 1.º de ce que le fils de famille pouvait gagner hors du domicile paternel, autrement qu'en cultivant les sciences : 2.º de ce qui lui était donné par testament ou par acte entre-vifs : 3.º de ce qui lui arrivait par successions (5).

Cette troisième espèce de pécule appartenait au fils quant à la nue propriété ; et le père en avait l'usufruit durant sa vie (6) : ainsi l'ancienne maxime, *quidquid acquirit filius, acquiritur patri*, se trouvait réduite à l'usufruit du pécule adventice ; mais la puissance paternelle avait encore des effets très-considérables même à l'égard de ce pécule : le père en avait la pleine et libre administration, quel que fut l'âge du fils : il était maître de le régir comme il le jugeait à propos, sans consulter le fils, et sans être obligé à la sévérité d'un compte de tuteur ou d'un administrateur étranger; *rerum habeat parens ple-*

(1) L. 16, §. 12, ff. *ad S.-C. Trebellian.*, lib. 36, tit. 1; et d. l. 34, cod. *de episcopis*, lib. 1, tit. 3.

(2) L. 2, ff. *de S.-C. Maced.*, lib. 14, tit. 6.

(3) L. 6 in fine, princip., cod. *de bonis quæ liberis*; et l. 3, cod. *de castrensi peculio.*

(4) L. 1, §. ult.; et l. 2, ff. *de S.-C. Maced.*, lib. 14, tit. 6.

(5) L. 6, cod. *de bonis quæ liberis*, lib. 6, tit. 61.

(6) D. l. 6, cod. *eodem.*

*nissimam*

*nissimam potestatem, utifruique his rebus quæ*
*per filios-familiâs secundùm prædictum modum*
*acquiruntur, et gubernatio earum rerum sit pe-*
*nitùs impunita : et nullomodo audeat filius-fa-*
*miliâs vel filia vel deinceps persona, vetare eum*
*in cujus potestate sunt, easdem res tenere, aut*
*quomodò voluerit gubernare* (1). Il pouvait procéder en justice, tant en demandant qu'en défendant, dans toutes les actions relatives à ce
pécule; mais sans espérance de répéter ses dépens ; *sumptus ex fructibus impigrè facere, et*
*litem inferentibus resistere* (2).

132.   LE PÉCULE profectice comprenait les biens
ou effets provenans du père même, et dont il
avait seulement donné l'administration à son fils.
Ce pécule restait entièrement dans le domaine
du père ; cependant le fils pouvait, dans l'exercice de son administration, prendre des engagemens, à l'exécution desquels le père était tenu ;
*peculio tenùs.*

   Telle est l'origine primitive de l'usufruit légal
attaché à la puissance paternelle.

133,   Les auteurs du code, tout en consignant de
nouveau cette institution dans notre législation
actuelle, y ont apporté de grands changemens,
parce qu'ils ont puisé dans d'autres sources encore que le droit romain, c'est-à-dire, soit dans
les principes du droit naturel et des gens, soit
dans les dispositions coutumières concernant la
garde noble et bourgeoise à laquelle les mères

_____

(1) d. l. 6, §. 2, cod. *eodem.*
(2) L. 1, cod. *de bonis maternis,* lib. 6, tit. 60.

étaient appelées comme les pères. Ecoutons à cet
égard M. Réal, orateur du Gouvernement, chargé
d'exposer les motifs de la loi.

« Le législateur, dit-il, a dû établir un droit
» égal là où la nature avait établi une égalité de
» peines, de soins et d'affections : il répare, par
» cette équitable disposition, l'injustice de plu-
» sieurs siècles ; il fait, pour ainsi dire, entrer
» pour la première fois la mère dans la famille,
» et la rétablit dans les droits imprescriptibles
» qu'elle tenait de la nature ; droits sacrés, trop
» méprisés par les législations anciennes, *recon-*
» *nus, accueillis par quelques-unes de nos cou-*
» *tumes, et notamment par celle de Paris,* mais
» qui, effacés de nos codes, auraient dû se retrou-
» ver écrits en caractères ineffaçables dans le
» cœur de tous les enfans bien nés (1). »

Nous devons donc donner encore ici quelques
notions sur l'institution de la garde coutumière,
puisqu'elle est une des sources de notre législation actuelle sur la puissance paternelle ; et cela
est nécessaire pour l'intelligence de beaucoup
de choses qui seront dites ci-après. Pour cela,
nous consulterons les meilleurs auteurs qui ont
écrit sur cette matière, tels que Ferrière, Duplessis, et Bourjon, sur la coutume de Paris, et
Pothier.

« La tutelle, dit Duplessis, est au profit des
» mineurs, mais la garde-noble au contraire est
» en faveur du gardien contre les mineurs, en
» ce qu'il a l'usufruit de leurs biens, durant

_____

(1) Voy. dans *Locré*, tom. 4, p. 415.

» leur bas âge, de sorte que c'est un moyen
» d'acquérir par la loi. »

Voilà donc une institution coutumière qui
établit aussi un usufruit légal sur les biens des
enfans.

« Son origine vient des fiefs, lesquels ne pou-
» vant être anciennement possédés qu'à la
» charge de servir le seigneur en guerre, les
» mineurs en étant incapables, cela était cause
» que l'on donnait la garde et l'usufruit de
» leurs fiefs à leur plus proche parent, pour en
» faire la fonction d'eux, et à la charge de
» les nourrir jusqu'à ce qu'ils fussent en âge;
» ce qui attirait aussi l'usufruit de tous les
» autres immeubles, d'où est arrivé par la suite
» des temps, qu'on a fait un droit certain et
» réglé par la coutume, sans plus considérer
» s'il y avait des fiefs ou non, ni cette ancienne
» cause, mais la seule minorité des enfans.

» De là vient que naturellement la garde
» n'est que pour les nobles; mais les Rois l'ont
» aussi accordée par privilége aux habitans de
» Paris qui ne sont pas nobles; de sorte que,
» dans cette coutume, il y a garde noble et
» garde bourgeoise; mais il y a deux différences
» essentielles entre l'une et l'autre : la première,
» que la garde bourgeoise n'est jamais donnée
» qu'aux père et mère, et la garde noble est
» aussi donnée aux aïeuls, etc. »

Ainsi il est évident, à vue de ces rapprochemens, comme l'a déclaré l'orateur du Gouvernement chargé d'exposer les motifs de la loi
nouvelle, que les auteurs du code, nourris dans

les principes du droit coutumier, en ont adopté
les dispositions plutôt que celles du droit écrit,
et que c'est à l'institution de la garde qu'ils s'en
sont principalement rapportés pour déterminer
les émolumens qui seraient attachés à la puissance paternelle.

Néanmoins, comme le droit romain est toujours ici le type primitif: comme il est d'ailleurs
de sa destinée d'étendre par-tout son empire
d'une manière plus ou moins absolue, on n'a
pu le perdre entièrement de vue, et nous retrouvons encore des traces de sa puissance
jusque dans ce point de notre législation, où
l'on paraît s'en être le moins occupé.

134. Notre puissance paternelle, considérée sous
le rapport des émolumens qui en dérivent pour
les père et mère, n'est donc ni la même chose
que la puissance paternelle des Romains, quoiqu'elle en soit encore une faible image; ni la
même chose que la garde qui était en usage dans
les pays de coutume, quoiqu'elle lui ressemble
sous plusieurs rapports : mais c'est une institution nouvelle portant l'empreinte de sa double
origine; institution dont nous ne pouvons mieux
indiquer le caractère propre, qu'en présentant
encore quelques rapprochemens de comparaison
entr'elle et les deux qui l'ont précédée et dont
elle émane.

A Rome, le droit d'usufruit légal ne pouvait
appartenir qu'aux mâles, puisqu'eux seuls étaient
revêtus de la puissance paternelle; tandis que
dans nos provinces coutumières, la mère devenue veuve avait aussi le droit de garde, et qu'au-

jourd'hui, dans toute la France, la femme qui
survit au mari a également la puissance paternelle sur ses enfans mineurs, et conséquemment
l'usufruit légal sur leurs biens (384).

A Rome, la puissance paternelle ainsi que
l'usufruit qui y est attaché, n'appartenaient pas
seulement au père, mais à tout ascendant mâle
du côté paternel qui se trouvait premier chef
de la famille : à défaut de père et mère, les
aïeuls ou aïeules étaient concurremment appelés au droit de garde noble; tandis que la garde
bourgeoise n'était jamais donnée qu'aux père et
mère; comme aujourd'hui, dans toute la France,
nul autre ascendant que le père ou la mère ne
peut être revêtu de la puissance paternelle en
tant qu'elle donne le droit de jouissance sur les
biens des enfans (373, 384).

A Rome encore, l'usufruit légal s'étendait jusqu'à la mort du père ou autre ascendant usufruitier (1); tandis que celui qui était inhérent
à la garde ne durait que jusqu'à l'âge de vingt
ans envers les enfans mâles, et jusqu'à quinze
ans envers les filles, s'ils étaient nobles; et seulement jusqu'à quatorze ans pour les garçons
et douze pour les filles, lorsqu'ils n'appartenaient
point à la classe des nobles; en sorte que, depuis
cet âge atteint par les enfans, le gardien n'était
plus usufruitier, mais seulement tuteur comptable des revenus de ses mineurs (2); comme

---

(1) L. 7, §. 1, cod. *ad S.-C. Tertullian.*, lib. 6,
tit. 56.

(2) Voy. dans *Pothier*, introduction à la coutume
d'Orléans, tit. des fiefs, n.° 343.

aujourd'hui, dans toute la France, le père ou la mère cesse d'être usufruitier des biens de ses enfans du moment que ceux-ci sont âgés de dix-huit ans révolus, et n'est plus, dès cette époque, que leur tuteur comptable.

Dans quelques coutumes, le survivant des père et mère, gardien de ses enfans, gagnait de plus, en acceptant la garde, le mobilier dépendant de la succession du prédécédé, lequel lui demeurait acquis en toute propriété; mais ce bénéfice qui n'était pas par-tout attaché à la garde, n'était plus, dans le dernier état du droit écrit, inhérent à la puissance paternelle des Romains, et ne l'est pas non plus à la puissance paternelle, décrétée par le code.

Chez les Romains, la majesté de la puissance paternelle ne permit jamais de placer un tuteur ou un curateur à côté du père : dans les pays de coutume, au contraire, on nommait un tuteur ou un curateur pour surveiller l'administration du gardien; comme nous faisons nommer aujourd'hui un subrogé tuteur pour surveiller celle du survivant des père et mère.

En ce qui touche aux obligations de l'usufruitier, le gardien était, comme le père ou la mère sont aujourd'hui, tenu de toutes les charges usufructuaires, pour la conservation, l'entretien du fonds, et le payement des impôts; et en cela leur condition est identiquement la même que celle de l'usufruitier paternel des Romains.

Le gardien était obligé, comme le survivant des père et mère l'est aujourd'hui, de prendre sur son usufruit les impenses nécessaires pour nourrir, entretenir et élever ses enfans mineurs, et pour payer les frais funéraires du prédécédé (1); tandis qu'aucun de ces objets n'a jamais été une charge de l'usufruit légal des Romains.

Le gardien était de plus tenu d'acquitter toutes les dettes mobilières de la succession. Les capitaux des rentes passives ne tombaient pas à sa charge, parce que les rentes ayant alors la nature d'immeubles dans le patrimoine du créancier, étaient, par une conséquence toute naturelle, considérées comme dettes immobilières dans la succession du débiteur. Mais il n'en était pas ainsi des arrérages annuels : ils n'étaient à tous égards que l'objet d'une créance ou d'une dette mobilière; en conséquence de quoi le gardien était tenu d'acquitter ceux qui étaient échus, même avant l'ouverture de sa garde (2); mais cette charge des dettes mobilières, qui fut toujours étrangère à l'usufruit légal des Romains, n'est imposée aujourd'hui à notre usufruit paternel, que quant aux arrérages et intérêts des capitaux.

L'acceptation de la garde devait être faite en jugement, et elle avait tous les effets d'un contrat irrévocable : l'acceptation de notre usufruit paternel n'est point soumise à cette formalité solennelle : l'usufruitier accepte simplement ou refuse le bénéfice qui lui est déféré par la loi :

(1) Voy. dans *Bourjon*, sur la garde noble et bourgeoise, chap. 10, sect. 1, n.° 1 ; et dans *Renusson*, traité de la garde, chap. 7, n.°s 49 et suiv.

(2) *Bourjon*, ibid., n.° 8. — *Ferrière* sur l'art. 267 de la coutume de Paris, glose 2, n.° 2.

son acceptation n'opère en lui aucun engagement irrévocable dans le futur, en sorte qu'il
n'est soumis, à cet égard, qu'aux principes du
droit commun, qui permet toujours à l'usufruitier de renoncer à sa jouissance pour en abdiquer
les charges.

Suivant quelques auteurs, l'acceptation de la
garde obligeait le gardien, même *ultrà vires
emolumenti* (1); mais cette exorbitante obligation ne peut plus être une charge de notre
usufruit paternel, puisque l'usufruitier peut toujours y renoncer pour se soustraire aux charges
qui en dérivent; en sorte qu'à cet égard, nous
rentrons encore ici sous l'empire du droit
commun.

Ces notions, quoique faiblement esquissées,
suffisent pour indiquer jusqu'à quel point les dispositions de notre code sur les droits et charges
pécuniaires attachés à la puissance paternelle,
ont été puisées dans celles des coutumes touchant la garde noble et bourgeoise, et pour
faire voir que c'est encore dans les commentateurs de ces dispositions coutumières qu'il faut
rechercher les principes de la jurisprudence
française sur plusieurs genres de difficultés qui
peuvent se présenter dans l'application du code
concernant principalement les charges de notre
usufruit paternel, ainsi que nous aurons soin de
le faire remarquer plus particulièrement en traitant de ces charges : mais il est nécessaire d'ob-

_____

(1) Voy. dans *Duplessis*, traité de la garde, chap.
3 et 4.

server aussi que, si nous devons consulter les
anciens monumens sur ce point pour rechercher, jusque dans son origine, l'esprit de la loi
nouvelle, nous ne devons néanmoins le faire
qu'avec précaution, par rapport aux nuances
plus ou moins fortes, et même aux différences
très-remarquables qui se trouvent entre les dispositions du code et celles des coutumes; différences qui donnent à la loi nouvelle un esprit
qui lui est propre, et dont nous ne devons pas
nous écarter.

Pour mieux encore saisir l'esprit propre du
code à ce sujet, il faut observer que la loi qui
défère la puissance paternelle au père ou à la
mère, lui défère aussi la tutelle sur ses enfans;
mais que la puissance paternelle, qui est un droit
utile dans celui qui en est revêtu, est bien différente de la tutelle, qui n'est qu'une charge tout
à l'avantage des enfans; que non-seulement la
tutelle et la puissance paternelle sont très-dis-
tinctes, mais qu'elles sont séparables; que la privation de l'une n'opère pas la déchéance des
droits de l'autre; et qu'en conséquence la mère
qui n'accepte pas la tutelle, ou le père qui en
est excusé ou exclus, n'en doivent pas moins
conserver l'un et l'autre les droits de la puissance paternelle et l'usufruit qui y est attaché.

135.   Quant à la distinction des pécules, elle n'é-
tait point dans les coutumes, et nous ne la retrouvons pas non plus dans le code civil, telle
qu'elle était dans le droit romain.

## SECTION II.

*De l'étendue du Droit d'usufruit légal sous le rapport des objets auxquels il s'applique.*

236. Suivant le code, le père, durant le mariage, et, après la dissolution du mariage, le survivant des père et mère, ont la jouissance des biens de leurs enfans mineurs de dix-huit ans. C'est, comme on le voit, un droit d'usufruit universel par sa nature ; droit qui doit en conséquence s'étendre à tous les biens qui n'en seraient pas formellement exceptés. Tel est le principe général sur ce point.

Les père et mère ont donc généralement l'usufruit légal des biens des enfans sur la personne desquels ils exercent en même temps la puissance paternelle et la tutelle. Le concours de ces deux qualités de tuteur et d'usufruitier, fait que celui qui en est revêtu se trouve saisi de toutes les actions qui ont rapport soit à la propriété, soit à la jouissance du fonds, et que c'est contre lui que tous les légataires ou autres créanciers doivent diriger les leurs.

137. Suivant ce qui est porté au chapitre 2 de la novelle 118, lorsque le père succédait à un de ses enfans, avec les frères et sœurs germains du défunt, l'usufruit paternel n'avait pas lieu sur les portions dévolues à ceux-ci ; *nullum usum ex filiorum aut filiarum portione, in hoc casu valente patre sibi penitùs vindicare ; quoniam pro hâc usûs portione, hæreditatis jus et secundùm proprietatem per præsentem dedimus legem.* Nous ne

retrouvons pas le même point de droit établi
par notre code. Nous voyons bien que si les
père et mère d'une personne morte sans postérité lui avaient survécu, et qu'elle ait laissé des
frères et sœurs, les père et mère emportent
chacun un quart, et les frères et sœurs l'autre
moitié de la succession (748); que, s'il n'y a que
le père ou la mère qui ait survécu, il n'a toujours que le quart, et les frères et sœurs le
surplus (749); mais nous ne voyons nulle part
que le père et la mère soient exclus de l'usufruit légal des portions de ceux de leurs enfans
qui seraient encore mineurs de dix-huit ans;
d'où il faut conclure que les droits des uns et
des autres sont soumis à la règle générale dont
nous venons de parler.

138. LORSQU'UNE succession est dévolue à des enfans mineurs de dix-huit ans, le père y ayant
intérêt, par rapport à son droit d'usufruit, le
concours de sa volonté est-il nécessaire à l'acte
d'acceptation ?

Aucun tuteur, pas même le père, ne peut accepter ni répudier une succession échue au mineur, sans une autorisation préalable du conseil de famille, et encore l'acceptation ne doit
avoir lieu que sous bénéfice d'inventaire (461).

L'accomplissement de cette formalité est nécessaire autant pour la succession testamentaire
que pour la succession *ab intestat*, puisque les
légataires, soit universels (1009), soit à titre
universel (871), sont tenus des dettes et charges
de la succession, comme s'ils étaient les héritiers de la loi.

Ainsi, soit qu'il s'agisse d'un legs universel, ou d'un legs à titre universel, fait à des enfans mineurs; soit qu'il s'agisse d'une succession légitime ouverte à leur profit, le père, en sa qualité de tuteur, doit avoir *l'autorisation préalable* du conseil de famille, pour en faire l'acceptation, et jusqu'à l'accomplissement de cette formalité, il est, sous tous les rapports, nonrecevable à agir.

Il ne pourrait être recevable à agir comme tuteur, au nom de ses enfans, en les supposant héritiers, puisque la loi subordonne cette qualité à l'accomplissement préalable d'une condition à laquelle il n'aurait pas satisfait.

Il ne pourrait agir dans son intérêt personnel, et comme ayant l'usufruit légal des biens de la succession; car, quoiqu'il ait en sa faveur la vocation de la loi, quant à l'usufruit, néanmoins la qualité d'usufruitier légal dans le père est nécessairement subordonnée à celle d'héritier dans les enfans.

Il en serait autrement dans la succession testamentaire, si le testateur, léguant seulement la nue propriété aux enfans, avait donné l'usufruit au père; alors ce ne serait plus comme ayant l'usufruit légal des biens des mineurs, mais comme étant légataire de la jouissance des biens du défunt, que le père aurait droit d'agir dans son intérêt personnel; et, sous ce rapport, sa qualité d'usufruitier n'étant point subordonnée à celle d'héritier dans les enfans, il pourrait, sans l'autorisation du conseil de famille, revendiquer en son propre nom l'usufruit qui lui aurait été donné.

139. Mais, à supposer que le père ne soit point légataire de l'usufruit de la succession dévolue à ses enfans, et qu'il n'ait d'autre droit personnel à réclamer que celui d'usufruit légal, s'il voulait accepter et qu'au contraire le conseil de famille votât pour le refus; ou si le père voulait répudier la succession contre l'avis du conseil délibérant pour l'accepter, quelles seraient les conséquences d'une pareille discordance de volontés?

Supposons d'abord que le père vote pour la répudiation, tandis que les autres membres ou la majorité des autres membres du conseil auront arrêté, par leur délibération, que la succession sera acceptée : l'acceptation aura lieu, attendu que ce n'est pas au vote du tuteur, mais à celui du conseil, que la loi subordonne l'exercice de ce droit des mineurs.

Mais en ce cas, si le père, sans se rendre à la majorité des votans, persistait, sans réserve, dans sa volonté de refuser; volonté qui, aux termes de l'article 883 du code de procédure, devrait être consignée dans le procès-verbal de la délibération, cela suffirait-il pour le rendre non-recevable à se prétendre ensuite usufruitier des biens de l'hérédité? Pourrait-on dire que, d'une part, il lui aurait été impossible de voter purement et simplement pour la répudiation de la succession, sans renoncer, pour son propre compte, à l'usufruit légal des biens qui la composent; que, d'autre côté, le conseil de famille, délibérant dans la vue de rendre autant meilleure que possible la condition des mineurs, est censé accepter au moins tacitement, à leur profit, même les effets de la renonciation du père en ce qui le concerne; d'où il suit que si, malgré le refus du père, la succession est acceptée dans le seul intérêt des mineurs, elle doit leur appartenir franche de tout droit d'usufruit paternel?

Nous ne pensons pas que le père devrait être exclus de son usufruit légal sur les biens de l'hérédité, par cela seul qu'elle aurait été acceptée contre son avis, pour ses enfans; parce que c'est un principe constant en droit, que ce qu'un homme fait *tutorio nomine*, ne doit porter aucun préjudice à ses droits personnels (1).

La vocation de la loi pour le père, quant à l'usufruit, étant nécessairement subordonnée à l'accomplissement de celle des enfans, quant à la propriété, il ne peut être exact de dire que le père ait renoncé à son usufruit lorsque le droit n'en était pas encore ouvert.

Supposons actuellement que le conseil de famille délibère et arrête que la succession sera répudiée; le père, sans se pourvoir contre cette délibération, pour la faire annuller, se verra-t-il forcément privé de son droit d'usufruit?

La loi romaine voulait que, dans ce cas, le père fût maître de revendiquer en toute pro-

---

(1) Cod., l. 26, *de administratione tutorum,* lib. 5, tit. 37.

priété et jouissance les biens de la succession répudiée par son fils en puissance (1); mais cette disposition n'était qu'une suite ou un reste de la maxime *quidquid acquirit filius acquiritur patri*, laquelle n'est ni dans la lettre, ni dans l'esprit de notre code : en conséquence de quoi l'on doit décider que le père ne devrait avoir ni la propriété ni l'usufruit des biens de l'hérédité répudiée au nom de son fils.

Il n'en aurait pas la propriété, parce qu'il ne serait ni légataire ni héritier lui-même.

Il n'en aurait pas l'usufruit, puisque la loi ne l'établit à son profit, que sur les biens du fils, et que ceux de cette hérédité se trouveraient dévolus à d'autres personnes par suite de l'acte de répudiation.

Mais, quoique le père ne puisse accepter ou répudier la succession dévolue à son fils mineur, sans une autorisation préalable du conseil de famille, la délibération que ce conseil aurait prise, contre son vœu, pourrait n'être pas un obstacle insurmontable pour lui; attendu que la loi (2) permet généralement au tuteur de se pourvoir contre les délibérations du conseil de famille, pour les faire réformer quand il en a de justes motifs.

C'est donc une règle générale que les biens acquis aux enfans, à titre d'hérédité ou autrement, sont soumis à l'usufruit paternel, jusqu'à ce que les enfans aient acquis l'âge de dix-huit

---

(1) L. 8, cod. *de bonis quæ liberis*, lib. 6, tit. 61.

(2) Art. 883 du cod. de procéd.

ans révolus; mais, d'après les dispositions du code, cette règle souffre exceptions :

1.º Dans le cas du divorce prononcé entre les père et mère;

2.º Dans celui où la mère survivante convolerait à secondes noces;

5.º Dans celui où les biens seraient acquis aux enfans par l'effet d'une industrie séparée;

4.º Dans celui où les biens n'auraient été donnés aux enfans que sous la condition que leurs père et mère n'en auraient pas la jouissance;

5.º Dans celui où une succession serait dévolue au profit des enfans, par rapport à l'indignité de leur père ou de leur mère;

6.º Enfin, dans celui où le survivant des père et mère aurait omis de faire inventaire des effets de la communauté.

Chacune de ces exceptions mérite des observations particulières que nous allons successivement mettre sous les yeux du lecteur.

### PREMIÈRE EXCEPTION.

140. Suivant l'article 586 du code, l'usufruit paternel n'a pas lieu au profit de celui des père et mère contre lequel le divorce aurait été prononcé.

Celui des époux contre lequel le divorce a été prononcé : a, par un délit grave, brisé les nœuds les plus sacrés; il a porté le plus grand préjudice aux enfans : il a donc justement mérité d'être exclus, soit dans le présent, soit dans le futur, de tout droit de jouissance sur leurs biens; et c'est véritablement là un cas d'exception d'exception à la règle générale qui veut que l'usufruit légal soit inhérent à la puissance paternelle et la suive, puisque le divorce n'en fait pas cesser le droit sur la personne des enfans (3o3), dans celui des père et mère contre lequel il a été prononcé.

Ainsi, à supposer que le divorce ait été prononcé contre le père, et que la mère vienne à mourir, le père survivant n'aura pas la jouissance des biens de la succession maternelle; cependant il en aura l'administration, comme tuteur de ses enfans mineurs; mais il leur devra compte des revenus qu'il n'aura perçus que pour eux.

Ainsi, dans la même hypothèse, si c'est le père contre lequel le divorce a été prononcé, qui soit mort le premier, la mère survivante aura tous les droits de l'usufruit légal, puisqu'il n'y a que celui au tort duquel il a été prononcé, qui doive être exclu de cet usufruit.

Ainsi, enfin, si le divorce a eu lieu par consentement mutuel, les père et mère doivent être également déchus du droit d'usufruit paternel, puisqu'en ce cas, le lien conjugal a été brisé au tort de l'un comme à celui de l'autre, et que la loi les regarde comme coupables d'un préjudice si grave envers les enfans, qu'elle adjuge à ceux-ci la moitié de leurs biens, à dater du jour de leur première déclaration en divorce (3o5). Cette décision était déjà textuellement portée contre le père divorcé, par le droit romain (1).

141. Mais, supposons qu'au moment où le divorce a été prononcé au tort du père, les enfans mineurs aient déjà eu quelques biens acquis, l'usufruit, dont ce père demeure privé par l'effet du divorce, est-il de suite réversible à la mère, ou si ce sont les enfans qui doivent profiter de la déchéance encourue par le père?

L'usufruit légal est un effet de la puissance paternelle; nul effet ne peut subsister avant sa cause; or, même dans le cas du divorce prononcé contre le mari, la mère n'a point encore la puissance paternelle; donc elle ne peut pas avoir encore l'usufruit légal : mais, après la mort du père, si la mère lui survit et que les enfans soient encore mineurs de dix-huit ans, l'usufruit sera ouvert à son profit; parce qu'alors, se trouvant revêtue de la puissance paternelle, elle devra en avoir tous les accessoires et les effets. Ecoutons Locré sur cette question :

« On demandera, dit-il, si l'usufruit passe à
» la mère lorsque le divorce a été prononcé
» contre le père?

» Il en est certainement ainsi lorsque le père
» divorcé vient à mourir; car l'article 384 ap-
» pelle la mère survivante.

» Mais le même article s'oppose à ce que,
» jusque-là, cette mère en jouisse; car, ce
» n'est que dans le cas de survivance que la

_____

(1) Voy. au chap. 11 de la novelle 134.

» loi le lui accorde, parce qu'avant ce mo-
» ment elle n'a pas la puissance paternelle. Il
» serait même dangereux de donner aux femmes
» cette sorte d'intérêt à obtenir le divorce. Au
» reste la mère n'a pas à se plaindre ; ses droits
» demeurent les mêmes que si le divorce ne
» fût pas survenu. A la vérité il était possible
» qu'elle profitât des fruits qui proviendraient
» des biens de ses enfans, parce qu'ils tom-
» baient dans la communauté : mais il était
» possible aussi qu'elle n'en profitât pas, parce
» que le mari étant le maître de la commu-
» nauté, il avait le droit de dissiper les revenus;
» et d'ailleurs, cette considération tombe, lors-
» qu'il n'y a pas de communauté, ou que les
» conventions matrimoniales en limitent les
» effets.

» L'article 386 n'est donc pas attributif ; il
» n'est qu'exclusif : son effet se réduit à exclure
» de la jouissance le père, si le divorce a été
» prononcé contre lui ; la mère, en cas de *sur-*
» *vie,* quand c'est elle qui a donné lieu à la dis-
» solution du mariage. Il dépouille enfin celui
» des époux qui a, ou qui acquiert, par la suite,
» des droits à la jouissance ; il n'ajoute rien aux
» droits de l'autre. »

142. Le père ou la mère contre lequel la séparation de corps aurait été prononcée, devrait-il
être aussi déchu du droit d'usufruit paternel ?

Pour soutenir l'affirmative, on peut dire que
la séparation de corps n'est obtenue que pour
les mêmes causes pour lesquelles le divorce pouvait être demandé; que les mêmes causes doivent

opérer les mêmes effets contre l'époux condamné, puisqu'il y a même préjudice porté aux
enfans, par sa faute ; qu'en conséquence on doit
la même indemnité à ceux-ci.

Nous croyons néanmoins qu'on ne doit pas
déclarer déchu du droit d'usufruit paternel, l'é-
poux contre lequel la séparation de corps a été
prononcée, parce que la loi ne le dit point, et
qu'on ne doit point étendre une disposition pénale à un cas pour lequel elle n'a point été portée.

Il n'en est pas de l'usufruit légal comme d'une
libéralité faite par un époux à l'autre. Lorsqu'il
s'agit d'une donation faite par l'époux innocent
à l'époux coupable, on conçoit qu'elle doit être
révoquée par la condamnation à la séparation de
corps, comme par le jugement admettant le divorce, parce que la cause d'ingratitude est la
même, et que l'époux donataire partage le sort de
tous les ingrats, qui généralement doivent être
privés des libéralités reçues de la part du bien-
faiteur outragé.

Mais lorsqu'il s'agit de l'usufruit légal des père
et mère, il n'y a pas de disposition générale dans
la loi qui en prononce la déchéance dans le même
cas, parce que l'un ne le tient point de la libéralité de l'autre ; il ne tient pas même de la libéralité des enfans, mais absolument de celle de la
loi : il ne doit donc en être privé que dans les cas
où la loi le déclare ainsi.

D'ailleurs, il n'est pas vrai de dire que la séparation de corps soit aussi préjudiciable aux
enfans que le divorce des père et mère. La séparation peut ne durer que pendant un temps ;

elle ne donne pas lieu de craindre la survenance d'autres héritiers : tandis que le divorce, tel qu'il était décrété dans le code, devait opérer une séparation perpétuelle, et rendant les époux à leur liberté, leur accordait le droit de contracter d'autres unions, et d'introduire par là d'autres héritiers dans la famille.

### SECONDE EXCEPTION.

143.  Aux termes du même article 386, l'usufruit légal cesse à l'égard de la mère dans le cas d'un second mariage.

C'est encore là une exception formelle à la règle générale qui veut que l'usufruit légal soit attaché à la puissance paternelle; puisque la veuve qui se remarie conserve néanmoins, quoiqu'avec moins d'étendue, cette puissance sur la personne de ses enfans mineurs, tandis qu'elle perd le droit de jouissance qu'elle avait sur leurs biens.

Dans ce cas d'exception, comme dans le précédent, la privation est générale, puisque le droit d'usufruit cesse totalement d'avoir lieu dans la personne : il ne reste donc aucune espèce de biens dans le domaine présent ou à venir des mineurs, qui doive être encore passible de l'usufruit paternel.

Cette exception est fondée sur ce qu'il ne doit pas être permis à la mère qui convole à de secondes noces, de porter dans une autre famille les revenus de ses enfans du premier lit, et d'enrichir ainsi, à leur préjudice, son nouvel époux

(1). Et comme la même raison n'existe pas à l'é-
gard du père, on n'a pas voulu qu'il souffrît la
même privation dans le cas où il viendrait à se
remarier.

144. Mais si la mère devenait veuve une seconde
fois et avant que les enfans du premier lit eussent
atteint leurs dix-huit ans, pourrait-elle reprendre
la jouissance de leurs biens?

Nous ne le pensons pas; parce qu'un droit qui
est éteint ne peut revivre sans une cause qui lui
rende l'existence : les biens étant devenus libres
entre les mains des enfans, ne pourraient être
de nouveau asservis à la jouissance de la mère
qu'autant qu'il y aurait à cet égard quelque disposition dans le code, et il n'y en a point.

L'usufruit légal ne prend fin de cette manière
que par la raison que la loi veut qu'il cesse alors
d'être un accessoire de la puissance paternelle.
Cet effet étant une fois opéré, la mort du second mari ne peut rien changer dans les droits
acquis aux enfans : parce qu'elle n'est qu'un
simple fait et non une restitution, en entier, de
la mère dans ses droits primitifs.

Nous irons plus loin encore. Et nous dirons
qu'on devrait porter la même décision dans
le cas d'un jugement qui déclarerait nul le second mariage de la mère, à moins qu'il n'y eût
des violences exercées contre elle; car c'est au
fait libre du convol à secondes noces que la loi
attache la privation de l'usufruit dans la veuve,

---

(1) Voy. dans *Locré*, tom. 4, p. 466.

et non aux suites plus ou moins étendues du second mariage.

Quoiqu'une veuve se trouve trompée dans son attente sur les résultats d'un second mariage qu'elle a voulu contracter au préjudice des enfans du premier lit, elle n'en est pas moins en faute à leur égard, et le jugement qui déclare nul le second mariage qu'elle avait librement voulu contracter, est lui-même la preuve du fait qui devait opérer la déchéance de son droit.

145. Puisque la privation dont il s'agit ici, n'est prononcée par la loi qu'au regard de l'usufruit légal, il faut en conclure qu'elle n'aurait pas lieu par rapport à l'usufruit qui aurait été assuré par contrat de mariage, ou légué par testament de la part du mari au profit de sa veuve ; car si, d'après le droit romain, la veuve qui se remariait n'était pas privée des libéralités qui lui avaient été faites en usufruit seulement, par son mari (1) ; à plus forte raison doit-elle les conserver aujourd'hui sous le code qui ne prononce pas contre les secondes noces les peines établies par l'ancienne jurisprudence.

146. Lorsque la veuve, sans s'être remariée, vit dans un état d'impudicité notoire, et donne le jour à des enfans naturels, doit-elle être aussi privée du bénéfice de l'usufruit légal des biens de ses enfans légitimes ?

Cette question n'est pas sans quelque difficulté : car, on peut dire pour la veuve, qu'il n'est pas permis de lui appliquer une peine qui

_____

(1) Voy. la novelle 22, chap. 23.

n'est pas textuellement décrétée contre elle par
la loi; qu'il n'en est point du cas où elle se trouve,
comme de celui où elle se serait remariée et aurait
par là porté son usufruit en dot à un nouvel époux;
qu'alors elle se serait mise elle-même dans l'impossibilité d'en employer les émolumens à l'entretien
et à l'éducation de ses enfans, ce qui en aurait
changé la destination; mais qu'il n'en est pas ainsi
dans l'état où elle est, et qu'en conséquence le
motif, sur lequel les auteurs du code ont fondé
cette déchéance, lui est étranger.

Mais, d'autre part, on peut dire, avec beaucoup plus de force, en faveur des enfans légitimes, que s'abandonnant à la débauche, leur
mère s'est rendue bien plus répréhensible envers
eux, que si elle avait convolé à de secondes
noces, puisqu'au lieu de les porter à la vertu,
elle leur donne l'exemple d'un déréglement de
mœurs; qu'ayant mérité de perdre la tutelle par
une inconduite notoire (444), et ses enfans devant cesser de lui être confiés, il serait injuste
qu'elle conservât encore la jouissance de leurs
biens lorsqu'elle s'est rendue indigne de conserver l'administration de leur personne; que dans
tous les temps les veuves, vivant dans un état
d'impudicité notoire, ont été déclarées par les
lois, bien plus coupables envers leurs enfans,
que celles qui contractaient de nouveaux mariages (1); que toujours elles ont été soumises
aux peines des secondes noces, parce qu'il serait

---

(1) Voy. la loi 7 au cod. *de revocandis donat.*, lib. 8,
tit. 56.

répugnant autant aux principes de la raison qu'à
ceux de la morale, d'accorder plus de droit à
l'état de débauche d'une femme, qu'à celui d'é-
pouse légitime, *non enim amplius aliquid habebit castitate, luxuria* (1) *;* que la justice exige ici
la même condamnation, au moins par forme de
dommages et intérêts envers les enfans ; que tel
a toujours été le sentiment des auteurs tant anciens (2) que modernes (3); que telle a toujours
été aussi la jurisprudence des Tribunaux français, comme on peut le voir soit dans le dictionnaire de Brillon, au mot *veuve,* n.ᵒˢ 21 et suiv.,
soit dans le dictionnaire des arrêts modernes,
au mot *usufruit,* n.ᵒ 18, où l'on rapporte un
arrêt de la cour de Limoges, du 16 juillet 1807
et même un autre du 2 avril 1810, par lesquels
cette question a été ainsi jugée.

147.   Suivant l'article 305 du code, dans le cas de
divorce par consentement mutuel, la propriété
de la moitié des biens de chacun des deux époux
est acquise, de plein droit, aux enfans nés de
leur mariage : et néanmoins les père et mère en
conservent la jouissance jusqu'à la majorité de
leurs enfans, à la charge de pourvoir à leur
nourriture, entretien et éducation ; conformément à leur fortune et à leur état. Ce droit de

---

(1) Novel. 39 , cap. 2 in fine.
(2) Voy. dans Surdus, *de alimentis,* tit. 7, quest. 24;
—Dans Garcias, *de conjugali quæstu,* n.ᵒˢ 39 et suiv.
(3) Voy. dans Bretonnier sur Henrys, liv. 4, chap. 6,
quest. 66, n.ᵒ 13. — Coquille, sur la coutume du
Nivernois, quest. 147.

jouissance doit-il être aussi considéré comme
éteint par le convol de la mère divorcée?

Nous ne le pensons pas; parce que ce n'est
point ici le cas de l'usufruit légal ordinaire dont
il est question au titre de la puissance paternelle.

L'usufruit légal finit à l'époque où les enfans
ont leurs dix-huit ans; celui-ci doit durer jusqu'à leur majorité.

L'usufruit légal dont il est question au titre de
la puissance paternelle, est établi sur les biens
des enfans; ici il frappe sur les biens de la mère
elle-même.

Dans la constitution de l'usufruit légal, la loi
fait un don; dans la réserve dont il s'agit ici, elle
s'abstient seulement d'étendre sa confiscation sur
la jouissance actuelle du propriétaire.

Si la veuve qui se remarie perd son usufruit
légal, c'est parce que la loi ne lui en avait fait le
don que sous cette condition; or, la jouissance
que la veuve divorcée conserve sur ses propres
biens, n'est point un don de la loi; donc elle ne
doit pas être subordonnée à une condition qui
n'est apposée par la loi qu'à sa propre libéralité.

Cette disposition de la loi envers les père et
mère divorcés, est véritablement une disposition pénale, puisqu'elle emporte confiscation de
la moitié de leurs biens au profit des enfans;
mais comme, d'une part, elle leur en réserve
l'usufruit jusqu'à la majorité de ceux-ci, et que,
d'autre côté, il ne peut être permis d'étendre la
peine au-delà du prescrit de la loi, nous devons
en conclure que, dans tous les cas, la mère est

en droit de conserver cette jouissance jusqu'à la majorité de ses enfans.

### TROISIÈME EXCEPTION.

148. L'usufruit légal des père et mère ne s'étend point aux biens ou effets que les enfans peuvent acquérir par un travail ou une industrie séparés (387).

Ainsi, pour que l'enfant de famille jouisse de son pécule, en toute propriété, il n'est pas nécessaire, chez nous, comme il l'était chez les Romains, qu'il l'ait acquis à l'occasion de l'art militaire, ou en cultivant les sciences, puisqu'il suffit qu'il l'ait amassé par un travail ou une industrie séparés ; d'où il résulte que la distinction des pécules castrenses et quasi-castrenses n'a plus d'application dans le système de nos lois actuelles.

D'ailleurs, l'usufruit légal étant aujourd'hui borné au moment où les enfans ont atteint l'âge de dix-huit ans accomplis, on ne pourrait guère supposer qu'ils eussent pu, avant cette époque, acquérir quelque chose dans l'art militaire, ou en cultivant les sciences, pour dire qu'on doit encore conserver l'idée des pécules castrenses et quasi-castrenses.

149. Mais que doit-on comprendre sous la dénomination de biens acquis par un travail ou une industrie *séparés?* faut-il que le fils soit hors de la communion du père, pour qu'on puisse dire que ses gains lui sont acquis par un travail ou une industrie *séparés?*

Nous ne le pensons pas ; car il n'est pas néces-

saire qu'il y ait séparation de communion, pour
que l'industrie du fils s'exerce sur un objet séparé de l'administration du père : s'il fallait au
fils mineur de dix-huit ans une séparation d'habitation, pour pouvoir revendiquer la jouissance
de ses épargnes, ou pour que le père, son tuteur, fût obligé de lui en rendre compte, le système de la loi serait en contradiction avec lui-
même, puisque l'enfant ne peut avoir de domicile propre tant qu'il est mineur non émancipé (108); et qu'il ne lui est pas même permis de quitter la maison paternelle de son
propre mouvement, si ce n'est pour enrôlement volontaire, et après ses dix-huit ans révolus (374) : il suffit donc que le travail ou
l'industrie du fils soient exercés sans connexité
avec le travail ou l'industrie du père, pour qu'on
puisse dire qu'il y a entre eux travail ou industrie séparés, quoique l'un soit en communion
d'habitation avec l'autre. C'est ainsi que, sans
être séparée d'habitation avec son mari, la femme
marchande publique exerce néanmoins un commerce séparé (220), lorsque le mari lui-même
n'est pas commerçant, ou lorsque le négoce de
la femme ne porte que sur des objets étrangers
au négoce du mari.

L'expression *séparés* se rapporte au travail
comme à l'industrie de l'enfant; mais pour qu'il
y ait séparation dans le travail du fils, il faut
que l'application en soit faite à des objets étrangers aux intérêts du père, et avec le consentement au moins tacite de celui-ci, parce que le

fils domicilié avec le père, doit sa coopération aux travaux domestiques du ménage.

Ainsi, sous le rapport du travail séparé, l'usufruit paternel ne doit point s'étendre à ce que le fils peut gagner comme homme de journées, ni en servant comme domestique à gages chez autrui.

Il faut également que l'industrie du fils soit appliquée à des objets étrangers aux affaires du père, parce que celui-ci a aussi le droit d'employer les talens naissans de son fils, dans l'exercice du négoce qu'il peut avoir entrepris.

Ainsi, sous le rapport d'industrie séparée, l'usufruit paternel ne s'étend pas sur ce que le fils peut gagner en remplissant les fonctions de maître d'études chez un instituteur ou dans un collége; celles de commis ou d'écrivain dans une administration; celles de secrétaire ou de clerc dans un bureau autre que celui de son père.

Il ne s'étend pas non plus sur les gains que le fils, quoique résidant avec le père, peut faire dans l'exercice d'un métier ou de quelque genre d'industrie qui lui seraient personnels, dès qu'il agit pour son compte propre et sans l'intervention du père, ou hors du genre d'industrie exercée par celui-ci.

Mais, dans ces divers cas, si le fils n'avait d'ailleurs pas d'autres biens dont le père eût la jouissance, et qu'il fût nourri dans la maison paternelle, le père serait en droit de lui demander compte de sa nourriture, parce que l'obligation légale de fournir à quelqu'un des

alimens, cesse dès que celui-ci peut y pourvoir
par ses propres ressources (209), et qu'ainsi le
père pourrait obliger le fils à souffrir que ses
dépenses d'entretien fussent précomptées sur les
produits de son travail ou de son industrie(1);
d'où il résulte que cette exception à l'usufruit
paternel ne peut avoir pour objet que des intérêts bien modiques.

Quoique le père n'ait pas l'usufruit sur les
gains que le fils mineur de dix-huit ans peut
faire par travail ou industrie séparés, il n'est
néanmoins pas privé de tout droit à cet égard :
il est le tuteur du fils, et par conséquent l'administrateur légal de ses biens ; il a, en cette
qualité, l'exercice de toutes les actions du maître
pour forcer le recouvrement et exiger le paiement de ce qui peut être dû au fils ; mais s'il
n'en fait pas emploi au profit de celui-ci, il en
devra l'intérêt, puisqu'il n'en a pas l'usufruit,
et cet intérêt devra être rapporté dans son compte
de tutelle.

150.    Que devrait-on décider à l'égard du trésor
découvert par le fils âgé de moins de dix-huit
ans? le père ou la mère revêtus de la puissance
paternelle, en auraient-ils l'usufruit légal ?

L'usufruit légal des père et mère sur le patrimoine de leurs enfans, s'étend en général
à tous les biens de ceux-ci : telle est la règle
du droit commun.

Néanmoins pour donner de l'émulation aux
enfans, et les encourager au travail ou à l'exer-

_____

(1) Vid. l. 5, §. 7, ff. *de agnoscendis et alendis liberis,* lib. 25, tit. 3.

cice de quelque genre d'industrie, les auteurs du code ont voulu que les gains qu'ils auraient faits par un travail ou une industrie séparés, fussent exempts de la charge de l'usufruit paternel.

Toute la question proposée se réduit donc à savoir si le trésor se trouve dans cette exception; car, autrement, il reste sous l'empire de la règle générale.

« Le trésor, porte l'article 716 du code, est » toute chose cachée ou enfouie sur laquelle » personne ne peut justifier sa propriété, et » qui est découverte par le pur effet du ha- » sard. » Il appartient pour moitié à celui qui le trouve dans le fonds d'un autre; mais ce n'est qu'autant que la découverte est le pur effet du hasard : cette participation de l'inventeur n'est donc point le fruit de son industrie, puisqu'il faut, au contraire, qu'il n'ait pas fait industriellement la découverte, pour qu'il ait le droit d'en profiter : le trésor n'est pas non plus le produit naturel du travail, puisque sa découverte n'est qu'accidentelle au travail, et que c'est une chose qu'on ne se proposait point d'obtenir en travaillant. Il n'est également pas le prix d'encouragement décerné par la loi, puisqu'il est essentiellement un objet imprévu : c'est donc un pur don de la fortune soumis à l'usufruit légal des père et mère, puisqu'on ne peut le ranger dans la classe des biens qui en sont affranchis.

Il en serait de même du trésor trouvé, par un tiers, dans l'héritage du fils de famille : la moitié cédant au fils comme propriétaire du

fonds, ne serait toujours qu'un pur don de la
fortune, puisque le trésor n'est ni une partie
intégrante, ni une partie accessoire, ni le fruit
de l'immeuble dans lequel il est découvert,
ainsi que nous l'avons établi ailleurs : et de là
on doit encore tirer cette conséquence que les
père et mère doivent en avoir l'usufruit légal,
lors même qu'ils n'auraient pas la jouissance
du fonds dans lequel la découverte aurait été
faite.

### QUATRIÈME EXCEPTION.

151. L'usufruit légal ne porte point sur les biens
qui sont donnés ou légués aux enfans sous la
condition expresse que les père et mère n'en
jouiront pas (587) : le donateur, qui pourrait
s'abstenir de faire aucune libéralité, doit être le
maître d'en borner les effets au profit de la personne qui est le seul objet de ses affections.

Nous disons *sous la condition expresse,* parce
que ce sont les termes du code. Pour que l'usufruit paternel n'ait pas lieu sur les biens donnés
aux enfans mineurs de dix-huit ans, il est donc
nécessaire que les père et mère en soient formellement exclus par l'acte de libéralité; et de
là il résulte qu'il faut écarter la doctrine des
auteurs (1) qui ont écrit, que, quand le père
est institué héritier conjointement avec ses enfans, par un étranger, il ne doit pas avoir l'u-
sufruit légal sur les portions d'hérédité dévolues
à ceux-ci, par cela seul qu'il aurait au-delà de

---

(2) Voy. dans Lapeyrère, lettre V, n.º 74.

la

la part qui lui a été assignée par le testateur.
Car alors le père ou la mère ne revendique point
l'usufruit des biens du défunt, mais seulement la
jouissance de ceux de ses enfans; et il doit l'obtenir du moment que le testateur ne l'a point
prohibé, ni déclaré d'une manière expresse, qu'il
voulait que le fils seul profitât de sa portion
tant en propriété qu'en jouissance.

152. Dans les principes de l'ancienne jurisprudence, lorsque la mère, instituant son fils héritier, avait prohibé l'usufruit légal au père, cette
prohibition n'avait d'effet qu'à l'égard des biens
donnés qui excédaient la légitime de l'enfant,
parce qu'il n'y a que cet excédant qu'on puisse
dire être totalement à la disposition de l'homme.
En conséquence la portion légitimaire n'en restait pas moins soumise à la jouissance du père,
par la raison que le fils n'était toujours censé la
recevoir que des mains de la loi, qui en disposait elle-même, en usufruit au profit du père (1).
On doit porter encore aujourd'hui la même décision à l'égard de la réserve légale des enfans,
et dire que, si le testateur ou le donateur est,
par rapport à sa qualité d'ascendant, obligé de
laisser une partie de ses biens au fils de famille,
il ne peut prohiber efficacement au survivant
des père et mère l'usufruit légal sur cette por-

---

(1) Voy. dans FACHINÉE, *controver. juris*, lib. 5, cap.
21; — LAPEYRÈRE, lett. V, n.º 80; — CATELLAN, liv. 4,
chap. 80; — CHABROL, sur la coutume d'Auvergne, chap.
11, art. 2, sect. 1, tom. I, p. 157; — BANNELIER, tom.
4, p. 55, n.º 1533, édition in-4.º; — DEPEISSE sur l'u-
sufruit, sect. 4, n.º 13 *tertio*.

tion, parce que les enfans ne tiennent également
ment cette nouvelle légitime que de la loi, qui
elle-même en attribue la jouissance au père ou
à la mère survivant.

Néanmoins, comme l'observe M. Touillier,
célèbre professeur en droit à Rennes (1), s'il
s'agissait d'une donation entre-vifs, faite avec
prohibition d'usufruit légal, et acceptée sans aucune réserve ni protestation par le père ou la
mère agissant pour les mineurs, cette acceptation pure et simple pourrait lui être opposée
comme une renonciation tacite au droit d'usufruit qui s'ouvre, au profit du père, au moment
même où les enfans acquièrent la propriété des
biens donnés.

Quant à la quotité disponible, comme le
donateur aurait pu en disposer au profit d'un
étranger, et exclure par là le survivant des
père et mère de toute jouissance à cet égard,
il a pu également en disposer, au profit des
enfans, avec prohibition d'usufruit légal, parce
que ceux-ci ne peuvent être d'une condition
pire que l'étranger, sur cet objet.

153. Pour se bien pénétrer du véritable sens du
texte de notre code, portant que l'usufruit paternel ne s'étend pas sur les biens donnés aux
enfans *sous la condition expresse* que les père
et mère n'en jouiront pas, il faut observer que
la loi n'assigne aucunes expressions sacramen-
telles, dont le disposant soit tenu de se servir

---

(1) Le droit civil franç. par M. TOUILLIER, tom. 2,
pag. 348.

pour mettre obstacle à cette jouissance; qu'il
suffit en conséquence que la volonté par lui exprimée soit telle qu'en l'exécutant dans l'intérêt
des enfans, le père ou la mère doive être exclu
de l'usufruit des biens donnés; car, en exprimant une disposition incompatible, dans son
exécution intégrale, avec l'exercice du droit
paternel, le donateur fait réellement une libéralité sous la condition expresse que les père
et mère n'en profiteront pas; et de quelque manière que la volonté ait été déclarée dans l'acte,
elle doit nécessairement faire la loi, puisqu'il
était pleinement le maître.

Ainsi, lorsqu'un père est nommé légataire avec
son fils, si le testateur avait dit qu'il léguait la
moitié de ses biens au père, et que l'autre moitié
appartiendrait au fils, non-seulement en propriété, mais encore en jouissance, du moment de son
décès; le père n'aurait pas la jouissance de la
portion du fils, parce qu'en déclarant d'une manière expresse que cette jouissance ne doit appartenir qu'au fils, dès l'instant du décès du testateur, c'est suffisamment exprimer qu'elle ne
doit point appartenir au père, et qu'au contraire il doit en être privé.

Ainsi encore, dans le cas d'un fidéicommis,
si le père, nommé légataire, était chargé de
rendre les biens à son fils, avant que celui-ci
eût atteint ses dix-huit ans, il ne pourrait en
retenir l'usufruit, parce que la restitution dont
le fiduciaire est grevé, doit embrasser la chose
toute entière; qu'étant chargé de rendre le tout,
il doit rendre le tout; et qu'il y aurait de la

contradiction à lui accorder le droit de reprendre, à titre d'usufruit paternel, une portion du
domaine que, suivant la volonté du testateur, il
est chargé de restituer en totalité (1); que le testateur, en exprimant la charge de rendre ou de
transmettre sa libéralité toute entière au fils
avant qu'il eût atteint l'âge de dix-huit ans, a,
par là, suffisamment exprimé que dès-lors le
père n'en devait plus jouir. Nous pouvons ajouter que la question a été ainsi décidée en Conseil
d'état, sous le Gouvernement précédent, le 30
janvier 1811, à l'égard des majorats qui ne sont
autre chose que des substitutions fidéicommissaires perpétuelles (2).

C'est par application de ce principe que la
cour royale de Paris a rendu un arrêt le 24
mars 1812, dans une espèce qu'il ne sera pas
inutile de retracer ici.

Par son testament du 12 fructidor an 11, le
sieur Sévenet avait fait un legs de 2000 francs au
sieur Compigny, son petit-fils, dans les termes
suivans: « Enfin je laisse et lègue au même
» Compigny, mon petit-fils, la somme de deux
» mille francs en argent comptant, à prendre sur
» ma succession mobilière; de laquelle somme
» moitié sera conservée pour être employée à
» son éducation, ou à lui faire prendre un état,
» et les autres mille francs seront placés le plus

---

(1) Voy. dans SURDUS, *de alimentis ;* et les auteurs
par lui cités, tit. 7, quest. 14, n.ᵒˢ 30 et 31. — *Facit
etiam,* l. 50, ff. *ad S.-C. Trebellian.,* lib. 36, tit. 1.

(2) Voy. au bull., 4.ᵉ série, tom. 14, pag. 143.

» solidement et le plus avantageusement qu'il
» sera possible, dans le plus court délai. »

Le jeune Compigny, légataire, n'avait encore
que sept ans, et était sous la puissance paternelle de son père.

Le testateur avait nommé un sieur Cretté pour
son exécuteur testamentaire, et avait ajouté, par
rapport au legs fait à son petit-fils : « Il est enten-
» du que ledit citoyen Cretté, exécuteur testa-
» mentaire, touchera tout ce qui est légué audit
» fils Compigny, et en fera l'emploi et le pla-
» cement comme dessus, et ce jusqu'à sa ma-
» jorité. »

Le placement de la somme léguée avait été
fait par l'exécuteur testamentaire, conformément à la disposition du testateur, d'après un
avis du conseil de famille.

C'est dans cet état de choses que le père du
légataire prétendit être en droit de profiter des
intérêts du legs, comme ayant l'usufruit légal
des biens de son enfant mineur de dix-huit ans.

Il soutenait qu'en réglant la manière dont le
legs serait placé, le testateur n'avait voulu pourvoir qu'à la conservation du capital, et non priver le père de sa jouissance légale; qu'en tous
cas, le legs n'ayant point été fait sous la condition expresse qu'il ne jouirait pas de la somme
léguée, il devait en avoir la jouissance, aux termes de l'article 387 du code.

Cette contestation élevée entre le père et l'exécuteur testamentaire fut portée au tribunal de
Paris, où, par jugement du 9 mai 1811, le père
fut déclaré non-recevable, « attendu qu'il ré-

» sulte de la disposition du testament de M. Jean-
» Baptiste Sévenet, relative au legs de 2000 fr.
» au profit du mineur Compigny, son petit-fils,
» que l'intention expresse du testateur a été que
» cette somme et ses produits profitassent en
» entier au légataire. » Cette sentence ayant
été déférée à la Cour de Paris, elle en adopta
simplement les motifs, et la confirma par son
arrêt du 24 mars 1812 (1).

154. LE PÈRE doit-il avoir la jouissance de l'u-
sufruit qui serait légué au fils mineur de dix-
huit ans ?

On peut dire pour la négative que le profit
d'un legs de cette nature est tout entier dans
la jouissance, puisqu'il n'y a que la jouissance
de léguée; qu'ainsi, en l'accordant au père, ce
serait substituer un légataire, étranger à la volonté du testateur, au lieu et place du légataire
qu'il avait voulu; que par cela seul que l'usufruit n'est légué qu'au fils, la volonté du testateur est suffisamment exprimée pour en exclure
le père, puisqu'autrement il ne resterait rien qui
appartînt au fils durant la jouissance du père.

Nonobstant ces raisonnemens, il nous paraît
incontestable que le père doit avoir la jouissance
de l'usufruit légué au fils, puisqu'il a généralement la jouissance de tout ce qui lui appartient,
et que le droit d'usufruit légué au fils est réellement la propriété ou le bien de celui-ci.

Vainement dit-on que tout l'avantage d'un legs
de cette nature ne consistant que dans la jouis-

_____

(1) Voy. dans le recueil de SIREY, tom. 12, au supplément, pag. 329.

sance, le testateur est censé en avoir exclu le père, par cela seul qu'il ne le fait qu'au profit du fils; car il n'est pas permis d'arguer d'une exclusion tacite là où la loi veut qu'il y ait une exclusion expresse; et le testateur n'ayant ni prohibé la jouissance au père, ni déclaré qu'il entendait que le fils en profitât seul dès le moment de son décès, est au contraire censé avoir subordonné sa disposition à la règle du droit commun.

Quand l'usufruit a été légué au fils, quoique le père ait le droit d'en percevoir les émolumens utiles pendant un temps, c'est toujours le fils qui est réellement l'usufruitier vis-à-vis du propriétaire du fonds, parce que c'est sur sa tête que repose le droit légué; d'où il résulte que la jouissance du père doit prendre fin par le décès du fils, parce qu'alors il y a extinction dans la chose. Il en était autrement par le droit romain : l'usufruit ainsi acquis durait jusqu'à la mort du père, nonobstant que le fils fût prédécédé (1); mais c'était là un reste de la maxime : *quidquid acquirit filius, acquiritur patri,* qui n'est pas à considérer parmi nous comme chez les Romains.

Lorsque le père entre en jouissance de l'usufruit légué à son fils, c'est à lui à faire inventaire, puisqu'il a la double qualité d'usufruitier dans son intérêt, et de tuteur-administrant dans l'intérêt du fils. Nous croyons même que c'est à lui à en supporter les frais, sans répétition contre le fils, parce qu'il en doit un de son chef, et qu'il n'y en a pas deux à faire.

(1) Voy. l. 17, cod. *de usufructu,* lib. 3, tit. 33.

Quant au cautionnement à fournir pour la sûreté du propriétaire, c'est le fils qui en est le débiteur direct, puisque c'est lui qui est l'usufruitier vis-à-vis du maître du fonds; mais, comme le propriétaire ne doit pas souffrir de ce que le père vient, pendant un temps, occuper la place du fils, la caution doit être tenue de répondre des dégradations que pourrait commettre soit le père durant sa jouissance, soit le fils lorsqu'il sera lui-même en possession.

### CINQUIÈME EXCEPTION.

155. Aux termes de l'article 730 du code, « les » enfans de l'indigne venant à la succession de « leur chef, et sans le secours de la représenta- » tion, ne sont pas exclus par la faute de leur » père; mais celui-ci ne peut, en aucun cas, » réclamer, sur les biens de cette succession, » l'usufruit que la loi accorde aux père et mère » sur les biens de leurs enfans. »

Ces expressions *ne sont pas exclus par la faute de leur père,* ne sont point limitatives et ne doivent pas être restreintes au seul cas de l'indignité du père : les derniers termes de l'article nous indiquent assez que les droits des enfans sont les mêmes quand c'est leur mère qui s'est rendue indigne.

Ainsi, lorsque le père ou la mère se sont rendus indignes de succéder, et qu'il n'y a pas d'autres parens plus proches en degrés que leurs enfans, ou qui doivent exclure ceux-ci par droit de représentation; ce sont les enfans, venant alors de leur chef, qui doivent recueillir la suc-

cession qui aurait été dévolue à leur père ou à
leur mère; et comme l'indigne n'en doit aucunement profiter, la loi veut qu'il soit exclu
même du droit d'usufruit paternel sur les biens
de cette hérédité.

Cette cause d'exception à l'usufruit légal n'est
pas universelle : elle ne porte que sur les biens
de la succession dont l'indigne est évincé : si donc
les enfans avaient déjà d'autres biens, ou s'il venait à leur en échoir par la suite et durant leur
minorité de dix-huit ans, le père ou la mère n'en
aurait pas moins la jouissance, quoiqu'il eût été
exclu de celle de la succession dont il s'était
rendu indigne.

Lorsque le père et la mère sont vivans l'un et
l'autre, si c'est la mère qui s'est rendue indigne
de la succession à laquelle ses enfans se trouvent
appelés, de leur chef, à son défaut, le père n'en
doit pas moins avoir l'exercice de son usufruit
légal, parce qu'il ne doit pas souffrir de la faute
d'autrui, et qu'à son égard les biens dévolus à
ses enfans rentrent sous l'empire de la règle
commune.

Mais, s'il avait été déclaré complice du crime
qui a rendu la mère indigne, il devrait lui-même
être écarté de toute prétention à l'usufruit légal
sur les biens de la succession, parce que la cause
de l'indignité lui serait applicable dans la mesure
de ses intérêts, comme à la mère.

Si, au contraire, c'est le père qui s'est rendu
indigne, l'usufruit dont il reste privé cède au
profit de ses enfans, sans être d'abord réversible
à la mère, soit parce que, du vivant du mari,

elle n'a point la puissance paternelle, soit parce
que si on l'admettait, de suite, à le revendiquer,
c'est le père lui-même qui en profiterait, comme
ayant la jouissance des biens de sa femme; mais
après la mort du père déclaré indigne, la mère
survivante, se trouvant revêtue de la puissance
paternelle, sera en droit d'en réclamer tous les
effets, et par conséquent de revendiquer l'usufruit
légal des biens de la succession possédée par ses
enfans qui seraient encore mineurs de dix-huit
ans.

156. L'exclusion pour cause d'indignité n'a pas
lieu de plein droit : il faut qu'il y ait un jugement
qui déclare l'héritier coupable du crime auquel
cette peine est attachée, et qui le condamne en
conséquence à relâcher les biens de la succession
dont il peut avoir joui plus ou moins long-
temps, et alors il est tenu de rendre aussi tous
les fruits qu'il a perçus depuis l'ouverture de
l'hérédité ( 729 ); soit parce que c'est là une partie accessoire de la peine à laquelle il est condamné, soit parce qu'ayant la conscience de son
crime, il ne peut revendiquer les avantages du
possesseur de bonne foi.

Si, nonobstant la condamnation du père ou
de la mère, ils conservaient encore la tutelle de
leurs enfans, comme cela peut être, suivant la
nature de la peine prononcée contre eux, c'est
seulement à la fin de leur administration qu'ils
seraient tenus de rendre compte des fruits ou
revenus de la succession, ou de l'emploi qu'ils
en auraient dû faire au profit des mineurs, sui-

vant les règles auxquelles est soumise la gestion
des tuteurs.

Il serait possible aussi que le père ou la mère
déclarés coupables du crime emportant indignité fussent condamnés à une peine qui em-
portât la déchéance de la tutelle (1); alors.le
tuteur donné aux enfans aurait une action pour
se faire remettre l'administration des biens de
ceux-ci, et pour forcer l'indigne à la restitution des fruits perçus pendant son indue jouissance. Cependant, si, au moyen de cette restitution, le père ou la mère se trouvaient ré-
duits à l'état d'indigence, il devrait leur être
fourni des alimens sur le bien des enfans, parce
que ceux-ci ne peuvent cesser d'être soumis
aux devoirs de la piété filiale envers les auteurs
de leurs jours : *Sed paternæ reverentiæ con-
gruum est, egenti fortè patri officio judicis ex
accessionibus hæreditariis emolumentum præstari* (2).

157. Mais, dans ce cas, le père ou la mère qui
serait actionné en délaissement de la succession, par le tuteur donné aux enfans, pourrait-il, par rapport à son état de pauvreté,
demander à jouir du bénéfice de compétence,
en se retenant sur les biens de l'hérédité ce
qui serait rigoureusement nécessaire pour ses
alimens?

Le bénéfice de compétence est un privilége
particulier, accordé à certaines personnes, en

_____

(1) Voy. les art. 28, 34 et 42 du cod. pénal.
(2) L. 50 in fine, ff. *ad S. - C. Trebellianum,* lib. 36,
tit. 1.

vertu duquel le débiteur, poursuivi en paiement de sa dette, et discuté dans ses biens, peut, par exception, demander à retenir ce dont la jouissance lui est nécessaire pour subsister.

Dans les termes du droit ancien, ce bénéfice appartenait entr'autres au donateur poursuivi en paiement de la donation par le donataire, et aux ascendans et descendans entr'eux, poursuivis les uns par les autres en paiement de toute espèce de dettes civiles : *Actio in id quod facere possit, danda est : ita ut et ipsi donatori aliquid sufficiens relinquatur. Quod maximè inter parentes et liberos observandum est* (1). Quoique notre code ne porte pas explicitement les mêmes dispositions, nous croyons qu'on doit encore suivre, à cet égard, les principes de l'ancienne jurisprudence.

Ce privilége est fondé sur ce que, quand le créancier doit des alimens au débiteur, il y aurait de la contradiction à exproprier entièrement celui-ci, sans lui laisser de quoi subsister; parce qu'alors le créancier se trouverait obligé de lui rendre, d'une main, une portion de ce qu'il lui aurait enlevé de l'autre : or, la même raison existe d'après le code, puisqu'il veut également que les ascendans et les descendans se fournissent des alimens (205, 207), et que le donataire en doive au donateur qui se trouve dans le besoin (955); donc on doit encore admettre parmi nous l'usage du bénéfice de compétence.

Mais doit-il avoir lieu dans le cas de la ques-

_____

(1) L. 30, ff. *de re judicat.*, lib. 42, tit. 1.

tion proposée? C'est ce que nous ne pensons pas.

Ce bénéfice, en effet, n'a été introduit, et n'a jamais été admis qu'en faveur du débiteur de quantités poursuivi pour dettes mobilières et personnelles, et exproprié dans ses biens. Il n'appartient point et ne peut appartenir au détenteur de la chose d'autrui contre lequel l'action en revendication est exercée par le maître; *fundum quis donavit. Si non restituat, ut quivis possessor damnandus est* (1); autrement il faudrait l'accorder même au voleur pour conserver une partie de la chose volée (2): or, la demande formée par le tuteur des enfans mineurs, contre le père ou la mère déclarés indignes, pour obtenir la restitution des biens de la succession dont ils sont déchus, est une action en revendication de biens d'autrui dont ils ne sont que détenteurs pour s'en être indûment emparés : donc ils ne peuvent invoquer le bénéfice de compétence en leur faveur: mais l'action alimentaire leur reste.

158. Le père ayant renoncé à une succession, qui se trouve par là dévolue à ses enfans mineurs, doit-il être non-recevable à en exiger ensuite l'usufruit légal, comme il en serait déchu s'il avait été déclaré indigne?

Pour soutenir l'affirmative, on peut présenter les motifs suivans :

Lorsque, pour cause d'indignité, le père est

---

(1) L. 41, §. 1, ff. *de re judicat.,* lib. 42, tit. 1.

(2) Voy. dans SURDUS, *de alimentis,* tit. 1, quest. 78, n.ᵒˢ 39 et 40; et dans CUJAS sur la loi 41, ff. *de re judicatá.*

privé d'une succession qui se trouve par là dévolue à ses enfans, il n'en doit point retenir l'u-
sufruit, parce qu'il est exclu du tout : il ne doit
pas le retenir davantage quand il abdique volontairement la succession, parce qu'il renonce également au tout.

Suivant la loi romaine, la renonciation au
droit d'usufruit pouvait être tacite, puisqu'il suffisait que le père eût laissé jouir son fils, pour
que celui-ci fût exempt de rendre aucun compte
et de faire aucun rapport de sa jouissance (1).
A plus forte raison devons-nous la faire résulter aujourd'hui d'un acte formel d'abandon par
lequel le père renvoie tous ses droits à ses
enfans.

En admettant qu'il eût renoncé, par rapport
à l'insolvabilité de la succession, on ne pourrait supposer, en même temps, en lui, la volonté de profiter d'une chose qu'il n'aurait repous-
sée que pour l'avoir jugée de nulle valeur ou
onéreuse; il aurait donc voulu renoncer réellement à tous ses droits.

Mais ce n'est pas sous ce seul point de vue
que la question doit être envisagée. Un père qui
renonce à une succession qui se trouve par là
dévolue à ses enfans, leur fait nécessairement
une libéralité, par le transport qui s'opère de
ses droits sur leur tête; il ne peut donc être
recevable à leur reprendre une partie de ce
qu'il a voulu leur donner. S'il leur avait fait une

---

(1) Voy. l. 6, §. 2, *verb. sin autem,* cod. *de bonis quœ*
*liberis,* lib. 6, tit. 61.

donation ordinaire d'un fonds, sans s'en rien réserver, il ne serait certainement pas recevable à leur en reprendre l'usufruit : il doit en être de même ici, parce que la renonciation dont il s'agit ne peut avoir des effets moins étendus qu'une donation.

Nonobstant tous ces raisonnemens, nous croyons qu'il faut tenir pour constant que le droit d'usufruit légal doit encore avoir lieu dans ce cas; parce que la qualité d'héritier abdiquée par le père, n'a rien de commun avec celle d'usufruitier dont il veut se prévaloir ensuite; que par conséquent la renonciation qu'il a faite à l'une de ces qualités, ne doit point le priver des avantages inhérens à l'autre; qu'un premier bienfait accordé à ses enfans, par l'acte de renonciation, ne peut être, pour eux, un titre qui les autorise à exiger un nouveau sacrifice de sa part; qu'ayant renoncé à la succession, c'est, pour lui, comme s'il n'avait jamais été appelé à la recueillir, et pour ses enfans, comme s'ils y avaient été appelés en premier ordre; qu'ainsi on ne pourrait lui refuser le droit d'usufruit légal, en ce cas, sans contrevenir aux dispositions de la loi qui le lui accorde généralement sur toutes les successions dévolues à ses mineurs; qu'enfin, pour faire cesser le droit d'usufruit, par la volonté de celui qui en est revêtu, la loi veut qu'il y ait formellement renoncé (621), tandis qu'il n'y a point ici de renonciation formelle.

## SIXIÈME EXCEPTION.

259. Suivant l'article 1442 du code, « le défaut
» d'inventaire après la mort naturelle ou ci-
» vile de l'un des époux, ne donne pas lieu à
» la continuation de la communauté; sauf les
» poursuites des parties intéressées, relativement
» à la consistance des biens et effets communs,
» dont la preuve pourra être faite tant par titre
» que par la commune renommée.

» S'il y a des enfans mineurs, le défaut d'in-
» ventaire fait perdre en outre à l'époux survi-
» vant, la jouissance de leurs revenus; et le
» subrogé tuteur qui ne l'a point obligé à faire
» inventaire, est solidairement tenu avec lui de
» toutes les condamnations qui peuvent être
» prononcées au profit des mineurs. »

L'article 2, chapitre 11 de la coutume d'Auvergne, contenait une disposition semblable contre le père ayant l'usufruit légal des biens de
ses enfans, lorsqu'il venait à se marier sans avoir
préalablement fait inventaire.

160. Tout tuteur est tenu de faire, dans les
dix jours de l'entrée en jouissance de ses fonctions, procéder à l'inventaire des biens de ses
mineurs (451); c'est là la première base du
compte qu'il devra rendre à la fin de son administration. Mais, en thèse générale, l'omission de cette formalité conservatoire n'entraîne d'autres peines que celles de droit, lesquelles ne peuvent consister que dans la destitution pour infidélité dans la gestion du tuteur
( 444, §. 2 ), suivant les circonstances, et dans
la

la condamnation aux dommages et intérêts que les mineurs pourraient ressentir de sa mauvaise administration (450) : nous ne voyons généralement pas d'autres peines prononcées dans le code. Ici, la loi va plus loin : elle ne veut pas que le survivant des père et mère qui a exposé ses enfans mineurs à des pertes, en omettant de faire inventaire, puisse en être quitte en leur offrant toute indemnité de droit; elle veut qu'il soit en outre puni par la privation de sa jouissance. C'est donc là tout à la fois une disposition d'exception, puisqu'elle étend ses effets au-delà de la règle commune; et une disposition pénale, puisqu'elle prive le tuteur d'un droit qui lui est personnel, sans se borner au désintéressement des mineurs. C'est en partant de cette idée prédominante, comme d'un principe que nous croyons juste, que nous allons présenter quelques réflexions sur cet article du code. Reprenons-en les principales expressions.

161. *Le défaut d'inventaire après la mort naturelle ou civile de l'un des époux, ne donne pas lieu à la continuation de la communauté.* Par ces dernières expressions, les auteurs du code ont voulu abroger, pour l'avenir, la disposition des coutumes qui accordait aux enfans mineurs le droit de demander la continuation de la communauté, ou, en d'autres termes, la faculté d'exiger, comme associés du survivant des père et mère, leur part dans ce que celui-ci pouvait acquérir, tant qu'il n'avait pas fait inventaire des biens de la commu-

nauté, c'est-à-dire des effets communs entre eux et lui.

Il est clair, à vue de ce texte, que la disposition de la loi sur la nécessité de faire inventaire, n'a ici pour objet que les biens de la communauté qui aurait existé entre les père et mère, c'est-à-dire les effets qui, par la mort de l'un des époux, se trouvent communs entre le survivant et ses enfans mineurs, héritiers du prédécédé. Et de là il résulte que si les père et mère avaient été mariés conformément au régime dotal, le survivant d'eux qui ne ferait point inventaire de la succession de l'autre, ne devrait pas être, par cela seul, condamné à souffrir la privation de son usufruit légal, parce qu'on ne doit point appliquer une loi pénale et d'exception hors le cas pour lequel elle a statué.

Pourquoi la peine dont il s'agit ici est-elle également prononcée contre les deux époux? C'est par la raison que leur condition est la même quand le mariage a été contracté en communauté; car quel que soit alors le survivant d'eux, il peut également abuser des effets communs qui sont sous sa main.

162. Il n'en est pas de même quand le mariage a été contracté conformément au régime dotal: dans ce cas, si c'est la mère qui vienne à mourir en premier ordre, les enfans n'ayant rien de son chef, dans les effets mobiliers du ménage, et ne succédant qu'à ses reprises dotales dont les actions sont le plus souvent entièrement fixées par son contrat de mariage, il n'y a pas la même nécessité de faire inventaire, pour mettre obs-

tacle aux soustractions; et par conséquent on ne doit pas étendre au cas du régime dotal la disposition pénale qu'on ne trouve portée dans la loi que pour le cas de dissolution de communauté.

Il faut encore tirer de là une autre conséquence; c'est que si une fois le survivant des époux a assuré la conservation de son usufruit par un inventaire régulier des effets de la communauté, et qu'il échoie, par la suite, encore quelques autres successions à ses enfans mineurs de dix-huit ans, il aura le droit d'en jouir, lors même qu'il n'en aurait pas également fait inventaire, puisque cette espèce de commise n'est prononcée que pour le cas d'omission d'inventaire des effets de la communauté; et qu'il serait contraire aux principes d'étendre une disposition pénale et d'exception au-delà de son hypothèse (1).

163. *Sauf les poursuites des parties intéressées, relativement à la consistance des biens et effets communs, dont la preuve pourra être faite, tant par titre que par la commune renommée.* L'enquête par commune renommée est celle en exécution de laquelle les témoins sont appelés pour déclarer quelle est leur opinion sur la valeur estimative de la masse des biens dont on recherche la consistance.

Dans les enquêtes ordinaires, le témoin ne ne doit dire que ce qu'il a vu ou entendu. S'il

_____

(1) Voy. une question toute pareille, ainsi décidée dans CHABROL, sur la coutume d'Auvergne, chap. 11, art. 2, sect. 3, quest. 1, vers la fin.

déclarait son opinion, il donnerait lieu à le faire suspecter, parce que cette déclaration indiquerait sa partialité en faveur de l'une ou l'autre des parties. Une fois qu'il a déposé de ce qu'il a vu ou entendu, et qu'il a répondu aux interpellations qui lui sont adressées sur les circonstances du fait attesté, ses fonctions sont entièrement remplies; et c'est au juge seul qu'il appartient de tirer les conséquences qui peuvent résulter des faits attestés.

Il n'en est pas de même dans l'enquête par commune renommée. Ici le témoin ne doit pas se borner à déclarer ce qu'il a vu ou entendu. Il doit énoncer son opinion sur la valeur estimative des choses dont on recherche la consistance, comme s'il avait été nommé expert pour en faire l'appréciation; et les élémens de son opinion peuvent résulter non-seulement de ce qu'il a vu par lui-même, mais encore de l'opinion publique telle qu'il a pu l'apprécier dans le temps, et c'est là ce que nous indiquent assez ces expressions, *par commune renommée*.

Il y a donc dans l'enquête par commune renommée quelque chose d'exorbitant sur les enquêtes ordinaires; mais ce moyen est juste à l'égard de celui qui, omettant de faire inventaire, a voulu se ménager la faculté d'abuser de tout; et c'est là la première voie répressive que la loi veut qu'on emploie contre celui des époux qui a négligé de faire constater le montant de la communauté, que ses enfans, quel que soit leur âge, sont appelés à partager avec lui : mais s'il y a parmi eux des mineurs, la

loi ne borne pas là toute la peine que mérite
le défaut d'inventaire.

164. *S'il y a des enfans mineurs, le défaut
d'inventaire fait perdre*, etc.... Ainsi le défaut
d'inventaire ne donne pas seulement aux enfans
le droit d'établir la consistance de la communauté par l'enquête extraordinaire de la commune renommée; il leur donne aussi celui d'exiger le rapport de tous les fruits de leurs biens.

Ainsi, il ne suffirait pas même au survivant
des époux de reproduire exactement toute la
part des enfans dans la communauté, pour se
soustraire au rapport des fruits, puisque la commise de son droit de jouissance est opérée par
la seule omission d'inventaire, sans prendre
égard à d'autres causes.

Ainsi encore, il n'est point nécessaire que
les enfans obtiennent un jugement en déchéance
contre le survivant des père et mère, pour le
rendre passible du rapport des fruits, et le
forcer à en faire la restitution. La peine dont
il s'agit ici n'est pas seulement comminatoire,
et le rapport des fruits n'est pas seulement dû
dès le jour de la demande; car il est évident que,
par ces expressions, *le défaut d'inventaire fait
perdre en outre*, la loi veut que la peine soit
encourue de plein droit; d'où il suit que lors du
compte qu'il doit rendre à la fin de sa tutelle,
le survivant des époux doit être, de plein droit,
soumis au rapport des fruits des biens de ses
enfans, à dater du jour de la mort du prédécédé, sauf toute déduction légitime; à moins

qu'il ne produise un inventaire de la communauté, régulièrement fait dans le temps.

Nous disons *régulièrement fait ;* car du moment que la conservation du droit d'usufruit est
subordonnée à la confection d'un inventaire de
la communauté, il faut que cet inventaire ait été
légalement consommé : il serait absurde d'entendre la loi autrement, et de vouloir satisfaire
à une condition qu'elle impose, par un acte
qu'elle réprouve.

165.   Pour que l'inventaire soit légal, il faut, en
premier lieu, qu'il ait été fait avec un contradicteur légitime. Puisqu'il doit être la loi commune
de toutes les parties intéressées, il est nécessaire
que toutes y aient été représentées lors de sa
confection. Ce légitime contradicteur est le subrogé tuteur qui doit préalablement être nommé par le conseil de famille des mineurs pour
la défense de leurs droits, par-tout où ils se
trouvent en opposition d'intérêt avec leur tuteur
direct (420), et spécialement pour assister, en
leur nom, à l'acte dont il s'agit (451).

Nous ne pensons pas que le subrogé tuteur
puisse, régulièrement parlant, se faire représenter lui-même à l'inventaire, par un fondé de pouvoirs ; soit parce que ses fonctions ne sont pas
de nature à être sous-déléguées sans nécessité ;
soit parce que la loi (451) paraît exiger sa présence personnelle à cet acte qui est de la première importance pour les intérêts des mineurs (1).

_____

(1) Voy. dans Ferrière, sur l'art. 240 de la coutume
de Paris, glose 2, n.° 14.

. On conçoit néanmoins que si un service public, une mission du Gouvernement, ou une
autre cause indispensable retenait le subrogé tuteur dans l'éloignement, il en devrait être de lui
comme du tuteur direct (426), qui, n'ayant pas
fait valoir ses excuses ( 430 ), ne peut gérer
que par le ministère d'autrui, c'est-à-dire, par
un agent établi sous sa responsabilité ( 454 ),
lorsque, revêtu d'une fonction qui le retient
éloigné, il se trouve dans l'impossibilité d'agir
par lui-même.

La seconde condition requise pour que l'inventaire soit légal, c'est qu'il ait été fait par-
devant notaire. Sous la coutume de Paris on
exigeait cette forme authentique dans la cause
du survivant des père et mère qui voulait mettre
obstacle à la continuation de la communauté
avec ses enfans mineurs (1). Nous croyons qu'on
doit l'exiger également aujourd'hui à l'égard de
celui qui veut conserver son droit d'usufruit
paternel. Il nous paraît du moins incontestable
qu'il faudrait de grandes raisons d'équité pour
qu'on dût se contenter d'un inventaire sous
seing privé, et qu'il faudrait sur-tout que les
circonstances, dans lesquelles les parties auraient
agi, les plaçassent bien au-dessus de tout soup-
çon de fraude.

166. Nous verrons plus bas que, pour procéder
en toute rigueur en cette matière, l'inventaire
doit être fait par acte authentique, puisqu'il
faut qu'il ait une date certaine.

_____

(1) Voy. dans FERRIÈRE, sur l'art. 240, glose 2, n.º 8;
et au même tom., pag. 575, n.º 12.

Le notaire est un surveillant impartial, sous les yeux duquel on n'oserait commettre de soustractions : sa présence et sa coopération garantissent que les intérêts des mineurs seront respectés. Il y a plus; il est l'homme de la loi spécialement délégué pour les opérations de ce genre.

Suivant l'article 451 du code, le tuteur paraissant à l'inventaire pupillaire doit y déclarer s'il lui est dû quelque chose par le mineur; et cette déclaration doit être faite sur la réquisition de *l'officier public* préposé pour recevoir cet acte : donc l'inventaire pupillaire doit être reçu par un officier public.

Aux termes de l'article 1456, lorsque c'est la femme survivante qui fait inventaire, elle doit l'affirmer sincère et véritable *devant l'officier public qui l'a reçu :* dans le cas de la question qui nous occupe, on ne doit pas moins exiger du père que de la mère, puisque la condition de l'inventaire est ici imposée à l'un comme à l'autre; il faut donc employer le ministère d'un officier public pour y procéder, puisqu'il doit être affirmé sincère et véritable *devant l'officier public qui l'a reçu :* or, suivant l'article 10 du décret du 6, sanctionné le 27 mars 1791, sur l'ordre judiciaire, la confection des inventaires a été placée dans les attributions des notaires; et cette disposition se trouve implicitement confirmée par l'article 943 du code de procédure civile : donc, pour être légal, l'inventaire doit être fait par-devant notaire (1).

Enfin, la succession de l'époux prédécédé ne doit être acceptée que par bénéfice d'inventaire (461); ce qui nous renvoie toujours à procéder par-devant un notaire, parce que l'inventaire dont il s'agit doit servir aussi à l'acceptation bénéficiaire.

167. Lorsqu'il n'est question que d'un inventaire pupillaire ordinaire, les frais en doivent être pris sur les biens des mineurs, comme étant la première dépense de l'administration du tuteur, parce que l'inventaire n'est alors fait que dans l'intérêt et pour l'avantage des pupilles.

Il n'en est pas de même ici. L'inventaire qui doit avoir lieu pour constater le montant de la communauté, est fait dans l'intérêt réciproque de tous les communiers; les frais en doivent donc être pris sur la masse commune et supportés pour une moitié par les enfans, et pour l'autre moitié par le survivant des père et mère (2).

Il ne suffirait pas que le prémourant des père et mère eût donné ou légué son mobilier à l'autre, pour que celui-ci pût se soustraire à l'obligation de faire inventaire, parce qu'il faudrait encore constater le montant de la communauté, pour savoir s'il n'y aurait pas inofficiosité dans la donation ou le legs, et si, pour former la réserve

(1) Voy. encore dans le nouveau Répertoire, au mot *inventaire*, §. 1.

(2) Voy. dans BANNELIER, tom. 1, pag. 281, édit. in-4.º

légale des enfans, on ne devrait pas opérer un retranchement sur la libéralité (1).

168. La troisième condition requise pour que l'inventaire soit légal, c'est qu'il ait été fait de bonne foi, sans recélés, ni soustractions frauduleuses; car, comme l'héritier (792), ou la veuve (1460), qui ont commis des recélés, perdent le droit de renoncer à la succession ou à la communauté, et de profiter du bénéfice d'inventaire (801), de même le survivant des époux qui s'est rendu coupable de soustractions, au préjudice de ses enfans, doit être, vis-à-vis d'eux, privé de l'effet que la loi ne peut attacher qu'à un inventaire fidèle et sincère, et non à l'œuvre du mensonge et de la fraude. Il est égal, dit Chabrol sur cette question (2), de ne pas remplir une forme que la loi indique, ou de la remplir imparfaitement ou abusivement.

Ce n'est donc pas, comme le dit encore Chabrol en l'endroit cité, ce n'est pas seulement l'usufruit des choses omises que le survivant devrait perdre, mais bien la totalité de son droit.

La loi qui veut que le subrogé-tuteur soit tenu solidairement de toutes les condamnations qui peuvent être prononcées au profit des mineurs, s'il n'a pas fait faire inventaire de la communauté (1442), lui impose par là même le

---

(1) Voy. ibid., dans le même auteur.

(2) Sur la coutume d'Auvergne, chap. 11, art. 2, sect. 3, quest. 1.

devoir de poursuivre le rétablissement de toutes
soustractions qui auraient eu lieu; car, obliger
quelqu'un à procurer un inventaire, ou l'obliger à le faire faire fidellement, c'est la même
chose : si donc le survivant des époux s'était
rendu coupable de recélé, le subrogé-tuteur
devrait, sous peine de sa garantie personnelle,
agir pour le contraindre à la reproduction des
objets soustraits, et le faire déclarer déchu de
son droit d'usufruit, selon la gravité des circonstances de fait et l'importance des soustractions.

Mais, comme le dit Pothier (1), on ne doit
pas facilement présumer que les omissions de
choses non comprises dans l'inventaire, aient
été malicieuses : et lorsque la fraude n'est pas
constante, on ne peut demander autre chose
sinon que les objets qu'on avait omis de comprendre dans l'inventaire y soient ajoutés. Il faut
aussi, pour qu'il y ait lieu aux peines du recélé, que la malice ait été persévérante. Si le
survivant, après avoir détourné des effets, les
avait, avant aucune poursuite, ajoutés à l'inventaire, il n'y aurait pas lieu à la peine.
LOUET, R., n.° 48.

Le même auteur indique divers objets qui
ne doivent pas être compris dans l'inventaire
de la communauté. Quel que soit le survivant
des époux, on doit lui laisser un habillement
complet, ses manuscrits et ouvrages d'esprit.

_____

(1) Introduction au tit. 10 de la coutume d'Orléans,
n.° 96.

On doit laisser à l'homme son épée, ses marques de décoration et sa robe de cérémonie.

Ce que dit cet auteur touchant l'habillement complet qu'on doit laisser à l'époux survivant, il l'enseigne d'après la teneur de diverses coutumes qu'il rapporte lui-même en son traité de la communauté, sous le n.º 569. Mais, ces dispositions coutumières étant abrogées, nous croyons qu'aujourd'hui ce point de doctrine ne doit plus être suivi à la lettre, et qu'on doit aller plus loin, en laissant à l'époux survivant non-seulement un habillement complet, mais encore et généralement toutes les nippes, linges, hardes et vêtemens servant immédiatement à l'usage de sa personne, lorsque la quantité n'en est pas excessive, ou n'excède pas la mesure d'un honnête entretien, eu égard à la fortune et à la condition de la personne.

La raison de cela, c'est que la communauté doit fournir à l'entretien, et par conséquent à l'habillement des époux ; d'où il résulte que celui d'entre eux, pour lequel on en fait faire, ne reçoit que ce qui lui est dû quand on les lui remet, et qu'en conséquence il ne peut en devoir aucun rapport. Aussi l'article 1492 du code veut que la femme, qui renonce à la communauté, retire néanmoins les linges et hardes à son usage.

169. *Fait perdre en outre à l'époux survivant la jouissance de leurs revenus ;* ces dernières expressions sont remarquables : elles ne portent pas seulement que le père ou la mère qui n'aura pas fait inventaire sera privé de l'usufruit de la

part qui revient aux enfans dans la communauté, mais généralement de la jouissance de *leurs revenus;* ce qui comprend tout : d'où il faut tirer cette conséquence que, si les mineurs avaient déjà quelques autres biens acquis avant le décès du prémourant des père et mère, ou s'il leur en arrivait postérieurement, le survivant qui n'aurait point satisfait à la condition qui lui est imposée de faire inventaire de la communauté, pour avoir la jouissance de leurs revenus, ne pourrait, dans cet état de choses, ni conserver son usufruit légal sur les uns, ni l'acquérir sur les autres.

Au reste, il faut observer que la privation d'usufruit dont il est ici question, ne doit être entendue que de l'usufruit légal, et non pas de celui qui proviendrait d'un autre titre, comme d'un legs ou d'une donation. Si, par exemple, les conjoints s'étaient donné mutuellement l'usufruit de leurs biens par contrat de mariage, le droit du donataire n'étant pas alors un bénéfice de la loi, elle ne peut plus le soumettre à des conditions que les parties ne se sont pas imposées elles-mêmes : elle n'a voulu grever que ce qui procède de sa propre libéralité. L'usufruit dont la loi dispose en faveur du survivant des père et mère, est véritablement celui des biens de ses enfans; mais l'usufruit qu'un contrat de mariage donne au mari est celui des biens de sa femme (1).

---

(1) Voy. dans CHABROL, sur la coutume d'Auvergne, chap. 11, art. 2, sect. 3, quest. 6.

170. Une question importante qu'il nous reste à examiner sur cet article, consiste à savoir dans quel délai l'inventaire doit être fait par le survivant des père et mère pour la conservation de son droit.

Peut-on impunément retarder l'accomplissement de cette mesure voulue par la loi? Suffirait-il qu'un père, parvenu à l'époque où il devra rendre son compte pupillaire, fît préalablement un inventaire de la communauté, pour se soustraire au rapport des revenus de ses enfans, sous prétexte que la loi ne prescrit ici aucun délai de déchéance?

A mesure que les enfans parviennent à leur majorité, ils peuvent demander leur compte de tutelle. Supposons donc que l'aîné d'une famille plus ou moins nombreuse, étant devenu majeur, exige le sien, et que, faute de représenter un inventaire de la communauté, le père se voie forcé à la restitution des fruits dès le décès de la mère : averti par là des suites de sa négligence, pourrait-il encore faire inventaire à l'égard de ceux de ses enfans qui n'ont pas leurs dix-huit ans accomplis, afin de parer au même rapport qui pourrait lui être demandé un jour de leur part?

En un mot, suffirait-il de faire inventaire plusieurs années après la dissolution de la communauté, soit pour garder les fruits perçus avant de l'avoir fait, soit pour gagner ceux qui ne seraient échus qu'après avoir rempli cette condition?

Pour résoudre ces questions, il faut d'abord

examiner quelle est la nature de la condition
prescrite au survivant des époux.

La loi lui impose le devoir de faire inventaire de la communauté, et elle subordonne
l'exercice de son droit d'usufruit à l'exécution
de cette condition; mais, en fait, il peut négliger de l'accomplir; ce n'est donc là qu'une
condition potestative : or, dans les principes du
droit, l'événement de la condition potestative,
quand son accomplissement consiste dans un
fait positif, n'opère que du jour où il a lieu :
on ne lui donne pas d'effets rétroactifs (1), par
la raison qu'étant dépendant de la volonté de
l'homme en faveur duquel il doit produire son
effet, celui-ci ne peut être censé avoir voulu
profiter de la chose avant de s'être soumis à
ce qu'il devait faire pour l'obtenir.

171.  Si, dans la question qui nous occupe, on
devait suivre avec rigueur cette règle de non-
rétroactivité, il faudrait dire que le survivant
des époux devrait toujours perdre les revenus
échus avant qu'il eût fait inventaire; mais cela
ne peut être : il ne serait pas juste d'appliquer
ici ce principe sans tempérament, soit parce
que la confection d'un inventaire n'est pas un fait
instantané, mais successif, soit parce qu'il s'agit
d'une disposition pénale, et qu'on ne peut im-

---

(1) Vide l. 9, §. 1; et l. 11 in princip., ff. *qui potiores in pignor.*, lib. 20, tit. 4; l. 47, §. 1, ff. *de fide-
jussor.*, lib. 46, tit. 1. — Dans Montvalon, *epitome juris*, n.° 1047. — Dans Gomes, *variarum resolut.*, cap. 11,
n.° 30. — Dans Dumoulin, sur l'art. 136 de la coutume
de Paris, n.° 3.

poser un devoir à quelqu'un, et le punir de l'o-
mission, sans lui avoir donné le temps mora-
lement nécessaire pour le remplir. Il faut un
espace de temps quelconque, passé lequel seulement l'omission de l'inventaire doit être envisagée comme étant l'effet d'une négligence
coupable, parce qu'on ne peut appliquer de
peine que là où il y a faute à punir : il faut
donc que le survivant des père et mère ait un
délai durant lequel il lui suffise d'avoir fait
inventaire, pour jouir de son usufruit rétroactivement et sans interruption depuis le jour
de la mort du prédécédé ; mais quel est ce délai, et à quoi pouvons - nous nous rattacher
pour le déterminer, puisque la loi ne le fixe
pas ?

Aux termes de l'article 451 du code, le tuteur doit, dans les dix jours de son entrée en
fonctions, requérir la levée des scellés et faire
immédiatement procéder à l'inventaire des biens
des mineurs : ce qui ne signifie pas que l'inventaire doive être terminé dans les dix jours,
mais seulement qu'il doit être de suite commencé comme chose urgente. Cette disposition
est applicable à la cause des père et mère,
comme à celle de tout autre tuteur : mais un
inventaire commencé n'est pas ce que la loi exige
d'eux : elle veut un inventaire légalement consommé ; ce n'est qu'à la perfection de cette mesure conservatrice, qu'elle subordonne leur droit
de jouissance, et il s'agit ici, non de dommages et intérêts, mais d'une véritable peine
à infliger : il faut donc assigner un terme au-
delà

delà duquel ils doivent être réputés coupables de négligence si, sans avoir éprouvé d'obstacle involontaire, ils ne l'ont pas terminé; cependant la loi ne porte aucune disposition particulière là‑dessus.

172. Cela étant ainsi, nous croyons qu'on doit s'en référer, sur ce point, au délai ordinaire de trois mois qui sont accordés à l'héritier bénéficiaire et à la veuve, pour faire inventaire à l'effet de s'assurer s'ils doivent, ou non, accepter la succession ou la communauté; sauf au survivant des père et mère à se pourvoir en justice pour demander une prorogation de délai dans le cas où, par des retards involontaires, il n'aurait pas pu terminer l'inventaire durant les trois mois.

Pour faire sentir la justesse de cette décision, supposons que ce soit la mère qui soit prédécédée : si le père survivant veut, en tous points, se conformer à la loi, il n'acceptera la succession, au nom des enfans mineurs, que sous bénéfice d'inventaire (461) : et pour cela, il aura le délai ordinaire de trois mois; or, l'inventaire qui sera fait dans l'intérêt des enfans comme héritiers bénéficiaires, sera nécessairement commun entre eux et leur père, et il serait absurde d'exiger qu'on en fît deux, puisqu'il n'en faut qu'un : donc il suffit à la conservation des droits du père, qu'il l'ait fait dans les trois mois.

Supposons, au contraire, que ce soit par le prédécès du père que la communauté se trouve dissoute; outre qu'il y aura même raison d'accorder à la mère le délai de trois mois pour faire, comme tutrice, l'inventaire bénéficiaire

de ses enfans mineurs, elle a encore le même
délai pour faire cette opération dans son intérêt propre, comme commune (1456). Jusque-là
elle ne peut être accusée d'aucun retard; donc
il lui suffit également d'avoir fait inventaire
dans les trois mois.

173. Le survivant des père et mère doit donc
avoir trois mois pour la confection de son inventaire pupillaire. Nous ajoutons que, hors le cas
de nécessité, on ne doit pas lui accorder un plus
long délai, parce que la loi prescrit cette mesure
comme une chose urgente. Si cependant il éprouvait des obstacles tels qu'il ne pût le terminer
dans ce délai, les retards involontaires ne devraient porter aucun préjudice à son droit de
jouissance. On ne pourrait, par cela seul, l'en
déclarer déchu, parce qu'il ne peut y avoir de
peine à prononcer là où il n'y a pas de faute à
punir; mais comme son inculpabilité ne pourrait
uniquement dépendre de sa propre opinion, il
devrait encore, en ce cas, se pourvoir au tribunal d'arrondissement, pour demander, con-
tradictoirement avec le subrogé tuteur, et en
connaissance de cause, une prorogation de délai
proportionnée aux circonstances. Ce n'est que
par ce moyen qu'il pourrait mettre ses droits à
couvert; parce que, ne devant point être juge
dans sa propre cause, il serait obligé de faire
prononcer l'autorité compétente sur le mérite de
son excuse.

Lorsque le survivant des époux a laissé passer
les trois mois sans satisfaire au devoir que la loi
lui impose, ni justifier des obstacles qui l'en

ont empêché, il est clair qu'il doit être, jusque-
là, privé de la jouissance des biens de ses enfans,
puisqu'il n'a pas satisfait au devoir qui lui était
imposé pour l'obtenir : mais alors pourrait-il,
après un délai plus ou moins long, un an, deux
ans ou trois ans, par exemple, être admis à purger la demeure ; et quel serait dans son intérêt
et celui de ses enfans, l'effet d'un inventaire par
lui exécuté, après l'avoir ainsi négligé plus ou
moins long-temps ?

174.    Nous avons fait voir plus haut que la confection d'inventaire dont est tenu le père ou la
mère, pour conserver son usufruit, est l'objet
ou le terme d'une condition potestative, et que
l'accomplissement des conditions de cette nature
n'a point d'effet rétroactif, à moins qu'il n'ait eu
lieu dans le délai de droit ; et de-là nous devons
tirer cette conséquence, qu'un inventaire tardif,
ou fait hors des délais dont nous avons parlé, ne
peut donner au survivant des père et mère le
droit de conserver les fruits perçus auparavant :
mais pourra-t-il faire siens, ceux qu'il percevra
depuis, et jusqu'à ce que ses enfans aient leurs
dix-huit ans accomplis ?

La difficulté de cette question est plus dans le
fait que dans le droit. Nous croyons que, pour
la résoudre équitablement, on doit admettre
cette distinction : ou au temps de l'inventaire,
la consistance de la communauté n'a pas éprouvé
encore d'altérations assez notables pour empêcher qu'elle soit exactement constatée par les
documens ordinaires ; ou elle a subi des changemens tels qu'il ne serait plus possible de s'as-

surer de l'exactitude de l'inventaire, autrement
qu'en recourant au moyen de l'enquête.

Dans le premier cas, c'est-à-dire, lorsque les
effets de la communauté existent encore en nature
ou qu'il n'y en a que peu de distraits, sans qu'on
aperçoive de soustractions frauduleuses ; l'inventaire pouvant encore être fait avec exactitude, en y comprenant la valeur des objets distraits et déclarés de bonne foi, doit avoir son
effet, dans le futur, en faveur du survivant des
époux, parce qu'il peut dire qu'ayant enfin satisfait à l'obligation qui lui était imposée, il n'y
a plus de raison de lui refuser, pour l'avenir, les
droits attachés à l'accomplissement de cette condition.

Dans le second cas, c'est-à-dire, lorsqu'à l'é-
poque où l'on a voulu procéder à un inventaire,
les élémens de la communauté n'étaient plus assez présens pour en faire la reconnaissance sans
s'en rapporter à l'arbitraire du déclarant, ou sans
se livrer à des souvenirs vagues et incertains, en
sorte que pour en rechercher toute la consistance, le moyen de l'enquête par commune renommée fût jugé nécessaire, la condition imposée au survivant des père et mère devrait être
considérée comme absolument défaillante, et son
droit d'usufruit comme entièrement périmé; car
l'inventaire n'étant exigé que pour éviter l'embarras d'une enquête sur le redressement des soustractions et omissions possibles, il y aurait de la
contradiction à lui accorder son entier effet
comme condition imposée à l'usufruitier, lorsqu'il faut encore recourir aux moyens ruineux

et incertains qu'on devait prévenir en le faisant à temps utile.

175. Cette décision ressort du texte même de l'article du code que nous expliquons, puisqu'il veut que quand on a négligé de faire inventaire de la communauté, tandis que les effets en étaient actuels et présens, les enfans soient admis à la preuve par commune renommée contre le survivant des père et mère, et que celui-ci soit, *en outre*, privé de la jouissance de leurs revenus.

176. On pourrait nous opposer ici, par comparaison, ce qui se pratiquait sous la coutume de Paris, relativement à la continuation de la communauté. Suivant cette coutume, le survivant des époux était obligé de faire inventaire pour ne pas rester en société avec ses enfans mineurs ; comme il est obligé par le code à prendre la même précaution pour ne pas perdre son usufruit. Lorsqu'il n'avait pas satisfait à cette condition, dans les délais de droit, il était tenu de souffrir la continuation de la communauté pour le temps antérieur, comme il doit perdre aujourd'hui les avantages de son usufruit pendant le même temps ; mais quelle que fût l'époque à laquelle il eût fait inventaire, la rupture de la communauté était opérée pour l'avenir (1). Pourquoi, dira-t-on, n'en serait-il pas de même relativement à la conservation du droit d'usufruit, pour le temps postérieur à la confection de l'inventaire ?

_____

(1) Voy. dans FERRIÈRE, sur l'art. 241 de la coutume de Paris, glose 1, n.º 6.

Cette comparaison n'est pas exacte ; car, si la jurisprudence ancienne avait admis que la communauté pouvait être dissoute même par un inventaire tardif et composé d'élémens plus ou moins incertains, c'est, comme le disent les auteurs, par la raison que personne ne peut être tenu de demeurer en communion ; que l'état de communion forcée peut être, par cela seul qu'il est forcé, préjudiciable aux intérêts de tous les communiers ; qu'ainsi le survivant des père et mère qui se proposait de dissoudre la communauté, pouvait toujours y parvenir puisqu'on n'aurait pu l'en empêcher, et qu'il ne tendait qu'à une chose qui, dans les principes du droit commun, n'aurait dépendu que de sa seule volonté ; c'est pourquoi il lui était permis de parvenir à cette fin, même en recherchant dans la commune renommée les élémens de son inventaire ; mais cette raison ne peut être applicable à la cause de celui qui veut éviter aujourd'hui la privation de son usufruit, parce qu'il est sensible que la loi qui subordonne l'exercice de cette jouissance à la condition d'un inventaire fidèle et régulier, afin d'écarter l'arbitraire et d'éviter, pour les enfans, les embarras d'une enquête par commune renommée, ne peut vouloir qu'on admette comme capable de justifier l'accomplissement de cette condition, un simulacre d'inventaire qui laisse subsister tous les inconvéniens et toutes les incertitudes qu'elle voulait prévenir.

177. En résumé, il résulte de tout ce que nous avons dit sur les délais de l'inventaire dont il s'agit :

1.º Que le survivant des père et mère qui a fait inventaire dans les trois mois, doit jouir de son usufruit à dater rétroactivement du jour de la dissolution de la communauté;

2º. Qu'il en est de même de celui qui ne l'a terminé que plus tard, par rapport à des obstacles involontaires, à raison desquels il a obtenu en justice une prorogation de délai;

3.º Que, hors ces deux cas, celui qui a fait un inventaire tardif, doit rendre compte, aux mineurs, des revenus de leurs biens perçus avant qu'il eût satisfait à cette formalité;

4.º Que si l'inventaire, quoique tardif, a été fait de bonne foi sans soustractions ni recélés, et qu'il ait pu être exécuté assez exactement pour qu'on doive s'en référer à ce qui y est porté, sans recourir à la voie des enquêtes, il doit être suffisant pour mettre obstacle au rapport des revenus des mineurs, échus depuis sa confection;

5.º Enfin, que tout inventaire qui n'aurait été fait que par commune renommée, ou qui serait assez imparfait pour laisser encore lieu à cette espèce d'enquête sur la consistance de la communauté, doit être rejeté comme insuffisant pour l'accomplissement de la condition imposée au survivant des père et mère, et qu'il y a déchéance entière du droit d'usufruit.

## SECTION III.

### Des Charges dont l'usufruit paternel est spécia-lement affecté.

178. L'article 385 du code établit, dans les termes suivans, les charges dont l'usufruit paternel est affecté.

« Les charges de cette jouissance seront :

» 1.º Celles auxquelles sont tenus les usu-
» fruitiers ;

» 2.º La nourriture, l'entretien et l'éducation
» des enfans, selon leur fortune ;

» 3.º Le payement des arrérages ou intérêts
» des capitaux ;

» 4.º Les frais funéraires et ceux de dernière
» maladie. »

Cet article est digne de plus d'une remarque.

Il se trouve au titre de la puissance paternelle, c'est-à-dire au titre spécialement consacré à fixer les caractères civils de ce pouvoir; à déterminer ses effets et ses conséquences sur les biens des mineurs; et à assigner les charges particulières que la loi y attache.

Après avoir déclaré dans le premier paragraphe de cet article, que l'usufruit paternel serait soumis généralement aux charges qui affectent tout autre usufruit, les auteurs du code se seraient arrêtés là, s'ils n'avaient rien entendu exprimer de plus, dans les trois paragraphes suivans : et comme il n'est pas permis de supposer un langage redondant et inutile dans la loi, nous devons dire que les trois espèces particulières, signalées par les trois derniers paragraphes, ne sont point comprises sous le genre qui est énoncé dans le premier; d'où il résulte que ces trois dernières espèces de charge sont exclusivement propres à l'usufruit qui dérive de la puissance paternelle et ne pèsent point sur l'usufruitier qui jouit à tout autre titre.

Reprenons actuellement les quatre paragraphes les uns après les autres, pour les accompagner chacun des explications particulières qui doivent s'y rapporter.

## PREMIÈRE ESPÈCE

### De Charges imposées à l'usufruit paternel.

179. 1.º *Celles auxquelles sont tenus les usufruitiers :* c'est-à-dire, que le père ou la mère, ayant l'usufruit légal des biens de leurs enfans mineurs, sont tenus de faire inventaire (600) à leur entrée en jouissance, et de jouir en bon père de famille (601); qu'ils doivent, comme tout autre usufruitier, veiller à la conservation de la chose et pourvoir aux réparations d'entretien, sous peine d'être déchus de leur droit (618); qu'ils doivent acquitter toutes les charges annuelles (608) et toutes autres charges qui peuvent peser sur l'usufruit établi à titre conventionnel, sauf néanmoins l'obligation de fournir un cautionnement dont ils sont dispensés par une disposition particulière (601); mais, comme les père et mère usufruitiers des biens de leurs enfans mineurs, sont aussi leurs tuteurs, la dispense de donner caution à raison de leur

usufruit, se trouve moins préjudiciable aux in-térêts des enfans, parce qu'elle est en quelque sorte compensée par le cautionnement réel, ou l'hypothèque légale qui frappe les biens des père et mère comme tuteurs (2121), pour la respon-sabilité de toutes dégradations ou malversations qu'ils pourraient commettre dans leur adminis-tration et jouissance (450).

180. Suivant le sentiment des anciens auteurs (1), le père usufruitier légal et universel des biens de ses enfans en puissance, ayant l'exercice de toutes les actions concernant la jouissance et la proprié-té, devait être personnellement chargé de tous les frais de procès, même dans les cas où l'usufrui-tier conventionnel n'en aurait pas été tenu; mais les textes du droit écrit, sur l'interprétation des-quels reposait cette opinion, étant aujourd'hui abrogés, et le code ayant établi une règle géné-rale sur ce point (613), nous ne devons plus faire de distinction entre l'usufruit légal et l'u-sufruit conventionnel, par rapport à cette espèce de charge dont nous parlerons spécialement dans la suite.

181. Ainsi, tout ce qui sera dit dans le cours de cet ouvrage sur les droits, les obligations et les charges de l'usufruitier en général, doit rece-voir également son application et envers l'usu-fruitier paternel et envers l'usufruitier conven-tionnel, puisque la loi soumet l'un aux mêmes charges que l'autre (385, §. 1), et ne distingue principalement ces deux espèces d'usufruit que

---

(1) Voy. dans GARCIAS, de expensis et meliorationibus, cap. 11, n.os 6 et suiv.

sous le rapport de leurs causes (579), sauf néanmoins les modifications que nous allons indiquer, quant aux charges, dans l'explication des
trois derniers paragraphes de notre article.

Mais, pour les bien saisir, il faut se rappeler
ce que nous avons dit dans la première section
de ce chapitre, sur les sources dans lesquelles
les auteurs du code en ont puisé les dispositions
touchant la puissance paternelle. Nous avons fait
voir que nourris dans les principes du droit coutumier, c'est principalement dans la disposition
des coutumes sur la garde noble et bourgeoise
qu'ils ont pris le type de la nouvelle institution
qu'ils avaient à établir, et que l'orateur du Gouvernement a proclamé lui-même la vérité de ce
fait à la tribune du Corps législatif.

Il est sur-tout évident que la disposition de
notre code sur les charges dont nous allons parler, ne dérive pas d'une autre origine, puisque
nous la trouvons textuellement dans l'article 267
de la coutume de Paris touchant les charges de
la garde noble et bourgeoise.

### DEUXIÈME ESPÈCE

#### *De Charges imposées à l'usufruit paternel.*

182.   2.º *La nourriture, l'entretien, et l'éducation des enfans, selon leur fortune:* c'est-à-dire
que le père ou la mère, ayant l'usufruit légal
des biens de ses enfans mineurs, ne doit pas
seulement les nourrir, les habiller convenablement et les loger; mais qu'il doit encore les faire
instruire, leur donner des maîtres, et les envoyer

aux écoles, suivant leur état et condition, et l'é-
tendue de leurs facultés, pour les mettre à même
de remplir, un jour, leurs devoirs d'hommes reli-
gieux et de bons citoyens, dans les fonctions où
ils pourront être appelés. *Non solùm alimenta
pupillo præstari debent; sed et in studia et in
cæteras necessarias impensas debet impendi pro
modo facultatum* (1).

Il est bien constant que c'est là une charge
propre à l'usufruit légal des père et mère, et
qu'elle est étrangère à tout usufruit conventionnel; car dans les termes du droit commun,
l'usufruitier n'est jamais tenu de fournir des alimens au propriétaire du fonds dont il jouit, à
moins qu'il n'y ait quelqu'autre cause de cette
obligation.

La loi romaine imposait déjà au père l'obligation
de nourrir et élever ses enfans; mais elle ne l'atta-
chait pas à la même cause; elle voulait que le père
fût obligé de les nourrir et entretenir par le seul
devoir imposé par la nature, et non pas par rapport à l'usufruit légal qu'il pouvait avoir sur
leurs biens; *ipsum autem filium vel filiam, filios vel filias, et deinceps, alere patri necesse est,
non propter hæreditates, sed propter ipsam na-
turam et leges quæ à parentibus alendos liberos imperaverunt* (2). On voit par là qu'en adoptant ici le principe de la jurisprudence coutu-

---

(1) L. 6, §. 5, ff. *de Carboniano edicto*, lib. 37,
tit. 10.

(2) L. 8, §. 5, cod. *de bonis quæ liberis*, lib. 6,
tit. 61.

mière, touchant la garde, les auteurs du code
ont encore introduit, sur ce point, une innovation remarquable pour les pays de droit écrit.

183. Ainsi, le père ou la mère, acceptant l'usufruit paternel, contracte personnellement une
nouvelle obligation civile de nourrir et élever
ses enfans mineurs auxquels les biens appartiennent, puisque cette obligation est attachée
à sa jouissance, et qu'elle en est une condition
pour tout le temps de sa durée.

Nous disons *une nouvelle obligation civile;* car
elle est fondée sur une cause toute différente de
celle qui résulte du fait du mariage (203), et qui
impose aux père et mère le devoir de nourrir,
entretenir et élever leurs enfans, par cela seul
qu'ils leur ont donné la vie.

Lorsque l'obligation dont il s'agit ici, n'a pour
cause que le fait de la paternité, on en doit
estimer l'exécution moins largement, et elle cesse
d'avoir lieu en tout ou en partie, dès que les
enfans peuvent par leur travail ou industrie,
suivant leur condition, acquérir de quoi satisfaire, en tout ou en partie, à leurs besoins;
*si modò, cùm opificem te esse dicas, in eâ va-
letudine es ut operi sufficere non possis* (1);
parce qu'elle n'est fondée que sur la nécessité,
et que cette cause n'existe plus du moment que
les enfans ont des ressources qui leur sont propres (209), ce qui néanmoins doit toujours être
entendu comparativement au plus ou moins
d'aisance des père et mère.

(1) L. 5, §. 7, ff. *de agnosc. et alend. liber.,* lib. 25,
tit. 3.

Il n'en doit pas être de même de l'obligation inhérente à l'usufruit paternel. Tant que les père et mère jouissent de quelques biens de leurs enfans mineurs, ils doivent être tenus de les nourrir et entretenir, et de pourvoir à leur éducation, nonobstant que ceux-ci auraient acquis, par leurs travaux ou industrie, d'autres biens qui ne seraient pas soumis à l'usufruit légal, et que les enfans mettraient en épargne; parce que la loi déclare généralement et sans restriction que la jouissance dont il s'agit n'appartient à l'usufruitier que sous la condition de supporter cette charge; qu'on ne doit pas séparer la cause de son effet, et qu'en conséquence l'usufruit des père et mère étant le même, leur obligation doit être aussi la même, nonobstant les acquisitions industrielles des enfans.

184. Si les revenus des biens soumis à l'usufruit n'étaient pas suffisans pour satisfaire à cette charge, nonobstant ce qu'en ont dit quelques auteurs (1), nous croyons que les père et mère n'en seraient pas moins tenus d'y pourvoir intégralement sur leurs propres, et sans espoir de répéter l'excédant de la dépense, pour tout le temps de leur jouissance; parce que telle est la condition à laquelle ils se sont soumis eux-mêmes.

A la vérité l'usufruitier est toujours maître de renoncer à son droit de jouissance, pour se dégager des charges qui y sont attachées, ainsi

_____

(1) Voyez dans Ferrière, sur l'art. 267 de la coutum. de Paris, glose 2, n. 12.

que nous l'exposerons plus au long dans la suite : mais, tant qu'il juge à propos de le conserver, il doit les supporter toutes, parce qu'elles lui sont intégralement imposées par la loi (1).

185. Mais devrait-on porter encore la même décision dans le cas où les enfans seraient jouissans de biens propres acquis autrement que par leur travail ou industrie; et quel serait, dans l'intérêt des père et mère, le résultat des libéralités qui pourraient être faites au profit de leurs enfans seulement?

Ces questions peuvent être relatives à trois hypothèses différentes que nous allons présenter l'une après l'autre.

186. Supposons d'abord que les enfans n'ayant encore aucune propriété, il leur soit fait une donation avec prohibition d'usufruit : le père ou la mère n'aura pas, dans son intérêt propre, la jouissance des biens donnés aux mineurs, puisque l'usufruit lui est prohibé; mais il n'en aura pas moins l'administration, puisqu'il est tuteur de ses enfans : il percevra donc les revenus des biens ainsi donnés, et il ne les percevra qu'à la charge d'en rendre compte à la fin de sa tutelle.

Actuellement, pour savoir quelle influence doit avoir cette libéralité sur les intérêts personnels des père et mère, il faut remarquer qu'avant la donation et lorsque les enfans n'avaient encore rien, le père ou la mère était obligé, *pietatis officio*, de prendre, sur ses pro-

---

(1) Voyez plus bas au chap. 10, sous le n.º 380.

pres biens, les impenses nécessaires à l'entretien et à l'éducation des mineurs (203); mais cette obligation qui résulte du fait de la paternité, n'est imposée par la loi, aux père et mère, qu'autant que les enfans n'ont point encore de ressources propres avec lesquelles on puisse satisfaire à leurs besoins (209): elle n'était donc précédemment imposée qu'à raison d'un état de choses qui n'existe plus; elle doit donc être considérée comme éteinte, tant que les biens donnés aux mineurs pourront fournir aux dépenses nécessaires à leur entretien et à leur éducation.

Ainsi, le père ou la mère profitera indirectement de la donation faite aux enfans même avec prohibition d'usufruit, en ce qu'il se trouvera, par ce moyen, dégagé de l'obligation alimentaire qui pesait sur lui; en sorte que, dans le compte de tutelle, on ne pourra forcer le tuteur au rapport des revenus des mineurs, qu'en lui allouant, en déduction, toutes les dépenses suffisamment justifiées et utilement faites pour leur entretien et leur éducation (471); et que si ses impenses sagement faites s'élèvent au-dessus de la somme des revenus des enfans, il devient d'autant leur créancier légitime, ayant droit de répétition (1) sur le capital même de ceux-ci, comme ayant acquitté une charge qui ne peut peser que sur eux, tandis qu'ils ont des ressources propres pour y satisfaire.

---

(1) Voy. dans SURDUS, *de alimentis*, tit. 6, quest. 8, n.° 105.

On

On peut objecter contre cette décision que, nonobstant la donation faite aux enfans, le père a pu continuer leur éducation dans le même esprit qu'auparavant, c'est-à-dire avec l'intention de fournir lui-même aux dépenses nécessaires pour cet objet; qu'on doit présumer en lui cette intention, puisqu'il n'a pas dû changer d'affection pour ses enfans; que, s'il en était autrement, il n'aurait pas manqué d'émettre quelques réserves ou protestations à cet égard, et de faire régler la dépense à prendre sur le bien des pupilles; qu'ainsi l'on doit croire que c'est toujours *pietatis officio* qu'il a voulu fournir à leur entretien sur son propre patrimoine, ce qui ne peut lui donner aucune action en répétition.

Sans doute, s'il était prouvé par quelques faits que le père a voulu, dans le temps, fournir sur ses propres revenus, aux dépenses de ses enfans, il ne pourrait plus lui être permis de les répéter en compte (1). Mais cette intention ne peut être présumée de plein droit dans un tuteur comptable, quelle que soit d'ailleurs sa qualité, attendu que celui qui gère les affaires d'autrui est toujours censé agir dans l'esprit du compte qu'il doit rendre à la fin, et par conséquent dans l'intention de pouvoir balancer ses recettes par ses dépenses (2); et qu'il ne peut y avoir aucune induction à tirer contre le père, de ce qu'il n'a pas fait régler les dépenses de ses pupilles, puisque

---

(1) Vid. l. 27, §. 1, ff. *de negot. gest.*, lib. 3, tit. 5; et l. 32, §. 2, ff. *de condict. indeb.*, lib. 12, tit. 6.

(2) Voy. l. 34, ff. *negot. gestis*, lib. 3, tit. 5. — Voy. aussi dans DUPERRIER, liv. 1, quest. 19.

les père et mère exerçant la tutelle de leurs enfans, ne sont pas tenus de cette formalité (454).

187. Supposons, en second lieu, que l'un des époux soit décédé, laissant des enfans mineurs; que sa succession ait été acceptée, tant dans l'intérêt des enfans comme héritiers, que dans celui du survivant des père et mère comme usufruitier; que dans cet état de choses, les mineurs reçoivent une donation ou un legs fait de la part d'un étranger, avec prohibition d'usufruit légal: quel devra être le résultat de cette libéralité sur les droits respectifs du survivant des époux et de ses enfans?

Le survivant des père et mère sera, en sa qualité de tuteur de ses enfans, obligé d'administrer, à leur profit, les biens à eux récemment donnés, et de rendre compte de tout le produit de ces biens, sans rien pouvoir en imputer sur les impenses nécessaires à leur entretien et éducation, lors même que les revenus de la succession de l'époux prédécédé auraient été entièrement absorbés par les besoins des mineurs.

Lorsque l'époux survivant accepte l'usufruit légal de la succession du prédécédé, il contracte, par ce seul fait, l'obligation de fournir aux dépenses d'alimens et d'éducation des enfans, pour tout le temps de sa jouissance, puisque ce n'est que sous la condition de supporter cette charge, que le droit de jouir lui est acquis; donc il doit la supporter après comme avant la donation qui a été faite depuis à ses enfans.

Il ne faut pas confondre ce cas avec celui

où l'obligation des père et mère ne dérive que du seul fait de la paternité.

Quand les père et mère ne sont obligés de fournir des alimens à leurs enfans que *pietatis officio*, ce devoir qui n'était fondé que sur la loi de la nécessité (1), cesse d'être obligatoire, parce qu'il n'a plus de cause, dès le moment que les enfans ont acquis quelques biens propres; mais ici le quasi-contrat par lequel le survivant des père et mère s'est obligé envers ses enfans, en acceptant l'usufruit de leurs biens, reste toujours avec la même cause, et par conséquent est toujours également obligatoire.

188. Supposons, en troisième lieu, qu'un des époux prédécédé ait, par son testament, donné tous ses biens à ses enfans, en prohibant généralement l'usufruit envers le conjoint survivant. Nous avons fait voir plus haut, que cette prohibition doit être sans effet sur la réserve légale des enfans mineurs de dix-huit ans, attendu qu'ils ne la tiennent ou ne sont toujours censés la tenir que des mains de la loi, qui elle-même en donne l'usufruit au survivant des père et mère : il n'y aura donc que la quotité disponible qui sera soustraite à l'usufruit légal. Dans cette hypothèse, où le patrimoine des mineurs se trouvera en partie soumis à l'usufruit légal, et partie soustrait à cet usufruit, le père ou la mère usufruitier sera-t-il obligé de fournir à toutes les impenses nécessaires à leur entretien et éducation, ou n'en

--------

(1) Voy. dans Dargentré, sur la coutume de Bretagne, art. 452, glos. 2, n.º 2.

sera-t-il tenu que proportionnellement à la partie de ce patrimoine dont il aura la jouissance?

Les auteurs qui ont traité de la garde noble et bourgeoise, ont agité une question semblable, pour le cas où l'époux prédécédé aurait laissé des biens situés en partie sous une coutume qui admet la garde avec ses charges, comme celle de Paris, et en partie sous une autre coutume qui ne serait attributive d'aucun usufruit légal au profit du survivant des père et mère. Ferrière, sur l'article 267 de la coutume de Paris (1), enseigne, d'après la doctrine de Dumoulin, qu'en ce cas le gardien n'est tenu d'acquitter les dettes qu'à proportion des biens dont il jouit; d'où résulterait cette conséquence que les frais d'entretien et d'éducation des enfans ne devraient être supportés qu'en partie par le gardien, puisqu'ils sont une partie des dettes ou charges de l'usufruit des biens; mais, dit Pothier (2), « quoi- » que le gardien noble ne jouisse pas des biens » de ses mineurs, qui sont situés dans des lieux » régis par des lois qui ne lui donnent pas cette » jouissance, l'émolument de la garde qu'il a » dans les biens régis par notre coutume, ne » laisse pas de l'obliger pour le total, aux frais » d'entretien du mineur, et aux charges de la » garde, et non pas seulement au prorata des » biens dont il jouit, comme l'a mal décidé Re- » nusson; car ce n'est que sous ces charges que » la coutume lui défère l'émolument de la garde. »

---

(1) Glose 2, n.º 10.
(2) Introduct. à la coutume d'Orléans, titre des fiefs, n.º 347 *in fine*.

Nous croyons que, conformément à l'opinion de ce dernier auteur, on doit décider aussi, sous l'empire du code, que le survivant des père et mère est tenu de toutes les dépenses nécessaires à l'entretien et à l'éducation des enfans, lors même qu'il ne jouirait pas de tous les biens provenant de la succession du prédécédé, par rapport à la prohibition d'usufruit faite par celui-ci; et qu'il ne peut se dispenser d'y fournir, parce qu'en ce cas-là même, son usufruit a toute l'étendue que la loi a voulu lui donner, en permettant la prohibition du surplus : il a donc tout l'usufruit légal; il faut donc qu'il supporte toute la charge indivisiblement affectée, par la loi, à cette espèce d'usufruit.

189.   Il résulte de là que si un étranger avait fourni aux enfans leur nourriture ou leurs vêtemens, ou autres objets utiles à leur entretien ou éducation, il aurait une action directe contre le père ou la mère usufruitier, pour en obtenir le payement, puisque c'est aussi dans l'intérêt de celui-ci et à sa décharge que la fourniture aurait été faite (1).

190.   Il en résulte encore que, s'il y avait de la négligence de la part de l'usufruitier dans les soins qu'il doit apporter à l'entretien et à l'éducation de ses enfans, le subrogé tuteur serait fondé à agir contre lui pour le forcer à l'exécution de ses devoirs, même pour le faire déclarer déchu de la tutelle directe et du bénéfice de l'usufruit légal; sauf à réduire ses droits à

---

(1) Voy. dans Surdus, de alimentis, tit. 6, quest. 16.

une simple pension alimentaire, s'il était dans
le besoin.

Cette décision est fondée sur ce que, la loi
ne lui accordant l'usufruit des biens que sous la
condition de remplir cette charge envers ses enfans, il ne peut lui être permis de diviser ce
que la loi a voulu indivisiblement; que, si l'usufruitier encourt la déchéance de son droit lorsqu'il néglige d'entretenir les fonds, à plus forte
raison doit-il être passible de la même peine
lorsqu'il est gravement coupable sur le défaut
d'entretien des enfans qui en sont propriétaires,
et que la loi le charge de soigner en premier
ordre (1).

191. LORSQUE les enfans n'ont pas vécu dans la
maison paternelle, celui qui leur a fourni des
alimens a-t-il toujours contre le père ou la mère
usufruitiers, une action en remboursement?

On peut dire en général, pour l'affirmative,
que celui qui a fourni aux impenses de nourriture et entretien des enfans, a payé une dette
qui pèse sur le père; qu'il en est de lui comme
de toutes personnes qui, acquittant la dette d'un
autre sans mandat du débiteur, acquièrent contre
lui l'action *negotiorum gestorum*, pour en obtenir le remboursement : *Cùm pecuniam ejus
nomine solveris, qui tibi nihil mandaverat :
negotiorum gestorum actio tibi competit, cùm
eâ solutione debitor à creditore liberatus sit* (2);

_____

(1) Voy. dans CHABROL, sur la coutume d'Auvergne,
chap. 11, art. 2, sect. 3, quest. 7.

(2) L. 43, ff. *de neg. gest.*, lib. 3, tit. 5.

que, le père étant devenu plus riche d'autant, puisque c'est autant qu'il a épargné, il n'y a rien qui ne soit raisonnable dans cette répétition.

Sans doute, en thèse générale, celui qui, agissant sans mandat, a utilement fait une dépense dans l'intérêt d'un autre, doit avoir l'action *negotiorum gestorum*, pour en répéter le montant, et cette action peut avoir pour cause les alimens et autres objets de nécessité fournis à un enfant; mais cette règle n'est pas invariable dans son application. Pour se former de justes idées à cet égard, il faut observer qu'on est facilement présumé donner ce qu'on accorde librement et sans y être contraint par aucune obligation : *Donari videtur quod nullo jure cogente conceditur* (1); que, si l'on peut redemander ce que l'on n'a payé que par erreur, il n'est jamais permis de répéter ce que l'on a voulu donner : *Cujus per errorem dati repetitio est, ejus consultò dati donatio est* (2); que, lorsque c'est par un mouvement de charité ou d'affection qu'une chose est remise à quelqu'un, elle lui est censée donnée : *Pietate erogata data censentur*, à moins qu'il n'y ait d'ailleurs de justes motifs de présumer une intention contraire dans celui qui la remet; que ce qui est fourni à quelqu'un pour ses alimens tombe spécialement sous l'empire de cette présomption, parce que la cause déterminante est toute dans

(2) L. 29, ff. *de donat.*, lib. 39, tit. 5.
(2) L. 53, ff. *de divers. regul. juris.*

l'humanité; que l'intention de répéter, quoique
possible, n'est pas naturelle dans la prestation
alimentaire, parce que celui qui donne des alimens à quelqu'un n'est point censé faire un
acte de commerce : il n'est au contraire présumé
faire qu'un acte inspiré par la charité ou par
l'affection particulière et par l'intérêt qu'il porte
à celui auquel il fournit les moyens de subsister : si c'est par affection paternelle, dit l'empereur Gordien, que vous avez nourri vos belles-
filles, et que vous avez payé les maîtres employés à leur éducation, vous n'avez aucune
action en répétition de vos dépenses : *Si pa-
terno affectu privignas tuas aluisti, seu mercedes pro his aliquas magistris expendisti, ejus
erogationis tibi nulla repetitio est :* mais s'il était
prouvé, ou si l'on avait de fortes raisons de
présumer que ce n'était que des avances que
vous entendiez faire pour les répéter un jour,
vous auriez l'action *negotiorum gestorum*, pour
en demander le recouvrement : *Quòd si ut re-
petiturus ea quæ in sumptum misisti, aliquid
erogasti; negotiorum gestorumt ibi intentanda est
actio* (1). J'ai répondu, dit encore le jurisconsulte
Modestin, que l'oncle qui avait nourri sa nièce
par amitié, n'avait point à cet égard d'action
contre sa sœur : *Titium, si pietatis respectu
sororis aluit filiam, actionem hoc nomine contra eam non habere respondi* (2).

Ainsi l'on doit dire qu'en thèse générale, le

_____

(1) L. 15, cod. *de negot. gest.*, lib. 2, tit. 19. Voy.
encore la glose sur cette loi.

(2) L. 27, §. 1, ff. *de negot. gest.*, lib. 3, tit. 5.

parent qui, par affection particulière envers un enfant, a voulu le tenir chez lui, ne doit pas avoir d'action en répétition du prix des alimens qu'il lui a fournis, parce qu'il est censé avoir agi par esprit de libéralité.

192. Si, au contraire, l'enfant n'avait été placé chez un parent, que sur les instances du père, ou ensuite d'une délibération du conseil de famille, ou en vertu d'un ordre de la justice, on ne devrait pas présumer la libéralité.

Dans tous les cas, on doit avoir égard aux facultés de celui qui a fourni les alimens, attendu qu'un homme qui est dans l'aisance doit être plutôt présumé libéral que celui qui n'a pas le même avantage.

193. Mais, lorsque les alimens ont été fournis par un étranger, comme serait un maître de pension; lorsqu'il s'agit d'objets nécessaires à l'habillement pris chez un marchand, il n'y a pas de doute, dans ces cas et autres semblables, que les père et mère ne soient passibles de l'action en paiement des fournitures utilement employées à la nourriture et à l'entretien de l'enfant, suivant son état et sa condition.

194. Le parent qui administre les biens d'un enfant n'est pas censé lui faire don de la nourriture qu'il lui fournit, mais plutôt la prendre sur les revenus mêmes de l'enfant, et dans la vue d'en répéter la valeur dans son compte (1).

195. Lorsqu'il s'agit d'enfans exposés ou abandon-

_____

(1) L. 34, ff. *de negot. gest.,* lib. 3, tit. 5.

nés par leurs père et mère, celui qui les a recueillis et nourris peut répéter ses impenses
contre les père et mère, s'ils se présentent ensuite pour revendiquer les enfans quand ils sont
élevés; parce que, comme le dit Cujas (1),
il n'est censé les avoir nourris que dans l'espérance d'être un jour dédommagé par le produit de leurs travaux.

196. Mais le ravisseur qui a enlevé un enfant
n'a pas d'action en répétition des impenses que
sa nourriture, son entretien et son éducation
peuvent lui avoir coûté (2).

197. Une autre question qui doit encore trouver
ici sa place, consiste à savoir si ces enfans,
qui n'ont pas été nourris à la maison paternelle,
tandis que le père jouissait de l'usufruit de leurs
biens, n'auraient pas eux-mêmes une action en
indemnité à faire valoir contre lui. Ne pourraient-ils pas le forcer à rapporter dans son
compte pupillaire les arrérages de la pension
alimentaire qui leur était due, et à raison desquels il n'a rien déboursé?

Pour examiner cette question d'une manière
générale et sous ses différens rapports, il est
nécessaire de faire encore plusieurs distinctions.

Il faut d'abord distinguer le cas où les alimens ne sont dus que *pietatis officio*, de celui
où ils sont dus en vertu d'un titre.

198. Lorsque les alimens ne sont dus que *pietatis officio*, c'est-à-dire, lorsque la dette alimentaire n'est uniquement fondée que sur la

---

(1) Observat., lib. 16, cap. 36.
(2) L. 1, cod. *de infant. expositis*, lib. 8, tit. 52.

disposition de la loi, qui veut que ceux qui sont parens entre eux à certains degrés, se fournissent mutuellement des alimens dans le besoin, le sentiment commun des auteurs est que les arrérages ne peuvent être répétés pour le temps passé, lorsque celui qui était créancier de la prestation alimentaire a vécu sans la recevoir (1), et sans contracter de dettes à cet égard : soit qu'il ait subsisté par le moyen de son travail ou de son industrie, soit qu'il ait reçu sa nourriture de la libéralité de quelques parens ou amis.

La raison de cette décision est que l'obligation légale de fournir à quelqu'un des alimens, n'a lieu que pour le cas de nécessité : or, par cela seul qu'un homme a vécu sans recevoir la prestation alimentaire, et sans contracter de dettes à ce sujet, il est démontré qu'elle ne lui était pas nécessaire pour vivre, et conséquemment qu'elle ne lui était pas due. Comme elle ne pouvait être due que pour le faire vivre, et qu'il a vécu sans cela, il n'y aurait plus de cause aujourd'hui pour en demander les arrérages : *Officiò enim judicis ideò alimenta decernuntur, ut quis vivat nec fame pereat; nemo autem, in præteritum vivit, licet vixerit* (2). Mais si celui auquel les alimens étaient dus avait contracté des dettes pour vivre, il pourrait exiger les arrérages de sa pension, si le débiteur n'avait d'ailleurs pas

---

(1) Voy. dans Surdus, *de alimentis*, tit. 1, quæst. 32, n.º 40.

(2) Codex Fabrian., lib. 4, tit 7, def. 20.

d'autre exception à lui opposer que celle qui résulterait de la circonstance qu'il aurait vécu plus ou moins long-temps sans en avoir formé la demande (1).

199. Lorsque la dette alimentaire est fondée sur un titre, comme, par exemple, lorsqu'il s'agit de l'exécution d'un legs d'alimens fait au profit de quelqu'un, les arrérages en sont dus pour le temps passé (2) quand il ne les a pas reçus, si d'ailleurs la prestation n'était subordonnée à aucune condition à laquelle le pensionnaire eût refusé de se soumettre. La raison de cette décision, c'est que, quand les alimens sont dus en vertu d'un titre, ce n'est plus qu'une dette ordinaire, purement soumise aux règles du droit commun : on n'a plus à examiner si le pensionnaire est riche ou pauvre, s'il est dans le besoin ou non, ou s'il y a nécessité de satisfaire à la prestation pour lui donner de quoi vivre ; mais seulement si la créance est fondée sur un titre valable. Et du moment que le titre est reconnu légitime, la cause de la dette reste, tant qu'elle n'a pas été acquittée. C'est pourquoi la loi romaine permet de transiger sur les arrérages de cette espèce (3), ce qui suppose qu'il est permis de les demander.

En partant de ces notions, pour les appliquer à la cause de l'enfant qui a vécu hors du domicile paternel, il faut décider que, s'il n'a pas des biens dont le père ait l'usufruit, il n'y a aucune

---

(1) Voy. dans CANCERIUS, *variarum resolutionum,* part. I, cap. 16, n.os 19 et 20.

(2) Voy. le même auteur, ibid.

(3) L. 8, cod. *de transact.,* lib. 2, tit. 4.

répétition à faire, contre celui-ci, pour arrérages d'alimens; à moins que le fils n'ait contracté des dettes pour vivre : car, en ce cas, les
personnes qui, sans agir par esprit de libéralité,
lui auraient fait des avances dont l'emploi serait
justifié, auraient une action en remboursement
contre le père.

200. Mais doit-on encore porter la même décision dans le cas où l'enfant a des biens dont le
père jouit ?

Pour soutenir qu'en ce cas, l'enfant qui n'a
point été nourri à la maison paternelle doit avoir
le droit de demander une indemnité pour arrérages de pension, on peut dire que la dette des
alimens n'est point alors fondée sur le simple fait
de la paternité, mais bien sur un titre, attendu
que, par l'acceptation de l'usufruit, il s'opère un
quasi-contrat en vertu duquel l'usufruitier est
tenu d'en supporter les charges et par conséquent
de fournir à l'entretien des enfans, comme s'il y
avait une convention expresse à cet égard; que
ce quasi-contrat doit avoir tous les effets d'une
convention, *do ut des*, puisqu'il est formé sous
les mêmes conditions; qu'ainsi la prestation alimentaire due dans ce cas par le père, est véritablement fondée sur un titre; qu'elle a une cause
indépendante de la nécessité, et qu'en conséquence elle doit arrérager comme si elle était
due en vertu d'un legs fait par un testament.

Ces raisonnemens peuvent bien nous porter à
décider qu'effectivement en ce cas, la créance du
fils doit être considérée comme fondée sur un
titre; mais cela ne suffit pas encore pour en con-

clure qu'elle soit de nature à arrérager, pour le passé, dans tous les cas.

C'est un principe constant et reconnu par tous les auteurs (1), que, quand des alimens ont été légués, ou sont dus, à charge par le pensionnaire de les recevoir au domicile du débiteur, et que, sans cause jugée légitime, il a déserté ce domicile pour vivre ailleurs, on ne lui en doit point les arrérages pour le temps de son absence, parce qu'il a lui-même manqué à la condition à laquelle sa créance était subordonnée : *Si eâ conditione Aulazanus legata testamento præstari voluit, si cum focariâ suâ matreque ejus moraretur, et per eum stetit quominùs voluntati testatoris pareret; cùm suâ sponte scripturæ testamenti non obtemperaverit, ad petitionem non admittitur* (2). Or il est incontestable que, si la loi oblige les père et mère de nourrir les enfans dont ils perçoivent les revenus, elle astreint aussi les enfans à rester au domicile paternel, pour y être nourris et élevés : donc ils ne pourraient pas déserter sans motifs cette résidence, et exiger ensuite des arrérages de pension.

. Toute la question se réduit donc à savoir si c'est par une cause légitime que l'enfant a quitté la maison paternelle, pour vivre ailleurs ; et si cette cause est telle que, nonobstant l'éloigne-

---

(1) Voy. dans Surdus, *de alimentis,* lib. 4, quæst. 5; — dans Sotomayor, *de conjecturis ultim. voluntatum,* cap. 60, n.° 28; — dans Cancerius, *variar. resolut.,* part. 1, cap. 16, n.° 15.

(2) L. 3, cod. *de cod. incertis,* lib. 6, tit. 46.

ment de l'enfant, la condition à laquelle ses droits alimentaires sont subordonnés, doive être réputée accomplie.

201. Ainsi, à supposer qu'un enfant n'ait quitté la maison paternelle que pour éviter les mauvais traitemens d'un père trop dur à son égard, ou pour fuir les excès qu'une marâtre se permettait envers lui, il est hors de doute qu'on devrait lui adjuger des arrérages de pension pour le temps passé hors du domicile paternel, puisque, d'une part, la prestation alimentaire lui était due en vertu du quasi-contrat du père, et que, d'autre côté, il n'aurait pas tenu à lui de satisfaire à la condition qui lui était imposée de jouir de cette prestation au domicile paternel : *Item consultus de tali scripturâ, et tecum sint simper, volo. Quœro, cùm manumissi ab hœrede, cum eo morati diù sint, sed ob graviorem servitutem ab eo discesserint : an alimenta his debeantur, quœ negavit se prœstare, nisi vice servitutis his uteretur? Respondi secundùm ea quœ proponerentur deberi* (1). Dans ces cas la condition sous laquelle la prestation alimentaire était due, doit être réputée accomplie soit par rapport à l'impossibilité morale où l'enfant s'est trouvé d'y satisfaire réellement, soit parce que les reproches qu'on est en droit d'adresser au père le rendent non-recevable à se prévaloir du défaut d'accomplissement réel de cette condition.

202. Ainsi, au contraire, à supposer qu'il n'y ait aucun reproche à faire au père sur l'éloignement

---

(1) L. 13, §. 1, ff. *de aliment. legat.*, lib. 34, tit. 1. Vide et l. 13, ff. *de annuis legat.*, lib. 33, tit. 1.

de son enfant ; que, par exemple, l'enfant ait été nourri et entretenu *gratis* par un parent ou un ami, il n'y aura pas lieu à répéter des arrérages de pension au père qui n'en devait la prestation qu'à son domicile, et qui n'a point mis d'obstacle à l'accomplissement de cette condition : à plus forte raison doit-il être à l'abri de toute répétition à ce sujet, si c'est par esprit d'indépendance et d'insubordination que l'enfant avait déserté la résidence paternelle.

203. Mais le survivant des père et mère qui a l'usufruit légal des biens de ses enfans mineurs, et qui, par rapport à cette jouissance, est tenu de pourvoir à leur entretien, est-il en droit de profiter en outre du produit de leurs travaux domestiques ? Les enfans ne pourraient-ils pas, au contraire, lui en demander compte; par la raison qu'ils ne sont point obligés de gagner leur vie, puisque l'usufruitier légal est tenu de fournir toutes les dépenses nécessaires à ce sujet ?

Lorsqu'il s'agit d'un tuteur étranger qui, tenant avec lui son mineur, profite des travaux de celui-ci, il doit rapporter en compte l'estimation du bénéfice qu'il a pu retirer des services de son pupille (1); parce que celui-ci ne peut être tenu à rien envers son tuteur, qu'à l'indemniser des dépenses qu'il aurait faites pour lui.

Il n'en est pas de même des enfans à l'égard de leurs père et mère. Si la loi impose à ceux-ci le devoir de les élever convenablement, elle

_____

(1) Voy. dans Surdus, *de alimentis,* tit. 9, cap. 39, n.° 17.

les

les oblige par là même à les former au travail, sans les laisser vivre dans l'oisiveté; et comme elle veut encore que les enfans ne puissent quitter la maison paternelle sans le consentement des père et mère, si ce n'est pour enrôlement volontaire, et après l'âge de dix-huit ans (374), il est nécessaire de convenir qu'elle veut aussi, par conséquence ultérieure, qu'ils y consacrent leurs peines et leurs travaux, sans pouvoir en demander récompense comme s'ils étaient des personnes salariées. C'est d'ailleurs un principe bien reconnu par les auteurs qui ont le plus approfondi cette matière, que, quand les alimens sont dus à quelqu'un par la disposition de la loi (1); ou même lorsqu'ils sont dus par la disposition de l'homme, mais qu'ils n'ont été légués qu'à condition que le légataire les recevrait (2) au domicile et dans la communion du débiteur chargé de les fournir, le pensionnaire ne peut se soustraire à cette condition, ni refuser sa coopération aux travaux domestiques, qu'autant qu'on en exigerait un service trop pénible pour lui (3). A plus forte raison doit-on le décider ainsi dans la cause des enfans vis-à-vis de leurs père et mère.

204. Néanmoins, lorsqu'il ne s'agit pas de la coopération aux travaux domestiques du ménage; lorsqu'au contraire il est question de travail ap-

---

(1) Voy. dans Cancerius, *variarum resolut.*, part. 1, cap. 16, n. 21.

(2) Voy. dans Surdus, *de alimentis*, tit. 4, quest. 29, n.^os 52 et suiv.

(3) V. l. 13, §. 2, ff. *de aliment. legat.*, lib. 34, tit. 1.

pliqué à quelques objets d'art ou d'industrie personnels à l'enfant; il est sensible que les père et mère ne peuvent en revendiquer le bénéfice, puisqu'ils n'ont pas même l'usufruit légal sur ce que le mineur peut ainsi gagner (387).

TROISIÈME ESPÈCE

### *De Charges imposées à l'usufruit paternel.*

205. 3.º *Le payement des arrérages* ou *intérêts des capitaux :* telle est la troisième charge imposée à l'usufruit légal des père et mère, outre celles qui, aux termes du droit commun, pèsent sur l'usufruit ordinaire.

Les expressions *arrérages* ou *intérêts* ne sont point ici synonymes. Il ne faut pas croire que par le mot *arrérages* on doive entendre simplement les intérêts échus et non encore payés, quoique souvent nous l'employions en ce sens, suivant l'usage ordinaire.

Dans le langage propre de la jurisprudence française, le mot *arrérages* s'entend spécialement du rendage annuel qui procède des rentes constituées à perpétuité, et dont le remboursement ou le rachat ne peut être exigé par le créancier, tant qu'elles sont servies par le débiteur. Telle est la dénomination que cette espèce de revenu a reçue, depuis long-temps, par nos anciennes ordonnances (1). Le mot *intérêts* s'en-

_____

(1) Art. 71, ordonn. du mois d'avril 1510; Néron, tom. 1, pag. 86. — Art. 149 et 150, ordonn. de janvier 1629, idem, p. 811.

tend au contraire des revenus ou fruits civils
qui résultent de capitaux ou autres dettes exigibles qui portent intérêts, soit par l'effet de
quelques stipulations, soit par la nature de la
créance. Cette distinction, consignée dans nos
anciennes ordonnances, a passé dans le langage
des auteurs qui ont écrit sur le droit français (1);
et elle se trouve indiquée dans un très-grand
nombre d'articles du code, où l'on voit que
quand il n'est question que de rentes, on n'emploie que le mot *arrérages* pour en exprimer le
revenu (2); que quand il s'agit tout à la fois de
rentes et d'autres créances, les fruits civils qui en
procèdent reçoivent la dénomination d'*arrérages*
par relation aux rentes, et d'*intérêts* par relation
aux autres créances (3); et qu'enfin on n'emploie que le mot *intérêts*, lorsqu'il ne s'agit que
de créances non rentuelles (4).

206.     Mais de quels arrérages ou intérêts s'agit-il
ici? Sont-ce les arrérages à échoir dès l'ouverture de l'usufruit paternel seulement, ou bien
l'usufruitier est-il tenu aussi d'acquitter ceux qui
étaient déjà échus, et non payés précédemment?

Cette question est déjà prévenue de réponse
par tout ce qui a été dit dès le principe de nos

---

(1) Voy. dans le dictionnaire de BRILLON, au mot *intérêt*, n.° 53; et dans DOMAT, liv. 3, tit. 5, sect. 1, n.° 1,
et tit. 7, sect. 4, n.° 20.

(2) Voy. les art. 588, 1978, 1979, 1983.

(3) Voy. les art. 584, 1155, 1212, 1254, 1409 §. 3,
1512, 2277.

(4) Voy. les art. 456, 474, 602, 609, 612, 856, 1153,
1207, 1378, 1440, 1473, 1479, 1548.

explications sur le sens de cet article du code; et nous regardons comme constant que la charge dont il s'agit ici doit être spécialement entendue des arrérages et intérêts échus et non payés encore, à l'époque de l'ouverture de l'usufruit paternel, quel qu'en soit d'ailleurs le montant. Cette décision est fondée sur les raisons suivantes :

1.º Dans le premier paragraphe de l'article que nous commentons, les auteurs du code imposent à l'usufruit paternel toutes les charges qui pèsent sur l'usufruit en général, de quelque nature qu'il soit : ils ajoutent en outre trois autres espèces particulières de charges spécifiées dans les trois paragraphes suivans; donc dans ces trois derniers paragraphes ils ont entendu parler de trois espèces de charges auxquelles n'est pas soumis l'usufruit conventionnel; or les arrérages ou intérêts échus dès le jour de l'ouverture de l'usufruit seulement, sont toujours, de plein droit, à la charge de tout usufruitier universel ou à titre universel : donc il ne s'agit pas ici des arrérages ou intérêts échus durant la jouissance de l'usufruitier légal; donc il s'agit de ceux qui seraient échus avant son entrée en possession.

2.º Les arrérages et intérêts sont placés dans la même catégorie que les charges énoncées dans le second et le quatrième paragraphes; or les frais funéraires et ceux de nourriture, dont il est question dans ces deux paragraphes, ne sont pas, suivant le droit commun, des charges usufructuaires : donc il en est de même des arrérages et intérêts dont il s'agit ici; donc ce ne sont pas ceux qui seraient échus depuis l'ouverture de l'usufruit seulement, parce qu'ils seraient charge ordinaire imposée à tout usufruitier; donc ce sont ceux qui peuvent être échus et non payés auparavant, sans préjudice de ceux à échoir postérieurement, lesquels, à plus forte raison, pèsent aussi sur l'usufruit paternel.

3.º L'article que nous commentons a été tiré des dispositions du droit coutumier sur la garde noble et bourgeoise, ainsi que nous l'avons fait voir plus haut; or le gardien était tenu non-seulement de tous les arrérages à échoir durant sa jouissance, mais même de tous ceux qui étaient déjà échus et non payés au moment de l'ouverture de son droit, parce qu'ils faisaient partie des dettes mobilières qui pesaient sur lui (1) : donc, dans l'esprit du code dont cette disposition est tirée des anciennes coutumes, ces arrérages sont aussi à la charge de l'usufruit légal des père et mère.

207.   Les auteurs du code, en imposant cette obligation au père ou à la mère comme une des charges spécialement et exclusivement affectées à l'usufruit paternel, sont encore allés beaucoup moins loin que les auteurs des anciennes coutumes sur le règlement des charges de la garde, puisque ceux-ci avaient obligé le gardien à payer même les dettes mobilières de toutes espèces qui pourraient peser sur les successions dévolues aux

_____

(1) Voy. dans FERRIÈRE, sur l'art. 267 de la coutume de Paris, glose 2, n.º 2; et dans BOURJON, au titre de la garde, chap. 8, sect. 2, n.ᵒˢ 5 et suiv.

mineurs; tandis qu'aujourd'hui le père ou la mère qui accepte l'usufruit légal n'est tenu que des arrérages ou intérêts, et non des capitaux des dettes mobilières.

Il y a plus : les père et mère, en leur qualité d'usufruitiers, ne sont pas tenus des arrérages de toutes espèces qui seraient échus avant l'ouverture de leur droit de jouissance; ils sont bien tenus des arrérages ou intérêts de toute nature et sans distinction, échus durant leur usufruit, parce qu'à l'égard de ceux-ci, ils rentrent sous l'empire de la loi commune qui en charge tout usufruitier universel ou à titre universel; mais, en ce qui touche aux arrérages ou intérêts échus et non encore payés avant l'usufruit légal, la disposition du code étant portée au-delà des principes du droit commun, et devant, par là, être considérée comme une disposition d'exception, doit être aussi rigoureusement renfermée dans les termes dans lesquels nous la trouvons conçue; or nous voyons que l'usufruitier paternel ne doit que le payement *des arrérages ou intérêts des capitaux :* donc il ne doit pas les arrérages de rentes foncières échus avant son usufruit, parce que ces sortes d'arrérages ne sont pas des arrérages de capitaux; donc il ne doit pas les arrérages des rentes viagères, échus avant l'ouverture de son droit, parce que la rente viagère n'est pas le revenu d'un capital, mais le produit d'une convention aléatoire.

208. Ainsi, lorsqu'un des époux vient à décéder laissant des enfans mineurs, le survivant n'est en droit de se saisir des biens de la succession,

pour en jouir en qualité d'usufruitier, que sous la condition de porter quittes ses mineurs des arrérages et intérêts des capitaux déjà échus, et dont la succession peut être grevée; sans préjudice de l'obligation de satisfaire en outre à toutes les autres charges usufructuaires.

Ainsi encore, lorsque les enfans mineurs succèdent à quelques autres parens, ou sont nommés légataires universels, ou à titre universel, par un étranger, le père ou la mère appelé à jouir de l'usufruit légal de leurs biens, doit acquitter les mêmes charges et supporter les mêmes obligations, en ce qui concerne l'hérédité ouverte par le décès d'un parent et déférée par la loi à ses enfans, ou celle à laquelle ils ont été appelés par les dispositions testamentaires d'un étranger.

209. Lorsqu'il y a plusieurs enfans appelés concurremment à recueillir une succession dont leur père ou leur mère ont l'usufruit légal, les charges de cet usufruit doivent être supportées vis-à-vis de chacun d'eux, comme s'il y avait autant de successions qu'il y a d'héritiers et de portions dévolues à chacun d'eux; en sorte que, comme l'usufruit cesse successivement à mesure que les mineurs les plus avancés en âge arrivent à dix-huit ans, de même les obligations de l'usufruitier s'évanouissent pour toutes charges ou prestations ultérieures.

QUATRIÈME ESPÈCE

*De Charges imposées à l'usufruit paternel.*

210. 4.º *Les frais funéraires et ceux de dernière maladie :* ce qui doit être entendu des frais funéraires et de dernière maladie de celui des époux qui est prédécédé, ou de toute autre personne dont la succession serait dévolue en propriété aux enfans mineurs, et en usufruit légal à leur père ou à leur mère; et c'est encore là une disposition puisée dans le droit coutumier sur le règlement des charges de la garde noble et bourgeoise (1), disposition qui impose à notre usufruit paternel une troisième espèce de charge absolument étrangère à tout autre usufruit.

Les auteurs anciens avaient été long-temps divisés sur la question de savoir si, sous l'empire de la coutume de Paris, le survivant des père et mère devait, en sa qualité de gardien, supporter les frais funéraires du prédécédé. Ce qui faisait le point de la difficulté, c'est que cette coutume, chargeant le gardien généralement de l'acquit des dettes mobilières du défunt, ne s'expliquait point explicitement sur les frais funéraires : les uns soutenaient donc que ces frais ne devant avoir lieu qu'après la mort, ne pouvaient être considérés comme dette du défunt, mais qu'ils devaient seulement être envisagés comme dette de l'héritier chargé de procurer la sépulture à celui dont il recueille le patrimoine, et

_____

(1) Voy. dans RENUSSON, traité de la garde, chap. 7, n.º 49.

qu'en conséquence ils ne devaient pas peser sur
le gardien. D'autres, partant du texte de la loi
romaine, qui veut que le défunt soit encore
censé contracter pour les impenses de ses funérailles, *qui propter funus aliquid impendit, cùm
defuncto contrahere creditur, non cum hœrede* (1), et qui assure, par privilége, le recouvrement de cette dette sur les biens de l'hérédité, *impensa funeris semper ex hœreditate de-
ducitur : quœ etiam omne creditum solet prœce-
derè, cùm bona solvendo non sunt* (2), voulaient
que le gardien en fût tenu : c'est ce dernier sentiment qui avait prévalu dans l'usage, par suite
de la jurisprudence des arrêts (3); et c'est ce
point de l'ancienne jurisprudence coutumière
que les auteurs du code ont adopté, pour en
faire une disposition positive de notre loi actuelle.

Au reste, tout en puisant cette disposition de
notre droit nouveau dans la jurisprudence coutumière sur la garde des mineurs, on en a consi-
dérablement modifié l'étendue, puisque, comme
on l'a déjà remarqué, les coutumes mettaient à
la charge du gardien toutes les dettes mobilières
de la succession ; tandis que, d'après le code,
l'usufruitier légal ne doit payer que les arrérages ou intérêts des capitaux, les frais funéraires et ceux de dernière maladie. Les auteurs
de la loi nouvelle devaient nécessairement être
amenés à ce tempérament, par la considération
que le code n'était pas seulement destiné à ré-

---

(1) L. 1, ff. *de religios. sumpt. funer.*, lib. 11, tit. 7.
(2) L. 45, ff. *eodem.*
(3) Voy. RENUSSON, traité de la garde, chap. 7, n.° 61.

gir les provinces coutumières, mais encore les
pays de droit écrit dans lesquels l'usufruit légal
avait toujours été d'un tout autre avantage pour
l'usufruitier : ils ont cru que, pour ne pas trop
blesser le sentiment qui naît des habitudes, il
fallait faire une espèce de transaction entre les
diverses provinces, et adopter un parti moyen
entre les usages coutumiers et ceux de droit
écrit. Voilà pourquoi ils n'ont pas imposé à notre
usufruit légal toutes les charges qui pesoient sur
le droit de garde ; comme ils ne lui ont pas donné non plus toute l'étendue qu'il avait dans les
pays de droit écrit.

211. MAIS ces expressions, *les frais funéraires
et ceux de dernière maladie*, ne sont-elles relatives qu'à la personne dont la succession est déférée aux enfans? Puisqu'elles sont conçues d'une
manière si générale, ne devrait-on pas les entendre aussi des frais funéraires et de dernière
maladie des enfans eux-mêmes?

La négative est incontestable, et il est évident
que ce texte n'a aucun rapport aux frais funéraires et de dernière maladie des enfans.

1.º Il est certain que cette disposition du code
a été puisée dans celle du droit coutumier sur
les règlemens des charges de la garde. Il est
constant encore, qu'en remontant à la disposition coutumière sur ce point de droit, les frais
dont il s'agit n'étaient pris que relativement à
l'auteur de la succession déférée aux enfans mineurs (1) : or on doit supposer dans la loi l'es-

---

(1) Voy. dans RENUSSON, traité de la garde, chap. 7,
n.º 59 ; — dans BOURJON, *idem*, chap. 10, sect. 1, n.ºˢ 1
et 2 ; — dans DUPLESSIS, *idem*, chap. 3.

prit de son origine, lorsqu'il n'est pas évident qu'elle a été faite dans un esprit d'innovation ; *sed posteriores leges ad priores pertinent : nisi contrariæ sint* (1) : donc on doit reconnaître, dans ce texte, la même intention que dans le droit coutumier dont il a été emprunté ; donc il n'a aucun rapport aux frais funéraires et à ceux de dernière maladie des enfans.

2.° Les obligations imposées à l'usufruitier doivent toujours tourner au soulagement du propriétaire ; ce n'est que dans l'intérêt personnel des enfans, et pour les décharger des frais dont il s'agit, que la loi a voulu les faire supporter par l'usufruitier de leurs biens : ces frais ne peuvent donc être ceux de leurs propres funérailles, ni de leur dernière maladie, parce que ce ne serait plus à leur décharge, mais en dégrèvement de leurs héritiers, que l'usufruitier devrait les acquitter. Ce serait un impôt sur le malheur ; comme si un père, affligé de la perte de ses enfans, à la succession desquels il ne serait appelé que pour une part, devait encore, par surcroît de douleur, payer lui seul une dette qui affecte l'hérédité tout entière.

3.° Enfin, il y aurait de l'absurdité à vouloir que l'usufruitier fût tenu de supporter, en cette qualité, une charge qui ne peut affecter le bien qu'au moment où il n'y a plus d'usufruit, tels que seraient les frais funéraires des enfans dont la mort fait cesser l'usufruit légal que le père ou la mère avait sur leurs biens.

212. Une question autrefois controversée consis-

(1) L. 28, ff. *de legibus*, lib. I, tit. 3.

tait à savoir si les frais du deuil de la veuve
étaient aussi une charge de la garde. Renusson
rapporte plusieurs anciens arrêts qui avaient
adopté l'affirmative (1); par la raison que l'habit
de deuil de la femme est un accessoire de la
pompe funèbre du mari, et dès-lors on a regardé comme un point de jurisprudence constant,
attesté et enseigné par la plupart des auteurs,
que les frais du deuil de la veuve doivent être
considérés comme faisant partie des frais funéraires de son époux (2), et que la créance dont
ils sont l'objet doit être assurée par les mêmes
priviléges.

La même doctrine doit-elle être encore suivie
aujourd'hui ?

Aux termes du code civil, soit que le mariage
ait été contracté suivant le régime communal
(1481), soit qu'il ait été contracté par adoption
du régime dotal (1570), les frais du deuil de la
femme doivent également lui être fournis par
les héritiers du mari, et sur la succession de
celui-ci : d'où il résulte bien que, pour le payement de cette créance, la veuve a, sur les immeubles de cette succession, une hypothèque

---

(1) Voy. RENUSSON, traité de la garde, chap. 7, n.° 63.
(2) Voy. dans ROUSSEAU de la Combe, au mot *deuil*,
n.° 1 ; — dans DUPERRIER, quest. notables, livre 5, au
mot *dot*; — LEBRUN, traité de la communauté, liv. 2,
chapitre 3, n. 47 ; — BANNELIER, tom. 4, pag. 164,
n. 1635, édition in-4.°; — POTHIER, traité de la communauté, n.° 678; — CHABROL, sur la coutume d'Auvergne,
chap. 14, art. 45, quest. 7, tom. 2, pag. 464; — CATEL-
LAN, en ses arrêts, liv. 6, chap. 26; — le nouveau Répertoire, au mot *deuil*, §. 1, tom. 3, pag. 646.

légale qui remonte au jour de la célébration
de son mariage (2135), puisque c'est là un de
ses droits matrimoniaux pour la sureté desquels
la loi (2121) lui accorde généralement cette hypothèque; mais doit-on l'associer aussi à l'exercice du privilége qui affecte les meubles (2101)
pour le payement des frais funéraires?

Nous croyons qu'on doit adopter l'affirmative
sur cette question; parce qu'il n'est pas moins
vrai de dire aujourd'hui, comme on le décidait
autrefois, que le deuil de la veuve fait partie de
la pompe funèbre du mari; que cette vérité est
de tous les temps comme la raison sur laquelle
elle repose; et que nous n'apercevons rien dans
la loi nouvelle qui puisse faire présumer que ses
rédacteurs aient voulu abroger ce point de doctrine enseigné par tous nos meilleurs auteurs, et
généralement adopté par les tribunaux français.

Tel est aussi le sentiment de M. Persil dans
son excellent commentaire des dispositions du
code sur les priviléges et hypothèques (1).

213.   De là résulte une conséquence remarquable
et qui revient directement à notre objet; c'est
que si le mari a laissé, pour héritiers, des enfans
mineurs de dix-huit ans, la mère, ayant l'usufruit légal de la succession paternelle qui leur
est dévolue, n'aura d'ailleurs aucun frais de deuil
à réclamer sur les biens de cette succession, par
la raison que les frais de ce deuil faisant partie des frais funéraires qui généralement sont
une charge de l'usufruit légal, la veuve s'en cons-

_____

(1) Tom. 1, pag. 55, 2.e édit.

titue elle-même débitrice en acceptant cet usufruit, en sorte que réunissant en sa personne la
double qualité de débitrice et de créancière, il
y a nécessairement confusion et extinction de la
dette.

214. On voit par tout ce qui a été dit ci-dessus,
que l'usufruit paternel n'est pas établi à titre
purement gratuit, mais plutôt à titre onéreux,
puisqu'il comporte des charges qui ne sont point
naturelles à l'usufruit ordinaire; lesquelles consistent : 1.º dans le payement des intérêts et
arrérages déjà échus lors du décès de celui dont
la succession qui en était grevée se trouve dévolue en usufruit au père ou à la mère de l'héritier; 2.º dans le payement des frais funéraires
et de dernière maladie de la personne dont les
mineurs ont recueilli l'hérédité; 3.º dans celui
des impenses nécessaires à l'entretien et à l'éducation des enfans. Ces charges sont comme le
prix de la jouissance des père et mère, puisqu'elle ne leur est accordée que sous la condition
qu'elles seront par eux acquittées. Sur quoi il
faut observer que, comme elles sont imprimées à
la chose au moment de la tradition, c'est-à-dire
à l'usufruit, au moment où il est transféré par
la loi sur la tête du père ou de la mère, elles
ont toute la nature de charges réelles qui affecte
le fonds en quelques mains qu'il passe : elles ne
sont pas tant les dettes personnelles du père ou
de la mère, que les dettes réelles de l'usufruit,
parce que c'est l'usufruit qui doit, et que le paiement n'en est dû par le père ou la mère qu'autant qu'il jouit de l'usufruit.

215. Il faut bien se garder de confondre l'obligation qui est personnelle dans son principe, avec celle qui a pour objet une charge réelle affectant le fonds dans les mains de son possesseur : lorsque l'obligation est purement personnelle, elle suit toujours la personne du débiteur, et passe à tous lés héritiers qui le représentent. La charge réelle au contraire n'est due par la personne qu'autant qu'elle jouit de la chose qui en est grevée, et elle reste d'ailleurs intégralement inhérente au fonds pour le suivre en quelques mains qu'il se trouve; en sorte que, pour en obtenir l'acquittement, c'est seulement à celui qui jouit de l'héritage qu'on doit s'adresser, comme étant lui seul tenu de toute la dette échue durant sa possession : *æs quidem alienum pro portione ex quâ quisque defuncto hæres exti-terit, præstari oportet. Annonas autem is solvere debet, qui possessiones tenet et fructus percipit*(1). Telle est la nature des charges inhérentes à l'usufruit paternel; d'où il suit que le père ou la mère, renonçant à son usufruit légal, serait par là même exempt du payement des charges dont il s'agit, comme il le serait des impenses de réparations, puisque c'est la chose elle-même qui les doit: *cùm usufructuarius paratus est usumfructum derelinquere, non est cogendus domum reficere, in quibus casibus usufructuario hoc onus in-cumbit* (2).

---

(1) L. 2, cod. *de annonis et tributis*, lib. 10, tit. 16.
(2) L. 64, ff. *de usufructu*, lib. 7, tit. 1.

216. Il faut néanmoins faire ici une distinction entre les frais de nourriture, entretien et éducation des enfans, et les deux autres espèces de charges extraordinaires qui pèsent sur l'usufruit paternel.

Lorsqu'il s'agit des frais d'entretien et éducation des enfans, l'usufruitier peut encore s'en dégager pour l'avenir, en renonçant à l'usufruit qu'il avait d'abord accepté, parce que ces sortes d'impenses échéant jour par jour, et étant inhérentes au droit d'usufruit, l'obligation de les fournir à l'avenir doit cesser d'exister du moment que le droit d'usufruit se trouve éteint par la renonciation de l'usufruitier.

Mais à l'égard des arrérages et intérêts des capitaux déjà échus lors du décès de l'auteur de la succession dont l'usufruit est déféré, par la loi, au père ou à la mère des héritiers mineurs; comme encore à l'égard des frais funéraires et de la dernière maladie, il suffit qu'il y ait eu acceptation du droit d'usufruit, pour que l'usufruitier soit tenu du paiement intégral de toutes ces charges, parce qu'ici tout est déjà échu au moment de l'acceptation du droit qui ne peut être séparé de ses charges : en sorte qu'on ne peut accepter l'un, sans se soumettre à la prestation des autres. Et de là résultent plusieurs conséquences remarquables.

217. *La première :* que si, d'une part, les frais funéraires et de la dernière maladie, ainsi que les intérêts et arrérages des capitaux déjà échus, formaient une somme considérable, et que, d'autre côté, l'usufruit paternel ne fût que d'une

courte

courte durée, ou ne portât que sur peu de revenus, ou, si l'on veut, fût absorbé par la
nourriture des enfans, il pourrait arriver que
l'usufruitier se trouvât tenu *ultra vires emolumenti*, et tel serait nécessairement l'effet de l'engagement qu'il se serait imposé par son quasi-
contrat d'acceptation : engagement qui, sur ce
point, participe de la nature des obligations
aléatoires, puisque la durée du droit d'usufruit
est toujours incertaine ; tandis que les arrérages
et intérêts dont il s'agit, ainsi que les frais de
deuil et de dernière maladie, constituent une
somme fixe et déterminée : en sorte qu'après
s'être obligé à la payer, en acceptant le droit
qui ne lui est dévolu que sous cette condition, il
est toujours possible que son usufruit vienne à
cesser avant qu'il ait pu en percevoir des émolumens suffisans pour être récompensé des paiemens qu'il aurait faits.

218. *La seconde ;* que nonobstant l'obligation où
est l'usufruitier de payer, à la décharge des mineurs, les intérêts et arrérages des capitaux,
ainsi que les frais funéraires et de la dernière
maladie, les actions des créanciers leur restent
tout entières contre les héritiers et sur les biens
de la succession du défunt; car, l'usufruitier n'é-
tant tenu de l'acquit de ces charges que comme
possesseur de la chose qui en est grevée, il n'y a
ni changement ni novation dans l'obligation personnelle des héritiers : d'où il faut conclure encore qu'en cas de saisie soit du mobilier, soit des
immeubles de la succession soumise à l'usufruit
paternel, les créanciers des frais funéraires et de

dernière maladie auraient le droit de jouir du privilége que la loi accorde aux créances de cette nature, soit sur la généralité des meubles (2101), soit même sur les immeubles (2104).

219. *La troisième :* qu'en cas de saisie mobilière des fruits du fonds, faite sur le père ou sur la mère, par ses créanciers personnels, les enfans seraient en droit d'intervenir pour demander la main-levée dans leur intérêt personnel, ou pour se faire adjuger sur le prix des récoltes, et par privilége, le montant des sommes nécessaires à leur nourriture, entretien et éducation, puisque c'est là une charge qui affecte, à leur profit, la perception des fruits de leurs héritages, comme si c'était un tribut à payer au prince (1); et que d'ailleurs le père ou la mère n'aurait pu accorder à son créancier plus de droit qu'il n'en avait lui-même sur les fruits saisis.

Cette décision devrait être sur-tout rigoureusement suivie dans le cas où il serait notoire que le père ou la mère n'aurait pas d'autres ressources suffisantes pour fournir convenablement à la nourriture et à l'éducation de ses enfans.

220. Si, au contraire, il était notoire que le père ou la mère eût d'ailleurs des moyens suffisans pour satisfaire à la dépense dont il s'agit, les enfans, se trouvant alors sans intérêt dans leur opposition, ne devraient pas être écoutés.

Mais, dans le doute sur ce point, l'action des

---

(1) Voy. dans CHABROL, sur la coutume d'Auvergne, chap. II, art. 2, sect. 3, quest. 8, à la fin.

enfans étant fondée en droit, ce serait au créancier saisissant à prouver le défaut d'intérêt actuel dont on vient de parler, pour pouvoir les
écarter de leur intervention.

221. Que, s'il s'agissait d'une saisie réelle faite de
l'usufruit même, lors de la faillite ou déconfiture du père, les enfans pourraient également
intervenir et faire déclarer que l'acquéreur ne
sera mis en possession du droit d'usufruit exproprié, qu'à la charge de fournir, pour l'a-
venir, les impenses nécessaires à leurs nourriture, entretien et éducation; et que telle serait
toujours la condition tacite de son adjudication, lors même que les enfans ne seraient pas
intervenus pour le faire ainsi déclarer, puisque
c'est là une charge réelle qui affecte la chose
en quelques mains qu'elle passe.

222. Les enfans ne peuvent être tenus de former
aucune inscription pour conserver cette espèce
de privilége sur l'usufruit paternel, parce que
la charge par eux réclamée est comme un retranchement sur la chose même; retranchement
connu et indiqué par la nature de cette chose;
retranchement qui en diminue la valeur et la
fait vendre d'autant moins, puisqu'on ne peut
ni l'aliéner ni l'acquérir franche de cette charge:
*Hâc in re*, dit Cujas (1), *æs alienum valdè dis-
tat ab onere, quòd rei cohæret : nam æs alienum certam rem non minuit. At onus quod
rei impositum est, minuit eam rem, ut stipen-
dium prædiis provinciàlibus impositum.* L'obli-

─────────

(1) Ad legem 50, ff. *de judiciis.*

gation de l'adjudicataire de l'usufruit paternel, sur la prestation des alimens dus aux enfans, est donc toujours au moins tacitement consentie, comme inhérente à la nature de la chose adjugée; car, comme celui qui achète un droit d'usufruit ordinaire, n'acquiert que le droit de jouir de la chose, à la charge d'en conserver la substance, puisque l'usufruit n'est que cela, et par conséquent à la charge de pourvoir aux réparations d'entretien, lors même qu'on ne s'en est pas expliqué; de même celui auquel on adjuge un droit d'usufruit paternel, n'acquiert que le droit de jouir des biens des enfans, à la charge de fournir les impenses nécessaires à leurs nourriture, entretien et éducation, puisque cette charge est aussi inhérente à cette espèce d'usufruit, que celle qui a pour objet l'entretien des fonds.

223. Mais sur qui repose l'obligation de former, au nom des enfans, les opposition et intervention dont nous avons parlé plus haut? est-ce au père ou à la mère contre lequel la saisie aurait été faite, ou est-ce au subrogé tuteur qu'il appartient d'agir au nom des mineurs?

Si c'est sur la mère survivante que la saisie des fruits ou de l'usufruit ait été faite, et qu'elle ait refusé la tutelle de ses enfans (394), ou en ait été déchue; c'est au tuteur, qu'on aura dû ou qu'on devra nommer, qu'il appartiendra d'agir au nom des mineurs.

Si c'est sur le père que la saisie ait été faite, et que son état de déconfiture soit tel qu'il fasse

preuve d'une inconduite, ou d'une incapacité notoire contre lui, il devra être destitué (444) de
la tutelle, à la diligence du subrogé tuteur (446);
et ce sera au tuteur élu en remplacement à agir
pour les pupilles.

Si l'on admet au contraire qu'il n'y ait aucun
motif de distitution contre le père ou la mère
sur lequel la saisie a été faite, ce sera à lui à
agir en sa qualité de tuteur; attendu que, tant
qu'il en conserve les fonctions, c'est.à lui à les
remplir.

Dans cette position, le père a deux qualités
bien distinctes l'une de l'autre, celle de débiteur saisi par le créancier avec lequel il a contracté, et celle de tuteur de ses enfans. Comme
débiteur saisi, il ne peut repousser l'action d'un
créancier envers lequel il s'est valablement obligé; mais comme tuteur il n'est plus le même
homme : ici il est ses enfans, puisqu'il les représente; il peut et doit donc agir *tutorio nomine* pour revendiquer leur droit et privilége sur
la chose saisie.

224. Quoique les charges de l'usufruit paternel,
dont nous venons de parler, soient purement
réelles dans leur principe, néanmoins elles deviennent l'objet d'une obligation personnelle
dans l'usufruitier qui, en acceptant l'usufruit,
a, par une conséquence nécessaire, voulu se
soumettre à en supporter les charges qui l'affectent, et qui en sont le passif inséparable; et
de là il résulte encore une conséquence qu'il est
important de remarquer :

C'est que les créanciers des frais funéraires

et de dernière maladie, comme encore ceux des intérêts et arrérages des capitaux, peuvent se pourvoir par action personnelle contre l'usufruitier, pour le faire condamner au payement de ce qui leur est dû, et qu'en exécution du jugement obtenu contre lui, ils pourront le faire saisir dans ses propres meubles, pour être payés sur le prix; mais dans ce cas il n'y aurait plus de préférence pour les frais funéraires et de dernière maladie, parce que ce privilége ne porte que sur le mobilier de la succession de celui pour les funérailles ou la dernière maladie duquel ces frais sont dus.

225. Dans l'hypothèse dont on vient de parler, lors même que les créanciers des intérêts et arrérages des capitaux seraient munis de titres authentiques et exécutoires, ils n'en seraient pas moins obligés de recourir d'abord à la justice, pour obtenir un jugement contre l'usufruitier, avant de pouvoir le faire saisir dans ses propres meubles, puisque, d'une part, il faut que le créancier soit muni d'un titre exécutoire sur son débiteur, pour pouvoir le faire saisir dans ses effets (1); et que, d'autre côté, l'usufruitier n'est tenu des charges dont il s'agit, que par l'effet du quasi-contrat résultant de l'acceptation de son usufruit; lequel quasi-contrat ne peut être considéré comme un titre portant exécution parée pour le créancier.

A la vérité, les titres exécutoires contre le défunt sont aussi exécutoires contre l'héritier per-

---

(1) Art. 551 du cod. de procéd.

sonnellement (877), parce qu'il représente la personne du défunt dont il n'est en quelque sorte que la continuation ; mais l'usufruitier, même à titre universel, ne peut être soumis à cette règle, puisqu'il n'a point la qualité d'héritier, et qu'il n'est point le représentant de la personne du défunt.

226.    UNE autre espèce d'usufruit légal, que nous n'avons pas indiquée jusqu'à présent, a lieu en partage d'hérédité. Lorsque le père ou la mère se trouve appelé à la succession de son enfant, concurremment avec des collatéraux de l'autre ligne, autres que les frères ou sœurs, ou descendans des frères ou sœurs du défunt, la loi accorde au survivant des père et mère, ainsi obligé de partager l'hérédité de son enfant, l'usufruit du tiers des biens auxquels il ne succède pas en propriété (754) ; mais cet usufruit n'a rien de commun avec l'usufruit paternel ordinaire, puisque ce n'est pas sur les biens des enfans, mais sur ceux des héritiers collatéraux des enfans qu'il est établi : ainsi, il reste dans les termes du droit commun, soit sous le rapport de sa durée jusqu'à la mort de l'usufruitier, soit sous celui des charges qui sont naturellement inhérentes à l'usufruit conventionnel.

## SECTION IV.

*Quand et comment finit l'Usufruit paternel.*

227.    L'usufruit paternel finit, 1.° lorsque les enfans ont atteint l'âge de dix-huit ans accomplis. Dès ce moment, le père ou la mère ne perçoit

plus le revenu des biens de ses mineurs que comme tuteur chargé d'en faire l'emploi à leur profit, ou d'en rapporter la valeur dans son compte pupillaire.

228. 2.º Il finit par l'émancipation accordée aux enfans avant l'âge de dix-huit ans (384); ce qui peut avoir lieu lorsqu'ils ont leurs quinze ans révolus (477).

Dans ce cas, celui des père et mère qui consent à l'émancipation, ne conserve pas, comme dans le cas précédent, l'administration légale des revenus de l'enfant émancipé, parce que celui-ci est, par l'acte d'émancipation même, mis en possession de fait de ses biens, pour en jouir par lui-même, ou les amodier et en percevoir le rendage (481).

L'usufruit paternel étant éteint par l'acte d'émancipation, les charges qui pesaient sur l'usufruitier, à raison de sa jouissance, s'évanouissent aussi pour l'avenir; et c'est bien là le cas de dire que, *cessante causâ, cessat effectus.*

229. Ainsi le père qui a émancipé son fils n'est plus obligé à le nourrir tant que celui-ci a du bien; et ce n'est que dans le cas où ce fils tomberait ensuite dans l'indigence, que l'obligation de venir à son secours revivrait dans le père.

Mais, si au temps de l'émancipation il était dû quelque chose pour impenses alimentaires du fils, à raison des temps précédens, le père devrait encore en supporter le paiement, comme dette échue à sa charge.

Le père doit aussi, et par la même raison, supporter le paiement de tous les arrérages de rentes ou intérêts des capitaux échus jusqu'au jour de l'émancipation, ainsi que celui des frais funéraires et de dernière maladie.

230. Suivant la loi romaine (1), le père qui émancipait son enfant, conservait l'usufruit de la moitié des biens de celui-ci, à moins qu'il n'y renonçât ; mais aujourd'hui il ne pourrait pas même se réserver cet avantage, puisque le code ne lui accorde la jouissance des biens de ses enfans mineurs de dix-huit ans, que jusqu'à l'émancipation de ceux-ci.

Nous terminerons ce chapitre par l'examen de quelques questions relatives à la matière qui y est traitée.

### PREMIÈRE QUESTION.

231. *Lorsque l'enfant émancipé donne lieu, par sa conduite, à la révocation de son émancipation, et qu'elle est prononcée contre lui avant qu'il n'ait atteint ses dix-huit ans, l'usufruit paternel doit-il revivre sur ses biens ?*

Voyez, sur cette question, notre ouvrage sur l'état des personnes, tome 2, page 266.

### SECONDE QUESTION.

232. *Lorsqu'après l'émancipation ou la majorité de ses enfans, le père a, par le fait, continué à jouir de leurs biens, quel doit être le résultat de cette continuation de jouissance ? Les enfans qui ont gardé le silence sur la continuité*

---

(1) L. 6, §. 3, cod., *de bonis quæ liberis;* l. 6, tit. 61 ; — et §. 2, Instit., *per quas personas cuique,* lib. 2, tit. 9.

*de cette possession, ont-ils le droit d'exiger un rapport de fruits contre leur père?*

Il est incontestable que le père doit rendre compte des fruits qu'il a perçus depuis que ses enfans ont été affranchis de la puissance paternelle; parce qu'autrement il les retiendrait sans cause légitime. Déjà la loi romaine était formelle à cet égard : *Si pater usumfructum prædiorum in tempus vestræ pubertatis matri vestræ reliquit, finito usufructu postquàm vos adolevistis, posterioris temporis fructus perceptos ab eâ repetere potestis, quos nullâ ratione sciens de alieno percepit* (1) : et le code n'est pas moins positif sur cette question, puisqu'il veut (389) que le père ne soit administrateur des biens de ses enfans qu'à la charge de rester comptable, non-seulement quant à la propriété, mais encore quant aux *revenus* de ceux dont il n'a pas la jouissance.

Dans cette position, lors même qu'en fait le père aurait ignoré les conséquences que la loi fait résulter de l'émancipation, ou de l'âge de dix-huit ans acquis à ses enfans, il ne pourrait en tirer avantage pour se donner la qualité de possesseur de bonne foi qui fait les fruits siens. Il ne le pourrait, par la raison qu'il serait sans titre (2), et qu'il n'est permis à personne d'ignorer le prescrit de la loi, et sur-tout d'alléguer cette ignorance lorsqu'il s'agit de gagner ce qui ne nous

---

(1) L. 5, cod., *de usu et habitat.*, lib. 3, tit. 33.

(2) Voy. dans CHABROL, sur la coutume d'Auvergne, chap. 14, art. 48, quest. 3.

appartient pas : *juris ignorantia non prodest ac-quirere volentibus* (1). Cette question, plusieurs fois portée devant les Tribunaux, a été ainsi dé-cidée, d'abord par arrêt de la Cour de Limoges le 13 fructidor an 12, confirmé par celle de cassation le 18 novembre 1806 ; ensuite par ar-rêt de la Cour de Besançon le 2 juillet 1811, confirmé aussi en cassation par arrêt de rejet du 5 août 1812 (2).

### TROISIÈME QUESTION.

233. *Quelle est la prescription dont le père pour-rait faire usage pour repousser l'action de ses enfans quand ils viennent lui demander compte du revenu de leurs biens dont il n'avait pas l'usufruit ?*

Lorsque les enfans mineurs ont des biens sur lesquels l'usufruit légal n'a pas lieu, ils n'en sont pas moins sous la tutelle de leur père qui admi-nistre leur bien et perçoit leurs revenus, à la charge d'en rendre compte lorsqu'ils seront, par le fait de l'émancipation, ou par l'âge, affran-chis des liens de la puissance paternelle. Ces revenus perçus durant la tutelle doivent donc être un des objets du compte pupillaire du père; or, suivant l'article 475 du code, toute action du mineur contre son tuteur, relativement aux faits de la tutelle, se prescrit par dix ans, à compter du jour de la majorité : le père pour-

---

(1) L. 7, ff. *de juris et facti ignorantia,* lib. 22, tit. 6.
(2) Voy. au nouveau Répertoire, tom. 14, pag. 403 et 409 au bas.

ra donc opposer cette prescription pour les revenus qu'il aura perçus durant sa tutelle.

234.　Mais, s'il a continué à administrer et percevoir après la cessation de la tutelle, le compte
qu'il devra, pour cette administration, doit rentrer sous l'empire de la règle du droit commun :
ce n'est plus ici un compte pupillaire, puisqu'il
ne s'agit plus de revenus échus durant la tutelle
et administrés par un tuteur.

Suivant la règle commune, c'est-à-dire, suivant
la règle établie généralement pour tous les droits
des mineurs, la prescription ne court pas contre
eux : elle ne commencera donc à avoir son cours
que depuis la majorité des enfans. C'est là nécessairement son point de départ (2252); mais
quelle devra en être la fin ?

Aux termes de l'article 2262 du code, toutes
les actions tant réelles que personnelles, sont
prescrites par trente ans, sans que celui qui
allègue cette prescription soit obligé d'en rapporter un titre, ou qu'on puisse lui opposer l'exception déduite de la mauvaise foi ; parce que
ce long espace de temps fait présumer tout ce
qui est possible : telle est la règle générale.

Mais, suivant l'article 2277, les arrérages des
rentes, les loyers des maisons, le prix des baux
à ferme, les intérêts des sommes prêtées, et généralement tout ce qui est payable par année, ou
à des termes *périodiques* plus courts, se prescri-
vent par cinq ans.

Le père contre lequel ses enfans formeraient
une demande en restitution de fruits ou intérêts, pour vingt-neuf ans, pourrait-il efficace-

ment invoquer la disposition de ce dernier article, pour soutenir qu'il n'en doit que de cinq ans ?

Il nous paraît évident que non; parce que cette dernière disposition du code n'est qu'une exception à la règle générale sur la prescription trentenaire : exception qui ne porte que sur les espèces particulières qui y sont signalées et qu'il ne serait pas permis d'étendre plus loin, parce qu'il est de principe que la règle générale doit conserver tout son empire sur les cas qui n'en sont pas formellement exceptés. Il ne s'agit, en effet, dans ce texte sur la prescription quinquennale, que des prestations qui doivent être faites par le débiteur qui a terme; c'est-à-dire par le débiteur qui ne doit payer qu'à *des termes fixes et périodiques*, soit que ces termes échoient chaque année seulement, soit qu'ils échoient à des intervalles plus courts, mais toujours périodiquement : or le père qui retient indûment la jouissance des biens de son enfant émancipé, n'a aucun terme à invoquer pour y renvoyer l'échéance de son obligation : il peut être à chaque instant actionné, et à chaque instant il est tenu de la restitution du capital et des intérêts : sa cause est donc absolument étrangère à celle d'un débiteur d'arrérages ou de prestations quelconques qui n'échoient qu'à des termes périodiques, avant lesquels on ne peut lui en demander le paiement.

235. La même décision doit être adoptée dans tous les cas où il s'agit d'intérêts moratoires, et l'on doit dire que le créancier a le droit d'en exiger de vingt-neuf ans.

Cette distinction entre la prescription des prestations qui n'échoient qu'à des termes fixes et
périodiques, et celle des intérêts moratoires,
n'est point arbitraire : elle est fondée sur la nature des choses.

Lorsqu'il s'agit d'arrérages ou de prestations
qui n'échoient qu'à des termes fixes, il y a réellement autant de dettes distinctes les unes des
autres, qu'il y a de termes échus; et ces dettes
ne sont pas seulement distinctes entre elles, mais
encore avec le capital lui-même, puisque leurs
échéances sont absolument différentes de la
sienne : c'est pourquoi l'on applique une prescription particulière à chacune d'elles en déclarant qu'on ne peut en répéter que pour cinq
ans, ce qui opère successivement l'extinction
de la sixième, au fur et mesure qu'on passe le
terme des cinq années, et cela sans déroger au
droit du capital qui n'est prescriptible que par
trente ans.

Au contraire, lorsqu'il s'agit d'intérêts moratoires, il n'y a véritablement qu'une dette qui
comprend dans la même masse la somme des
arrérages échus jour par jour à la charge du
débiteur qui est en demeure : cette dette d'intérêts, qui a pour cause l'indue conservation du
capital, ne saurait être considérée comme une
créance indépendante et séparée du capital
même, puisqu'ils sont simultanément et également exigibles : elle n'en est donc pas détachée
et elle ne cesse pas d'en être une partie purement
accessoire : pour quoi elle ne doit être périmée
qu'avec lui, et par la prescription trentenaire.

236. Cela est tellement vrai que, si le débiteur se présente pour payer son créancier et qu'il n'offre à celui-ci que les intérêts seulement, ou que le capital seulement, les offres seront, avec justice, refusées comme insuffisantes, par là raison qu'il ne faut qu'un seul paiement, et que le créancier n'est pas tenu de le diviser; tandis que, quand il s'agit d'un capital aliéné ou à perpétuité ou pour un temps, mais dont le terme n'est pas encore échu, les offres des arrérages ou intérêts peuvent être faites seules et doivent être acceptées indépendamment du capital, dont ils sont absolument détachés.

## QUATRIÈME QUESTION.

237. *Lorsqu'un père, ayant ses enfans dans sa communion, a perçu les revenus de leurs biens sans en avoir l'usufruit légal, ou après que cet usufruit a cessé, comment doit-on établir le compte qui peut être requis de part ou d'autre, entre eux ?*

Il faut faire une distinction entre les enfans qui n'auraient pas travaillé utilement dans la communion et pour le compte du père, et ceux dont les travaux auraient été utiles pour lui.

A l'égard de ceux qui, par rapport soit à leur âge, soit à leurs infirmités ou incapacité, ou autres causes, n'auraient pas, d'une manière utile pour le père, coopéré aux travaux communs du ménage, on ne doit leur rendre compte des revenus de leurs biens, qu'à la charge de précompter en déduction le montant des impenses faites pour leurs nourriture, entretien et éducation.

Il est, en effet, certain, soit d'après les principes du droit ancien, soit d'après ceux de notre droit nouveau ( 203 et 209 ), que les frais soit d'éducation (1), soit même de simple nourriture et entretien (2), ne doivent être à la charge personnelle du père que quand les enfans n'ont aucune ressource soit dans leurs revenus, soit même dans le produit de leur travail, pour satisfaire à ces sortes d'impenses. En conséquence de quoi, si le père les a fournies tandis qu'il était en jouissance des biens de ses enfans, on ne doit pas refuser de les lui allouer en compte, parce qu'il est tout naturel de présumer qu'il a entendu les prendre sur les revenus des enfans plutôt que sur les siens propres (3).

238. A l'égard de ceux des enfans qui auraient utilement travaillé dans la communion paternelle, on doit porter une tout autre décision; et sans leur accorder le droit d'exiger des gages, dans la supposition où leur travail aurait, par sa valeur, plus ou moins notablement excédé les frais de leurs nourriture et entretien, on doit, dans tous les cas, les admettre à compenser l'un des objets avec l'autre, pour forcer le père à rendre un compte plus étendu; en sorte que, si les travaux des enfans étaient de valeur égale ou supérieure à celle de leurs nourriture et entre-

---

(1) L. 58, ff. *de hæredit. petitione,* lib. 5, tit. 3.

(2) L. 5, §. 7, ff. *de agnoscend. et alend. liberis,* lib. 25, tit. 3.

(3) L. 34, ff. *de negot. gestis,* lib. 3, tit. 5.

tien,

tien, le rapport de leurs revenus leur serait dû tout entier; tandis qu'il ne leur serait dû qu'une partie proportionnelle, si leur coopération aux travaux communs n'était équivalente qu'à une partie des impenses faites pour leurs nourriture, entretien et éducation.

La raison de cette décision, c'est que quiconque emploie une autre personne à son service, est tenu de la nourrir par cela seul qu'il profite de son travail : *Non solùm autem libertum, sed etiam alium quèmlibet operas edentem, alendum, aut satis temporis ad quæstum alimentorum relinquendum. Et in omnibus tempora ad curam corporis necessariam relinquenda* (1) : le travail et la nourriture sont donc ici deux choses qui viennent immédiatement en compensation l'une de l'autre, en sorte que si le prix du travail vaut celui de la nourriture, leur valeur se balançant nécessairement, le compte à rendre par le père doit nécessairement aussi porter sur tous les revenus des enfans.

Si l'on ne doit pas présumer que le père ait la volonté de fournir gratis des alimens à son enfant, lorsque celui-ci a des biens et que d'ailleurs il ne coopère pas aux travaux du ménage; il est bien moins naturel encore de croire que l'intention du fils soit de travailler gratis pour le service de son père, et de lui payer encore une pension pour sa nourriture : cependant, comme les droits de l'un sont aussi sacrés que ceux de l'autre; comme le fils ne peut avoir moins de

---

(1) L. 50, §. 1, ff. *de operis libert.*, lib. 38, tit. 1.

droit dans son travail, que le père n'en a dans ses fournitures alimentaires ; comme dans cette réciprocité de droits, l'abandon gratuit n'est pas moins subordonné à la volonté du fils en ce qui le touche, qu'à celle du père en ce qui concerne celui-ci, il faudrait aller jusqu'à présumer un excès de désintéressement dans le fils, tandis qu'au contraire on ferait au père l'injure de présumer qu'il n'a pas même eu l'intention d'être juste : mais non ; il faut dire avec Surdus d'après la loi romaine, qu'en règle générale celui-là doit la nourriture à l'autre qui profite de son travail : *Regulariter tenetur quis alere eos quorum operâ et ministerio utitur* (1). C'est pourquoi, ajoute-t-il encore ailleurs, lorsqu'il s'agit d'opérer un partage entre deux frères communiers, occupés aux travaux de la campagne, dont l'un est marié et a des enfans, tandis que l'autre n'en a point : quoique les enfans du premier aient été nourris dans la communion de leur père et de leur oncle, ce dernier ne peut faire aucune répétition d'impenses à ce sujet, si, en somme, le prix des travaux des enfans peut balancer celui de leurs nourriture et entretien : *Etiam ad rusticos quorum si alter habebat filios, alter non, habens filios non tenetur tempore divisionis reficere fratri impensam factam pro alendis filiis, si illi præstabant servitia digna alimentis* (2).

239. Ainsi, quoique les enfans qui ont travaillé chez leurs père et mère n'aient pas d'action pour en exiger un gage à raison de leurs services,

_____

(1) *Tractu de alimentis,* tit. 1, quæst. 83, n.º 1.
(2) Ibid., n.º 8. Vide et tit. 6, quæst. 11, n.º 6.

néanmoins lorsque les père et mère veulent les forcer au paiement de la nourriture qu'ils leur ont fournie, soit en imputant le prix de cette nourriture sur le compte de leurs revenus, ou autrement, les enfans doivent être admis à imputer en déduction le prix des services qu'ils ont rendus aux père et mère; et c'est là un de ces cas assez fréquens dans le droit, où l'on est autorisé à retenir ou à compenser par exception ce que l'on n'aurait pu demander par action directe (1).

## CINQUIÈME QUESTION.

240. *Celui qui fait une donation ou un legs, au profit d'un enfant mineur, peut-il prohiber au père ou à la mère du donataire, non-seulement l'usufruit légal, mais encore l'administration des biens donnés?*

Pour discuter cette question d'une manière proportionnée à son importance, et descendre dans un détail approfondi de toutes les raisons pour et contre, nous commencerons par le rapport d'une espèce jugée en 1807 par la Cour de Besançon. On trouvera dans les motifs de l'arrêt rendu par cette Cour, à peu près tout ce qu'on peut dire de plus fort pour établir que le testateur ne peut aller jusqu'à prohiber au père l'administration des biens donnés à l'enfant mineur. C'est dans le nouveau Répertoire, aux

_____

(1) Vid. §. 30, Instit., *de rerum division.*; — l. 7, §. 4, ff. *de pactis*, lib. 2, tit. 14; — l. 33, in fine; et l. 64, ff. *de condiction. indebit.*, lib. 12, tit. 6; — l. 6, ff. *de compensationib.*, lib. 16, tit. 2, et passim alibi.

mots *puissance paternelle*, que nous trouvons
la relation entière de cette espèce.

Le 9 fructidor an 12, testament par lequel
le sieur Henrion de Magnoncourt institue pour
son héritier universel Flavien-Henrion Magnoncourt son neveu, encore mineur et sous puissance de son père.

Dans une clause de ce testament il est dit que
le testateur veut et entend « que les biens com-
» pris en ladite institution soient administrés
» jusqu'à la majorité de sondit héritier institué,
» par M. Gabriel Magny, homme de loi, qu'il
» nomme curateur *ad hoc*, ou exécuteur testa-
» mentaire, le priant de vouloir bien lui don-
» ner cette marque d'amitié, et de se concerter
» avec la mère et l'aïeul maternel dudit héritier,
» pour son éducation et employer les revenus an-
» nuels et la portion d'iceux qui sera jugée suffi-
» sante pour son éducation, après le prélèvement
» des charges de sa succession et des honoraires
» et déboursés dudit curateur, tels qu'ils seront
» honnêtement réglés, selon les peines et dé-
» marches qu'il fera. » Et par une disposition
subséquente, le testateur déclare, en tant que
de besoin, ôter au père de son héritier institué,
la jouissance, l'usufruit et même l'administration des biens qu'il laisse à celui-ci.

Le testateur décède le 3o floréal an 13.

L'héritier institué étant encore mineur, le sieur
Henrion-Magnoncourt son père se pourvoit de-
vant le Tribunal civil de l'arrondissement de
Vesoul, pour se faire adjuger, non la jouissance,

mais l'administration des biens compris dans l'institution.

Le sieur Magny s'oppose à cette demande, et
conclut à l'exécution pure et simple du testament.

Le 10 février 1806, jugement qui, accueillant
les moyens du sieur Magny, déboute le sieur
Henrion-Magnoncourt père, et ordonne que le
testament sera exécuté selon sa forme et teneur.

Sur l'appel interjeté de cette sentence, arrêt
de la Cour de Besançon, le 15 novembre 1807,
par lequel cette Cour :

« Considérant, 1.º que les articles 384 et 387
» du code, en accordant au père, durant le
» mariage, et après la dissolution du mariage,
» au survivant des père et mère, la jouissance
» des biens de leurs enfans, jusqu'à l'age de
» dix-huit ans accomplis, ou jusqu'à l'émancipa-
» tion, décident qu'elle ne s'étendra pas aux
» biens que les enfans pourront acquérir par
» un travail ou une industrie séparés, *ni à*
» *ceux qui leur sont donnés ou légués, sous la*
» *condition expresse que les père et mère n'en*
» *jouiront pas;* qu'ainsi la loi accorde au tes-
» tateur la faculté de priver le père de l'usu-
» fruit des biens légués à son fils; qu'il n'en est
» pas ainsi de l'administration; que, suivant les
» articles 389 et 390 du code, le père est, du-
» rant le mariage, administrateur des biens per-
» sonnels de ses enfans mineurs; après la disso-
» lution du mariage, la tutelle des enfans mi-
» neurs appartient de plein droit au survivant
» des père et mère; et que l'article 397 décide
» que *le droit individuel de choisir un tuteur,*

» *parent ou même étranger, n'appartient qu'au*
» *dernier mourant des père et mère ;* que de ces
» différens articles il résulte que l'administra-
» tion des biens appartient sans distinction aux
» père et mère; qu'elle fait partie de la tutelle
» légale et du gouvernement de la famille ; que
» le père ne saurait en être privé sans une déro-
» gation, une exception formelle au principe gé-
» néral, au moyen de la faculté qui serait accor-
» dée à cet égard au testateur, par la loi : ce
» qui ne se trouve nulle part dans ses disposi-
» tions; que dans le droit romain la novelle 117
» avait accordé à celui qui disposait de ses biens,
» en faveur d'un fils de famille, le droit de pri-
» ver le père ou l'aïeul, sous la puissance des-
» quels il était constitué, non-seulement de l'u-
» sufruit desdits biens, mais encore de toute
» espèce d'administration; mais que cette dé-
» rogation au droit commun ne se trouve point
» consacrée par le nouveau code; que vainement
» prétendrait-on que, dans le silence de la loi
» nouvelle, on doit recourir aux lois anciennes;
» car l'article 7 de la loi du 30 ventôse an 12 veut
» que, dans les matières comprises dans ce code,
» le droit romain cesse d'avoir force de loi gé-
» nérale ou particulière; et en réglant la puis-
» sance paternelle et la tutelle, le législateur a
» voulu établir, à cet égard, une législation
» complette, fixe et uniforme; il a prévu tous les
» cas où la tutelle et l'administration pourraient
» être divisées. Ainsi l'article 417 porte que,
» *quand le mineur domicilié en France pos-*
» *sédera des biens dans les colonies, ou récipro-*

» quement, *l'administration de ces biens sera*
» *donnée à un protuteur ;* et en accordant au
» testateur la faculté de faire des dispositions
» officieuses, en faveur de ses petits-enfans ou
» neveux, l'article 1055 décide que *celui qui*
» *fera lesdites dispositions peut, par le même*
» *acte, ou par un acte postérieur, en forme au-*
» *thentique, nommer un tuteur chargé de l'exé-*
» *cution de ces dispositions :* si donc la loi eût
» entendu que le père pourrait être privé de
» l'administration des biens légués à son fils, elle
» se serait expliquée à cet égard et aurait don-
» né au testateur la même faculté qu'elle lui
» accorde pour les dispositions officieuses; que
» d'ailleurs la prohibition introduite par la no-
» velle 117, avait pour but de tempérer la ri-
» gueur de la puissance paternelle qui durait
» jusqu'au décès du père ou jusqu'à l'émancipa-
» tion, et qui mettait le fils dans une telle dépen-
» dance, qu'il n'aurait pu forcer son père à lui
» rendre compte, et qu'ainsi la prohibition de
» l'usufruit fût devenue illusoire sans celle de
» l'administration. Ces motifs ne subsistent plus
» aujourd'hui, puisque la puissance paternelle
» finit à la majorité de l'enfant, et que l'article
» 389 du code, en établissant le père admi-
» nistrateur des biens de ses enfans, le rend
» comptable *des revenus de ceux dont il n'a pas*
» *la jouissance ;* qu'enfin l'administration d'un
» étranger serait incompatible avec l'article 450
» du code, qui veut que le tuteur représente le
» mineur *dans tous les actes civils ;* car un tu-
» teur, un père ne pourrait plaider en justice,

» contracter, transiger sur les biens d'une suc-
» cession qu'il n'administre pas, avec des titres
» qu'il n'a pas en son pouvoir ; et, puisqu'il doit
» représenter le mineur dans tous les actes civils,
» il doit par là même être investi de l'adminis-
» tration : d'où il résulte qu'en appliquant les
» dispositions de la novelle 117, ce serait éta-
» blir une exception, une dérogation au droit
» de la puissance paternelle, aussi contraire à
» l'esprit qu'au texte de la loi ; que la clause
» insérée dans le testament de Magnoncourt
» oncle, qui prohibe au demandeur l'adminis-
» tration des biens légués à son fils, pour la
» confier à l'avocat Magny, est contraire aux
» lois ; que cette clause est aussi contraire aux
» bonnes mœurs, en ce sens qu'elle tend à ins-
» pirer au fils Magnoncourt du mépris, de la
» défiance contre son père, et à affaiblir ainsi la
» puissance paternelle qui est une des bases
» fondamentales de l'ordre social ; qu'ainsi, et
» sous tous les rapports, la clause doit être ré-
» putée non écrite, et qu'il y a lieu à réfor-
» mer le jugement qui en a ordonné l'exécution.
   » La Cour, sans avoir égard à la clause in-
» sérée dans le testament de Magnoncourt oncle,
» qui prohibe à l'appelant l'administration des
» biens légués à son fils, et nomme le sieur Ma-
» gny, intimé, curateur *ad hoc*, laquelle clause
» est, au besoin, déclarée comme non avenue
» et réputée non écrite ; ordonne que le sieur
» Magnoncourt, appelant, en sa qualité de père
» et de tuteur légal de son fils, demeurera seul
» chargé, sous sa responsabilité, en conformité de

» la loi, de l'éducation et de l'administration des
» biens de son fils; fait défense au sieur Magny
» de s'immiscer ultérieurement dans ladite admi-
» nistration, en aucune manière; le condamne à
» rendre compte à l'appelant de la gestion qu'il
» aurait eue jusqu'à présent, par-devant le Tri-
» bunal de première instance séant à Besançon,
» que la Cour commet à cet effet; comme aussi
» à lui restituer tous les titres, papiers et autres
» objets concernant la succession Magnoncourt
» oncle. »

On ne peut disconvenir que les motifs de cet
arrêt ne présentent une suite de raisonnemens
qui peuvent séduire au premier coup d'oeil; mais
pourraient-ils soutenir l'examen d'une critique
sérieuse? Est-il bien certain que les circonstances
particulières de la cause n'aient influé en rien
sur cette décision? Et si, sans prendre égard à
ces circonstances, la Cour de Besançon avait
voulu déclarer nulle, *comme contraire aux lois
et aux bonnes moeurs*, la clause du testament
par laquelle le testateur avait prohibé au père
la gestion des biens donnés à son fils, se serait-
elle réellement conformée à la lettre du code,
et en aurait-elle bien saisi l'esprit? C'est ce dont
il est au moins permis de douter, et c'est ce que
nous ne pensons pas.

En fait, il est constant que le sieur Magnoncourt, père du jeune légataire, est un des plus
riches propriétaires du département de la Haute-
Saône : il est constant que l'administration des
biens légués au fils n'aurait pu être confiée à des
mains plus sûres que les siennes, ni à un gérant

meilleur économe que lui. Ce sont là des choses
notoires dans toute la province dans laquelle le
procès a été jugé tant en première instance
qu'en cause d'appel. Quoique nous ne voyons
rien dans les motifs de l'arrêt qui nous démontre
littéralement que ces circonstances aient influé
sur la détermination des Juges qui l'ont rendu,
il n'est cependant guère possible de le supposer autrement; car, dans une cause dont l'objet principal est tout dans l'intérêt d'un mineur,
comment supposer qu'on ait fait une entière
abstraction des circonstances au moyen desquelles cet intérêt se trouvait parfaitement à
couvert, en prenant le parti adopté par cette
Cour ?

241. Supposons, pour un moment, que le patrimoine légué au jeune Magnoncourt n'eût con-
sisté qu'en effets mobiliers; supposons encore
qu'au lieu d'être riche et bon économe, son
père n'eût été qu'un homme insolvable, tombé
en faillite ou en déconfiture; n'est-il pas à
croire que la Cour de Besançon, pénétrée de
cette vérité que les intérêts des mineurs sont
spécialement placés, par la loi, sous la sauve-
garde de l'autorité publique, eût conservé l'exécuteur testamentaire dans les fonctions d'administrateur qui lui avoient été déléguées par le
testament, plutôt que de prononcer indirectement la ruine du mineur, en ordonnant la
remise de sa fortune mobilière entre les mains
dissipatrices d'un homme qui n'aurait offert aucune garantie sur le compte à rendre de sa
gestion ?

Cependant, le père de famille qui a éprouvé des revers de fortune ; le père qui a mal administré son patrimoine ; le père, en un mot, qui est tombé en déconfiture, n'en est pas moins revêtu de la puissance paternelle sur ses enfans ; il n'en est pas moins leur tuteur ; il n'en doit pas moins conserver sa tutelle jusqu'à ce qu'on l'en ait fait déclarer indigne, par une procédure spécialement instruite à ce sujet. Si donc il était réellement vrai de dire que la clause par laquelle le testateur prohibe au père l'administration des biens donnés au fils, pour la confier à un exécuteur testamentaire, est contraire aux lois et aux bonnes mœurs, cette clause, disons-le, serait aussi nulle dans la cause du père tombé en déconfiture que dans celle du père opulent, puisque l'un est revêtu de la puissance paternelle comme l'autre, que ses enfans lui doivent le même respect, et que sa personne est également sacrée pour eux, que celle de l'autre pour les siens. Tous les raisonnemens faits par la Cour de Besançon pour justifier son arrêt, seraient les mêmes en points de droit, et pourraient être présentés avec le même fondement dans l'hypothèse que nous avons faite, que dans celle où cet arrêt a été rendu ; néanmoins, comme nous l'avons déjà dit, il est à croire que si les mêmes juges avaient eu à prononcer dans cette dernière supposition, ils auraient porté une décision tout opposée ; d'où nous devons conclure, malgré tout notre respect pour les décisions de cette Cour, que le véritable point de doctrine sur cette question n'a été ni traité ni établi dans les motifs de cet arrêt.

242. Mais quel est donc, sous le rapport de sa conformité soit aux principes de la morale, soit au prescrit de la loi, la nature d'une clause de cette espèce insérée dans un testament?

Ce n'est qu'après un mûr examen des circonstances de fait qu'il est possible de porter une juste décision sur cette question.

S'il appert par le testament même, ou par quelques circonstances de fait, ou s'il est d'ailleurs prouvé que la clause qui prohibe au père l'administration des biens donnés au fils, n'est qu'une disposition *ab irato*, qu'elle n'a été consignée dans le testament que par des motifs de colère, ou de ressentiment, ou de haine, ou de mépris pour le père, et non pour prescrire une précaution salutaire aux intérêts de l'enfant; c'est alors le cas de dire qu'il faut la considérer comme non écrite; et sans contredit elle doit être déclarée nulle, parce que la morale réprouve les actes de vengeance, et que la justice ne peut sanctionner l'œuvre de la passion.

Mais lorsque rien ne démontre, lorsque rien ne prouve que la clause du testament ne soit qu'une disposition *ab irato;* lorsqu'il paraît que cette clause a été inspirée plutôt au testateur par un sentiment de défiance qu'il aurait conçu sur la solvabilité, ou la prodigalité et l'esprit de dissipation du père, ou même sur son ignorance et son incapacité aux affaires; lorsqu'en un mot il paraît que le testateur n'a prescrit cette précaution que dans l'intérêt du mineur, et pour assurer l'exé-

cution de son bienfait, nous croyons que toute
la question doit être réduite dans les termes
suivans:

243. En fait, la clause par laquelle le testateur a
prohibé au père l'administration des biens donnés au fils, est-elle, ou non, dans l'intérêt du
mineur ?

Si l'on n'accuse point le père d'être un dissipateur; s'il ne s'accuse pas lui-même par sa mauvaise administration, ou par un désordre connu
dans ses propres affaires; s'il jouit de la réputa-
tion d'un homme probe et éclairé; si, dans sa
fortune personnelle, il offre une garantie suffisante pour répondre de sa gestion, et qu'il en
fasse preuve; si, en un mot, il paraît démontré
que c'est par une opinion erronée sur la solvabilité et sur les moyens du père, que le testateur lui a prohibé l'administration, cette clause
doit être rejetée, non comme immorale ou
contraire aux lois, mais comme inutile au but
que le testateur s'est proposé d'atteindre, et
comme fondée sur une fausse cause; en sorte
qu'on doit croire que, si l'auteur de la libéralité
avait connu le véritable état des choses, il se
serait abstenu d'une disposition qui ne peut être
qu'injuste envers le père, du moment qu'elle se
trouve sans avantage pour le fils : *falsam causam legato non obesse verius est : quia ratio le-
gandi legato non cohæret. Sed plerùmque doli
exceptio locum habebit, si probetur aliàs lega-
turus non fuisse* (1). La vérité étant reconnue;

___

(1) L. 72, §. 6, ff. *de condition. et demonst.*, lib. 35,
tit. 1.

la justice ne doit pas sanctionner une mesure qui n'avait été prescrite que par erreur. D'autre part, les enfans étant sans intérêt pour que l'administration de leurs biens soit placée hors de la règle commune, nul ne doit être recevable à exiger cette exception pour eux.

Mais si la conduite du père l'accusait lui-même de dissipation; s'il y avait un désordre notoire dans ses affaires; s'il paraissait incapable d'administrer, soit par défaut de facultés mentales, soit par ignorance ou inexpérience; s'il ne prouvait pas qu'il fût suffisamment solvable pour répondre de sa gestion; si sa fortune, livrée aux hasards du commerce, ne présentait pas une garantie connue et assurée; si, après avoir interrogé le conseil de famille, ou prescrit tout autre moyen d'instruction, il restait aux yeux de la justice le moindre doute raisonnable sur la question de savoir si les intérêts des mineurs seraient en parfaite sureté, en confiant au père l'administration qui lui a été prohibée par le testateur, il faudrait obéir à la loi du testament, et la clause devrait recevoir toute son exécution.

244. La question ainsi entendue, voyons actuellement si l'on peut dire, avec raison, que la clause dont il s'agit est contraire aux bonnes mœurs ou aux lois.

Et d'abord, comment concevoir qu'un testateur qui prohibe au père l'administration des biens donnés au fils, pour la confier à un exécuteur testamentaire, fasse un acte immoral, lorsque, se défiant de la prodigalité ou de la solvabilité du père, il n'agit que dans la vue d'assurer l'exécution de sa libéralité, et de mettre les intérêts du fils hors des atteintes des dissipations du père ? Rien n'est assurément plus conforme à la saine morale, que l'esprit d'ordre et de conservation : donc le testateur qui n'est guidé que par cet esprit dans la précaution qu'il prescrit pour conserver le bien de son légataire, ne fait qu'un acte de sagesse; donc il ne peut encourir le reproche d'avoir offensé les principes de la morale.

On a toujours vu et on ne cessera jamais de voir un désordre affligeant pour les mœurs dans la conduite du père de famille qui se montre dissipateur : donc la disposition du testateur qui vient mettre obstacle à ce désordre, ne peut être encore, sous ce point de vue, que très-conforme à la saine morale.

Lors même qu'on ferait abstraction de tout esprit de dissipation ou de prodigalité dans le père; si, dans sa fortune personnelle, il ne présente pas assez de garantie pour répondre de sa gestion, et des restitutions qu'il devra faire, comment y aurait-il de l'immoralité à mettre obstacle aux dissipations possibles de sa part? Et, puisque les dissipations qu'on peut craindre seraient alors consommées sans retour, la précaution prise pour les éviter n'est-elle pas dictée par la plus saine raison?

L'incapacité est placée par la loi au nombre des causes de destitution de la tutelle (444); comment pourrait-il être immoral d'en prévenir les funestes effets, en écartant de l'administration du patrimoine des mineurs un père qui, par son ignorance ou son inaptitude, pourrait chaque jour mettre ses enfans sur le penchant de leur ruine ?

Un père qui perçoit et dépense des revenus qui ne lui appartiennent pas; un père qui sait qu'il devra un jour rendre compte de sa gestion, sans avoir les moyens de se libérer, commet un véritable vol au préjudice de ses enfans : comment donc ne pourrait-on, sans offenser les principes de la morale, prévenir le danger, et mettre obstacle même à la possibilité de cette espèce de vol ?

Mais, dit-on, cette clause est contraire aux bonnes mœurs, en ce qu'elle tend à inspirer aux enfans du mépris ou de la défiance contre les auteurs de leurs jours, et à affaiblir la puissance paternelle, l'une des bases de l'ordre social.

Ce n'est là qu'une confusion d'idées et de mots. Lorsque la disposition n'a point été faite *ab irato;* lorsque le testateur n'a eu en vue que la conservation des biens des enfans; lorsqu'il n'est pas constant qu'il se soit trompé sur les moyens de garantie du père, cette objection est sans application à la question.

D'une part, le testateur disposant en maître de ce qui lui appartient, et ne devant personnellement aucun témoignage de déférence au père de son légataire, ne peut être tenu d'adopter une forme plus respectueuse à son égard, vu sur-tout que cette forme s'opposerait au but qu'il se propose, qui est d'assurer l'exécution de son bienfait.

D'autre côté, le respect dû aux père et mère

par

par les enfans, impose bien à ceux-ci le devoir
de ne jamais agir, par des motifs injurieux,
contre les auteurs de leurs jours; mais ce respect n'est pas toujours tel qu'on doive, en silence, lui faire le sacrifice de la fortune des enfans, lorsque leurs intérêts sont en opposition
avec ceux des père et mère : la loi est loin de
l'entendre ainsi, puisqu'elle veut que le père ou
la mère soient, comme tous autres tuteurs (405
et 444), poursuivis, au nom des enfans, pour se
voir déclarer indignes et déchus de la tutelle,
lorsqu'ils administrent mal leurs biens, quoique
le jugement de destitution frappe d'une espèce
d'infamie, puisque le tuteur destitué ne peut
plus être membre du conseil de famille (445).

Enfin, la clause prohibitive de l'administration, n'ayant aucun rapport au pouvoir du
père sur le gouvernement de la personne des
enfans, ne touche en rien à la puissance paternelle, et ne peut conséquemment tendre à l'affaiblir.

245. C'est sur-tout à Rome qu'on fut jaloux des
prérogatives de cette puissance; et néanmoins,
suivant le prescrit de la novelle 117, il était permis au testateur de faire un legs au fils de famille, sous la condition que le père n'en aurait
ni l'usufruit, ni l'administration : *sub hâc defini-
tione aut conditione, si voluerint, ut pater, aut
qui eos habent in potestate; in his rebus neque
usumfructum, neque quodlibet habeant partici-
pium;* en sorte que si les légataires étaient ma-
jeurs, ils acquéraient l'administration et la pleine
propriété des objets qui leur étaient donnés : *res*

*autem ita relictas sive donatas positis sub po-*
*testate personis, siquidem perfectæ sint ætatis; li-*
*cèt sub potestate sint, licentiam habeant quo vo-*
*lunt modo disponere;* que s'ils étaient encore mineurs, l'administration des biens légués devait être
confiée à l'exécuteur testamentaire nommé par le
testateur : *si verò ætate minores sint; per quem*
*perspexerit testator, aut donator, hæc gubernen-*
*tur, donec illi quibus donata sunt aut relicta,*
*ad perfectam ætatem veniant;* que si le testateur n'avait nommé lui-même aucun administrateur, ou si celui qui avait été nommé refusait
d'accepter cette charge, ou venait à décéder
avant la majorité des enfans, on devait recourir
au juge des lieux pour faire décerner un curateur *ad hoc,* sans qu'en aucun cas il fût permis
au père de revendiquer l'administration qui lui
avait été prohibée par l'auteur de la libéralité :
*si verò forsan is qui reliquerit, aut donat, nul-*
*lum in his dispensatorem ordinaverit, aut ab*
*eo datus hujusmodi gubernationem subire no-*
*luerit, aut moriatur antequàm illi perfectæ fiant*
*ætatis, jubemus judicem competentem curatorem*
*fide dignum cum legitimâ fidejussione, rebus*
*talibus ordinare.* L'empereur Justinien ne crut
pas, par cette disposition, porter atteinte à la
puissance paternelle; et les auteurs qui ont écrit
sur cette novelle, en parlent comme d'une chose
conforme à la raison et n'ayant rien de répugnant
aux bonnes mœurs (1). Cependant, aux termes

---

(1) Voy. dans CUJAS, sur la novelle 117. — dans So-
TOMAYOR, *tractatu de usufructu,* cap. 3, n.° 59; — dans
VOET, lib. 26, tit. 2, n.° 5.

du droit romain, toute condition contraire aux bonnes mœurs, et qui aurait été insérée dans un testament, était déjà déclarée nulle et comme non écrite; *conditiones contra edicta Imperatorum, aut contra leges, vel quæ contra bonos mores sunt, pro non scriptis habentur* (1) : or les principes de la morale n'ont pas changé depuis la promulgation du nouveau code; ce qui était reconnu conforme à ces principes, doit encore l'être aujourd'hui : donc la clause dont il s'agit ici, n'a rien de contraire aux bonnes mœurs.

246. Mais cette clause n'a-t-elle également rien de contraire au prescrit de nos lois?

Cette seconde question peut être résolue en bien peu de mots.

Il est permis de prohiber l'usufruit au père, pour que l'enfant profite seul de la libéralité qui lui est faite; or la prohibition de l'usufruit ne serait qu'un avantage illusoire pour l'enfant, si l'administration devait nécessairement être laissée au père, lors même que celui-ci ne serait qu'un dissipateur, ou un homme insolvable : donc la permission de prohiber l'usufruit emporte virtuellement celle de prohiber aussi l'administration, toutes les fois que cette mesure doit être favorable aux intérêts du mineur.

C'est un principe constant et général que, quand la loi nous accorde un droit, elle nous accorde au moins tacitement et par voie de conséquence, tout ce qui est nécessaire pour l'exercer, encore qu'elle ne s'en soit pas expliquée, parce qu'on ne peut vouloir la fin, sans vouloir

_____

(1) L. 14, ff. *de condit. instit.*, lib. 28, tit. 7.

aussi les moyens d'y parvenir : *Cui jurisdictio data est, ea quoque concessa esse videntur, sine quibus jurisdictio explicari non potuit* (1) : donc la loi qui permet la prohibition de l'usufruit, permet aussi celle de l'administration, lorsque cette précaution est nécessaire ou utile pour assurer la parfaite exécution de la libéralité au profit de l'enfant.

Nous ajoutons qu'on ne trouve, dans tous nos codes, aucune disposition qu'on puisse dire être prohibitive d'une pareille condition apposée par le testateur à sa libéralité, et que plusieurs fois elle a été approuvée par les arrêts des Cours.

Le sieur Daniel fait son testament en 1779 ; il nomme les mineurs Bataille, enfans d'un gazier de Paris, légataires universels de tous ses biens, et veut que l'administration en appartienne, pendant leur minorité, au sieur Dubois. Le père et la mère demandent la nullité de cette dernière clause ; ils soutiennent qu'elle leur fait injure, et qu'il n'est pas permis à un testateur de dépouiller un père et une mère de la tutelle naturelle de leurs enfans, pour la donner à un étranger. Sentence du Châtelet qui, sans avoir égard à leur demande, confirme la disposition du testateur, et charge le sieur Dubois de la gestion et administration des biens donnés, jusqu'à la majorité des enfans. Appel. La cause portée à la grand'chambre du Parlement de Paris, M. l'avocat général Séguier a dit que le testateur avait pu apposer à sa libéralité telle condition qu'il avait

---

(1) L. 2, ff. *de jurisdictione*, lib. 2, tit. 1.

jugée à propos; que d'ailleurs il avait pu craindre qu'un gazier ne fût pas en état de gérer et administrer les biens qu'il laissait aux mineurs, d'une manière aussi avantageuse que celui qu'il en chargeait et dont il connaissait vraisemblablement la capacité. Sur ces raisons, arrêt du 20 juin 1781, qui met l'appellation au néant, avec amende et dépens (1).

Par son testament du 12 fructidor an 11, le sieur Sévenet fait un legs de 2000 francs au sieur Compigny son petit-fils, encore en bas âge; il nomme un exécuteur testamentaire qu'il charge de toucher le legs fait à son petit-fils, et d'en faire l'emploi et le placement jusqu'à ce que le légataire ait atteint sa majorité. Procès de la part du père, qui prétend avoir droit aux intérêts des sommes placées par l'exécuteur testamentaire. Sentence du Tribunal de la Seine du 9 mai 1811, qui déclare qu'il résulte de la disposition du testament, que l'institution expresse du testateur a été que la somme léguée ne profitât qu'au légataire. Sur l'appel, arrêt de la Cour royale de Paris, du 24 mars 1812, qui adoptant les motifs du Tribunal de première instance, confirme son jugement (2). Comme on le voit, dans cette espèce, l'administration du legs avait été ôtée au père, pour être confiée à un exécuteur testamentaire; et loin que cette disposition eût été improuvée, les Tribunaux ont au contraire conclu de là, que la prohibition de l'administration

(1) Voy. dans le nouveau Répertoire, au mot *tutelle*, sect. 2, §. 1, n.º 5.

(2) Voy. dans SIREY, tom. 12 au supplément, p. 329.

emportait celle de l'usufruit légal, quoiqué le testateur n'en eût pas explicitement parlé.

247. Jusqu'à présent nous avons raisonné principalement dans l'hypothèse où le testateur aurait
lui-même pourvu à l'administration des biens
donnés à l'enfant, en nommant l'administrateur
qui devrait en être chargé; mais, s'il avait simplement prohibé l'administration au père, sans
la déléguer ou la confier à une personne de son
choix, le père ne devrait toujours pas l'avoir.
Le testateur serait alors censé s'en être rapporté
au choix qui serait fait par le conseil de famille,
et le subrogé tuteur devrait le convoquer pour
provoquer sa délibération à cet égard.

248. Nous pourrions terminer ici cette discussion; mais il ne sera pas inutile de jeter encore
quelque jour dans le vague des raisonnemens ac-
cumulés à l'appui du système contraire. On en
sentira tout le vide dès qu'on se sera bien péné-
tré de l'esprit du code sur la nature de la puissance paternelle, et de la tutelle.

La puissance paternelle est un véritable droit
dans les père et mère; droit qu'ils ne tiennent
que de la nature et de la loi: nul ne pourrait
donc le leur ôter de son autorité privée.

Cette puissance a pour objet immédiat et principal, le gouvernement de la personne des enfans; nul ne peut donc encore, sous ce rapport,
en modifier ou restreindre l'exercice, puisque
son objet n'est point à la disposition de l'homme:
il n'y a que l'autorité publique qui pourrait,
pour des causes graves, soustraire les enfans à

la direction du père, si, au lieu d'être le roi, il n'était que le tyran de sa famille.

249. Il n'en est pas de même de la tutelle en tant qu'elle porte sur l'administration des biens des mineurs. Ici, c'est moins un droit dans le tuteur qu'une charge qui lui est imposée : charge qui ne porte que sur des intérêts pécuniaires, qui, par leur nature, sont entièrement dans la disposition de l'homme, et ne sont soumis qu'aux règles du droit privé ; il n'y a par conséquent rien dans le droit public qui s'oppose à ce que l'exercice de la tutelle puisse être restreint, sous ce point de vue, par la volonté du testateur.

Ces principes étant une fois sentis, comment pourrait-on encore soutenir sérieusement qu'un père, en sa qualité de tuteur, pût avoir le droit de réclamer contre la disposition qui lui ôte la gestion des biens donnés à son enfant, lorsqu'il est reconnu que cette disposition est favorable aux intérêts du mineur ?

La tutelle est tout en faveur des mineurs, puisque le tuteur n'en doit tirer aucun profit, et que, de quelque condition qu'il soit, il doit être destitué, du moment qu'il administre mal : donc le père ne peut jamais se prévaloir de sa qualité de tuteur, pour exiger une chose contraire aux intérêts du mineur; car c'est une maxime constante et consignée dans un grand nombre de lois, qu'il ne peut être permis, en aucun cas, de rétorquer contre quelqu'un ce qui n'a été établi qu'à son avantage : *quod favore quorumdam constitutum est, quibusdam casi-*

*bus ad læsionem eorum nolumus inventum vi-*
*deri* (1).

Supposons qu'un homme soit dans le dessein
de faire une donation entre-vifs au profit d'un
mineur en puissance de père; mais qu'il ne veuille
la consentir qu'à condition qu'il gardera lui-
même l'administration des biens qu'il se propose
de donner, jusqu'à ce que le donataire ait atteint
sa majorité, et que le père ne voulant pas souscrire à cette condition, la libéralité n'ait pas lieu;
pourrait-on dire que ce tuteur légal fût sans reproche envers son mineur ? Et ne mériterait-il pas
plutôt la destitution pour avoir porté la vanité
jusqu'à écarter un bienfait important qu'on voulait accorder à son enfant ? Eh bien ! que la libéralité soit faite par acte entre-vifs, ou par disposition à cause de mort; que le donateur se réserve à lui-même l'administration, ou qu'il la
commette à un tiers, la condition apposée à la
libéralité n'est-elle pas toujours la même ? Et
n'est-il pas toujours du devoir du père d'y souscrire pour l'avantage de son enfant, s'il ne veut
encourir le reproche d'être un mauvais tuteur ?

On oppose qu'aux termes de l'article 397 du
code, le droit individuel de choisir un tuteur
n'appartient qu'au dernier mourant des père et
mère; et l'on voudrait conclure de là qu'un testateur étranger ne peut nommer un administrateur pour gérer les biens qu'il lègue à des mi-

---

(1) L. 6, cod. *de legibus et constit. princip.*, lib. 1,
tit. 14;—idem, l. 19, in fine, cod. *de fide instrument.*,
lib. 4, tit. 21;—l. 5, §. 1, in fine, cod. *de secundis
nuptiis*, lib. 5, tit. 9;—l. 25, ff. *de legibus*, lib. 1, tit. 3.

neurs : mais cette disposition du code est ici sans application, puisqu'il ne s'agit ni d'un tuteur donné à la personne des enfans, ni même d'un administrateur général des biens qu'ils peuvent avoir d'ailleurs ; mais seulement d'un administrateur ou conservateur particulier dont les fonctions sont bien différentes de celles d'un tuteur.

Déjà, dans l'ancien ordre de choses et sous l'empire de la loi romaine, le droit individuel de donner un tuteur aux enfans n'appartenait qu'à l'ascendant mâle qui les avait en sa puissance au moment de son décès : *Nemo potest tutorem dare cuiquam, nisi ei quem in suis hæredibus, cùm moritur habuit, habiturusve esset, si vixisset* (1). Cependant un testateur étranger qui léguait quelques biens à des pupilles, pouvait nommer aussi un administrateur particulier pour la gestion de ces biens, et les meilleurs auteurs qui aient écrit sur cette matière (2), ne voyaient rien, en cela, qui fût contraire à la loi des tutelles : pourquoi en serait-il autrement aujourd'hui ?

Nous terminerons en observant que l'administrateur *ad hoc*, nommé soit par le testateur, soit par le conseil de famille, pour la gestion des biens légués aux mineurs, n'étant qu'un mandataire spécial, n'a que les actions nécessaires à l'exercice de son mandat, pour ce qui touche à l'administration qui lui est déléguée ; mais que pour tout ce qui peut excéder les bornes de

---

(1) L. 73, §. 1, ff. *de regul. jur.*

(2) Voy. dans Voet, sur le digeste, *de testamentariâ tutelâ*, lib. 26, tit. 2, n.° 5.

cette administration, comme pour tous autres objets, c'est le tuteur de droit qui a l'exercice des actions des mineurs, parce que les pouvoirs dont il est revêtu lui sont délégués à titre universel.

---

## CHAPITRE VI.

### *Du Douaire.*

Le douaire, dans son institution, appartient au droit coutumier.

250. Il consiste dans une jouissance à vie, que les coutumes accordaient à la veuve sur les biens du mari prédécédé.

Plusieurs de ces coutumes assuraient aux enfans la propriété des biens dont elles déféraient l'usufruit à la mère survivante ; mais nous ne devons rappeler ici que ce qui a rapport à ce droit de jouissance, puisque le droit d'usufruit est le seul objet de ce traité. Il ne doit pas même entrer dans notre plan de faire un travail approfondi sur cette espèce particulière d'usufruit, soit parce que l'institution du douaire ne se trouve plus dans notre code, et que les coutumes qui l'avaient jadis établi sont actuellement abrogées ; soit parce que deux auteurs célèbres, *Renusson* et *Pothier*, nous ont laissé, sur cette matière, des traités qui sont entre les mains de tous les jurisconsultes.

Cependant, comme il est toujours permis de stipuler un douaire dans les contrats de ma-

riage, quoiqu'aujourd'hui la loi n'en établisse
point de plein droit; et comme le douaire coutumier lui-même doit encore avoir lieu, même
dans le futur, et durant bien des années, par
suite des mariages qui ont été célébrés avant nos
lois nouvelles, nous ne pouvons nous dispenser
d'en parler succinctement, ne fût-ce que par rapport aux questions transitoires que le passage
d'une législation à l'autre ne manque jamais de
faire naître.

On distingue deux espèces de douaire : l'un
qu'on appelle *préfix* ou *divis*, et l'autre qu'on
appelle *coutumier*.

251. Le douaire préfix ou divis, est celui qui a été
fixé par une clause expresse du traité nuptial
conclu, avant le mariage, entre les époux qui ont
préféré en déterminer ainsi le montant ou l'objet, plutôt que de s'en rapporter à la disposition
de la coutume sous l'empire de laquelle ils se
sont mariés.

Le douaire peut être abonné de cette manière : soit en usufruit ou jouissance de fonds;
soit au moyen d'un revenu annuel; soit pour
une somme une fois payée.

Les coutumes n'étaient point impératives sur
la constitution du douaire : tout en accordant
cette faveur à la femme, elles lui permettaient
d'y renoncer avant la célébration du mariage :
on pouvait en conséquence convenir aussi, dans
le traité nuptial, qu'il n'y aurait point de douaire.

De même aujourd'hui, quoique notre code
n'établisse aucun douaire au profit de la veuve,
comme il ne renferme aucune disposition prohi-

bitive à ce sujet, il est toujours permis d'en stipuler un par le traité de mariage, sauf la réduction prescrite par la loi pour le cas d'inofficiosité vis-à-vis des légitimaires.

252. Le douaire coutumier est celui qui résulte simplement des dispositions de la coutume à laquelle les parties n'ont pas voulu déroger par un traité préalable à la célébration du mariage.

Les différentes coutumes n'étaient point uniformes sur la quotité du douaire qu'elles accordaient à la veuve.

A Paris (1), le douaire coutumier consistait dans l'usufruit de la moitié des héritages possédés par le mari au jour de la bénédiction nuptiale, et de la moitié de ceux qui lui étaient échus, en ligne directe, durant le mariage.

La coutume de Troyes était, sur ce point, conforme à celle de Paris (2).

En Normandie, le douaire ne consistait que dans l'usufruit du tiers des immeubles dont le mari était saisi au jour du mariage, et du tiers de ceux qui lui étaient échus en ligne directe (3).

Il serait inutile de nous livrer à une plus grande énumération : il suffit d'observer que, sous ces coutumes, la constitution du douaire municipal, ou en d'autres termes, le douaire coutumier était semblable à une libéralité en usufruit d'une portion déterminée de biens présens que

---

(1) Art. 248 de la coutume.
(2) Art. 86 de la cout. de Troyes.
(3) Art. 367 de la cout. de Normandie.

le mari aurait faite, par traité nuptial à son épouse,
sous la condition de survie de celle-ci; en sorte
que le mari, irrévocablement lié à cet égard,
ne pouvait aliéner ses immeubles au préjudice
du douaire, et que, s'il n'avait pas laissé, dans
sa succession, des fonds en suffisante quantité
pour remplir la veuve de la jouissance qui lui
était due, elle était en droit d'attaquer les tiers
acquéreurs, même à titre onéreux, pour les évincer en usufruit jusqu'à due concurrence.

Il y avait d'autres coutumes qui fixaient le
douaire par relation à la dot que la femme avait
apportée à son mari. Telle était celle de Franche-
Comté, qui déclarait la femme bourgeoise douée
à la tierce partie de sa dot (1). Sous cette coutume le douaire de la femme bourgeoise ne consistait que dans la jouissance d'un capital, si la
dot n'avait été apportée qu'en argent; et au cas
contraire, si la femme avait été dotée en fonds,
son douaire lui était dû en jouissance d'immeubles : mais dans l'un et l'autre cas, la constitution
du douaire avait aussi les effets d'une donation
conditionnelle de biens présens, en usufruit, au
préjudice de laquelle le mari ne pouvait, après
la célébration du mariage, hypothéquer ou aliéner ses fonds.

Enfin il y avait d'autres coutumes qui n'assi-
gnaient le douaire de la veuve, que sur les
biens à venir du mari : telle était celle de
Bourgogne, portant (2) que la femme est douée

_____

(1) Art. 3, tit. 2, *des gens mariés.*
(2) Art. 6, tit. 4.

sur la moitié des héritages anciens dont le mari est mort vêtu et saisi. Ici la constitution du douaire coutumier n'était comparable qu'à une simple donation de biens à venir; en sorte que le mari pouvait, en aliénant tous ses propres anciens, anéantir l'expectative du douaire de la veuve, sans que celle-ci eût aucun recours en indemnité contre les héritiers qui n'auraient recueilli aucun des biens dont l'espèce seule est passible de la charge du douaire : ni aucune action en éviction contre les tiers acquéreurs qui lui auraient répondu que son douaire ne lui ayant été tacitement promis que sur les anciens dont le mari serait mort vêtu et saisi, il ne pouvait lui être dû sur les fonds aliénés par celui-ci en son vivant (1).

Le douaire coutumier n'étant, pour la femme, qu'une jouissance à vie, n'est autre chose qu'un droit d'usufruit qui s'éteint par la mort de l'usufruitier; mais la constitution de cette espèce d'usufruit est d'une nature toute particulière.

Quoique semblable à une donation, néanmoins ce don de la loi n'a pas uniquement la pure libéralité pour cause, soit parce qu'il a été établi en récompense de la jouissance de la dot et des soins et travaux de la femme, soit parce qu'il est destiné à étendre, même après le décès du mari, l'exécution de l'obligation qu'il avait contractée de fournir, en son vivant, des alimens à son épouse; en sorte qu'il est, sous ce rapport,

(1) Voy. dans TAISAND, sur l'art. 6, tit. 4, de la cout. de Bourgogne; et dans BANNELIER, tom. 4, pag. 62, édit. in-4.º

comme une condition tacitement opposée à l'union des époux : et de là les auteurs ont tiré cette conséquence, que la douairière a droit d'exiger, pour sa jouissance, une garantie qui ne serait pas due à un simple légataire d'usufruit, ainsi que nous le verrons plus bas.

253.   Considérée dans sa nature propre, la constitution du douaire tient tout à la fois de la disposition à cause de mort, et de la disposition entre-vifs.

Elle participe de la disposition à cause de mort, en ce que le douaire est soumis à la condition de survie de la part de la douairière dont le droit ne peut être ouvert que par la mort du mari (1).

Elle participe de la disposition entre-vifs, en ce que le droit du douaire se rattache au contrat de mariage comme une condition sous-entendue dans l'union des époux.

254.   Dans son espèce mixte, le douaire est un droit d'usufruit légal et conventionnel tout à la fois.

C'est un droit d'usufruit légal, puisqu'il a sa cause primitive dans la disposition de la loi mu-

_____

(1) Il y avait des coutumes sous lesquelles on jugeait que la mort civile du mari ne donnait pas lieu à l'ouverture du douaire : devrait-on encore aujourd'hui décider ce point de droit suivant ces coutumes, à l'égard de la femme qui se serait mariée sous l'empire de l'une d'elles, mais dont le mari aurait été frappé de la mort civile depuis la publication du code ?

Voyez, sur cette question, ce que nous en avons dit dans notre ouvrage sur l'état des personnes et la loi préliminaire du code, tom. I, pag. 52.

nicipale qui établit cette récompense au profit de la femme survivante.

C'est un droit d'usufruit conventionnel, parce qu'il est censé stipulé entre les époux lors de leur union : en sorte qu'il est assuré à la veuve comme s'il y en avait eu une convention expresse lors de la célébration du mariage.

Il en est de la constitution du douaire, comme de celle de la communauté. Lorsque deux époux se sont mariés sans traité nuptial, la femme se trouve associée aux acquisitions, comme si les parties en étaient convenues par un contrat exprès : elle a part aux bénéfices faits dans le ménage, par cela seul qu'il n'y a pas eu de convention par laquelle elle ait renoncé à cette faveur que la loi attache à son mariage. De même, lorsque les époux se sont unis sous une coutume accordant un douaire, il est dû à la veuve comme lui ayant été tacitement promis ; et c'est comme s'il y en avait eu une convention expresse, du moment qu'elle n'y a pas renoncé dans un traité préalable à la célébration du mariage.

Cette convention tacite sur l'établissement du douaire, comme sur celui de la communauté, est fondée sur ce que, la loi constitutive du droit commun en ayant fait une condition de l'association des époux, pour tous les cas où les parties n'y auraient pas renoncé, ceux qui se sont mariés sans autre contrat sont censés s'y être soumis et avoir adopté pour eux les dispositions de la loi, comme s'ils s'en étaient formellement expliqués ; car, voulant faire un acte conforme au droit commun, ils n'ont pu avoir d'autre

intention

intention que celle de se soumettre aux obligations que ce même droit attache à l'acte de célébration de leur mariage. Ils se trouvent donc
sous l'empire de la règle tracée dans l'article
1135 du code civil portant que, « les conven-
» tions obligent non-seulement à ce qui y est
» exprimé, mais encore *à toutes les suites que*
» *l'équité, l'usage ou la loi* donnent à l'obli-
» gation d'après sa nature »; règle reconnue de
tous les temps comme une chose de principe en
fait de convention : *Ea enim quæ sunt moris et*
*consuetudinis, in bonæ fidei judiciis venire de-*
*bent* (1). Et comme une convention tacite a la
même force qu'une convention expresse, *sed*
*etiam tacitè consensu convenire intelligitur* (2),
il est nécessaire de convenir, comme nous l'a-
vons énoncé, que le douaire coutumier est véritablement, sous ce rapport, un droit d'usufruit conventionnel. Et de là résultent plusieurs
conséquences qu'il faut remarquer ici.

255.  *La première :* que, du vivant même du mari,
la femme est déjà conditionnellement créancière de son douaire, puisqu'il lui est dû sous la
condition de sa survie, en vertu d'une convention irrévocable de sa nature, et qui, quoique
tacite, a pour elle toute la force d'une stipulation expresse : *Eum qui stipulatus est sub con-*
*ditione, placet etiam pendente conditione credi-*
*torem esse* (3).

256.  *La seconde :* qu'en sa qualité de créancière,

---

(1) L. 31, §. 20, ff. *de ædil. edict.*, lib. 21, tit. 1.
(2) L. 2, ff. *de pactis*, lib. 2, tit. 14.
(3) L. 42, ff. *de obligat. et act.*, lib. 44, tit. 7.

quoique sa créance ne soit que conditionnelle,
la femme a déjà, du vivant du mari, une hypothèque légale sur les biens de celui-ci, pour sûreté de son douaire mobilier, soit coutumier,
soit conventionnel ; hypothèque en vertu de laquelle elle peut prendre inscription (2132) et
faire tous actes conservatoires de ses droits, suivant ce que peuvent exiger les circonstances :
comme, par exemple, intervenir dans la discussion des biens du mari pour demander que les
créanciers qui sont postérieurs à elle, et qui se
trouvent en ordre d'être nantis, ne touchent
que sous la caution et à charge de rapport, en
cas que sa survie donne ouverture à son douaire.

257.   *La troisième :* que, nonobstant qu'aujour-
d'hui les lois n'accordent plus de douaire aux
femmes en France, il en est néanmoins dû un,
pour le cas de survie, à toutes celles qui se sont
mariées avant la loi abolitive des coutumes, parce
que leur droit, à ce sujet, remonte à l'époque de
leur contrat, *uniuscujusque contractus initium
spectandum et causam* (1); et que le code ( 2 ),
en prohibant tout effet rétroactif, veut, par une
conséquence nécessaire, que les conventions for-
mées antérieurement, soient exécutées dans toute
l'étendue qu'on avait voulu leur donner dans le
principe : *Nam hoc servabitur quod ab initio
convenit* (2).

258. Mais quelle est l'époque précise de l'abrogation des anciennes coutumes sur le fait du

---

(1) L. 8, in fine princip., ff. *mandati*, lib. 17. tit 1,
(2) L. 23, ff. *de regul. jur.*

douaire ? Cette abrogation était-elle déjà une suite de la loi du 17 nivôse an 2, ou n'a-t-elle eu lieu que par la promulgation du code civil ?

Cette question a été longuement et fortement discutée soit par-devant les Cours d'appel de Liége, de Metz et de Nancy, soit par-devant celle de cassation qui paraît avoir définitivement fixé la jurisprudence à cet égard, en déclarant que les gains de survie, établis entre époux par les anciennes coutumes, avaient été abolis par la loi du 17 nivôse. Trois arrêts consécutifs ont été rendus, en ce sens, dans cette dernière Cour, les 20 octobre 1807, 6 mars 1811 et 8 janvier 1814 : les deux premiers par la section civile, et le dernier par les sections réunies sous la présidence du ministre grand-juge (1).

Après avoir rappelé sommairement ces notions sur la nature du douaire, il nous reste à examiner quelques-unes des questions transitoires qui peuvent naître du changement de notre législation sur cette matière.

### PREMIÈRE QUESTION.

259. *La plupart des coutumes déclaraient qu'au décès du mari, la veuve était saisie de son douaire soit préfix, soit coutumier : cette saisine peut-elle encore avoir lieu au profit de la femme mariée sous l'empire de ces coutumes, et quelle peut être la conséquence de cette disposition du droit ancien, par rapport aux douaires qui ne seraient ouverts que sous le droit nouveau ?*

---

(1) Voy. dans le nouveau Répertoire, aux mots *gains nuptiaux*, tom. 5, p. 426 et suiv., et au tom. 15, p. 357.

Pour mettre la solution de cette question à portée même des commençans, il faut encore remonter aux idées élémentaires qu'on doit avoir de la saisine et de ses effets.

Et, d'abord, qu'est-ce que la saisine?

On peut dire en général que la saisine consiste dans l'investiture de la possession.

Celui-là, en effet, a la saisine d'une chose, qui est revêtu des droits du possessoire sur cette chose. C'est par cette raison que l'action en maintenue dans la possession d'un héritage en laquelle on est troublé par un tiers, était appelée par l'article 1 du titre 18 de l'ordonnance de 1667, et par nos anciens praticiens, complainte en cas de saisine et nouvelleté.

*Complainte*, c'est-à-dire action au possessoire, par laquelle on se plaint du fait d'un tiers :

*En cas de saisine*, c'est-à-dire en cas qu'on soit saisi de la possession du fonds, parce qu'autrement l'action n'aurait pas de cause;

*Et nouvelleté*, c'est-à-dire en cas d'innovation, ou de trouble nouvellement causé à notre possession.

Il y a deux espèces de saisine, qui sont : la saisine naturelle et de fait, et la saisine civile ou de droit.

La saisine naturelle est celle qui a lieu lorsque l'acquéreur ou le nouveau propriétaire d'un fonds en prend la possession réelle et de fait en vertu de son titre.

La saisine civile ou de droit est celle qui, conformément à l'ancienne maxime du droit coutumier, *le mort saisit le vif*, a lieu par le seul empire de la loi, lorsqu'elle déclare (724) que l'héritier est saisi, de plein droit, des biens, droits et actions du défunt.

C'est cette espèce de saisine qui était accordée à la veuve, par les coutumes, pour la jouissance de son douaire, comme elle est accordée à l'héritier pour le revêtir de la possession des biens de l'hérédité, lors même que, dans le fait, il n'est pas encore entré en jouissance.

260. La saisine civile est donc une fiction par laquelle la loi répute de plein droit celui qui en est revêtu, possesseur du fonds, quoiqu'il n'en ait point encore pris la possession naturelle, et lui accorde par là tous les avantages du possessoire, comme si, par le fait, il s'était déjà présenté sur l'héritage pour y faire son entrée en jouissance.

Cette saisine produit deux effets bien distincts.

Le premier consiste en ce que celui qui a la saisine a aussi les actions possessoires, soit en maintenue pour le cas de simple trouble, soit en réintégrande pour le cas du dessaisissement réel; et c'est là une conséquence nécessaire de ce qu'il est réputé possesseur, comme s'il avait réellement pris la possession dans laquelle il se plaint d'être troublé.

Le second consiste en ce que les fruits ou revenus de la chose sont dus à celui qui a la saisine, encore qu'il n'ait point formé de demande en délivrance réelle. Ils lui sont dus dès le moment même où il a été saisi, parce qu'ayant titre, et étant de plein droit saisi de la possession, on ne pourrait lui refuser la qualité de possesseur légitime à laquelle le gain des fruits est toujours attaché.

Ce second effet de la saisine n'est pas aussi identiquement lié à sa cause que le premier, car on conçoit que la restitution des fruits et levées peut être due à un propriétaire ou à un usufruitier, même pour le temps où il n'était pas en possession du fonds; tandis qu'on ne concevrait pas comment un homme pourrait avoir les actions possessoires au sujet d'un héritage dont il ne serait pas possesseur.

Les coutumes qui accordaient à la veuve la saisine de son douaire, avaient pour motif principal de lui en faire gagner les fruits et revenus dès l'instant de la mort du mari. Les rédacteurs de ces coutumes n'avaient pas voulu qu'une femme pieuse, absorbée par la douleur, souffrît dans ses intérêts pécuniaires, de ce qu'elle les aurait oubliés, pour ne penser qu'à la perte qu'elle éprouvait par la mort de son époux. Ils avaient voulu, en conséquence, que cet avantage sur la perception des fruits fût comme une condition de la convention tacite du douaire. C'est pourquoi c'était un point de jurisprudence constant que, sous ces coutumes, les fruits étaient dus, de plein droit, à la douairière, dès le moment de l'ouverture de son droit; tandis que, sous les coutumes qui ne prononçaient pas la saisine à son profit, elle ne gagnait les fruits que du jour de la demande en délivrance (1) de son douaire.

_____

(1) Voyez à ce sujet dans DUNOD, en ses observations

261. Mais quelles doivent être aujourd'hui les conséquences de cette disposition coutumière sur la saisine, à l'égard de la douairière dont le droit n'est ouvert que sous nos lois nouvelles?

La saisine civile considérée en elle-même ; ou, en d'autres termes, la fiction par laquelle une personne est réputée possesseur d'une chose dont elle n'a réellement pas pris possession , ne peut être qu'un pur effet de la loi : elle ne peut être l'effet immédiat d'une convention , parce que les conventions n'ont d'effet qu'entre les parties contractantes ; tandis que la saisine opère ses effets même à l'égard des tiers, puisqu'elle donne les actions possessoires contre quiconque se porterait à troubler le saisi dans sa possession.

Il résulte de là que , relativement aux actions possessoires , la veuve ne peut aujourd'hui prétendre à la saisine de son douaire ; car elle ne pourrait l'avoir, ni en vertu des anciennes coutumes qui ne l'accordaient qu'après le décès du mari, et qui auraient déjà cessé d'être en vigueur à l'époque de ce décès : ni en vertu de nos lois nouvelles, puisqu'elles n'accordent la saisine qu'à l'héritier légitime ( 724 ) et au légataire universel qui ne se trouve point en concurrence avec l'héritier de la réserve ( 1006 ).

Il n'en est pas de même de l'effet secondaire qu'on faisait dériver de la saisine, pour attribuer

sur la coutume de Franche-Comté, pag. 361 , n.° 8 ;— dans BOUHIER, sur celle de Bourgogne, chap. 76, n.° 71 ; — dans VALIN, sur celle de la Rochelle, art. 45, n.° 36 ; — dans RENUSSON, traité du douaire, chap. 2, n.ᵒˢ 4 et 5 ; —POTHIER, traité du douaire, n.ᵒˢ 159, 160, 188 et 194.

à la veuve les fruits de son douaire dès l'instant de son ouverture ; et nous croyons qu'elle doit encore en profiter aujourd'hui, contre les héritiers du mari.

Nous avons déjà fait remarquer que cet effet est loin d'être identique avec la saisine, et qu'il n'est nullement inséparable du possessoire, puisque les fruits d'un fonds peuvent être dus à celui qui ne le possède pas.

C'est ainsi que le légataire particulier n'est jamais saisi de son legs ; que toujours il est obligé d'en demander la délivrance (1014), et que cependant les fruits lui en sont dus dès le moment de l'ouverture de son droit, lorsque le testateur a déclaré sa volonté à cet égard dans son testament (1015, §. 1). C'est ainsi encore que, dans le cas même où le douaire ne consistait que dans une pension viagère, les arrérages en étaient dus à la veuve, dès le décès du mari, sous les coutumes de saisine, quoique l'objet de sa créance ne fût pas susceptible d'un possessoire proprement dit.

Le gain des fruits dont il s'agit, se réfère à la disposition de l'homme, parce qu'il fait partie de la libéralité consentie par le donateur à la charge de sa succession. La veuve doit donc en profiter si cet avantage lui a été promis, ou s'il est censé lui avoir été promis et assuré par son mari dans la convention expresse ou tacite à laquelle se rattache son douaire préfix ou coutumier : or, il n'est pas possible de le décider autrement, puisque, comme nous l'avons fait voir plus haut, les parties ayant contracté conformément à l'esprit et à la lettre de la loi en vigueur lors de leur union, sont censées avoir stipulé et promis ce qui était écrit dans cette loi ; d'où il suit que le gain des fruits, dès le moment de l'ouverture du douaire, fait partie de la créance voulue de part et d'autre.

### SECONDE QUESTION.

262. *Quelles sont, aux termes de notre législation actuelle, les mesures conservatoires dont la femme peut et doit faire usage du vivant de son mari, pour qu'il ne soit porté aucune atteinte à son douaire?*.

Le douaire coutumier se rattachant au mariage comme une condition sous laquelle il a été célébré, la femme a, pour cette espèce de créance, les mêmes suretés que pour ses autres conventions matrimoniales, en sorte qu'on ne doit faire ici aucune distinction entre le douaire préfix et le douaire coutumier, et qu'on doit appliquer à l'un et à l'autre les mêmes principes que s'il s'agissait d'une donation faite, en contrat de mariage, par le mari à sa femme, sous la condition de survie de la part de celle-ci.

Le douaire peut être mobilier ou immobilier.

Il est mobilier lorsqu'il n'a pour objet qu'une somme d'argent une fois payée, suivant qu'il en avait été convenu dans le traité nuptial; ou lorsqu'il consiste dans une pension viagère annuellement payable à la veuve jusqu'à son décès.

Il est immobilier lorsque son objet consiste dans la jouissance des immeubles du mari : im-

meubles dont la veuve est véritablement usu-
fruitière.

Voyons d'abord quelles sont les mesures conservatoires propres au douaire mobilier; et ensuite nous nous expliquerons sur ce qui concerne la conservation du douaire immobilier.

263. Lorsque le douaire est mobilier, la femme
n'a, durant la vie du mari, qu'une créance éventuelle, puisqu'elle doit survivre pour en recueillir le bénéfice; mais cette créance n'en est pas
moins succeptible d'hypothèque, laquelle peut
elle-même être conditionnelle (2132); et la
femme a, pour sureté de ses droits à cet égard,
une hypothèque légale sur les biens du mari,
à dater du jour de la célébration de son mariage (2135, §. 2), ou du jour du contrat nuptial par lequel son douaire lui avait été expressément assuré (2194).

Suivant l'article 32 de l'édit des hypothèques,
publié en juin 1771, les femmes n'étaient point
dans l'obligation de former opposition aux lettres
de ratification, ni de prendre à cet effet inscription au greffe de la situation des biens, pour
conserver l'hypothèque de leur douaire en cas
de vente des biens de leur mari; mais aujour-
d'hui, quoique l'hypothèque qui est accordée
aux femmes pour cet objet, comme pour les
autres conventions matrimoniales, existe indépendamment de toute inscription sur les biens
du mari (2135, §. 2), tant qu'ils sont entre ses
mains, ou que le tiers acquéreur ne l'a pas purgée, il ne suffirait pas de s'en tenir là, pour la
conservation de leurs droits : car, si on a né-

gligé de prendre inscription pour sureté des conventions matrimoniales de la femme, son privilége s'évanouit lorsque les biens du mari sont aliénés, et que l'acquéreur a satisfait aux formalités prescrites par l'article 2194 du code, pour la purgation de cette espèce d'hypothèque: il faut donc prendre inscription au nom de la femme, pour prévenir tout danger à cet égard, et conserver intacte l'expectative de son douaire mobilier.

Lorsque cette formalité conservatoire a été remplie, c'est l'article 2195 qui en règle les effets. Il porte que s'il a été pris inscription du chef de la femme, et s'il existe des créanciers antérieurs qui absorbent le prix en totalité, ou en partie, l'acquéreur est libéré du prix ou de la portion du prix par lui payé aux créanciers placés en ordre utile, et que l'inscription du chef de la femme doit être rayée en totalité ou jusqu'à due concurrence;

Que, si au contraire l'inscription de la femme est la plus ancienne, l'acquéreur ne peut faire aucun payement du prix au préjudice de cette inscription; et, dans ce cas, les inscriptions des autres créanciers qui ne viennent pas en ordre utile, seront rayés.

264. Il résulte de ces expressions, qui sont les propres termes de la loi :

1.º Qu'en général, pour assurer l'effet de toutes ses créances sur son mari, la femme n'a d'autres précautions à prendre que celle de l'inscription hypothécaire, puisqu'à ce moyen la loi surveille elle-même pour lui assurer l'intégralité de ses droits ;

2.º Que si l'immeuble du mari était aliéné pour cause d'utilité publique, la femme aurait une action pour que le prix fût placé en remploi sur un autre assignat, puisque, d'une part, on ne pourrait faire de payement à son préjudice; et que, d'autre côté, le fonds vendu étant sorti du commerce, ne serait plus passible d'aucune hypothèque (2118);

3.º Que si les créances inscrites au nom de la femme ne sont subordonnées à aucune condition, telles que ses reprises dotales, et qu'elles absorbent la totalité du prix des biens vendus sur le mari, les inscriptions des créanciers postérieurs à elle doivent être rayées;

4.º Qu'au contraire, lorsqu'il s'agit d'une créance éventuelle, comme le douaire, les créanciers postérieurs ne peuvent être obligés de souffrir la radiation de leur hypothèque tant que le mari est vivant, et qu'ils n'ont pas touché, au moins à charge de rapport, ce qui reste du prix entre les mains de l'acquéreur; parce qu'il est impossible de dire qu'ils ne viendront pas en ordre utile, tant qu'il y a éventualité dans les droits de la femme.

265. C'est une question de savoir si, dans cette dernière hypothèse, l'acquéreur est en droit de se retenir le montant de la somme correspondant à l'inscription de la femme, sauf à en payer annuellement l'intérêt; ou s'il peut être forcé à le verser provisoirement entre les mains des créanciers postérieurs qui se trouvent en ordre

utile, et qui devraient définitivement être pour-
vus si le douaire n'avait pas lieu.

D'un côté, on peut dire que la loi interdisant
à l'acquéreur toute faculté de payer au préjudice de l'inscription de la femme, l'immeuble
restera toujours grevé de cette inscription entre
ses mains; qu'il y aurait de l'injustice à exiger
de lui un payement qu'il lui est défendu de
faire sous peine de s'exposer à payer deux
fois; que, faisant ce payement sans être libéré
envers la femme, l'insolvabilité qui pourrait sur-
venir dans les créanciers qui l'auraient reçu
serait totalement à sa charge, ce qui aggraverait
sa condition et étendrait la mesure de ses obligations hors des limites prescrites par la loi de
son contrat; qu'à supposer même que les créanciers qui n'auraient reçu qu'un paiement provisoire, ne devinssent pas insolvables, sa condition
n'en serait pas moins trop dure encore, puisqu'il
resterait directement soumis aux actions et à la
discussion de la veuve, et aux embarras d'un
recours qu'il ne peut être juste de lui faire supporter en outre du prix stipulé dans son contrat.

Néanmoins nous croyons qu'on ne pourrait
refuser d'admettre les créanciers à toucher provisoirement en fournissant un cautionnement suffisant pour la sureté du rapport, en cas qu'il y
ait lieu au douaire de la femme. Car, s'il est vrai
de dire que la femme ait sur la somme restant
entre les mains de l'acquéreur un droit éventuel
avec hypothèque à laquelle on ne peut préjudicier, il est vrai aussi que les créanciers, en
ordre utile, ont un droit actuel sur cette somme,

et qu'elle leur appartient pour le cas où le douaire n'aura pas lieu. A la vérité, leur droit est résoluble au cas de survie de la femme; mais la résolution n'en doit avoir lieu que quant à la restitution du capital, et non pour les intérêts; ils ont donc un droit irrévocablement acquis sur la jouissance actuelle : conséquemment ils peuvent la demander, et ils doivent l'obtenir.

266. S'il arrive un jour que le douaire ait lieu, et qu'il ne doive consister que dans une jouissance, la femme, à son tour, devra fournir aussi un cautionnement pour le toucher, puisqu'en dernière analyse le capital devra retourner et rester définitivement aux créanciers.

267. Mais si, dans l'intervalle du nantissement à la mort du mari, les créanciers ainsi que leurs cautions devenaient insolvables, sur qui péseraient les suites de cet événement? Est-ce la veuve qui devrait souffrir la perte de son douaire; ou est-ce l'acquéreur qui devrait payer deux fois, et qui n'aurait qu'un recours illusoire?

Nous croyons que c'est sur l'acquéreur que devrait retomber la perte causée par cet événement, à moins que la femme, comparant à la distribution, n'eût consenti au paiement versé entre les mains des créanciers. Car, du moment que la créance de la femme a été inscrite, et qu'aux termes du code, *il ne peut être fait aucun paiement du prix au préjudice de cette inscription*, il en résulte nécessairement que l'immeuble vendu reste soumis à son hypothèque, et que l'acquéreur pouvant toujours être évincé par elle, demeure garant réel de la créance.

Sans doute cette conséquence paraît dure à son égard ; mais on doit la considérer comme étant consacrée en principe dans le cahier des charges : c'est comme si on en avait expressément stipulé la condition dans la vente, puisque la loi veut que tel soit le sort de celui qui acquiert les immeubles du mari, lorsque la femme a une hypothèque inscrite.

Mais, si la femme comparant à l'ordre de distribution avait, sans aucune réserve, consenti à ce que le paiement fût fait aux créanciers sous caution et à charge de lui en faire à elle-même le rapport, il y aurait alors novation dans sa créance, par le changement de débiteur : novation valablement consommée, parce que la femme dûment autorisée peut traiter, s'obliger et renoncer à ses hypothèques envers des tiers : novation dont l'effet serait d'affranchir l'acquéreur et de rendre le fonds libre entre ses mains.

268. Voyons actuellement comment les lois veillent à la conservation des droits de la femme, lorsque son douaire est immobilier.

Dans ce cas, c'est un immeuble qui constitue l'objet de la créance de la femme, puisqu'à supposer qu'elle survive au mari, son douaire doit se réaliser par la délivrance de l'usufruit sur les fonds de celui-ci, c'est-à-dire par la mise en possession de ce démembrement de la propriété foncière que la loi déclare être lui-même un immeuble civilement séparé de la nue propriété.

Cette espèce de créance sort donc de la catégorie de celles auxquelles s'applique le régime hypo--thécaire, et dès-lors nous n'avons à invoquer, sur ce point, que les règles qui gouvernent la conservation du droit de propriété sur les immeubles.

Il résulte de là que, pour conserver à la femme son douaire immobilier en nature, il n'est pas besoin de prendre inscription au bureau des hypothèques, puisqu'elle n'est pas créancière hypothécaire sur les fonds, mais bien créancière du fonds même dont une portion de domaine lui est éventuellement due (1).

Il en résulte encore que, si les biens du mari se trouvent vendus au décès de celui-ci, la veuve dont le douaire est ouvert, est en droit de déposséder les acquéreurs pour entrer en jouissance de son usufruit; car, puisque c'est sa chose qu'on a vendue, et qu'on l'a vendue sans sa participation, elle ne fait alors qu'invoquer le principe de droit commun, qui veut que tout homme dont on a entrepris d'aliéner le fonds, sans son consentement, puisse le revendiquer contre le nouveau possesseur (2).

269. Cette décision doit cependant recevoir quelques modifications résultantes de diverses circonstances qui peuvent nécessiter l'application d'autres principes.

1.º Si les immeubles passibles de la charge du douaire n'avaient pas tous été vendus par le mari, la veuve ne pourrait inquiéter les acquéreurs qu'autant qu'il ne resterait pas assez de fonds dans la succession, pour la remplir de son

---

(1) Voy. dans le nouveau Répert. *verbo douaire*, tom. 4, pag. 266, col. 1, n.º 1; et *verbo gains nuptiaux*, tom. 5, pag. 438, §. 7.

(2) V. BACQUET, traité des droits de justice, ch. 15, n.º 72.

douaire,

douaire, et il ne lui serait permis de les déposséder que jusqu'à concurrence du déficit qu'elle y trouverait ; car étant sans intérêt, elle serait sans action pour en exiger davantage (1).

2.º Lorsque les biens du mari sont saisis et vendus à requête de quelques créanciers ayant hypothèques antérieures au mariage, la constitution du douaire ne peut être un obstacle à ce que la vente ne soit irrévocablement consommée (2), puisqu'alors l'adjudication procède d'une cause qui est préexistante aux conventions matrimoniales, et à laquelle le débiteur n'a pu porter atteinte en se mariant ; mais en ce cas la femme peut intervenir pour veiller à ce qu'après l'acquit des créanciers qui la précèdent, le surplus du prix, s'il y en a, ne soit payé à d'autres que provisoirement, à charge de rapport et sous bonne caution, et même sous réserve de ses droits d'hypothèque et privilége, ainsi qu'il a été dit ci-dessus (3).

3.º Si l'immeuble du mari était aliéné pour cause d'utilité publique, la femme serait fondée à demander le remploi du prix en acquisition d'un autre fonds, à moins qu'il n'en restât encore assez au mari pour la remplir de son douaire, en cas qu'il ait lieu.

---

(1) Voy. dans BASNAGE, sur l'art. 368 de la cout. de Norm., t. 2, p. 15 ; — LEGRAND, cout. de Troyes, art. 86, glos. 1, n.ᵒˢ 22 et 23 ; — POTHIER, du douaire, n.ᵒˢ 190 et 191.

(2) Voy. dans LOUET, lettre F, sommaire 24 ; — dans BACQUET, traité des droits de justice, chap. 15, n.º 73.

(3) Voy. dans BOUVOT, en ses questions notables, part. 2, au mot *décret*, quest. 1, pag. 45 ; et tom. 2, pag. 1031, quest. 41.

270. Mais dans tous autres cas, soit qu'il s'agisse d'aliénations volontairement consenties par le mari, soit qu'il s'agisse d'expropriation forcée, faite sur lui à requête de créanciers postérieurs au mariage, on doit tenir pour constant que, quand le prédécès du mari donne lieu à l'ouverture du douaire, la veuve est en droit de déposséder l'acquéreur, pour jouir par elle-même, sa vie durant, de l'usufruit des fonds qui avaient été vendus; et c'est là un point de jurisprudence attesté par tous les auteurs qui ont écrit sur cette matière (1). Cependant on trouve dans nos nouveaux recueils un arrêt prononcé par la Cour de cassation le 9 septembre 1811, qui paraît contraire à cette doctrine; mais ce préjugé suffit-il pour qu'on doive abandonner l'ancienne tradition sur ce point? Y aurait-il dans nos lois actuelles quelques dispositions qui abrogeassent les principes consacrés de tout temps pour assurer à la femme son douaire immobilier en nature?

Cette question est d'autant plus importante encore aujourd'hui, qu'on pourra toujours, comme on a toujours pu, stipuler un douaire

---

(1) Voy. dans DUNOD, en ses observations sur la coutume de Franche-Comté, pag. 361, n.º 8; — dans LEGRAND, sur celle de Troyes, art. 86, glose 1, n.º 14; — dans D'HÉRICOURT, traité de la vente des immeubles, chap. 9, n.º 10, pag. 149; — dans LOUET, *loco citato,* et lettre D, sect. 20, n.º 4; — dans BOURJON, sur le douaire, chap. 13, sect. 3; — dans RENUSSON, traité du douaire, chap. 5, n.º 32, et chap. 10; — dans POTHIER, traité idem, n.ºˢ 187 et 190; — dans BASNAGE, sur l'art. 368 de la coutume de Normandie, tom. 2, pag. 15, col. 1.

préfix dans les contrats de mariage, et que, sans s'arrêter à cette dénomination, on trouve souvent, dans ces contrats, des donations d'usufruit, singulières ou réciproques, faites entre les futurs époux, et subordonnées à la condition de survie des donataires : donations qui sont de même nature que la constitution du douaire coutumier, et sur le mérite desquelles on doit statuer d'après les mêmes règles. Voyons donc quels sont l'espèce et les motifs de l'arrêt précité.

Par acte notarié du 27 fructidor an 9, le sieur Planche avait vendu à la banque territoriale, sous la faculté de réméré pendant six ans, un moulin et d'autres immeubles situés en Normandie, où le douaire coutumier consistait dans l'usufruit du tiers des fonds dont le mari était saisi au jour du mariage, et du tiers de ceux qui lui étaient échus depuis en ligne directe.

La banque avait fait transcrire son contrat, sans que la dame Planche, mariée en Normandie en 1787, eût pris aucune inscription pour la conservation de son douaire sur les immeubles vendus par son mari.

Le rachat ne fut point exercé par le sieur Planche, et la banque territoriale se regardant comme devenue incommutable propriétaire, fit poursuivre la revente des immeubles à l'audience des criées du Tribunal de la Seine, où ils furent adjugés, le premier mars 1806, aux sieurs Lefranc et Pussac, pour la somme de 31,300 fr.

L'ordre de distribution ayant été ouvert, fut bientôt arrêté par une demande incidente formée à requête de la dame Planche.

Cette dame s'était fait séparer de biens d'avec son mari, par jugement du Tribunal d'Evreux, du 19 février 1806.

Le 7 avril suivant, elle avait fait assigner les acquéreurs en délivrance de son douaire.

Elle fondait sa demande, soit sur son contrat de mariage, par lequel son mari lui avait promis le douaire coutumier; soit sur la disposition de la coutume de Normandie, où le douaire s'ouvrait par la séparation de biens.

La banque territoriale, qui avait pris fait et cause pour les adjudicataires, répondait d'abord que la séparation de biens, obtenue par la demanderesse, étant postérieure au code civil, devait être réglée dans ses effets par l'article 1452 de ce code, qui porte que la séparation de biens ne donne pas ouverture aux droits de survie de la femme.

Cette première exception n'était en quelque sorte que dilatoire; car on aurait pu déclarer la dame Planche non-recevable, quant à présent, sans préjudicier à ses droits pour le cas où elle aurait survécu à son mari, et ne confirmer l'adjudication qu'à charge du douaire en ce cas, sauf à en modifier le prix : mais ce n'est pas là ce qui a été jugé.

La banque soutenait en outre que la dame Planche n'ayant pas pris d'inscription hypothécaire, pour sureté de son douaire, ne pouvait rechercher les acquéreurs des biens de son mari, qui avaient purgé, par la transcription de leurs contrats, les hypothèques non inscrites, conformément à ce qui était prescrit par la loi du 11 brumaire an 7 : c'est ce second moyen qui a prévalu devant la Cour de cassation, comme nous le verrons bientôt. Mais pour écarter tout ce qui est étranger à la question, et faire voir que la même difficulté peut se présenter encore à l'avenir, au sujet des gains de survie, stipulés en usufruit, entre les époux, par contrat de mariage, il est nécessaire de rappeler ici les points d'identité et de différence qui existent sur le mode de purger ou de conserver l'hypothèque légale des femmes, entre les dispositions du code et celles de la loi de brumaire an 7, sous l'empire de laquelle cette cause a été jugée.

Suivant le système hypothécaire établi par la loi de brumaire an 7, l'hypothèque légale des femmes était, conformément au droit commun, subordonnée à la formalité de l'inscription ; et lorsqu'un immeuble sur lequel le propriétaire avait consenti des hypothèques était vendu, la transcription du contrat d'acquisition, faite au bureau du conservateur, opérait l'affranchissement du fonds, envers tout créancier qui n'aurait pas précédemment formé son inscription hypothécaire.

Si donc la dame Planche n'avait eu à répéter qu'un douaire mobilier pour lequel elle n'aurait été qu'une simple créancière hypothécaire, il est hors de doute qu'on eût dû la déclarer non-recevable, puisqu'elle n'avait pas pris d'inscription, et que, de son côté, la banque territoriale avait acheté les fonds du mari et en avait fait transcrire le contrat d'acquisition, sous l'empire de la loi de brumaire ; mais reste à savoir si, lorsqu'elle se présentait pour revendiquer un douaire immobilier, sa cause pouvait être jugée par les mêmes principes : et c'est le point de la difficulté que nous avons à éclaircir.

271. Aujourd'hui, et suivant les dispositions du code civil, l'hypothèque légale des femmes sur les biens de leurs maris existe indépendamment de toute inscription, et cette hypothèque ne peut être purgée par la simple transcription de l'acte de vente faite par le mari ; mais lorsqu'un extrait du contrat a été affiché, pendant deux mois, dans l'auditoire du tribunal de la situation des biens, et que les autres formalités prescrites par l'article 2194 ont été remplies, si aucune inscription hypothécaire n'est formée de la part de la femme, l'immeuble vendu se trouve affranchi entre les mains de l'acquéreur, comme il l'était par la simple transcription de l'acte de mutation sous la loi de brumaire.

Ainsi, dans le cas où il ne s'agirait que d'un douaire mobilier, la femme qui n'aurait pas pris d'inscription resterait privée de tout droit de suite sur l'immeuble ; mais si les gains de survie réclamés par elle consistaient en usufruit immobilier, la question renaîtrait à cet égard, avec toute son importance ; et nous aurions à résoudre, sous l'empire du code, la même difficulté qui s'est présentée, sous la loi de brumaire, dans la cause de la dame Planche. Revenons donc au narré de cette affaire, et voyons comment elle a été décidée.

Le 24 décembre 1807, jugement du Tribunal de première instance qui, adoptant les moyens

présentés par la banque territoriale, déclare la
dame Planche non-recevable dans la demande
en délivrance de son douaire.

Sur l'appel de ce jugement, arrêt de la Cour
d'appel de Rouen qui réforme en ces termes :

« Attendu, 1.º que le douaire en Normandie
» est un droit matrimonial que l'article 367 de
» la coutume assure positivement et irrévocable-
» ment à la femme, du jour de la consomma-
» tion du mariage; et que d'ailleurs, dans le con-
» trat de mariage de la dame Planche, le douaire
» a été spécialement stipulé à son profit, pour
» courir du jour de son ouverture, pour quel-
» ques causes que ce soit, sans être tenue d'en
» former aucune demande en justice; qu'il est
» de jurisprudence ancienne, constante, inva-
» riable et fondée tant sur la juste interpréta-
» tion de la coutume que sur le sens littéral de
» l'article 71 des placités, qu'en Normandie l'ou-
» verture du douaire avait lieu non-seulement
» par la mort naturelle ou civile du mari, mais
» encore par la séparation soit de corps, soit de
» biens; que le code civil, qui ne régit que les
» contrats de mariage postérieurs à sa promul-
» gation, ne peut porter atteinte aux droits pré-
» existans des époux; que ce code, au titre du
» contrat de mariage, contient deux régimes
» spéciaux, dont les règles, distinctes en géné-
» ral, ne se communiquent point; que l'article
» 1452, qui appartient au régime de la commu-
» nauté, ne peut avoir d'empire sur le régime
» dotal normand qui était exclusif de toute com-
» munauté entre époux : il est sur-tout inappli-

» cable à un douaire solennellement établi avant
» l'existence dudit article, par la convention,
» la loi et la jurisprudence interprétative : at-
» tendu, 2.º que l'article 21 de la première loi
» du 11 brumaire an 7, ne soumet à la forma-
» lité de l'inscription que les droits hypothé-
» caires des femmes sur les biens de leurs maris;
» qu'ici il ne s'agit point d'un droit d'hypothè-
» que, mais bien d'*un usufruit* à l'égard duquel
» la seconde loi de brumaire, art. 25, a institué
» l'action en revendication, indépendamment de
» toute vente et de toute inscription. »

272. On voit clairement dans ces motifs de l'arrêt de la Cour de Rouen, que l'unique objet du
procès était un droit d'usufruit sur les immeubles
acquis par la banque territoriale, droit qui avait
été assuré à la dame Planche, non-seulement par
convention tacite, comme douaire coutumier,
mais encore par une disposition expresse de son
traité nuptial, et qu'ainsi la même question peut
se représenter sous le code, pour l'exécution des
gains de survie, stipulés en usufruit, de la part
des époux, dans le cas de vente des fonds qui
en avaient été grevés.

Sur le pourvoi en cassation contre cet arrêt,
la section civile de la Cour suprême a, le 9 septembre 1811, accueilli la demande de la banque
territoriale, dans les termes suivans :

« Attendu, 1.º que la banque territoriale ayant
» acheté un moulin et d'autres immeubles du
» sieur Planche, par contrat notarié du 27 fruc-
» tidor an 9, sous la faculté de réméré pendant
» dix ans, a fait transcrire son contrat au bu-

» reau des hypothèques d'Evreux, dans l'ar-
» rondissement duquel lesdits biens étaient si-
» tués : attendu, 2.º que la dame Ursule Le-
» meilleur, femme du sieur Planche, quoique
» mariée en 1787, et bien qu'elle tînt lesdits
» biens hypothéqués en sa faveur pour sureté
» du douaire coutumier à elle promis par leur
» contrat de mariage, n'avait pris, avant la
» transcription, aucune inscription hypothé-
» caire sur la généralité des biens de son mari
» pour la conservation de ses droits : attendu,
» 3.º que l'expectative de l'usufruit des biens
» affectés au douaire à elle promis, ne formait
» pas un droit de propriété dudit usufruit, parce
» qu'il reposait toujours sur la tête de son mari,
» jusqu'à l'époque de son ouverture par l'un des
» événemens prévus par la coutume ; et jusque-
» là, la dame Lemeilleur, femme Planche, n'a-
» vait qu'une hypothèque sur la généralité des
» biens de son mari pour sureté du douaire,
» hypothèque dont la conservation ne lui pou-
» vait être acquise que par une inscription dans
» la forme de la loi, antérieure à la transcrip-
» tion faite par les demandeurs, de leur contrat
» de vente : attendu, 4.º qu'en décidant que la
» dame Planche avait la propriété dudit usufruit,
» du jour de la constitution de son douaire ou
» du jour de son mariage, et en la dégageant
» en cette qualité de la nécessité de prendre
» une inscription pour la conservation de son
» hypothèque, la Cour impériale de Rouen a
» fait une fausse application de l'art. 25 de la
» seconde loi du 11 brumaire an 7, et est même

» contrevenue à l'art. 21 de la première loi du
» même jour : casse, etc. » (1).

273. Il a donc été jugé par cet arrêt, qu'un droit
d'usufruit immobilier, mais qui n'existe encore
qu'en expectative, comme subordonné à la condition de survie de celui qui en est créancier, ne
peut plus être revendiqué sur le tiers acquéreur
qui a satisfait aux formalités prescrites pour la
purgation des hypothèques qui sont essentiellement mobilières pour le créancier; mais, osons
le dire, c'est là une de ces erreurs graves et pa-
tentes qui semblent n'échapper de loin en loin
aux plus illustres magistrats, que pour prouver
que nous devons tous un tribut à la nature humaine.

C'est une erreur aux yeux de la jurisprudence
ancienne, puisqu'il n'y a pas un auteur qui, traitant du douaire, soit préfix, soit coutumier,
expressément ou tacitement promis ou assuré
à la femme sur les biens présens du mari, n'enseigne que la veuve a une action pour déposséder les acquéreurs auxquels ces biens auraient
été vendus, et que nous voyons dans les arrê-
tistes que cette doctrine avait été constamment
mise en pratique par les anciennes Cours.

C'est une erreur tant aux yeux de la seconde
loi transitoire de brumaire an 7 (2), qu'aux yeux
du code de procédure (3), qui déclarent expressément que l'adjudication d'un immeuble ne
transmet à l'adjudicataire d'autres droits à la

(1) Voyez dans le recueil de Denevers, an 1812,
pag. 19.

(2) Voyez art. 25.    (3) Voyez art. 731.

propriété que ceux qu'avait le saisi ; d'où il résulte que si le fonds n'était possédé par le saisi
ou le vendeur que sous la charge d'un droit
d'usufruit éventuel, il ne peut être transmis
que sous la même charge, et que le cas arrivant où le droit d'usufruit est ouvert, l'usufruitier doit avoir, envers le tiers acquéreur,
pour la revendication de son usufruit, la même
action qu'il aurait eue envers le premier propriétaire : autrement on aurait transmis à l'un plus
de droits à la propriété, que l'autre n'en avait.

C'est une erreur aux yeux du code civil, qui
déclare nulle la vente de la chose d'autrui (1599),
et qui ne veut pas que l'aliénation d'un fonds
grevé d'usufruit puisse porter atteinte aux droits
de l'usufruitier (621), tant qu'il n'y a pas formellement renoncé : ce qui nécessairement doit
être éventuellement applicable au cas d'un droit
éventuel, comme on l'applique actuellement à la
cause de l'usufruitier qui serait déjà en possession de son usufruit.

274. La vérité de ces assertions sera peut-être
encore mieux sentie, lorsque nous aurons, par
un plus grand développement, examiné la constitution du douaire, soit comme créance hypothécaire, soit comme créance éventuelle, pour
indiquer, par là, avec plus de précision, les effets
qui s'y rattachent sous l'un et l'autre rapports.

Lorsqu'on a promis à une femme un douaire
immobilier sur certains fonds, elle en es , du
jour de la célébration du mariage, créancière
éventuelle, pour cas de survie ; cette créance
est bien certainement hypothécaire sur la géné-

ralité des biens, puisqu'elle résulte d'une convention matrimoniale (2121); mais ce serait une étrange erreur de croire qu'en ce cas l'hypothèque porte immédiatement sur le douaire immobilier, comme un moyen de l'obtenir en nature; car la même personne ne peut avoir sa propre chose hypothéquée à son profit.

Dans cette constitution du douaire, comme dans toute autre aliénation de fonds, faite avec garantie hypothécaire sur d'autres immeubles pour le cas d'éviction, il faut reconnaître deux obligations bien distinctes; l'une principale, et l'autre subsidiaire. La première, qui est la principale, n'a pour objet que la délivrance du douaire en nature, lorsqu'il sera ouvert; c'est-à-dire la délivrance de l'immeuble donné par le mari, puisque l'usufruit d'un fonds est lui-même un immeuble : cette première obligation se borne là, parce que c'est là tout son objet. Au contraire, la seconde obligation qui n'est que subsidiaire, parce qu'elle n'est qu'une obligation de garantie, loin d'avoir pour objet la délivrance du douaire en nature, ne porte que sur les dommages et intérêts pécuniaires qui pourront être dus pour toute atteinte portée à l'obligation principale; et, comme ce n'est plus ici qu'une action mobilière, l'hypothèque qui lui est accessoire frappe sur la généralité des biens du mari, parce que tous sont également engagés pour la sureté de ses conventions matrimoniales avec son épouse.

L'action qui correspond à la première et principale de ces obligations, est, par sa na-

ture, une action tout immobilière, puisqu'elle
a pour objet la revendication de l'usufruit immobilier, aliéné au profit de la femme : elle n'est
point hypothécaire dans la poursuite de cet
objet, puisqu'elle n'est pas fondée sur un simple
droit de suite par hypothèque, mais sur un droit
de propriété foncière dont il s'agit d'obtenir la
possession : elle ne s'étend point sur la généralité des biens du mari, mais seulement sur les
héritages particuliers qui sont grevés du douaire,
parce qu'il n'y a que ceux-là dont la veuve
puisse revendiquer la jouissance.

Il n'en est pas de même de l'action qui ressort de l'obligation subsidiaire en garantie. Celle-
ci n'est qu'hypothécaire sur tous les biens du
mari : elle est par conséquent spécialement mobilière, parce que celui qui exerce un droit de
suite par hypothèque, ne revendique ni le fonds,
ni la jouissance du fonds hypothéqué; il en poursuit au contraire la vente pour être payé ou in-
demnisé sur le prix.

La dame Planche avait donc, d'après ses conventions matrimoniales, deux actions à exercer
sur les biens de son mari : l'une principale, en
revendication de l'usufruit des moulins et autres
fonds possédés par le mari au jour de leur mariage : l'autre subsidiaire et en garantie, pour
obtenir les dommages et intérêts qui pourraient
lui être dus, dans le cas où ces immeubles auraient été dégradés par le fait ou la faute du
mari; comme, par exemple, si, à défaut d'un entretien convenable, le moulin s'était trouvé dans
un état ruineux lors de l'ouverture du douaire.

La première de ces deux actions ne portait que sur les fonds passibles du douaire : elle n'était, ni pour sa conservation, ni pour son exercice, aucunement soumise à la formalité de l'inscription hypothécaire, puisqu'elle n'avait pour objet qu'un droit de propriété foncière.

Mais, sous le rapport de la seconde action, la créance de la dame Planche devait être inscrite ; et la transcription du contrat de vente, faite sans qu'il y eût eu d'inscription antérieurement prise de sa part, l'aurait rendue non-recevable, si elle n'avait demandé que des dommages-intérêts sur les biens de son mari, faute par celui-ci d'avoir convenablement entretenu les moulins et héritages sujets au douaire : mais ce n'était point là l'objet du procès, puisqu'il s'agissait au contraire d'une revendication d'usufruit, en nature, pour la conservation duquel aucune inscription n'était requise, et qui ne pouvait être purgé par la transcription du contrat de vente.

275. Examinons actuellement la créance du douaire sous le rapport de son éventualité, et voyons si cette qualité est telle qu'elle doive la faire dégénérer en une simple créance hypothécaire.

Lors de la vente des fonds du sieur Planche, a-t-on dit, son épouse n'avait encore qu'une simple expectative de l'usufruit des biens affectés au douaire ; cette expectative n'était et ne pouvait être un droit de propriété dudit usufruit, puisqu'il n'était point encore ouvert : donc il n'y avait encore pour la dame Planche qu'une

simple créance hypothécaire, soumise à la formalité de l'inscription pour en conserver les
droits.

Si cette conséquence était juste, il faudrait
dire que, dans le cas d'une substitution fidéicommissaire, l'inscription est nécessaire aussi
pour en conserver les droits; que, si cette formalité n'a pas été remplie, et que le grevé vienne
à vendre les fonds qu'il est chargé de rendre,
jamais le substitué ne pourra les revendiquer
contre les tiers acquéreurs qui auront fait transcrire leurs contrats; parce qu'on lui répondrait
qu'au temps de la vente il n'avait encore qu'une
simple expectative qui n'était point un droit de
propriété, puisqu'il n'y avait encore rien d'ouvert à son profit; que conséquemment il n'avait
qu'une simple créance soumise à la formalité de
l'inscription pour pouvoir en conserver les avantages: mais cette doctrine serait-elle admissible?

Sans doute, du vivant du mari, la femme n'a
qu'une créance éventuelle pour son douaire;
mais, s'il est vrai qu'elle ne soit pas encore propriétaire de l'usufruit qui fait l'objet de cette
créance, il n'est pas moins évident que, de son
côté, le mari ne possède plus ses fonds que
comme grevés de cette charge éventuelle qui
leur a été irrévocablement imposée de sa part;
que, par conséquent, le domaine du mari n'est
plus absolument entier, puisqu'il est résoluble,
quant à l'usufruit, pour le cas où il y aurait lieu
au douaire; et dès-lors comment concevoir qu'il
puisse aliéner incommutablement ce qu'il ne possède que d'une manière résoluble? ne serait-ce

pas céder à l'acquéreur plus de droits qu'il en a lui-même? cela se peut-il?

276. Lorsqu'il est question de savoir si une créance est mobilière ou immobilière, sa nature n'est déterminée que par celle de l'objet auquel elle s'applique (526) : peu importe qu'elle soit pure et simple, ou bien conditionnelle; si elle tend à revendiquer un immeuble, elle est immobilière, comme au contraire elle est meuble, si elle n'a pour objet qu'une somme pécuniaire. Donc la créance qui appartient à la femme pour obtenir l'usufruit de certains immeubles de son mari, quoiqu'éventuelle, n'en est pas moins immobilière; donc le droit qui s'y rattache ne peut être purgé par le défaut d'inscription, puisque c'est un droit de propriété foncière.

277. Une fois que la condition est arrivée, c'est comme si la créance avait été pure et simple dès son principe : la femme survivante a donc le même droit que si déjà elle avait été propriétaire de son douaire, du vivant du mari : elle se trouve, pour son usufruit, dans le même cas où serait, pour le droit de propriété, une personne quelconque à laquelle on aurait légué, sous condition, une chose que l'héritier aurait aliénée dans l'intervalle; et comme on ne pourrait refuser à celle-ci le droit de revendiquer la chose léguée, nonobstant la vente faite par l'héritier avant l'ouverture de la condition, *si servum sub conditione legatum hœres alienaverit, deindè conditio extiterit, potest nihilominùs à lega-*

*taria*

*tario vindicari* (1), parce qu'on n'aurait pu aliéner la propriété de ce légataire sans sa participation ; de même la veuve ne peut être empêchée de révoquer, quant à l'usufruit, l'aliénation des fonds du mari, puisque c'est également sa chose qu'elle revendique, et qui ne peut avoir été aliénée à son préjudice et sans son consentement (2).

Nous avons dit dans la réponse à la première question, que la femme dont le douaire aurait été établi sous une coutume de saisine, doit obtenir, même aujourd'hui, les fruits, dès le décès du mari, contre les héritiers de celui-ci. Il n'en est pas de même lorsque c'est contre un tiers acquéreur qu'elle agit en revendication de son usufruit : ce n'est que du jour de sa demande qu'elle a droit aux fruits envers ce dernier qui n'a ici que la qualité de tiers possesseur, et qui ne succède point aux engagemens du mari.

### TROISIÈME QUESTION.

278. *Quelle est la prescription que le tiers acquéreur pourrait opposer à la demande de la femme, lorsqu'elle agit pour obtenir son douaire ?*

Quand il est question d'un douaire foncier ou immobilier, c'est un droit d'usufruit, ou un

---

(1) L. 69, §. 1, ff. *de legatis* 1. Voy. encore dans le nouveau Répert. *verbo gains de survie,* tom. 5, pag. 440 et 441.

(2) Voyez encore, sur cette question, ce que nous avons écrit au chap. 10, sect. 4, sur la constitution d'usufruit conditionnelle, sous les n.os 406 et 407.

démembrement de la propriété du fonds qui a.
été assuré à la femme, et qu'elle a droit de revendiquer lorsqu'elle survit à son époux. Ainsi,
en aliénant les héritages grevés de ce droit, sans
en faire la réserve pour le cas où il aura lieu, le
mari aliène réellement le bien de sa veuve : or,
la loi (2256) veut que la prescription soit suspendue, durant le mariage, dans le cas où le
mari, ayant vendu les biens propres de sa
femme, est garant de la vente, et dans tous les
autres cas où l'action de la femme réfléchirait
contre le mari: donc la prescription qu'on pourrait opposer à la veuve ne doit avoir son point
de départ que du jour du décès du mari.

Quant à l'espace de temps nécessaire à la ré-
volution de cette prescription, nous rentrons
dans les termes du droit commun, suivant lequel
celui qui acquiert de bonne foi et par juste titre
un immeuble, en prescrit la propriété par dix
ans, si le véritable propriétaire habite dans le
ressort de la même Cour royale dans l'étendue
de laquelle l'immeuble est situé; et par vingt
ans, s'il est domicilié hors de ce ressort (2265).
Ainsi la prescription sera acquise par dix ou
vingt ans, contre la veuve, suivant qu'elle rési-
dera ou non dans le ressort de la situation des
biens sujets au douaire.

Au reste, nous ne pensons pas que, dans ce
cas, l'acquéreur puisse être considéré comme
étant de mauvaise foi, par cela seul qu'il aurait
eu connaissance du mariage de son vendeur;
parce qu'un homme peut être marié sans devoir
aucun douaire à sa femme: mais, s'il était établi

que lors de la vente l'acheteur avait connaissance de la charge imposée sur les fonds qui
lui étaient vendus, il ne pourrait en acquérir l'affranchissement que par la prescription de trente
ans, qui éteint toutes les actions tant réelles
que personnelles (2262), parce qu'elle fait présumer tout ce qui est possible.

Lorsque le douaire promis à la femme n'est
que mobilier, elle n'a qu'un recours hypothécaire sur les biens vendus par son mari.

Ce recours, elle le perd, si sa créance n'a
point été inscrite, et que l'acquéreur ait satisfait
aux formalités prescrites par les articles 2194 et
2195 du code, pour la purgation spéciale de
de cette espèce d'hypothèque.

Mais l'acquéreur peut prescrire l'affranchissement de l'hypothèque qu'il n'a pas purgée par
une autre voie; et comme l'action en déclaration
d'hypothèque qui serait intentée par la femme
réfléchirait contre le mari, et pourrait le faire
déclarer stellionataire (2136), il faut en conclure
encore qu'ici la prescription ne peut courir au
profit de l'acquéreur, lors même qu'il a fait
transcrire son contrat, qu'à dater du jour du
décès du mari, comme lorsqu'il s'agit du douaire
immobilier.

Quant à l'espace de temps nécessaire pour
que cette prescription soit accomplie, il est également de dix et vingt ans, suivant que la veuve
réside ou non dans le ressort de la Cour d'appel
où les biens sont situés; mais, si le tiers acquéreur n'avait pas fait transcrire son contrat, du
vivant du mari, la prescription ne courrait en-

core que du jour où il aurait satisfait à cette
formalité, puisqu'ainsi le veut l'article 2180 du
code.

Nous terminerons en observant que si le mari,
aliénant ses fonds, les avait déclarés affectés
à l'hypothèque du douaire de sa femme, il n'y
aurait plus lieu à invoquer, contre elle, la prescription de dix ou vingt ans, parce que l'énonciation portée au contrat de vente repousserait
toute allégation de bonne foi de la part de l'acquéreur (1).

# CHAPITRE VII.

*De l'Usufruit qui résulte de la célébra-*
*tion du mariage, soit au profit de la*
*communauté sur les propres des époux,*
*soit au profit du mari sur les biens*
*dotaux de la femme.*

279.  Lorsque le mariage est contracté conformément au régime communal, il se forme entre
l'homme et la femme une association d'intérêts
dans laquelle chacun d'eux confère son mobilier, le produit de ses travaux et les revenus de
ses immeubles propres, soit pour fournir à leur
entretien et à la dépense du ménage, soit pour
faire des bénéfices et acquérir à profit commun.

Cet être moral, que nous appelons commu-

(1) Voyez dans FERRIÈRE, sur l'art. 114 de la coutume de Paris, glose unique, n.° 6.

nauté, a ses droits distincts et séparés des droits
de chacun des époux, puisque les immeubles
propres de ceux-ci ne lui appartiennent pas, et
que les biens qui lui appartiennent ne sont point
ceux des époux en particulier.

Suivant la disposition du code (1401, §. 2),
tous les fruits, revenus, intérêts et arrérages, de
quelque nature qu'ils soient, échus ou perçus
pendant le mariage, et provenant des biens qui
appartiennent aux époux lors de sa célébration,
ou de ceux qui leur sont échus depuis, à quelque
titre que ce soit, sont acquis à la communauté.

Ce droit de jouissance établi par la loi, au
profit de la communauté, est véritablement un
droit d'usufruit, puisque c'est la société elle-
même qui jouit des biens qui ne sont pas à
elle, et que l'usufruit ne consiste que dans le
droit de jouir de la chose d'autrui. C'est pourquoi la loi veut qu'à raison de cette jouissance,
la communauté soit tenue des réparations usufructuaires (1409, §. 4), et que, pour les coupes
de bois et les produits des carrières et des mines,
on suive à l'égard de la communauté les règles
établies pour les usufruitiers ordinaires (1403),
avec quelques modifications néanmoins dont nous
parlerons ailleurs; et c'est par la même raison encore que les baux faits par un usufruitier ordinaire, ou par le mari, comme administrateur de
la communauté, sont soumis aux mêmes règles
(595, 1429) pour le temps de leur durée.

280. Mais lorsqu'en se mariant, les époux ont
adopté le régime dotal pour la règle de leurs intérêts, c'est le mari seul qui est usufruitier des

biens dotaux de la femme, puisqu'il en perçoit tous les fruits et revenus dans son intérêt personnel (1549) : et cet usufru t lui est dévolu à la charge de supporter toutes les dépenses du ménage (1540) et en outre toutes les obligations d'un usufruitier ordinaire (1562), telles que nous les signalerons dans la suite ; sauf toutefois celle de fournir une caution dont le mari ne peut être tenu (1550), s'il n'y a été formellement assujetti par le contrat de mariage.

L'usufruit qui s'établit à raison du mariage, a des caractères distinctifs et particuliers que nous devons faire remarquer ici.

Et d'abord il est établi de plein droit par le seul fait du mariage; en sorte que le mari, soit comme administrateur de la communauté, soit comme ayant la jouissance de la dot de son épouse, se trouve saisi de toutes les actions relatives à cette jouissance, sans être tenu à aucune demande préalable en délivrance, comme serait obligé de le faire un simple légataire d'usufruit.

Ce transport de jouissance étant l'ouvrage de la loi, il n'entraîne aucun droit proportionnel de mutation au profit du fisc comme lorsqu'il s'agit des actes translatifs de propriété ou d'usufruit, qui doivent être présentés à l'enregistrement.

281. Considéré dans sa cause, cet usufruit est d'une nature mixte, comme le douaire. C'est un usufruit légal, puisqu'il est établi par la loi : néanmoins il participe aussi de l'usufruit conventionnel, puisqu'il se rattache au fait d'une convention, et que les époux sont censés l'avoir

tacitement stipulé, en tant qu'ils auraient pu convenir autrement, et qu'ils ne l'ont pas fait.

Considéré sous le rapport de sa fin, il a aussi ses limites particulières; car il finit non-seulement par la dissolution du mariage, mais encore par la séparation de corps, ou celle de biens, qui rend à l'épouse l'administration de ce qui lui appartient.

282. Mais ce qui lui donne un caractère particulièrement remarquable, c'est qu'il n'est établi qu'à titre onéreux, puisqu'à raison de ce droit de jouissance la communauté ou le mari sont tenus non-seulement des réparations et autres charges usufructuaires, mais encore des frais de nourriture et entretien soit des époux, soit des enfans, ainsi que des dépenses du ménage, et en général de toutes les charges du mariage : et c'est par cette raison que, sous le régime dotal, les fruits pendans par racines lorsqu'il finit, ne sont pas exclusivement dévolus au propriétaire du fonds, comme lorsqu'il s'agit d'un droit d'usufruit qui avait été établi à titre lucratif, ainsi que nous le ferons remarquer en temps et lieux.

C'est encore à cette cause que se rattache l'obligation où est le mari de fournir une provision à la femme pour plaider contre lui-même quand elle y est autorisée (1).

283. EN TRAITANT des effets de la puissance paternelle, nous avons vu que l'usufruit légal qui en dérive n'a pas lieu sur les biens donnés aux

_____

(1) Voyez dans GARCIAS *de expensis et meliorationibus*, cap. 13, n.° 51.

enfans à condition que les père et mère n'en jouiraient pas. Doit-on appliquer la même doctrine à l'usufruit légal qui résulte du mariage sur les propres des époux ? Celui qui fait une donation au profit de la femme peut-il y exprimer, pour condition, que le mari ou la communauté ne profitera pas même du revenu des biens donnés, et quelle peut être la force de cette stipulation ?

Cette question était autrefois très-controversée (1); mais le code nous fournit un principe de solution qui doit mettre fin à toute controverse sur ce point de droit.

La question peut se présenter dans trois hypothèses principales :

1.º Dans le cas où le mariage aurait été célébré sans traité nuptial préalable, et se trouverait par là soumis aux règles du régime communal;

2.º Dans celui où, par un contrat préalable, les futurs se seraient expressément engagés à apporter en communauté les revenus de tous leurs biens présens et à venir;

3.º Enfin, dans celui où, adoptant le régime dotal, la femme se serait constitué en dot tous ses biens présens et à venir; en sorte qu'elle eût par là renoncé au droit d'avoir des biens paraphernaux.

284. Supposons donc, en premier lieu, que le mariage ait été célébré sans traité préalable sur le

_____

(1) Voyez dans les questions notables de DUPERRIER, liv. I, quest. 10; et dans FURGOLE, en son commentaire sur l'art. 9 de l'ordonn. de 1731.

règlement des intérêts respectifs des époux, et qu'il soit fait à la femme une donation, ou un legs sous la condition que les revenus des biens donnés ou légués ne profiteront qu'à elle seule, et n'entreront point en communauté : quel sera l'effet de cette disposition ?

Aux termes de l'article 1401, §. 1, du code, la communauté légale se compose activement de tout le mobilier que les époux possédaient au jour de la célébration du mariage, ensemble de tout celui qui leur échoit pendant le mariage à titre de succession, ou même de donation, *si le donateur n'a exprimé le contraire :* il est donc permis à celui qui donne ou lègue des biens meubles à l'un des époux, de soustraire les effets donnés à la dévolution de la loi, pour n'attribuer son bienfait qu'au donataire seul qui est l'objet de son affection : or il y a même raison de se conformer à la volonté du disposant, lorsqu'il s'agit de revenus d'immeubles donnés à l'un des époux, sous la condition que lui seul en jouira : donc la disposition faite sous cette condition n'a rien de contraire aux lois, et doit recevoir sa pleine exécution, sous le régime de la communauté légale.

Sans doute, si, par abondance de style, la donation ou le legs n'étaient faits que sous la condition que la propriété seulement de la chose donnée n'entrerait pas dans la communauté, la disposition ainsi conçue ne faisant qu'un propre dans le patrimoine de l'époux donataire, la communauté aurait encore le droit d'en jouir; mais lorsque la prohibition du donateur porte sur la jouissance même,

il n'y a que le donataire qui doit jouir de la chose
donnée : comme il n'y a que lui qui doit en
être propriétaire quand la prohibition porte
simplement sur la propriété.

285. Si l'on suppose en second lieu qu'il y ait
eu une communauté conventionnelle stipulée
entre les époux dans un traité nuptial préalable à la célébration du mariage, on devra
adopter la même décision sur la question qui
nous occupe : parce que la communauté expresse
n'a pas plus de force ni de droit que la communauté tacite, qui a lieu lorsque les époux se sont
mariés sans autre contrat que celui que la loi a
stipulé pour eux, et auquel ils sont censés s'en
être rapportés.

286. Enfin on doit encore, et à plus forte raison,
porter la même décision en faveur de la femme
mariée sous le régime dotal, et dire que le donateur ou le testateur qui fait une libéralité à son
profit, peut réserver qu'elle seule en jouira, à
l'exclusion de son mari, parce que le régime
dotal étant un régime d'exception, il est encore
plus naturel d'en borner les effets que quand il
s'agit du régime de la communauté qui constitue
la règle du droit commun.

Néanmoins il faut observer ici, comme nous
l'avons fait sur l'usufruit paternel, que, s'il était
dû au donataire par le donateur une légitime ou
une réserve légale, la prohibition d'usufruit devrait être sans effet, à l'égard des biens formant
le montant de cette réserve, et à dater de l'é-
poque où le droit en serait ouvert, parce que
le donataire la tenant des mains de la loi plutôt

que de celles du donateur, il n'appartiendrait
point à celui-ci de la soumettre à une condition
qui pût la modifier et la soustraire aux dispositions du droit commun.

287.   Si un droit d'usufruit ou une pension viagère appartient à la femme lors de son mariage,
ou lui est acquis depuis, la communauté ou le
mari ont le droit d'en jouir comme de tout autre
bien dotal, et à la dissolution du mariage on ne
doit restituer à la veuve que le droit d'usufruit
ou de la rente (1568), sans lui tenir compte des
fruits ou intérêts échus durant le mariage.

288.   Il arrive assez souvent que des pères et
mères, mariant leurs enfans, leur accordent,
par avancement d'hoirie et pour les aider à supporter les charges du mariage, la jouissance seulement de certains fonds spécifiés dans le contrat nuptial. L'usufruit ainsi accordé a, sous le
rapport de sa durée, deux caractères qui lui
sont propres, et par lesquels il diffère essentiellement de celui qui serait légué dans un testament.

Et d'abord, l'usufruit ordinaire ne finit pas par
la mort du propriétaire du fonds qui en est grevé, tandis qu'ici le droit de jouissance, accordé
au fils par son père, prend fin par le décès de
celui-ci, parce qu'il n'a été accordé qu'en attendant l'ouverture de la succession du donateur.

En second lieu, l'usufruit ordinaire finit à la
mort de l'usufruitier ; en sorte que ses héritiers
n'en profitent ni par droit de transmission, ni
comme appelés à le recueillir après lui. Au contraire, dans le cas que nous avons supposé, si le

fils donataire de la jouissance de certains immeubles vient à décéder avant son père, et laisse des enfans du mariage en contemplation duquel ce droit de jouissance avait été accordé, ceux-ci doivent en profiter, jusqu'au décès de leur aïeul, comme étant censés appelés par substitution vulgaire, tacite, parce que c'est en vue de leurs nourriture et entretien que la libéralité a été faite.

# CHAPITRE VIII.

*De l'Usufruit qui appartient aux titulaires des bénéfices ecclésiastiques.*

289. Les titulaires des bénéfices ecclésiastiques sont aussi constitués par la loi usufruitiers des biens composant la dotation de leurs bénéfices, puisqu'ils ont droit d'en jouir et qu'ils n'en sont pas propriétaires.

Ils exercent donc sur ces biens tous les droits d'un véritable usufruitier, et en supportent les charges, conformément aux règles portées dans le code civil à l'égard des usufruitiers ordinaires; sauf néanmoins les modifications prescrites par le décret du 6 novembre 1813, comme tenant à la nature de cette espèce particulière (1).

290. Il n'en était pas ainsi dans les temps de l'Eglise primitive : car, suivant les anciennes règles canoniques, les ecclésiastiques n'avaient pas, sur les biens dépendant de leur bénéfice, des

(1) Voyez l'art. 16 de ce décret, bullet. 536, t. 19, pag. 377, 4.e série.

'droits aussi étendus que celui d'usufruit. Ils ne devaient être considérés que comme de simples usagers. Les canons ne leur accordaient d'autres droits que celui de prendre, sur les revenus de leur église, ce qui était absolument nécessaire à leur honnête entretien. Tout le surplus était destiné au soulagement des pauvres et aux dépenses nécessaires soit à l'exercice du culte, soit aux réparations des temples. S'ils avaient fait quelques acquisitions en leur nom propre, mais avec leur superflu, elles devaient retourner à leur source et servir de supplément à la dotation de l'église dont elles étaient provenues : *Inquirendum est, si quis presbyterorum de reditibus ecclesiæ, vel oblationibus, vel votis fidelium alieno nomine res comparavit, quia sicuti nec suo, ita nec alieno nomine presbyter fraudem facere de facultatibus ecclesiasticis debet, quoniam hoc sacrilegium est, et par crimini Judæ furis, qui sacras oblationes asportabat et furabatur* (1).

Pour mettre obstacle aux tentatives de l'avarice, lorsqu'un clerc se présentait à l'ordination, on devait s'informer s'il avait du patrimoine à lui propre; et, s'il était reconnu qu'il n'en eût point, toutes les acquisitions qu'il pouvait faire par la suite devaient être de plein droit dévolues à l'église : *Investigandum est, si nihil patrimonii habens presbyter, quando promotus est ad ecclesiasticum ordinem, posteà emerit prædia cujus juris sint, quoniam ecclesiæ,*

---

(1) Decretal. Gregor. *de peculio clericorum*, cap. 4, lib. 3, tit. 25.

*ad quam nihil habens promotus est, esse debent juxta canonicam auctoritatem* (1) : mais ces règles canoniques n'ayant point été consacrées par la jurisprudence des Tribunaux, sont tombées en désuétude. Dans le droit civil, l'usage a prévalu de considérer les bénéficiers comme de vrais usufruitiers, et c'est là une conséquence nécessaire de ce qu'on ne leur demandait aucun compte de leur administration, ni des fruits qu'ils avaient perçus.

291. Cependant, lorsqu'ils avaient fait des améliorations à leurs bénéfices, on ne leur accordait aucune action en reprise à ce sujet (2) ; on leur appliquait déjà, à cet égard, la règle nouvellement établie par le code pour tous les usufruitiers (599).

Et encore aujourd'hui l'ecclésiastique, jouissant des biens d'une cure, est, sur le fait des réparations et des frais de procès, traité plus sévèrement que l'usufruitier laïque, puisque celui-ci ne doit rien des grosses réparations et n'est tenu que des frais de procès concernant la jouissance ; tandis que, quand il s'agit des fonds curiaux, autres que le presbytère, s'il n'y a pas de sommes en réserve provenant des biens de la cure, le bénéficier est tenu de fournir jusqu'à concurrence du tiers du revenu foncier de son bénéfice, pour procurer les grosses réparations ; et que tous les frais de procès sont à sa charge (3),

---

(1) Ibid., cap. I.

(2) Voyez dans Garcias, *de expensis et meliorationibus*, cap. II.

(3) Art. 15 du décret du 16 novembre 1813, bul. 536, tom. 19, pag. 378, 4.ᵉ série.

indépendamment des autres genres de réparations qui pèsent encore intégralement sur lui, comme sur les usufruitiers ordinaires : mais, quant au presbytère, il n'en doit que les réparations locatives ; toutes les autres sont à la charge de la commune (1).

Ainsi, quoique les ecclésiastiques soient aujourd'hui considérés comme de véritables usufruitiers des biens composant la dotation de leurs bénéfices, néanmoins les anciennes traditions canoniques ne sont pas tellement effacées qu'on n'en voie plus aucune empreinte sur les droits exercés par les bénéficiers, puisqu'ils sont encore moins étendus que ceux de l'usufruitier laïque.

292. L'usufruit dont nous traitons ici est considéré comme concédé à titre onéreux, par la raison que le bénéficier est tenu non-seulement des frais d'entretien des fonds et autres charges usufructuaires, mais encore de la desserte du bénéfice dont ils forment la dotation : c'est pourquoi l'article 24 du décret du 6 novembre 1813 porte que, « dans tous les cas de vacances » d'une cure, les revenus de l'année courante » appartiendront à l'ancien titulaire ou à ses » héritiers, jusqu'au jour de l'ouverture de la » vacance ; et au nouveau titulaire, depuis le jour » de sa nomination. » Cette disposition est fondée sur ce principe d'équité, qui veut que les avantages attachés au bénéfice soient acquis au titulaire dans la proportion du temps durant lequel il en a supporté la charge.

---

(1) Art. 21, ibid.

Il résulte de là que, s'il y a des fonds non affermés, les fruits pendans par racines sur ces fonds, au jour de la vacance, doivent être partagés avec les héritiers du titulaire décédé, suivant le *prorata* du temps de la dernière année, qui s'est écoulé avant son décès; car le mot *revenus*, employé par l'auteur du décret précité, est un terme générique qui ne convient pas moins aux fruits naturels ou industriels, qu'aux fruits civils; et tels étaient déjà les principes de la doctrine ancienne à l'égard des bénéficiers (1).

Il en résulte encore qu'on doit, en ce cas, tenir compte des frais de culture et de semences aux héritiers du bénéficier décédé, parce que le revenu seul ne consiste que dans ce qui reste après les avances payées, *fructus eos esse constat, qui deductâ impensâ supersunt* (2), et qu'en accordant à l'un une part égale dans le produit brut du fonds, tandis que les impenses préparatoires de la récolte seraient laissées à la charge de l'autre, il n'y aurait plus d'égalité entre les copartageans.

293. Les revenus échus dès l'ouverture de la vacance jusqu'à la nomination du nouveau titulaire, accroissent en réserve au profit du bénéfice, pour les impenses des grosses réparations; et les difficultés qui peuvent s'élever, sur les comptes et répartitions de revenus, entre le nouveau titulaire, les héritiers du précédent, et le

---

(1) Voyez dans Sotomayor, *de usufructu*, cap. 79, nos. 4 et 11 in fine.

(2) L. 7, ff. *soluto matrimonio*, liv. 24, tit. 3. V. et l. 36, §. 5, ff. *de hæredit. petit.*, lib. 5, tit. 3.

trésorier

trésorier du bénéfice, doivent être portées au conseil de préfecture (1).

294. Le titulaire d'un bénéfice ecclésiastique n'est pas, comme un légataire d'usufruit, obligé à fournir un cautionnement ; mais, lors de sa prise de possession, il doit en être dressé procès-verbal par-devant le Juge de paix, et ce procès-verbal doit porter la promesse par lui souscrite de jouir des biens en bon père de famille, de les entretenir avec soin, et de s'opposer à toute usurpation ou détérioration (2).

S'il y a des bois dans la dotation, il a le droit de jouir des taillis, conformément à ce qui est prescrit par l'article 590 du code, c'est-à-dire, en observant l'aménagement des coupes, et sans indemnité pour ses héritiers, à raison de celles qu'il n'aurait pas faites pendant sa jouissance.

Mais, quant aux arbres futaies réunis ou épars, il doit se conformer à ce qui est ordonné pour les bois des communes, c'est-à-dire qu'il est nécessaire qu'il y ait des besoins urgens de dépenses à faire pour grosses réparations ou reconstructions ; que cela soit préalablement vérifié et constaté, et qu'il faut ensuite obtenir du Gouvernement la permission de couper ou vendre les futaies jusqu'à concurrence de ce que peut exiger le rétablissement des objets qui sont à réparer dans les fonds du bénéfice (3).

---

(1) Voyez l'art. 26 du décret précité.
(2) Art. 7 du décret précité.
(3) Voyez les articles 12 et 13 du décret précité ; — le nouveau Répert., au mot *futaies*, §. 4 ; — et les

295. Nous avons dit que les titulaires de bénéfices ecclésiastiques étaient dispensés de fournir un cautionnement : il n'en est pas de même de l'inventaire; il en doit être fait un, à chaque mutation de titulaire, par le trésorier de la fabrique, portant récolement de l'inventaire précédent, des titres, des instrumens aratoires, et de tous les ustensiles ou meubles d'attache, soit pour l'habitation, soit pour l'exploitation des biens.

Dans la constitution de l'usufruit ordinaire, la loi protège suffisamment les droits du propriétaire, en traçant des règles au moyen desquelles il puisse s'en assurer la conservation : elle ne lui doit rien de plus, parce qu'il est là, et qu'il peut agir lui-même.

Mais en ce qui touche aux biens et droits d'un bénéfice, le législateur a dû porter plus loin sa prévoyance, parce qu'ici l'église, qui est propriétaire, n'est qu'un être moral et inactif par lui-même; un être qui ne peut agir, comme le ferait un individu dans son intérêt privé. Il faut donc que les agens de la loi interviennent dans la cause du bénéficier, pour stipuler au nom du propriétaire, et il faut aussi l'emploi du recours à l'autorité publique, chaque fois que cela peut être utile.

296. Ainsi, quoique les titulaires soient chargés de faire à leurs risques et frais toutes les poursuites en recouvrement des revenus de leurs bénéfices, ils ne peuvent néanmoins plaider soit en

---

arrêts du conseil rapportés dans la conférence de l'ordonnance de 1669, tit. 25, art. 2.

demandant, soit en défendant, ni même se dé-
sister, lorsqu'il s'agit de droits fonciers, sans l'autorisation du conseil de préfecture, auquel doit
être envoyé un avis du conseil de la fabrique.

297. Ainsi, non-seulement toutes aliénations,
constitutions d'hypothèque, ou impositions de
servitudes, sont prohibées aux bénéficiers; mais
ils ne peuvent pas même faire de baux excédant neuf ans, autrement que par forme d'ad-
judications aux enchères, et après que l'utilité
en a été reconnue par deux experts nommés
par le préfet, s'il s'agit de biens d'évêchés, de
chapitre ou de séminaire, et par le sous-préfet
s'il s'agit de biens de cures; lesquels ne doivent
donner leur avis qu'après avoir soigneusement
visité les immeubles qui sont à affermer.

298. Ainsi enfin, lorsqu'il s'agit de remboursement de capitaux dépendans d'une cure, c'est
dans la caisse de la fabrique qu'ils doivent être
versés par le débiteur, qui n'est libéré qu'au
moyen de la décharge signée par les trois dépo-
sitaires des clefs de cette caisse; et s'il y a lieu
à en faire le remploi, on doit y pourvoir, comme
il est prescrit par le décret du 16 juillet 1810
à l'égard des communes, des hospices et des
fabriques (1).

On trouvera dans le décret du 6 novembre
1813 beaucoup d'autres dispositions sur l'administration des biens dépendans des cures, évê-

---

(1) Voyez l'article 11 du décret du 6 novembre
1813, bullet. 4.e série, tom. 19, pag. 379; et encore au
bul. 302, tom. 13, pag. 39, 4.e série.

chés et séminaires, que nous omettons de rapporter parce qu'elles sont étrangères à notre
objet.

---

# CHAPITRE IX.

## De l'Usufruit qui appartient au Roi sur le domaine de la Couronne.

299. LE domaine de la Couronne se compose
des polais, châteaux, parcs, forêts, fermes, ma-
nufactures et autres immeubles désignés au titre
1 de la loi du 8 novembre 1814. (1)

Il comprend aussi les divers effets mobiliers
précieux qui sont indiqués par cette loi.

Le domaine de la Couronne est inaliénable
et imprescriptible.

Il est destiné au soutien de la splendeur du
trône, et doit successivement passer d'un prince
régnant à l'autre.

Le Roi n'en est pas propriétaire, il n'en a que
la jouissance ou l'usufruit.

Les biens qui forment ce domaine ne supportent point de contributions publiques.

Ils doivent être entretenus de toutes espèces
de réparations aux frais de la liste civile.

Ceux qui sont susceptibles de produit peuvent
être affermés, mais sans que la durée des baux
puisse excéder le temps déterminé par les ar-

---

(1) Voyez au bull. 5o, pag. 345, tom. 2, 5.ᵉ série.

ticles 595, 1429, 1430 et 1718 du code civil, pour les baux consentis par les usufruitiers.

Les bois et forêts faisant partie de cette dotation, doivent être exploités conformément aux lois et règlemens concernant l'administration forestière.

---

# CHAPITRE X.

## De l'Usufruit conventionnel.

300. Nous avons vu, dans les cinq chapitres précédens, ce qui concerne spécialement les diverses espèces d'usufruit légal : celui-ci est destiné à l'examen de ce qui concerne la constitution d'usufruit conventionnel.

Nous donnons cette dénomination généralement à tout usufruit établi par la volonté de l'homme ; c'est-à-dire, lorsque c'est le propriétaire seul et non pas la loi qui en dispose.

Cette disposition peut avoir lieu, par testament, par donation entre-vifs, par contrat commutatif : *Omnium prædiorum jure legati potest constitui ususfructus...... Et sine testamento si quis velit usumfructum constituere ; pactionibus et stipulationibus id efficere potest.* (1)

L'usufruit est établi par testament, lorsque le testateur lègue seulement la jouissance de sa chose à quelqu'un, pour en réserver la nue propriété

---

(1) L. 3, ff. *de usufruct.*, lib. 7, tit. 1.

à son héritier : ou lorsqu'il lègue à l'un la nue propriété, et à l'autre la jouissance de son domaine : ou enfin lorsqu'il ne donne expressément que la nue propriété au légataire, cas auquel l'usufruit se trouve réservé de plein droit à l'héritier pour en jouir durant sa vie : *sancimus et hujusmodi legatum firmum esse, et talem usumfructum unà cum hœrede finiri* (1)

Il est établi par donation entre-vifs, lorsque le donateur n'aliène que la nue propriété de la chose, en s'en réservant la jouissance : ou lorsqu'il ne donne que l'usufruit : ou enfin lorsqu'il cède à l'un le droit de propriété et à l'autre celui de jouissance.

Il est établi par contrat commutatif, lorsqu'il est l'objet direct d'une vente, d'un échange, d'une soulte de partage, d'une transaction, etc., etc.; ou lorsque le vendeur aliène seulement la nue propriété du fonds en s'en réservant la jouissance.

Nous diviserons ce chapitre en quatre sections, dans lesquelles nous examinerons successivement, par qui, au profit de qui, sur quelles choses, et comment ou sous quelles modifications l'usufruit conventionnel peut être établi.

---

(1) L. 14, cod. *de usufructu*, lib. 3, tit. 33.

*Par qui l'Usufruit conventionnel peut-il être*
*établi ?*

501. La constitution d'usufruit, ainsi que nous
l'avons fait voir au premier chapitre, opère un
démembrement dans la propriété : elle emporte
aliénation d'une partie du domaine, *rem alienat*
*qui dat usufructum* (1) : deux conditions sont
donc d'abord requises dans celui qui veut établir
un droit d'usufruit.

*La première ,* qu'il soit propriétaire de la
chose dont il veut ainsi démembrer le domaine,
attendu que personne ne peut disposer que de
ce qui lui appartient :

*La seconde ,* qu'il ait la capacité d'aliéner,
puisque la constitution d'usufruit est une aliénation.

Ainsi, la femme mariée ne pourrait, sans être
autorisée par son mari ou d'office par le juge,
établir, par acte entre-vifs, un droit d'usufruit
sur ses fonds.

Ainsi, pour établir un droit d'usufruit sur
les fonds d'un mineur ou d'un interdit, il faut
employer les formalités prescrites par les lois
pour l'aliénation des immeubles des mineurs.

502. Quoiqu'on ne puisse donner ou léguer l'u-
sufruit de la chose d'autrui, néanmoins le maître
de la nue propriété d'un fonds qui est déjà grevé

---

(1) L. 7, cod *de rebus alienis non alienandis,* lib. 4,
tit. 51.

d'usufruit au profit d'un tiers, peut encore en léguer le droit de jouissance au profit d'un second usufruitier qui commencera à jouir après le premier, parce qu'en exécutant ainsi la volonté du testateur, on ne comprend rien, dans sa disposition, qui ne soit dépendant de son droit de propriété : *si dominus nudæ proprietatis, usumfructum legaverit : verum est, quod Marcianus scribit libro tertio quæstionum de fideicommissis, valere legatum : et, si fortè in vitâ testatoris vel ante aditam hæreditatem proprietati accesserit, ad legatarium pertinere : plus admittit Marcianus, etiam si post aditam hæreditatem accessisset ususfructus, utiliter diem cedere, et ad legatarium pertinere* (1). Cette décision du jurisconsulte Marcien n'est pas fondée sur ce qu'à Rome il était permis de léguer la chose d'autrui, puisqu'il ne veut pas que le legs du second usufruit soit exécuté avant l'extinction de la jouissance du premier usufruitier.

303. Il ne suffit pas toujours d'être propriétaire et d'avoir personnellement la capacité d'aliéner, pour pouvoir disposer incommutablement; il faut encore que les droits des tiers ne soient pas lésés : ainsi, comme l'usufruitier ne peut pas renoncer à son droit d'usufruit, au préjudice de ses créanciers (622), de même le propriétaire d'un fonds ne pourrait en aliéner l'usufruit en fraude des siens (1167).

_____

(1) L. 72, ff. *de usufructu*, lib. 7, tit. 1; — idem, l. 63, *eod.*

304. Suivant les dispositions du droit romain, l'usufruit pouvait être établi, par autorité du juge, dans les partages judiciaires, en adjugeant la jouissance du fonds à l'un et la nue propriété à l'autre, lorsqu'un corps d'héritage n'était pas susceptible de partage sans détérioration, ou qu'il s'agissait de rétablir l'égalité des lots par une soulte : *Constituitur adhuc ususfructus, et judicio familiæ erciscundæ et in communi dividundo, si judex alii proprietatem adjudicaverit, alii usumfructum* (1) : cette règle de jurisprudence ancienne pourrait-elle encore être suivie aujourd'hui parmi nous?

Sans doute un partage ainsi fait serait valable et régulier, si les parties intéressées, étant majeures et maîtresses de leurs droits, y avaient consenti, soit expressément en adoptant positivement le rapport des experts qui l'auraient ainsi réglé, soit tacitement en le laissant homologuer après qu'il leur aurait été communiqué, et en tirant les lots au sort sans avoir préalablement (855) réclamé contre leur formation.

Mais le juge pourrait-il ordonner d'office, ou même sur la demande de l'une des parties, contre la volonté des autres, que le partage fût exécuté de cette manière? C'est ce que nous ne pensons pas, parce qu'aucune de nos lois nouvelles ne lui donne ce pouvoir, et que, loin de là, toutes leurs dispositions relatives à ce point en fait de partage, paraissent lui refuser cette puissance exorbitante.

---

(1) L. 6, §. 1, ff. *de usufructu*, lib. 7, tit. 1.

Et d'abord, lorsqu'il s'agit d'un fonds sur lequel on ne peut, sans détérioration, opérer autant de parts qu'il y a de copartageans, le code ne permet pas d'en attribuer forcément l'usufruit à l'un et la nue propriété à l'autre pour les remplir de leurs droits dans la chose indivise, puisqu'il déclare ( 827 ) impérativement que, si les immeubles ne peuvent pas se partager commodément, *il doit être procédé à la vente par licitation*, pour en partager le prix : d'où il est nécessaire de conclure qu'il ne serait plus permis à nos Tribunaux de suivre encore, sur ce point, la décision de la loi romaine (1).

En second lieu, lorsqu'il s'agit d'une simple soulte de partage, le code a encore pourvu à la manière dont elle doit être formée, sans recourir au remède arbitraire indiqué dans le texte du droit romain, puisqu'il veut ( 833 ) que l'inégalité des lots en nature se compense par un retour soit en rente, soit en argent.

L'égalité est la base légitime de tout partage : attribuer l'usufruit à l'un et la nue propriété à l'autre, pour les remplir de leurs droits dans la chose commune, ce serait sortir de cette base, parce que la valeur de l'usufruit ne peut être estimée que d'après sa durée, qui nécessairement est inconnue : un semblable partage serait donc essentiellement arbitraire dans le point où il est le moins permis qu'il le soit.

Autoriser un Tribunal à adjuger l'usufruit à l'un et la propriété à l'autre, contre le gré des

---

(1) Voy. aussi l'art. 970 du code de procéd.

parties ou de l'une d'elles, c'est lui donner le pouvoir, non d'adjuger à chacune d'elles ce qui lui appartient, mais de composer sur leur dépouillement, et de les forcer à jouer leur bien par un contrat aléatoire. On conçoit qu'un pouvoir aussi exorbitant ne peut exister dans nos Tribunaux.

## SECTION II.

### *Au profit de qui l'Usufruit conventionnel peut-il être établi?*

305. L'usufruit est une propriété. En le considérant simplement sous ce premier point de vue, nous devons dire que sa constitution est soumise aux règles générales du droit commun sur la disposition des biens : mais c'est une propriété toute personnelle dans l'usufruitier, et intransmissible héréditairement ; et, sous ce second rapport, les dispositions en usufruit sont nécessairement régies par des lois d'exception.

En nous plaçant d'abord sous l'empire des règles du droit commun, on doit dire que, pour recevoir parmi nous un droit d'usufruit et en jouir légitimement, il faut être capable d'acquérir et de posséder des biens en France, puisque c'est là un droit de propriété qu'il s'agit d'acquérir et de posséder.

Ainsi, avant la loi du 14 juillet 1819 abolitive du droit d'aubaine (1), l'on n'a pu disposer par testament ou par donation entre-vifs, d'un droit d'usufruit au profit d'un étranger, que dans

_____

(1) Voyez au bulletin 294, tom. 9, pag. 17, 7.ᵉᵐᵉ série.

le cas où cet étranger aurait pu disposer au profit d'un français (912), puisque c'est la condition à laquelle notre code subordonnait la validité de toute disposition à titre gratuit envers les
étrangers.

Ainsi, au contraire, l'étranger a toujours pu
acquérir, par acte commutatif, un droit d'usufruit en France, comme toute autre proprieté foncière, parce qu'il n'est soumis qu'aux règles du
droit des gens, pour les divers actes de ce genre.

Ainsi, le mort civilement ne peut recevoir un
legs ni une donation d'usufruit (25), à moins
qu'il ne lui soit accordé à titre d'alimens (1982).

Ainsi, au contraire, il pourrait acquérir un
droit d'usufruit par contrat commutatif, parce
que, nonobstant la mort civile dont il est frappé,
il reste encore capable des contrats du droit des
gens.

A l'égard des personnes qui ont la jouissance
des droits civils, la règle générale est que toutes
sont capables d'acquérir ou recevoir un droit
d'usufruit, comme toute autre propriété, soit
par contrats commutatifs, soit par libéralités
entre-vifs ou à cause de mort ; mais il y a des
exceptions à cette règle, en ce qui touche aux
effets des libéralités, parce que le donataire ou
le légataire peut être une personne prohibée relativement au donateur ou au testateur.

306. Ainsi, le mineur, quoique parvenu à l'âge
de seize ans, ne peut faire un legs d'usufruit au
profit de son tuteur ; et même devenu majeur,
il ne peut ni par disposition entre-vifs, ni par
testament, faire une libéralité en usufruit au pro-

fit de celui qui a été son tuteur, si le compte de celui-ci n'a été préalablement rendu et apuré; à moins, dans l'un et l'autre cas, qu'il ne s'agisse des ascendans qui peuvent être donataires ou légataires de leurs descendans dont ils exerceraient la tutelle, ou l'auraient exercée, (907) sans en avoir rendu le compte.

Ainsi, les enfans naturels ne peuvent, soit par donation entre-vifs, soit par testament, rien recevoir, à titre d'usufruit, au-delà de ce qui leur est accordé par la loi sur les successions irrégulières (908).

Ainsi enfin, les docteurs en médecine ou en chirurgie, les officiers de santé et les pharmaciens qui ont traité, ou les ministres du culte qui ont assisté une personne pendant la maladie dont elle est morte, ne peuvent profiter des dispositions entre-vifs ou testamentaires qu'elle aurait faites en leur faveur durant le cours de cette maladie, à moins qu'il ne s'agisse de dispositions rémunératoires à titre particulier, et proportionnées aux facultés du disposant et aux services rendus; ou que, s'il s'agit de dispositions universelles, le donateur ne soit décédé sans postérité, et que le donataire ne soit son parent sans être plus éloigné que le quatrième degré; ou enfin que, si le donateur a laissé de la postérité, le donataire ne soit un de ses descendans (909).

307. Suivant la jurisprudence de plusieurs Parlemens, attestée par divers auteurs (1), lorsque,

_____

(1) Voy. dans DÉPEISSE, sur l'usufruit, art. 1, sect. 3, pag. 622, n.° quarto; et dans LAPEYRÈRE, lett. V, n.° 73.

dans l'ancien ordre de choses, l'un des époux
avait légué l'usufruit de ses biens à l'autre, et
qu'il y avait des enfans de leur mariage, les
droits du légataire devaient être restreints à un
simple droit d'usage, en sorte que l'époux nommé usufruitier ne devait prendre, au préjudice
des enfans, sur les revenus de l'époux décédé,
que ce qui lui était nécessaire pour ses alimens
et son honnête entretien; mais cette jurisprudence, contraire aux principes du droit (1), em-
barrassée par une multitude d'exceptions, et qui
n'avait été établie que par des motifs d'équité
cérébrine (2), ne doit plus être à considérer
sous notre code, qui règle d'une manière positive les effets et l'étendue de toutes les libéralités entre époux.

308. Arrivons maintenant à l'application des ré-
gles d'exception qui doivent régir la donation
ou l'acquisition de l'usufruit au profit de diverses
personnes en faveur desquelles on voudrait ou
l'établir, ou en étendre la durée.

En expliquant la définition de ce droit et
traitant de sa nature, dans le premier chapitre
de cet ouvrage, nous avons fait voir que l'usufruit est une propriété essentiellement temporaire, incessible autrement que par un transport
imparfait, et intransmissible héréditairement; et
déjà nous avons signalé quelques-unes des conséquences qui dérivent de ces qualités particu-

---

(1) L. 37, ff. *de usufructu legat.*; lib. 33, tit. 2.
(2) Voy. dans FABER, sur le code, liv. 6, tit. 17,
déf. 14.

lières : mais si l'usufruit n'est pas, de sa nature, héréditairement transmissible, ne pourrait-il pas du moins être rendu tel, par la disposition de l'homme ?

Ne pourrait-il pas être établi sur plusieurs têtes ?

Ne pourrait-il pas être légué tout à la fois au profit de quelqu'un et de ses héritiers ?

Un homme ne pourrait-il pas le stipuler, par acte entre-vifs, tant pour lui que pour ses héritiers ?

Peut-il être établi, pour une durée quelconque, au profit d'une commune ou d'un établissement public ?

Telles sont les diverses questions dont l'examen doit trouver ici sa place.

## PREMIÈRE QUESTION.

5o9. *Le droit d'usufruit pourrait-il être tellement modifié par la volonté de l'homme, qu'il fût, au moins pour un temps, rendu héréditairement transmissible ?*

L'usufruit n'est point une chose de pure convention : sa nature est fixée par la loi : il consiste dans le droit ou la faculté qui est accordée à quelqu'un de jouir du bien d'un autre : il ne peut être que cela. Or, cette faculté est essentiellement intransmissible par la voie de l'hérédité, puisqu'elle se rattache aux faits de l'homme, et que tout ce qui tient aux actes et faits de la personne, ou à l'exercice des facultés humaines, est nécessairement éteint par la mort : donc l'u-

sufruit ne peut être rendu héréditairement transmissible, par l'effet de la volonté de l'homme;
parce que ce serait vouloir lui imprimer une
qualité inconciliable avec sa nature.

Le maître du fonds pourrait, sans doute, en
léguer la propriété, au lieu d'en léguer l'usufruit
seulement; comme tout testateur pourrait léguer une rente perpétuelle, au lieu de léguer
une simple pension viagère; mais, du moment
que l'un ou l'autre ne veut faire don que d'un
droit viager, il ne peut le rendre transmissible
héréditairement, parce qu'il ne peut efficacement
vouloir deux choses contradictoires entre elles.

Nous verrons ailleurs (1) que, lorsqu'il y a du
doute sur le véritable sens des termes dans lesquels la disposition est conçue, on doit voir
plutôt un legs de propriété qu'un legs d'usufruit
dans celle par laquelle le testateur a clairement
exprimé la volonté où il était que la chose léguée fût perpétuellement transmissible aux héritiers et ayant-cause du légataire; mais si l'empire des expressions dont il s'est servi n'est pas
tel qu'il doive faire dégénérer la disposition en
un don de propriété; si au contraire il a clairement déclaré ne vouloir léguer qu'un droit
d'usufruit, l'objet de sa libéralité ne doit point
être considéré comme perpétuellement transmissible aux héritiers et ayant-cause du légataire,
parce qu'il y aurait contradiction dans les termes.

En un mot un droit d'usufruit qui aurait été
établi pour toujours, ou pour être perpétuellement transmissible par la voie héréditaire, ne se-

(1) Voy. au chap. 11, sous le n.° 497.

rait

rait plus un véritable usufruit, mais plutôt un droit de superficie qui est un autre genre de propriété, dont nous parlerons à la fin de cet ouvrage.

## SECONDE QUESTION.

510. *Le droit d'usufruit peut-il être établi sur plusieurs têtes ?*

L'usufruit serait établi sur plusieurs têtes si le legs en était fait à deux ou plusieurs personnes, à condition que l'une serait appelée à le recueillir intégralement, et à en jouir après le décès de l'autre, qui en aurait également joui en totalité : mais une pareille disposition serait-elle en harmonie avec nos lois, et quels devraient en être les effets ?

La rente viagère est, comme le droit d'usufruit, intransmissible héréditairement, puisqu'elle s'éteint par le décès du rentier ; néanmoins elle peut être constituée sur plusieurs têtes ( 1972 ) : pourquoi en serait-il autrement de l'usufruit ?

Aux termes de l'art. 580 du code, l'usufruit peut être établi ou purement, ou à certain jour, ou sous condition. Je pourrais donc léguer l'usufruit de mon domaine à deux personnes, en déclarant que l'une d'elles en jouirait, en totalité, pendant dix ans à dater du jour de mon décès, et que cette même jouissance totale appartiendrait à l'autre après les dix années de possession de la première : il n'y aurait rien dans cette disposition qui ne fût parfaitement conforme à la lettre et à l'esprit de la loi ; or, que la jouissance du légataire appelé en second ordre doive commencer au bout de dix ans, ou seulement au jour du décès du premier, c'est là une circonstance parfaitement accidentelle, et qui ne peut mettre obstacle à la régularité de la disposition : donc le droit d'usufruit peut être établi sur plusieurs têtes.

Déjà nous avons fait voir, dans la première section de ce chapitre (1), que, si le maître de la nue propriété d'un fonds dont la jouissance appartient à un autre, en lègue encore l'usufruit à une troisième personne, ce legs est valable ; et la loi (2) romaine veut qu'il reçoive son exécution dès le moment de l'adition d'hérédité, si le premier usufruit a été auparavant consolidé à la propriété, ou dès le décès du premier usufruitier, à quelqu'époque qu'il soit mort après le décès du testateur : voilà donc encore un texte positif qui consacre la constitution du droit d'usufruit du même fonds sur plusieurs têtes.

Lorsque le droit d'usufruit est établi sur deux têtes, ou au profit de deux personnes successivement appelées à jouir de la même chose, ce n'est pas par voie de transmission qu'il parvient du premier légataire au second, puisqu'il est intransmissible. Il en est de cette succession de jouissance comme il en serait d'un droit de survivance que le Gouvernement accorderait à un citoyen pour succéder un jour à un office de notaire, par exemple, après la mort du titulaire actuel. Lorsque le successeur ainsi nommé se trouverait appelé aux fonctions vacantes par la mort ou la démission du premier, ce n'est

---

(1) Voy. sous le n. 302.
(2) L. 72, ff. *de usufructu*, lib. 7, tit. 1.

pas par la voie de transmission de la part de celui-ci qu'elles lui seraient acquises, puisqu'elles
ne sont pas une propriété qui soit transmissible
à d'autres par celui qui en est revêtu. Il en est
de même de l'usufruit ; et comme le second titulaire ne pourrait tenir son droit que du Gouvernement, de même le second usufruitier ne
peut tenir le sien que du testateur : et de là résultent deux conséquences qu'il faut bien remarquer :

311. *La première ;* que, quand c'est par disposition testamentaire que l'usufruit est établi
sur deux têtes, il est nécessaire que le légataire
appelé en second ordre soit déjà lui-même au
moins conçu au moment du décès du testateur,
puisque c'est directement de celui-ci qu'il doit
recevoir son legs, et que c'est là une condition à
laquelle la loi (906) subordonne la validité des
dispositions de cette nature.

312. *La seconde ;* que, si c'est par acte entre-vifs
que l'usufruit est établi sur la tête de deux personnes étrangères l'une à l'autre, il faut aussi
que les deux donataires soient déjà existans au
moment de la donation (906), et que la libéralité soit acceptée par les deux, ou au nom des
deux, puisqu'elle doit être directement faite au
profit de l'un et de l'autre.

Nous disons *de deux personnes étrangères l'une
à l'autre,* parce que, comme nous le verrons
plus bas, les mêmes principes ne sont pas applicables, en tout, au cas où un droit d'usufruit
aurait été stipulé par quelqu'un tant pour lui
que pour ses héritiers.

## TROISIÈME QUESTION.

313. *Peut-on léguer un droit d'usufruit à quel-*
*qu'un tant pour lui que pour ses héritiers? quelle*
*est la nature d'une pareille disposition; et quels*
*doivent en être les effets?*

Et d'abord, quelle est la nature d'une pareille
disposition ? renferme-t-elle une substitution
vulgaire, ou, en d'autres termes, ces mots *pour*
*lui et ses héritiers* doivent-ils être entendus dans
le même sens que s'il y avait *pour lui et à son*
*défaut pour ses héritiers*, en sorte que si le légataire nommé vienne à mourir avant le testateur, ses héritiers soient appelés à recueillir le
legs : ou bien le testateur n'est-il censé avoir fait
mention des héritiers que parce qu'il a prévu
que son bienfait leur serait transmis par le légataire en nom propre, cas auquel toute la disposition serait caduque s'il venait à mourir
avant le testateur ?

314. Il y a des auteurs qui ont prétendu qu'il
fallait faire, à cet égard, une distinction entre
le legs de propriété et celui d'usufruit : que si le
legs de propriété a été fait avec cette clause, *pour*
*lui et ses héritiers*, sans exprimer autrement une
substitution vulgaire au profit de ceux-ci, et que
le légataire vienne à mourir avant le testateur,
le legs se trouve caduc, même dans l'intérêt des
héritiers survivans, auxquels il n'a pu le transmettre, parce qu'il ne l'avait pas recueilli : qu'au
contraire, si c'est un droit d'usufruit qui ait été
légué à quelqu'un, *pour lui et ses héritiers*, l'u-
sufruit doit être alors considéré comme une

rente viagère établie sur plusieurs têtes, parce qu'il y a plusieurs droits personnels et conséquemment plusieurs usufruits (1), en sorte qu'il ne devient caduc que relativement à la personne du légataire qui prédécède, et qu'il peut être demandé par son héritier qui a survécu.

La raison de cette différence, disent-ils, est fondée sur ce que, dans toute disposition, les termes doivent être appréciés suivant la nature des choses dont il s'agit, *secundùm subjectam materiem ;* or, dans le legs de propriété, l'objet de la disposition est un, et il est essentiellement transmissible par la voie de l'hérédité; d'où il résulte que ces mots *pour ses héritiers* n'expriment qu'une chose qui, sans eux, serait déjà sous-entendue, et n'ajoutent conséquemment rien à la disposition : qu'au contraire, dans le legs d'usufruit fait à quelqu'un tant pour lui que *pour ses héritiers,* on ne peut pas dire que ces derniers mots ne signifient qu'une chose qui, sans eux, aurait été sous-entendue; on ne peut donc pas dire qu'ils n'ajoutent rien à la disposition : on doit bien plutôt les considérer comme dispositifs envers les héritiers du légataire, par la raison que le droit d'usufruit n'étant pas transmissible aux héritiers, le testateur ne peut les avoir nommés que dans l'intention de les appeler à recueillir son bienfait à défaut de leur auteur, ou après lui, comme dans le cas de la rente viagère établie sur plusieurs têtes (2).

---

(1) L. 38, §. 12, ff. *de verb. obligat.,* lib. 45, tit. 1.

(2) V. dans GRIVEL, déc. 18, n.ᵒˢ 46 et 47 ; — dans VOET.

315. Mais on trouve dans le journal du Palais, tome 1, page 124, une savante dissertation par laquelle l'auteur fait voir que cette clause, *pour lui et ses héritiers*, renferme une substitution vulgaire, aussi bien quand il s'agit du legs de propriété, que quand il n'est question que d'une disposition en usufruit.

Cependant il y a cette différence entre l'un et l'autre de ces legs, que, dans celui de propriété, l'acceptation faite par le premier légataire fait évanouir la vocation de ses héritiers, tandis qu'il en est autrement dans le legs d'usufruit, ainsi que nous allons l'expliquer.

316. A l'égard des effets qui doivent résulter du legs d'usufruit, fait à quelqu'un tant pour lui que pour ses héritiers, on doit déjà les pressentir par ce qui a été dit sur la question précédente : car du moment qu'on peut, en général, établir un droit d'usufruit sur plusieurs têtes, ou au profit de plusieurs personnes qui en seront revêtues l'une après l'autre, il n'y aurait pas de motif pour soutenir que l'héritier du premier usufruitier ne peut, comme tout autre, être appelé à en jouir après lui.

La seule différence qu'on puisse reconnaître entre le cas où l'usufruit a été établi sur plusieurs têtes étrangères l'une à l'autre, et celui où il a été légué à quelqu'un tant pour lui que pour ses héritiers, consiste en ce que, dans le premier cas, toutes les personnes appelées à jouir

---

*quando dies legat. ced.*, lib. 36, tit. 2, n.° 1 in fine ; — dans Joannes a Sande, *decis. Fris.*, lib. 4, tit. 4, déf. 11, et les auteurs par lui cités.

de l'usufruit sont en noms propres ou nominativement désignées dans la disposition; tandis
que, dans le second cas, ce n'est que par l'expression du nom commun d'*héritiers*, que les
appelés en second ordre se trouvent indiqués
par le testateur.

Il est donc hors de doute qu'on peut valablement léguer un droit d'usufruit à quelqu'un
tant pour lui que pour ses héritiers, et la loi
romaine le décide formellement ainsi : *Repeti
potest legatus ususfructus amissus qualicumque
ratione : dummodò non morte : nisi fortè hæredibus legaverit* (1).

517. Actuellement, pour apprécier les effets particuliers de ce legs, il faut se rappeler ce que
nous avons établi plus haut sur la nature de
l'usufruit, c'est-à-dire qu'il est une propriété
essentiellement temporaire et intransmissible héréditairement.

L'usufruit est essentiellement temporaire; donc
le mot *héritiers* ne doit être ici entendu que
de l'héritier ou des héritiers en premier degré
du premier usufruitier, comme le décide la loi
romaine (2) : car, si le bénéfice de ce legs devait passer aux héritiers du second degré, sans
qu'ils y fussent nominativement appelés, ceux
du troisième degré, et ainsi de suite, devraient
avoir le même avantage, parce que le mot *héritiers* convient à tous également; en sorte que

---

(1) L. 5, ff. *quibus modis ususfruct. amittat.*, lib. 7,
tit. 4.

(2) L. 14, cod. *de usufructu*, lib. 5, tit. 33.

l'usufruit deviendrait perpétuel, ce qui ne peut être.

Ainsi, quoiqu'en thèse générale l'expression *héritiers* s'entend des successeurs de tous les degrés indéfiniment, la force des choses veut qu'elle ne soit applicable ici qu'à ceux qui succèdent immédiatement en premier degré.

Il y a plus; cette dénomination ne doit pas même être prise dans toute sa latitude, pour l'appliquer à toutes sortes de successeurs, comme lorsqu'il s'agit d'une stipulation consentie au profit de quelqu'un et de ses héritiers; parce que c'est un point de doctrine constant, enseigné par les auteurs (1) et fondé sur les textes du droit, que quand il s'agit d'une libéralité faite par testament au profit de quelqu'un et de ses *héritiers*, quelque générale que soit cette dernière dénomination, elle doit être restreinte suivant la nature du sujet qui forme l'objet de la disposition; et qu'il n'y a pas de sujet dans lequel cette restriction soit plus impérieusement commandée que dans celui qui nous occupe, puisqu'il faut tout à la fois prolonger l'asservissement du fonds grevé d'usufruit, et faire passer, contre la règle commune, l'exercice de cette servitude d'une tête à l'autre. Le mot *héritiers* doit donc être ici borné aux enfans et descendans du légataire : comme autrefois lorsqu'il s'agissait d'une substitution fidéicommissaire dont un légataire était grevé en faveur d'un étranger, pour le cas où il ne laissait pas d'héritiers.

_____

(1) Voy. entr'autres dans GUYPAPE, quest. 396 et 457 ; et dans GRIVEL, décis. 18, n.ᵒˢ 6 et suiv.

318. S'il s'agissait d'une convention ayant pour objet un droit de propriété, convention acceptée par quelqu'un tant pour lui que pour ses héritiers, ou d'un legs de propriété fait à quelqu'un tant pour lui que pour ses héritiers, il faudrait invoquer d'autres principes, et dire que tous les successeurs de l'acquéreur ou du légataire seraient indistinctement appelés à profiter de la chose acquise, puisqu'ils la trouveraient dans le patrimoine qu'il aurait voulu leur laisser : mais dans le legs d'usufruit fait à quelqu'un tant pour lui que pour ses héritiers, il en est tout autrement : ici les héritiers appelés en second ordre ne trouvent pas leur droit d'usufruit dans la succession de leur auteur ; ils ne sont pas héritiers dans cet usufruit ; ils en sont seulement légataires, et ne le tiennent que du testateur : reste donc la question de volonté pour savoir quelles sont les personnes que le testateur peut être raisonnablement présumé avoir entendues par le mot *héritiers ;* or, comme il s'agit ici de l'exécution d'une disposition qui sort totalement des règles du droit commun, la raison nous dit que le mot *héritiers* ne doit y être pris que dans un sens le plus rigoureusement étroit, et qu'en conséquence il ne doit être appliqué qu'à ceux envers lesquels le testateur peut être présumé avoir eu le même degré de bienveillance qu'il avait pour le premier usufruitier, ce qui ne peut convenir qu'aux enfans et descendans de celui-ci.

Ainsi, on ne doit point appliquer cette dénomination au légataire universel du premier usufruitier,

parce que ce serait user d'une impropriété de
terme, pour étendre au-delà de ses limites naturelles une disposition qu'on doit au contraire restreindre autant que possible.

Ainsi, on ne doit point appliquer cette disposition aux ascendans de l'usufruitier, qui pourraient accidentellement lui succéder, parce qu'en
accordant un simple droit de survivance, le testateur doit être présumé n'avoir eu en vue que
ceux qui, suivant l'ordre naturel des mortalités,
devaient survivre au premier usufruitier.

Ainsi enfin, les collatéraux ne doivent point
participer au bienfait de cette disposition, parce
que l'éloignement où ils peuvent se trouver, doit
les faire considérer tous, comme étrangers à la
pensée du testateur : *Si quis ita fideicommissum
reliquerit :* « *Fidei tuæ, fili, committo, ut si*
» *alieno hœrede moriaris, restituas Seio hœredi-*
» *tatem :* » *videri eum de liberis sensisse divus
Pius rescripsit. Et ideò, cùm quidam sine liberis decederet, avunculum ab intestato bonorum
possessorem habens, extitisse conditionem fideicommissi rescripsit* (1).

319.    Lorsqu'un homme a fait un legs d'usufruit
à quelqu'un tant pour lui que pour ses héritiers,
et qu'on en est à examiner quels doivent être
les droits de ceux-ci dans ce legs, il ne faut pas
croire que le testateur soit présumé avoir voulu
subordonner l'exécution de son bienfait envers
ces seconds légataires, à l'acceptation qu'ils seraient tenus de faire de la succession de leur

---

(1) L. 17, §. 8, ff. *ad Senat.- Consult. Trebell.*,
lib. 36, tit. 1.

auteur; car nous démontrerons bientôt le contraire : mais on doit au moins en tirer cette conséquence qu'en les désignant par le mot *héritiers*, il a voulu les appeler au partage de la chose léguée dans l'ordre suivant lequel ils sont appelés par la loi à succéder au premier usufruitier; en sorte qu'ils doivent venir au partage de l'usufruit, par tête ou par souche, comme ils viendraient par tête ou par souche au partage de l'hérédité de leur auteur, s'ils l'avaient acceptée, puisqu'on voit par l'expression dont le testateur s'est servi, qu'il a voulu calquer sa vocation sur celle de la loi.

Nous avons dit que l'usufruit était une propriété essentiellement temporaire, et nous venons de voir les conséquences qui en résultent.

Nous avons ajouté que l'usufruit était intransmissible; il nous reste à examiner aussi quelles sont les conséquences qui résultent de cette seconde qualité, pour l'exécution du legs qui nous occupe.

320. L'usufruit est essentiellement intransmissible : donc ce n'est pas par voie de transmission héréditaire que les héritiers du premier usufruitier le reçoivent. Les expressions de la loi que nous avons transcrites plus haut, sont bien remarquables sur ce point, *repeti potest ususfructus legatus*, dit-elle : ce n'est donc pas un droit d'usufruit transmis par le premier jouissant à ses héritiers, mais un droit répété par le testateur au profit de ceux-ci; *non transmissus, sed repetitus*. Le droit du premier usufruitier étant éteint par sa mort, ses héritiers ne peuvent le trouver dans sa succes-

sion, puisqu'il n'existe plus. C'est donc du testateur lui-même qu'ils le reçoivent directement et sans intermédiaire ; et de là résultent plusieurs conséquences remarquables.

521. *La première ;* que, pour qu'un pareil legs puisse avoir lieu au profit des héritiers, il faut qu'ils soient déjà au moins conçus au jour du décès du testateur, puisque c'est là une condition essentiellement voulue par la loi (906), pour être capable de recevoir une libéralité à cause de mort ; en sorte que, si le premier usufruitier laissait plusieurs enfans dont les uns eussent été conçus avant et les autres seulement après la mort du testateur, il n'y aurait que les premiers qui fussent appelés à recueillir le bénéfice du legs d'usufruit.

522. *La seconde ;* que le premier usufruitier ne pourrait, par aucune disposition, appeler ses enfans à jouir inégalement après lui de l'usufruit dont il s'agit, puisqu'ils ne tiennent aucunement leur droit de lui.

523. *La troisième ;* que les enfans appelés à jouir de ce droit d'usufruit après la mort de leur père, ne pourraient en devoir aucun rapport à sa succession, puisqu'il ne leur proviendrait pas du patrimoine paternel.

524. *La quatrième ;* que l'usufruit qui se trouve établi de nouveau au profit des enfans, exige un nouveau cautionnement, puisqu'il n'est pas le même usufruit pour l'exercice duquel la première caution avait répondu.

525. *La cinquième* enfin ; que, pour participer à l'usufruit qui leur aurait été légué, les enfans ne

seraient point tenus d'accepter la succession du premier usufruitier leur père : car, du moment que le mot *héritiers* ne désigne ici que les enfans et descendans du premier légataire, ainsi que nous l'avons établi plus haut, c'est comme si le legs avait été fait au père tant pour lui que pour ses enfans (1), ce qui ne suppose nullement que ceux-ci soient tenus d'accepter la succession paternelle, pour pouvoir profiter d'un legs qui n'a rien de commun avec cette succession.

Le testateur, en léguant l'usufruit de son fonds à quelqu'un tant pour lui que pour ses héritiers, n'a pu avoir l'intention de forcer ces derniers à accepter la succession de leur père, lors même qu'elle serait onéreuse, parce qu'il n'avait aucun intérêt à imposer une pareille charge à son bienfait. On doit croire qu'il n'a pas voulu rendre sa libéralité illusoire ou onéreuse pour ceux envers lesquels il exerçait un acte de bienveillance.

Ainsi le mot *héritiers*, dans une semblable disposition, ne signifie rien autre chose que *héritiers présomptifs*, et non pas *héritiers* de fait : c'est un nom commun employé au lieu des noms propres des seconds légataires, pour les désigner, et rien de plus.

---

(1) Voyez dans GRIVEL, décis. 18, n.ᵒˢ 57 et 58.

## QUATRIÈME QUESTION.

326. *Peut-on stipuler un droit d'usufruit tant pour soi que pour ses héritiers ; et quels doivent être les effets d'un tel contrat?*

Nous dirons ici, comme sur la question précédente, que le principe en est déjà résolu par les motifs exposés pour prouver que le droit d'usufruit peut être établi sur plusieurs têtes : car, du moment qu'il est avéré que ce droit peut être établi par acte entre-vifs sur plusieurs têtes, c'est-à-dire au profit de plusieurs personnes étrangères entre elles, et successivement appelées à en jouir, il n'y aurait pas de raison pour soutenir que la même succession de jouissance ne peut avoir lieu lorsque le second usufruitier est en même temps appelé à recueillir l'hérédité du premier (1).

Cependant, lorsqu'il s'agit d'établir un droit d'usufruit, par acte entre-vifs, au profit de plusieurs personnes qui sont étrangères entre elles, tous ceux qui sont appelés à en profiter doivent être participans à l'acte, parce que les conventions n'ont d'effet qu'entre les parties contractantes (1165), et qu'on ne peut en général stipuler que pour soi-même (1119), et non pour des personnes qui nous sont étrangères; tandis qu'un homme peut stipuler tant pour lui que pour ses héritiers (1122), par la raison que l'héritier représentant le défunt, l'une des personnes ne peut être, en ce cas, considérée comme

---

(1) Voyez sous les n.⁰ˢ 310 et 313.

étrangère à l'autre : nous avons donc encore à examiner ici quels sont les effets particuliers que doit avoir la stipulation du droit d'usufruit, faite par quelqu'un tant pour lui que pour ses héritiers.

D'autre part, il faut aussi savoir ce qu'on doit entendre par le mot *héritiers*, et à quel degré il doit être borné, puisque l'usufruit est une propriété essentiellement temporaire.

Ainsi, nous le répétons, quoique le principe de la présente question soit déjà résolu, elle doit recevoir encore, sous plusieurs rapports, beaucoup de nouveaux développemens.

327. Voyons donc quel est le mérite d'une pareille stipulation, et comment elle doit être exécutée.

Dans le silence de nos codes, nous ne pouvons suivre ici un meilleur guide que la loi romaine : or elle déclare que cette stipulation est valable ; qu'elle a pour objet plusieurs usufruits, parce qu'elle porte sur des droits personnels établis au profit de plusieurs, et que l'héritier a l'action *ex stipulatu* pour obtenir le sien, comme il l'aurait pour se faire ouvrir l'entrée d'un fonds sur lequel on aurait stipulé pour lui, non un droit de servitude réelle ou foncière, mais un simple droit de promenade pour son agrément personnel : *Sed et si quis utifrui licere sibi, hæredique suo stipulatus sit : videamus an hæres ex stipulatu agere possit? et putem posse, licet diversi sint ususfructus : nam et si ire agere*

*stipuletur ; sibi hæredique suo licere , idem pro-*
*baverimus* (1).

Il y a plusieurs usufruits : c'est-à-dire que l'u-
sufruit qui est dévolu à l'héritier, par suite de
cette stipulation, n'est pas le même que celui
qui a été possédé par son auteur, et la nature
des choses s'oppose à ce qu'il soit le même,
puisque le premier est éteint par la mort du
premier usufruitier.

Le second usufruit est différent du premier,
soit dans la personne de l'usufruitier, qui n'est
pas la même, et dont l'une ne représente pas
l'autre dans les droits purement personnels ; soit
dans l'état des choses qui peuvent avoir subi
de grands changemens ; soit dans les droits respectifs des parties, lesquels sont toujours corrélatifs et proportionnés à l'état des choses ; soit
enfin dans les obligations qui doivent toujours
être correspondantes aux droits.

Puisqu'il y a deux usufruits, ce n'est pas par
voie de transmission du même droit, mais par
l'ouverture d'un nouveau, que l'héritier devient
à son tour usufruitier lui-même : il ne peut trouver dans l'hérédité du défunt l'usufruit dont celui-ci avait été en possession, puisqu'il a été
éteint par son décès : il ne peut en être saisi
comme d'une propriété qui lui soit transmise,
puisqu'il n'existe plus. Néanmoins il a une action
pour en obtenir une nouvelle délivrance, parce
qu'il a été stipulé à son profit, de la part de ce-

_____

(1) L. 38, §. 12, ff. *de verborum oblig.*, lib. 45,
tit. 1.

lui

lui auquel la loi donnait le pouvoir de le stipuler ainsi. *Quanquam etsi usumfructum sibi hæ-*
*redique suo quis stipulatus esset,* dit Donellus
sur le texte précité, *non tamen usumfructum*
*vindicaret hæres, sed et ut sibi constitueretur,*
*in personam ex stipulatu ageret, diversi sunt*
*ususfructus, inquit Ulpianus : nam qui de-*
*functo constitutus erat, morte ejus extinctus*
*est : ex quo necesse est eum qui nunc petitur,*
*alium esse novum usumfructum, undè et hìc*
*repeti dicitur.* L. *repeti,* ff., *quibus mod. ususfr.*
*amitt.* 1. Cette action en répétition de nouvelle
constitution d'usufruit suppose bien la transmission de la stipulation sur la tête de l'héritier qui
agit; mais il y a loin de là jusqu'à la transmission de l'usufruit lui-même.

Chacun sait, en effet, que c'est un principe
avéré dans le droit, que nous pouvons stipuler
une chose pour notre héritier seulement, sans
la stipuler pour nous-mêmes (1). C'est une espèce
particulière de mandat que la loi nous accorde
pour procurer un avantage à notre héritier, sans
que nous en soyions participans nous-mêmes.
Or, en ce cas, l'héritier ne trouve pas la chose
ainsi stipulée dans la succession du défunt,
puisque celui-ci n'en a jamais été propriétaire : il ne peut la recevoir par transmission,
parce que le défunt n'a pu lui transmettre ce
qu'il n'avait pas; donc l'héritier peut avoir le
droit d'agir directement en vertu de la stipulation faite pour lui, par son auteur, et qu'il peut

---

(1) Vid. l. 11, code *de contrahend. stipulat.,* lib. 8,
tit. 38.

agir de son propre chef, à l'exemple du com-
mettant qui agit en vertu de la stipulation faite
pour lui par son mandataire.

Tel est le résultat de la stipulation d'un droit
d'usufruit, faite par quelqu'un tant pour lui que
pour ses héritiers, que c'est comme s'il y avait
deux contrats: l'un conçu d'abord dans l'intérêt
seulement de celui qui stipule, et l'autre consenti ensuite dans le seul intérêt des héritiers,
à l'effet de créer un nouveau droit de jouissance
à leur profit personnel, après l'extinction du
premier usufruit.

Il y a donc transmission dans la stipulation,
puisque les héritiers qui en demandent l'exécution pour eux, n'agissent qu'en vertu d'une action qu'ils tiennent du défunt : mais il n'y a pas
transmission dans l'usufruit lui-même, puisque
c'est un autre droit qui s'ouvre au profit des
héritiers.

328. Voyons actuellement quelles sont les conséquences qu'on doit tirer de ces vérités de
principes.

Il y a transmission dans la stipulation ; donc
il ne suffirait pas d'avoir la qualité d'héritier présomptif, mais il faut avoir accepté la succession
du défunt pour pouvoir demander la délivrance
de l'usufruit stipulé au profit de l'héritier, parce
qu'il n'y a que celui qui est en possession de
l'hérédité qui puisse proposer les actions que le
défunt y a laissées.

Il y a transmission dans la stipulation ; donc
l'héritier testamentaire doit en profiter, comme
celui de la loi, puisqu'il a le droit de recueillir

tout ce qui est utile dans l'hérédité. C'est pour lui que l'auteur du contrat est censé avoir stipulé le droit d'usufruit, et c'est pour lui que ce droit est censé avoir été consenti, du moment qu'il est subrogé dans tous ceux de l'héritier légal.

Il y a transmission dans la stipulation; donc il n'est pas nécessaire que l'héritier qui en veut profiter, ait déjà été existant lors du contrat, comme il est nécessaire que tous les donataires soient déjà existans lors de la donation, quand il s'agit de la constitution d'usufruit à établir sur plusieurs têtes étrangères l'une à l'autre; attendu que, dans le cas de la stipulation dont nous expliquons les effets, l'action n'arrive à l'héritier que par la médiation du défunt qui avait pouvoir et qualité pour acquérir dans l'intérêt de son successeur, sans l'intervention de celui-ci et quel qu'il fût un jour.

Il y a transmission dans la stipulation; donc s'il y a plusieurs héritiers appelés à la succession du défunt, tous se trouvent aussi appelés à profiter, dans la même proportion, du bénéfice de l'usufruit stipulé pour eux, puisque l'action qui tend à en obtenir la délivrance est dévolue à tous.

Il y a transmission dans la stipulation; donc les héritiers, partageant la succession du défunt, peuvent placer cette action dans le lot d'un seul d'entr'eux, comme s'il s'agissait de tout autre effet de l'hérédité, et le propriétaire du fonds grevé d'usufruit ne serait point recevable à s'opposer à ce mode de partage, sous le prétexte d'une plus grande longévité probable dans celui

des héritiers qui se trouverait ainsi seul usufruitier pour l'avenir, parce qu'on lui répondrait
qu'en consentant une pareille stipulation, il est
censé s'être soumis à toutes les chances qui en
dérivent naturellement.

Ainsi, lorsqu'un homme a stipulé un droit
d'usufruit tant pour lui que pour ses héritiers,
il y a transmission de la stipulation au profit de
ceux-ci, non pour être maintenus dans la jouissance de l'usufruit dont le défunt avait été en
possession, et qui s'est éteint par son décès;
mais pour obtenir la délivrance d'un nouveau
droit qui leur sera également personnel, et ils
sont à cet égard dans le même cas que si leur
auteur ne l'avait stipulé qu'à leur profit, sans le
stipuler aussi pour lui-même, en sorte que, dans
ce nouvel ordre de choses, c'est aussi un nouvel usufruit qui prend naissance; ce qui donne
lieu à d'autres conséquences encore.

329. C'est un autre usufruit qui se trouve établi
sur la tête de l'héritier : donc, à supposer que
le défunt n'eût pas joui lui-même du sien, celui qui est en même temps propriétaire du fonds
et débiteur personnel de l'usufruit, ne pourrait
opposer à l'héritier du premier usufruitier aucune prescription résultant du non-usage de celui-ci, attendu que les droits du second n'étant
ouverts qu'au décès du premier, ce n'est que
dès cette époque qu'il peut être prescriptible à
la décharge de celui qui en est débiteur ( 2257 ).

C'est un autre droit d'usufruit qui s'ouvre au
profit de l'héritier : donc la caution fournie lors
de l'entrée en possession du premier usufruitier,

se trouve dégagée pour l'avenir ; donc il faut un nouveau cautionnement sur la constitution du nouvel usufruit (1).

C'est un autre usufruit qui s'ouvre au profit de l'héritier : donc il faut un nouvel inventaire et une nouvelle reconnaissance de l'état des choses, parce qu'il naît, à cet égard, un nouvel ordre dans les droits des parties intéressées.

C'est un autre usufruit qui commence sur la tête de l'héritier, après la cessation de celui qui est éteint par la mort du défunt : donc il n'est plus possible d'y renoncer pour le passé, parce qu'on ne peut pas renoncer à un droit qui n'existe plus ; donc les droits et obligations qui peuvent résulter de la jouissance du premier usufruitier, sont irrévocablement fixés entre son héritier et le propriétaire.

L'héritier pourrait bien renoncer, pour l'avenir, au nouveau droit d'usufruit qui s'ouvre à son profit, et se dégager par là des charges d'entretien, comme nous l'expliquerons dans la suite ; mais sa renonciation, ne pouvant s'appliquer à l'usufruit qui n'est plus, ne le dégagerait point des charges de réparations et autres, à raison desquelles il y aurait déjà eu lieu à intenter quelques actions contre le défunt, parce que les droits acquis au propriétaire sur le premier usufruitier, sont irrévocablement fixés par le décès de celui-ci.

C'est un autre usufruit qui commence : donc il ne doit que ses propres charges, et il ne doit

_____

(1) Vid. Donellum in l. 38 ; §. 10, n.° 10, ff. de verb. oblig., n.° 10.

pas les charges de l'usufruit précédent; donc il faut reconnaître une séparation entre les charges courantes du nouvel usufruit, et les obligations contractées par le défunt à raison de sa jouissance, lesquelles affectent le patrimoine qu'il a laissé, et ne sont autre chose que des dettes héréditaires qui pèsent sur tous les héritiers qui ont accepté la succession.

C'est un autre droit d'usufruit : donc si, par la combinaison du partage fait entre les cohéritiers, ce nouvel usufruit se trouve placé dans le lot d'un seul, il sera seul tenu de supporter, pour l'avenir, les charges d'entretien et autres naturellement inhérentes à ce droit ; tandis que tous les cohéritiers doivent au contraire concourir à la fourniture des impenses nécessaires aux réparations dont l'obligation avait été déjà contractée par le défunt, pour la remise des choses en dû état, à l'époque de la cessation de son usufruit.

Nous terminerons en observant que, dans ce cas-ci, comme dans celui de la question précédente, l'usufruit ne doit avoir lieu qu'au profit de l'héritier du premier degré, et ne doit pas être étendu à ses successeurs, par les raisons expliquées plus haut.

### CINQUIÈME QUESTION.

530. *L'usufruit peut-il être établi au profit d'une commune ou d'un établissement public ; et, dans ce cas, quelle doit ou peut être sa durée ?*

Il n'y a pas de doute que le droit d'usufruit ne puisse être légué soit au profit d'une commune, soit au profit d'un établissement public ou d'un corps quelconque reconnu par la loi, tels que sont les hospices, les séminaires, les colléges, etc., etc.; mais pour qu'il leur soit valablement acquis, il faut qu'ils obtiennent l'autorisation du Gouvernement (910), à l'effet de l'accepter, en se conformant aux formalités prescrites à cet égard par les lois.

Suivant le droit romain, l'usufruit qui avait été légué à une commune ou à un établissement public, devait durer cent ans, par la raison que la période d'un siècle est considérée, dans le droit, comme étant le terme extrême de la vie humaine (1); mais c'était prendre l'exception pour le fondement de la règle générale. Les auteurs du code ont, avec plus de justice, adopté un terme moyen, en déclarant que l'usufruit qui n'est pas accordé à un particulier, ne doit durer que trente ans (619).

Néanmoins un droit d'usufruit qui aurait été acquis, avant la promulgation du code, au profit d'une commune ou d'un établissement public, devrait encore étendre sa durée à un siècle, à dater du jour de son ouverture, parce qu'un droit dont on est une fois en possession, doit être acquis pour toute son étendue et pour toute la durée qui dérive de son titre constitutif, et qu'en conséquence la loi, survenue depuis, ne pourrait, sans effet rétroactif, en abréger l'exercice (2).

---

(1) L. 56, ff. *de usufruct.*, lib. 7, tit. 1.
(2) Voy. sur les questions de rétroactivité notre traité sur l'état des personnes, tom. 1, pag. 28 et suiv.

331. Mais il ne faut pas confondre le droit d'u-
sufruit qui aurait été laissé à une commune ou à
un établissement public, avec un revenu ou une
pension, ou une distribution de denrées qui leur
auraient été annuellement légués : dans ce cas, le
legs annuel serait perpétuel (1), attendu que la
règle qui veut que la nue propriété ne soit pas
perpétuellement séparée de la jouissance, ne
trouve plus ici d'application.

Quoique le terme légal de l'usufruit laissé à
une commune soit fixé à trente ans ; si le testateur lui avait assigné un plus long cours, et qu'elle
eût été autorisée à accepter purement et simplement la disposition faite à son profit, elle devrait en jouir pendant tout le temps pour lequel il aurait été légué, attendu que la loi ne
renferme aucune disposition qui interdise à
l'homme la faculté d'étendre sa libéralité au-delà
de trente ans.

Nous avons fait voir plus haut que, quoique
le terme légal de l'usufruit soit fixé à la mort de
l'usufruitier, néanmoins il peut être valablement
répété sur la tête de son héritier lorsque le testateur l'ordonne ainsi : à plus forte raison devons-nous dire que, quand il s'agit d'une commune ou d'un établissement public, le testateur
qui leur lègue un droit d'usufruit peut, par une
disposition expresse, en étendre la jouissance
au-delà du terme fixé par la loi.

332. Mais si la commune ou l'établissement public

_____

(1) Vid. ll. 117 et 122, ff. *de legat.* 1 ; et l. 23, ff. *de
annuis legat.*, lib. 33, tit. 1.

venaient à être détruits avant les trente ans, l'usufruit serait éteint par cet événement, comme il est éteint par la mort de l'usufruitier ordinaire : *Si ususfructus civitati legetur : et aratrum in eâ inducatur, civitas esse desinit : ut passa est Carthago : ideòque quasi morte desinit habere usumfructum* (1).

Sur quoi il faut observer qu'il ne suffirait pas que les habitations d'un village eussent été détruites par un incendie ou ravagées par l'invasion de l'ennemi, pour que le droit d'usufruit dont il jouissait auparavant, fût considéré comme éteint ; car, si les habitans, en reconstruisant même ailleurs, continuaient à faire corps de commune, ou section d'une autre commune, ils devraient aussi continuer à jouir du droit appartenant au corps moral qui n'aurait pas réellement cessé d'exister.

Mais si, par rapport à quelque grand crime dont on aurait jugé une commune responsable, le Gouvernement en ordonnait la dissolution, ce serait sur-tout le cas de dire que le droit d'usufruit dont elle jouissait, devrait être considéré comme éteint, par l'extinction du corps moral auquel il avait été accordé; et c'est sur-tout à un événement de cette nature que se rapportent ces expressions de la loi romaine : *Aratrum passa.*

---

(1) L. 21, ff. *quib. mod. ususfruct. amitt.*, lib. 7, tit. 4.

## SECTION III.

*Sur quelles choses l'usufruit conventionnel peut-il être établi?*

353. Aux termes de l'art. 581 du code, l'usu-fruit peut être établi sur toute espèce de biens, meubles et immeubles, qui sont dans le commerce. Il peut donc être établi :

Sur les bâtimens, les fonds de terre et leurs accessoires;

Sur des créances de toute espèce, même sur une rente viagère; et dans tous les cas l'usufruitier a droit d'en percevoir les arrérages sans être tenu à aucune restitution (588);

Sur un droit d'usufruit même; et alors l'usu-fruitier, parvenu à la fin de sa jouissance, n'est obligé de rendre que le droit d'usufruit lui-même (1568), sans faire aucun rapport des émolumens qu'il en a perçus;

Sur les meubles qui, sans se consommer de suite, se détériorent peu à peu par l'usage (589), tels que le linge, les habits, les meubles meublans qui garnissent un appartement;

Sur le bétail (583), soit qu'il s'agisse d'un ou de plusieurs animaux considérés comme autant d'individus, soit qu'il s'agisse d'une aggrégation composant un troupeau destiné à se reproduire par lui-même (616);

Enfin sur les choses fongibles qui se consomment par le premier usage, ou qui consistent dans le nombre, le poids ou la mesure, et qui par cette raison sont acquises en toute propriété à l'usufruitier, par la délivrance qui lui en est faite, à la charge d'en payer l'estimation, ou d'en rendre une pareille quantité d'égale valeur en nature, à la fin de sa jouissance.

La constitution d'usufruit emportant un démembrement dans la propriété du fonds, la première condition requise pour pouvoir l'établir, c'est d'être propriétaire de la chose : ainsi le legs (1021), comme la vente (1599) ou la donation de l'usufruit de l'héritage d'autrui, seraient radicalement nuls.

334. Il faut aussi avoir la libre disposition du fonds : ainsi on ne pourrait établir un droit d'usufruit sur les fonds d'une commune, d'un établissement public ou de l'Etat, sans une loi autorisant cette aliénation, si ce n'est par la voie de la prescription dont nous parlerons dans un des chapitres suivans.

335. L'indivision de la propriété n'est point un obstacle à la constitution de l'usufruit sur ce qui nous en appartient. On peut aussi l'établir au profit d'un ou de plusieurs sur une partie, comme sur tout le fonds qui est à nous. En conséquence celui qui n'est que copropriétaire d'un fonds possédé en commun avec d'autres, peut léguer l'usufruit de sa part indivise; *ususfructus et ab initio pro parte divisâ vel indivisâ constitui potest* (1); comme, s'il est seul propriétaire de l'héritage, il peut en léguer l'usufruit d'une portion seulement, laquelle n'étant pas désignée, serait censée de moitié; *etiam*

_____

(1) L. 5, ff. *de usufruct.*, lib. 7, tit. 1.

*partis bonorum ususfructus legari potest. Si tamen non sit specialiter facta partis mentio, dimidia pars bonorum continetur* (1). Enfin, comme le propriétaire d'un fonds pourrait en léguer l'usufruit à un seul, il peut aussi le léguer indivisément à plusieurs, qui sont alors maîtres de jouir en commun, ou d'opérer entre eux un partage de jouissance; *sed si inter duos fructuarios sit controversia, Julianus scribit; æquissimum esse, quasi communi dividundo judicium dari, vel stipulatione inter se eos cavere qualiter fruantur. Cur enim, inquit, ad arma et rixam procedere patiatur prætor quos potest jurisdictione suâ componere? Quam sententiam Celsus quoque probat; et ego puto veram* (2).

Lorsque le fonds sur lequel on prétend exercer un droit d'usufruit appartient à plusieurs, et que l'usufruitier, agissant en revendication de son droit, n'a attaqué qu'un des copropriétaires de l'héritage, soit qu'il ait été repoussé de sa demande, soit qu'il sorte vainqueur de la lutte, le jugement ne doit recevoir d'exécution que pour la part de celui qui a défendu, parce que l'usufruit est une chose divisible comme le fonds sur lequel il est établi, et qu'il n'y a point de solidarité entre les divers propriétaires du fonds, pour en accorder ou en refuser la délivrance: *si ex communi prædio debeatur, uno ex sociis defendente, pro parte defendentis fit restitutio* (3).

_____

(1) L. 43, ff. *eodem.*
(2) L. 13, §. 3, ff. *eodem.*
(3) L. 5, ff. *eodem.*

336. La légitime ou réserve légale qui est assignée aux enfans ou autres descendans dans les successions de père et mère ou autres ascendans, ne peut être grevée d'usufruit au préjudice des légitimaires, parce qu'autrement ils ne l'auraient plus tout entière et telle que la loi veut qu'ils en obtiennent le montant, à l'exclusion de tous autres.

337. Une question, qui était autrefois controversée par les auteurs (1), consistait à savoir si le fils n'était pas obligé de se soumettre à la disposition du père, lorsque la charge d'usufruit était d'ailleurs compensée par l'avantage d'une plus grande quotité qui lui était laissée en propriété. Les uns soutenaient qu'en ce cas, le fils n'avait d'autre droit que celui d'opter pour s'en tenir à sa quotité légitimaire, et l'avoir franche de toute charge d'usufruit, sans rien emporter de plus dans la succession paternelle : d'autres voulaient au contraire, que le fils fût d'abord admis à revendiquer sa légitime dégagée de tout usufruit, et qu'après avoir reçu ce premier objet, comme un à compte, il pût encore, lors de la cessation de l'usufruit légué à un tiers, exiger le surplus des biens contenus dans la disposition paternelle faite à son profit.

Cette question ne peut plus être l'objet d'une difficulté aujourd'hui : elle est, comme beaucoup d'autres, tranchée par l'article 917 du code qui porte que « si la disposition par acte entre-vifs

---

(1) Voy. GALLUM, *tractatu de fructibus*, disput. 15, art. 2 ; — HENRYS, liv. 5, chap. 4, quest. 51, tom. 3, pag. 226 ; — RAVIOT, quest. 137, tom. 1, pag. 416.

» ou par testament est d'un usufruit ou d'une
» rente viagère dont la valeur excède la quotité
» disponible, les héritiers au profit desquels la
» loi fait une réserve, auront l'option, ou d'e-
» xécuter cette disposition, ou de faire l'aban-'
» don de la propriété de la quotité disponible. »

Quoique cet article mette fin aux controverses
qui existaient, dans l'ancienne jurisprudence,
sur le point que nous venons d'indiquer, néanmoins nous ne gagnons pas tout, parce qu'il fait
naître plusieurs autres difficultés que nous allons
tenter d'aplanir ; mais reprenons-en d'abord les
principales expressions.

358. *Si la disposition est d'un usufruit ou d'une
rente viagère dont la valeur excède la quotité disponible,* comment connaîtra-t-on que la valeur
de l'usufruit ou de la rente viagère doit excéder
celle de la quotité disponible ? Si l'usufruitier ou
le pensionnaire soutiennent la négative, faudra-
t-il recourir à une expertise ?

Nous croyons que non : soit parce que la loi
qui défère l'option aux héritiers, les rend par là
même juges de la cause ; soit parce qu'en les sou-
mettant à une expertise sur une chose absolument incertaine et purement aléatoire, on les
forcerait à jouer sur leur droit de réserve, ce
qui ne peut être exigé d'eux.

359. Mais si, d'une part, l'héritier est le maître
de retenir sa quote légitimaire tout entière et
d'abandonner le surplus de l'hérédité au légataire, pour lui tenir lieu de son legs d'usufruit
ou de rente viagère, de quelque valeur qu'il
soit ; de son côté le légataire ne saurait être forcé

à recevoir ce que l'héritier lui abandonne, sans avoir la certitude que ce qui lui est livré comprend réellement tout le surplus des biens laissés par le testateur; et c'est à l'héritier à faire voir qu'il n'en a pas trouvé davantage, parce qu'il doit démontrer la suffisance du payement qu'il offre.

340. Ici se présente une question qui n'est pas sans intérêts : elle consiste à savoir comment l'héritier doit démontrer la consistance des biens de l'hérédité, pour faire voir que l'abandon qu'il offre comprend réellement toute la quotité disponible. Suffit-il qu'il produise un état détaillé de l'actif et du passif de la succession, sauf au légataire à le combattre s'il le croit infidèle; ou faut-il un inventaire légalement fait et auquel le légataire aura été dûment appelé, comme partie principalement intéressée ?

Pour soutenir que la formalité de l'inventaire est indispensable, et qu'ainsi il n'y a que l'héritier bénéficiaire qui puisse profiter de l'option offerte par l'article 917 du code, on peut dire qu'il n'y a que celui qui a fait emploi de ce moyen qui ne soit pas tenu de toutes les charges héréditaires; qu'il n'y a que lui à qui la loi accorde (802) la faculté de se dégager du payement intégral des legs et des dettes, en abandonnant aux créanciers et aux légataires tous les biens de la succession; que l'héritier pur et simple s'étant personnellement obligé à payer les legs, même *ultrà vires hœreditatis*, il y aurait de la contradiction à lui accorder le droit d'en réduire aucun pour se conserver encore une plus grande part des biens du testateur.

Nonobstant ces raisonnemens, nous croyons que le défaut d'inventaire ne doit pas faire perdre à l'héritier pur et simple le droit d'option décrété par l'article 917 du code.

Et d'abord, dans le cas où celui au profit duquel on a fait un legs inofficieux d'un droit d'usufruit ou de rente viagère, est lui-même un des héritiers, ayant ce legs en préciput, l'acceptation pure et simple de l'hérédité ne pourrait être suspectée par les autres, parce que tous sont censés être également instruits de la consistance des biens héréditaires qu'ils sont appelés à partager ensemble.

Si, en second lieu, l'on suppose que le légataire soit un étranger, il faudra porter encore la même décision, par cette autre raison qu'il s'agit ici du droit de réserve légale, et que, si l'héritier légitimaire doit faire inventaire pour n'être pas tenu *ultra vires* à l'égard des créanciers, il n'est pas soumis à l'observation de la même formalité, pour conserver sa légitime vis-à-vis des légataires. Quand il s'agit des créanciers de la succession, tout héritier qui n'a pas fait inventaire doit les payer intégralement, parce qu'il représente le défunt qui était leur débiteur ; mais, lorsqu'il est question des légataires en faveur desquels le testateur a dépassé les bornes de ses pouvoirs en faisant des libéralités inofficieuses, l'héritier de la réserve qui ne demande que sa légitime, vient *jure proprio :* il n'est plus ici le représentant du défunt en exigeant une chose

qu'il

qu'il ne tient que des mains de la loi ; il ne serait donc pas juste de l'écarter sous le prétexte du défaut d'inventaire (1).

341. *Les héritiers au profit desquels la loi fait une réserve ;* quels sont ces héritiers ? Ce sont d'abord les enfans et descendans du défunt : ce sont ensuite ses ascendans, et enfin ce sont aussi les collatéraux en certaines circonstances, comme nous l'expliquerons plus bas.

*Auront l'option, ou d'exécuter cette disposition, ou de faire l'abandon de la propriété de la quotité disponible ;* c'est là un cas singulier où il est permis au débiteur de se libérer par la prestation d'une chose au lieu et place d'une autre : par l'abandon d'une chose qui n'était pas due, au lieu et place de celle qui était due ; mais tel est le moyen que la loi accorde à l'héritier pour conserver intacte sa légitime.

L'acquittement que l'héritier obtient ainsi, par la subrogation d'une chose au lieu et place d'une autre, n'est donc pas un véritable payement, ni une vraie délivrance du legs, fait au légataire ; mais s'il y a quelque chose de changé dans les intérêts de celui-ci, ce changement ne touche qu'à l'exécution de la libéralité, et nullement au titre constitutif du legs, lequel reste absolument le même : d'où il résulte que, quoique la quotité disponible soit toujours une quote d'hérédité, une quote toujours constitutive d'un legs à titre universel quand elle a été directement léguée ; néanmoins le légataire d'usufruit ou de

_____

(1) Voy. dans LEBRUN, en son traité des successions, liv. 3, chap. 4, n.° 75.

rente viagère auquel elle est abandonnée en compensation de son legs, ne devient pas, pour cela, légataire à titre universel : il n'est toujours qu'un légataire particulier, puisqu'il n'y a rien de changé dans son titre; en conséquence de quoi les dettes et charges de l'hérédité ne le concernent pas plus après qu'avant l'abandon qui lui a été fait.

542. S'il y a plusieurs héritiers, et que quelques-uns préfèrent se soumettre à l'exécution littérale de la disposition, tandis que d'autres veulent opter pour l'abandon de la quotité disponible, le légataire sera forcé de recevoir ainsi différens paiemens de chacun d'eux ; parce que les divers cohéritiers n'étant tenus chacun que pour leurs quotes parts des charges de la succession (873), c'est comme s'il y avait autant de legs qu'il y a de cohéritiers; pour quoi chacun d'eux peut prendre séparément le parti qui lui convient le mieux.

Vainement opposerait-on à cette décision que, dans la dette alternative qui porte sur deux choses l'une, on ne peut forcer le créancier à recevoir une partie de l'une des choses et une partie de l'autre (1191); qu'en conséquence les héritiers ne doivent être écoutés qu'autant qu'ils se concertent tous pour faire la même option.

Il faut remarquer, en effet, qu'il n'y a point ici de dette alternative, et cela est évident, puisqu'il n'y a que l'usufruit qui ait été légué, et qui soit dû. Si les héritiers peuvent se libérer en offrant des propriétés au lieu de délivrer un droit de jouissance plus étendu, ce n'est pas que les

fonds soient eux-mêmes compris dans le legs,
car le légataire serait bien certainement non-
recevable à les demander; mais c'est uniquement parce que la loi permet aux héritiers de
s'acquitter en payant une chose pour une autre:
les fonds sont donc seulement *in facultate sol-
vendi*, et non pas *in credito*. Cela étant ainsi,
il ne doit y avoir, dans ce cas, aucune application des règles sur le paiement de l'obligation
alternative, puisqu'il n'y a point ici d'obligation
de cette espèce. Et, comme il n'existe d'ailleurs
aucune solidarité entre les héritiers pour le paiement du legs, chacun d'eux doit être le maître
d'en acquitter son contingent, comme il le juge
convenable à ses intérêts.

343. Nous avons dit que ce droit d'option appartient à trois espèces d'héritiers, qui sont les descendans, les ascendans, et, en certaines circonstances, les collatéraux. Voilà donc trois ordres
de successeurs que nous avons à passer en revue
sur le montant de la quotité disponible dont ils
peuvent être forcés de faire abandon, en tout
ou en partie, pour conserver intacte leur quote
légitimaire.

I. La réserve légale des descendans est différente suivant qu'elle doit être déterminée par
l'article 913, ou par les articles 1094 et 1098 du
code.

Aux termes de l'article 913, les libéralités soit
par acte entre-vifs, soit par testament, ne peuvent
excéder la moitié des biens du disposant, s'il ne
laisse à son décès qu'un enfant légitime; le tiers,
s'il laisse deux enfans; le quart, s'il en laisse trois

ou un plus grand nombre. Cette règle est générale pour tous les cas où la libéralité n'aurait pas été faite par un des époux au profit de l'autre.

Ainsi, lorsqu'il n'y a qu'un enfant, il ne peut se rédimer du legs d'usufruit ou de rente viagère, fait au profit d'un étranger, par son père ou par sa mère, qu'en abandonnant au légataire la moitié des biens de la succession. Ainsi encore, lorsqu'il y a deux enfans, l'abandon doit être du tiers; et, s'il y en a trois ou un plus grand nombre, il doit être du quart de tous les biens.

Si le legs d'usufruit ou de rente viagère a été fait, par préciput, à l'un des enfans, l'abandon devra être du tiers ou du quart de chaque portion des autres, comme s'il s'agissait d'un légataire étranger.

344. Mais il faut observer que si le père ou la mère qui a fait la donation ou le legs d'usufruit ou de rente viagère, avait déjà précédemment fait d'autres libéralités, par actes entre-vifs, au profit d'un étranger, ou par préciput, au profit d'un de ses enfans, les biens ainsi sortis de son patrimoine devraient être fictivement réunis à la masse de la succession, pour composer le montant de la réserve légale (922), et ensuite précomptés sur la quotité disponible dont le légitimaire devrait faire abandon, parce que cette quotité aurait déjà été diminuée d'autant, par des actes irrévocables.

Ainsi, à supposer que la quotité disponible soit 12, et que le père ait déjà donné 9 par acte entre-vifs, l'enfant légitimaire ne devra plus abandonner que 3 au légataire de l'usufruit.

Mais si un légataire d'usufruit se trouve en concurrence avec un légataire de propriété; comme aucun d'eux ne devra avoir de préférence sur l'autre, et comme néanmoins leurs deux legs ne pourront comprendre que la quotité disponible, il faudra en venir à l'estimation du legs d'usufruit, comparativement à celui de propriété, pour régler la réduction qu'ils devront souffrir entre eux, et les valeurs respectives de leurs lots de partage dans la quotité disponible qui leur sera abandonnée par le légitimaire.

345. Lorsque c'est un des époux qui est donateur en faveur de l'autre, la légitime des enfans ne se forme plus de la même manière. Suivant l'article 1094, si l'époux donateur laisse des descendans, il ne peut donner à l'autre qu'un quart en propriété, et un quart en usufruit, ou la moitié de ses biens en usufruit seulement.

On voit par là qu'il faut faire ici une distinction entre le cas où le legs serait d'usufruit, et celui où il consisterait en une rente viagère, puisque la loi statue spécialement sur le *maximum* de la première espèce, sans s'expliquer également sur l'autre.

Si donc le legs inofficieux, fait par l'un des époux au profit de l'autre, ne consiste qu'en usufruit, les enfans n'auront point à s'en rédimer par l'abandon d'une portion quelconque de propriété, il leur suffira d'en demander la réduction jusqu'à concurrence de la jouissance de moitié des biens, puisque c'est là le *maximum* spécialement déterminé pour cette espèce de libéralité.

Si au contraire la donation inofficieuse était en rente viagère seulement, ou même partie en rente viagère et partie en usufruit, les enfans ne pourraient s'en rédimer que par l'abandon d'un quart en toute propriété, et d'un autre quart en usufruit, puisque la quotité disponible entre époux s'élève jusque-là quand elle n'a pas été faite en usufruit seulement.

346. Suivant l'article 1098, l'homme ou la femme qui, ayant des enfans d'un autre lit, contracte un second ou subséquent mariage, ne peut donner à son nouvel époux qu'une part d'enfant légitime le moins prenant, et sans que, dans aucun cas, ces donations puissent excéder le quart des biens. Voilà encore une autre modification dans la quotité disponible envers les enfans, quand c'est un des époux qui est donataire.

Ainsi, à supposer que l'époux donateur, ayant des enfans d'un précédent mariage, ait fait à son époux en secondes noces une donation d'usufruit ou de rente viagère, les enfans du premier lit pourront s'en rédimer par l'abandon d'une portion de bien égale à celle du moins prenant d'entre eux, en quelque nombre qu'ils soient; ou par l'abandon du quart, quand même il n'y en aurait qu'un, ou deux seulement : en sorte que, dans ces deux derniers cas, la quotité disponible au profit du nouvel époux est bien plus restreinte qu'elle ne le serait vis-à-vis d'un étranger auquel il aurait été permis de donner la moitié ou le tiers; ou vis-à-vis d'un premier époux qui pourrait emporter jusqu'à concurrence d'un quart en toute propriété, et d'un autre quart en usufruit.

547.   Pour l'entière intelligence de ce dernier article, il faut observer que les termes dans lesquels il renferme spécialement la faculté de disposer au profit d'un nouvel époux, et le retranchement qui doit s'en suivre, quand la donation est inofficieuse, ne sont ordonnés qu'en faveur des enfans du premier lit, par la raison qu'il n'y a qu'eux qui sont exposés à souffrir du subséquent mariage de leur père ou de leur mère, et qu'en conséquence il n'y a qu'eux qui doivent profiter de cette disposition restrictive de la loi.

Cette décision résulte positivement de l'article 1496 du code, qui, en statuant sur les conséquences de ce que les meubles et dettes mobilières des époux tombent en communauté, veut que, si toutefois la confusion du mobilier et des dettes opérait, au profit de l'un des époux, un avantage supérieur à celui qui est autorisé par l'article 1098, *les enfans du premier lit de l'autre époux aient l'action en retranchement.*

Si donc, au décès de la mère ou du père remariés, il y avait aussi des enfans du second lit, on devrait estimer, pour eux, la quotité disponible d'après l'article 1094, qui veut que l'époux qui a des enfans puisse donner à l'autre époux jusqu'à concurrence du quart en toute propriété, et d'un autre quart en usufruit; ou bien la moitié de sa succession en usufruit seulement.

548.   Il résulte de là que, dans cette nouvelle

hypothèse, où il y aurait des enfans des deux
lits, concourant ensemble à recueillir la succession de leur père ou de leur mère, il faudrait
procéder à deux liquidations différentes, pour
connaître les deux quotités disponibles qui seraient relatives aux uns et aux autres.

Pour parvenir à ce but, on devrait réunir
ensemble toutes les portions des enfans du premier lit, et, après en avoir fait autant pour toutes
celles des enfans du second lit, on opérerait
successivement sur les deux masses, comme s'il
y avait deux hérédités. La quotité disponible
sur la masse des enfans du premier lit, serait
déterminée par la disposition de l'article 1098;
et pour la quotité disponible à l'égard des enfans du second lit, on devrait s'en rapporter au
prescrit de l'article 1094.

Ainsi, à supposer que la libéralité faite au
profit du nouvel époux fût en usufruit seulement,
les enfans du second lit ne devraient offrir à
leur père ou à leur mère donataire que la jouissance de la moitié de leur masse; et à supposer
que le don fût en rente viagère, ils ne pourraient s'en rédimer qu'en offrant un quart en
toute propriété, et un autre quart en usufruit
de cette même masse.

Ainsi, au contraire, pour se rédimer d'un
legs, soit de rente viagère, soit même d'usufruit
qui serait jugé inofficieux, les enfans du premier
lit n'auraient autre chose à offrir que l'abandon,
en toute propriété, d'une portion égale à celle
du moins prenant d'entre eux, en quelque

nombre qu'ils fussent, sans néanmoins que cette portion pût excéder le quart de leur masse.

349. Il faut bien remarquer, en effet, que quand la donation ou le legs n'a été fait qu'en usufruit seulement, par un des époux au profit de l'autre, les enfans provenant de leur mariage commun n'ont autre chose à faire qu'à en demander le retranchement jusqu'à concurrence de moitié. Si le donateur a voulu l'étendre plus loin, ils ne sont obligés de s'en rédimer par la cession d'aucune portion de propriété, parce qu'alors le legs qui n'est qu'en usufruit, a son *maximum* spécialement déterminé, par l'article 1094, à la jouissance de la moitié des biens. Il n'en est pas de même à l'égard des enfans du premier lit, vis-à-vis du nouvel époux de leur père ou de leur mère : ici c'est une autre quotité disponible particulièrement déterminée par l'article 1098, lequel, sans admettre l'alternative qui est établie par l'article 1094, veut généralement, et pour tous les cas, que la quotité disponible au profit du nouvel époux consiste dans une part égale à la portion de l'enfant le moins prenant, sans pouvoir excéder le quart. C'est donc là ce que les enfans du premier lit doivent offrir, même pour se rédimer du legs qui n'aurait été fait qu'en usufruit ; et l'époux donataire serait fondé à l'exiger ainsi, pour se départir de son legs, puisque, vis-à-vis de lui, la quotité disponible s'étend jusque-là.

350. II. Les ascendans sont aussi des héritiers à réserve, et conséquemment ils doivent avoir aussi la faculté de se rédimer du legs d'usufruit ou de

rente viagère, par l'abandon de la quotité disponible.

Mais les ascendans peuvent être seuls héritiers, comme cela arrive lorsqu'une personne qui n'a ni postérité, ni frères ni sœurs, ni descendans d'eux, meurt (746) laissant ses père et mère survivans; et ils peuvent aussi se trouver en concours avec des collatéraux, comme lorsque la personne morte sans postérité laisse ses père et mère survivans, et avec eux des frères et sœurs ou des descendans d'eux (751). Et ces deux hypothèses ne peuvent entraîner le même résultat, puisque les collatéraux n'ont point alors de réserve légitimaire.

Aux termes de l'article 915, « les libéralités » par actes entre-vifs ou par testament ne pourront » ront excéder la moitié des biens, si, à défaut » d'enfant, le défunt laisse un ou plusieurs ascendans dans chacune des lignes paternelle » et maternelle; les trois quarts, s'il ne laisse » d'ascendans que dans une ligne. »

Si donc une personne morte sans postérité n'a laissé pour héritiers que ses père et mère, et a fait au profit d'un étranger une donation ou un legs d'usufruit ou de rente viagère qui soit regardé comme excessif ou inofficieux, les père et mère pourront s'en affranchir par l'abandon de la moitié des biens qui dans ce cas forme la quotité disponible. Et ce que nous disons des père et mère doit également être entendu de tous autres ascendans qui seraient aussi seuls héritiers, en sorte que les ascendans de chacune des lignes en retenant le quart qui leur est réservé,

sur la masse fictivement grossie de toutes les donations (922), doivent rester affranchis, par l'a-
bandon du surplus, envers tous légataires d'u-
sufruit ou de rente viagère, ou autres.

551.   « Les biens, ainsi réservés au profit des as-
» cendans, seront par eux recueillis dans l'or-
» dre où la loi les appelle à succéder : ils auront
» seuls droit à cette réserve, dans tous les cas
» où un partage en concurrence avec des col-
» latéraux ne leur donnerait pas la quotité de
» biens à laquelle elle est fixée. »

Si donc il y a des collatéraux en concurrence
avec des ascendans; si, par exemple, le défunt
a laissé pour héritiers, d'une part, ses père et
mère qui sont appelés à recueillir chacun un
quart à titre de réserve, et, d'autre côté, des
frères et sœurs qui sont appelés à recueillir ensemble l'autre moitié sans avoir un droit de légitime ou de réserve dans la succession du défunt, la charge des legs pesera entièrement sur
ces derniers; mais alors comment devra-t-on
mettre à exécution la donation qui n'a pour objet qu'un droit d'usufruit ou de rente viagère, et
qui paraît excessive?

Si l'on a eu la précaution de faire inventaire,
il est bien constant que les frères et sœurs du
défunt peuvent se dégager de la pension viagère
ou du legs d'usufruit, en faisant l'abandon de
leurs droits (802); mais sont-ils obligés d'en
venir là?

Nous ne le croyons pas : car en fournissant
annuellement au légataire le montant de la rente
viagère, ou le supplément d'un revenu annuel

équivalant à ce qui manque dans son usufruit après la distraction faite de la réserve légale des père et mère, pourquoi les priverait-on de l'expectative de conserver les fonds, pour les avoir en toute propriété après la mort de l'usufruitier ou du pensionnaire ?

Les héritiers collatéraux qui ont fait inventaire et qui se trouvent dans cette position vis-à-vis d'un légataire d'usufruit ou de rente viagère, ne pouvant devoir à ce légataire au-delà de ce qui se trouve dans les biens, deviennent eux-mêmes créanciers de la succession, de tout ce qu'ils tirent de leurs propres ressources, pour acquitter annuellement les termes du legs. Ils peuvent en conséquence faire vendre les biens de la succession, pour se procurer leur remboursement ; et si le prix de la vente n'était que suffisant pour les remplir de leurs avances, le legs deviendrait caduc pour l'avenir : si au contraire il était porté plus haut, on devrait annuellement payer le revenu total du legs, jusqu'à ce que le prix total de la vente fût épuisé.

Mais s'il n'y avait pas eu d'inventaire, les collatéraux qui se seraient portés héritiers purs et simples, devraient, en cette qualité, supporter la charge du legs de pension viagère sans réduction.

352. III. Nous avons dit que les collatéraux pouvaient aussi, en certaines circonstances, faire abandon d'une quotité disponible, pour se libérer d'un legs d'usufruit ou de pension viagère qui serait inofficieux à leur égard ; et cela doit avoir lieu toutes les fois qu'il s'agit d'un legs excessif fait au profit d'un enfant naturel légale-

ment reconnu par le testateur : car, du moment que la loi lui attribue un apportionnement ( 757, 758 ), et qu'elle défend de lui donner au-delà (908), il en résulte que tout le surplus de la succession est réservé même aux héritiers collatéraux, au préjudice desquels la donation ne peut s'étendre plus loin.

Ainsi, à supposer que le testateur ait légué à son enfant naturel, légalement reconnu, un droit d'usufruit trop considérable, ou une rente viagère excessive, les héritiers, même collatéraux, doivent avoir le droit de s'en rédimer par l'abandon, en toute propriété, du montant de la portion que la loi déclare disponible à son égard, et celui-ci doit s'en contenter, puisque c'est là tout ce que le testateur pouvait lui donner.

Quant au bâtard adultérin ou incestueux, comme il ne lui est dû que des alimens (762), si le testateur lui avait fait un legs en propriété, les héritiers pourraient lui en refuser la délivrance en lui offrant de remplacer le fonds légué par une pension alimentaire convenable ; et si le testateur lui avait lui-même légué une rente viagère qui fût excessive, les héritiers pourraient en demander la réduction jusqu'à concurrence de ce qui serait nécessaire pour fournir à ses alimens, ce qui comprend l'habitation, le vêtement et la nourriture, parce que tous ces objets sont autant d'élémens de la pension alimentaire, ainsi que nous l'avons fait voir ailleurs (1).

_____

(1) Voy. au chap. 3, sous le n. 60.

353. La règle qui veut que la légitime soit laissée franche de toute charge d'usufruit, souffre néanmoins une exception à l'égard des ascendans ; et quelques modifications à l'égard des enfans ou descendans, lorsque c'est un des époux qui dispose au profit de l'autre. Ces exceptions et modifications résultent de l'article 1094 du code dont nous avons déjà souvent parlé, et sur lequel il nous faut encore revenir pour en examiner les dispositions sous ce nouveau point de vue. Il statue dans les termes suivans :

« L'époux pourra, soit par contrat de ma
» riage, soit pendant le mariage, pour le cas où
» il ne laisserait point d'enfans ni de descen
» dans, disposer en faveur de l'autre époux, en
» propriété, de tout ce dont il pourrait dispo
» ser au profit d'un étranger, et, en outre, de
» l'usufruit de la totalité de la portion dont la
» loi prohibe la disposition au préjudice des
» héritiers.

» Et pour le cas où l'époux donateur laisse
» rait des enfans ou descendans, il pourra don
» ner à l'autre époux, ou un quart en propriété
» et un quart en usufruit, ou la moitié de tous
» ses biens en usufruit seulement. »

Cet article mérite des réflexions particulièrement développées, eu égard aux grandes difficultés qu'on rencontre dans son application; reprenons-en les termes principaux :

L'époux qui ne laisse point de postérité peut donner à l'autre tout ce qu'il pourrait donner à un étranger, et il peut lui donner, en outre, *l'usufruit de la totalité de la portion dont la loi prohibe la disposition au préjudice des héritiers,* c'est-à-dire l'usufruit de la réserve légale des ascendans, parce qu'il n'y a que les ascendans auxquels la loi assigne une portion indisponible, lorsque le défunt n'a point laissé de postérité (916).

Ainsi, dans le cas où l'époux qui dispose, n'a point de postérité, mais laisse son père et sa mère, il peut donner à l'autre époux la moitié de ses biens en toute propriété, et l'autre moitié en usufruit; et si le père ou la mère seulement était survivant, la donation faite à son préjudice pourrait s'étendre jusqu'aux trois quarts en pleine propriété, et à l'autre quart en usufruit.

Ainsi, encore, lorsque l'époux disposant n'a ni postérité, ni père ni mère, ni frères ni sœurs ou descendans d'eux, il peut donner en toute propriété, à l'autre époux, la moitié de ses biens, s'il laisse des ascendans successibles dans les deux lignes, ou les trois quarts s'il n'en laisse que dans une ligne, et en outre l'usufruit de l'autre moitié ou de l'autre quart qui sont dévolus en nue propriété aux ascendans de degrés supérieurs à celui des père et mère.

Ainsi enfin, si l'époux qui n'a ni postérité, ni père ni mère survivans, laisse des frères et sœurs, ou descendans d'eux, il pourra disposer, au profit de l'autre, de la totalité de ses biens en toute propriété, nonobstant qu'il ait d'autres ascendans, attendu que les frères et sœurs ou leurs descendans n'ont aucune réserve légale à prétendre, et que néanmoins leur présence met obstacle à la successibilité des ascendans de degrés supérieurs aux pères et mères (750).

Au premier coup d'œil on croit trouver quelque chose de choquant dans cet article du code qui permet à l'enfant de disposer même de l'usufruit de la réserve légale de ses père et mère ou autres ascendans : n'est-ce pas, en effet, rendre illusoire l'expectative de leur jouissance, en la renvoyant à un temps où, suivant le cours naturel des mortalités, ils ne doivent plus être existans ?

Cependant, pour peu qu'on y réfléchisse, on est bientôt convaincu qu'il n'y a là aucune inconséquence :

D'une part, la successibilité, en tant qu'elle remonte des descendans aux ascendans, est la moins naturelle, précisément parce qu'elle ne suit pas l'ordre des mortalités : ce qui est ici dans la nature, c'est l'obligation imposée aux descendans de fournir des alimens et un honnête entretien à leurs ascendans, et non pas de leur laisser des successions. Le vieillard, qui n'a plus de famille à élever, n'a plus besoin de richesses : or, l'ascendant à qui on n'a laissé sa réserve qu'en nue propriété, peut la vendre pour se procurer des ressources, s'il est dans le besoin ; et si le prix ne suffit pas pour cet objet, l'époux donataire devra lui-même fournir le surplus des alimens qui lui seront nécessaires, parce que c'est là une des charges annuelles de la jouissance, ainsi que nous l'établirons ailleurs : le vœu de la nature est donc rempli à l'égard de l'ascendant.

D'autre

D'autre côté, si les auteurs du code n'ont pas
dû appeler les époux à l'hérédité l'un de l'autre,
préférablement aux parens successibles, parce
qu'il serait possible que, durant l'épreuve de la
vie commune, leur conduite n'eût pas répondu
à la sainteté de leur union, du moins on ne
devait pas mettre obstacle à ce que le survivant
pût recevoir la récompense de ses soins et le
prix de sa fidélité envers l'autre; et en étendant, sur ce point, le plus loin possible, la faculté de disposer, la loi ne fait que porter une
décision conforme à la nature du lien conjugal :
*Quamobrem relinquet homo patrem suum et
matrem, et adhærebit uxori suæ* (1).

354. Dans le cas où l'époux laisse des descendans,
il peut donner à l'autre époux, *ou un quart en
propriété et un quart en usufruit, ou la moitié
de tous ses biens en usufruit seulement:* Par ces
expressions *un quart en propriété*, on ne doit
pas entendre seulement la nue propriété; car,
outre que ce serait s'écarter du sens naturel des
termes, il faudrait encore admettre une rédon-
dance dans les mots de la loi, puisque le quart
en propriété et le quart en usufruit ne signi-
fieraient rien autre chose qu'un quart en toute
propriété.

Il résulte de cette disposition de la loi sur la
quotité alternative qu'elle permet aux époux de
se donner, au préjudice de leurs enfans; que
si l'un avait donné à l'autre la généralité de ses
biens en toute propriété, ou seulement *tout ce*

---

(1) GENES., cap. 2, v. 24.

*dont la loi lui permet de disposer à son profit,* sans dire si c'est en propriété ou en usufruit, le donataire aurait le droit d'exiger le quart en toute propriété et un autre quart en usufruit, puisqu'on peut aller jusque-là sans qu'il y ait inofficiosité dans la donation, ni retranchement à faire sur les biens donnés; mais qu'au contraire, si l'époux décédé avait donné à l'autre l'usufruit de la généralité de ses biens, ou tout ce dont la loi lui permet la disposition en usufruit, le donataire serait obligé de se contenter de l'usufruit de moitié, parce que la donation n'aurait été faite qu'en usufruit, et que c'est là *le maximum* de cette espèce.

355. Lorsqu'il s'agit de pousser à toutes les hypothèses particulières l'application des règles générales, on arrive quelquefois à des résultats qui paraissent bizarres: cet article du code nous en offre un exemple. L'intention prédominante des auteurs de cette disposition, a été d'augmenter la quotité disponible des père et mère, lorsque la libéralité est faite par un des époux au profit de l'autre; et leur motif a sans doute été qu'un donataire de cette qualité est toujours censé occuper le premier rang dans les affections du donateur, et que d'ailleurs la donation faite au père ou à la mère, est moins préjudiciable aux enfans qui doivent un jour en profiter indirectement, lorsqu'ils recueilleront la succession du donataire: cependant, si le donateur ne laissait qu'un enfant, il pourrait léguer la moitié de ses biens à un étranger (913); tandis que, d'après notre article, son époux survivant ne pourrait

recevoir au-delà du quart en propriété, et d'un autre quart en usufruit, sans qu'il fût permis de dire qu'il ne doit pas être d'une condition pire que toute autre personne, puisque le texte de la loi est si précis qu'il résiste à tout raisonnement interprétatif, tendant à porter plus loin la faculté de disposer entre époux, quand le prémourant laisse de la postérité.

Il ne serait pas raisonnable de dire que, par ces expressions *laisserait des enfans ou descendans,* le législateur employant le pluriel, a voulu qu'il y eût plusieurs enfans pour que la faculté de disposer fût ici bornée à un quart en propriété et un quart en usufruit ; car chacun sait que cette manière de s'exprimer par l'emploi du terme pluriel, est dans le style ordinaire de la loi, et qu'on en trouve une multitude d'exemples dans le code (1).

Aux termes de l'article 913, lorsqu'il s'agit de libéralités faites au profit d'un étranger, ou au profit d'un des enfans, la quotité disponible de la part des père et mère est de la moitié, quand il n'y a qu'un enfant; du tiers, s'il y en a deux; et du quart, s'il y en a trois ou plus grand nombre; tandis que suivant l'article 1094 qui nous occupe, lorsqu'il s'agit de libéralités faites par un des époux au profit de l'autre, elles peuvent toujours s'étendre à un quart en propriété et un quart en usufruit, ou à la moitié en usufruit, et ne peuvent jamais dépasser cette

(1) Voy. les art. 731, 746, 753, 916, 951, 1048, 1049, 1081.

double limite fixée aux deux espèces : si donc le père ou la mère qui veut disposer d'une partie de ses biens, ne fait sa libéralité qu'au profit d'un étranger, ou au profit d'un enfant de prédilection ; ou s'il ne la fait qu'au profit de l'autre époux, il ne peut y avoir de difficulté dans l'exécution, puisque les règles qui sont spécialement relatives à chacune des deux hypothèses séparément prises, sont clairement tracées par le code.

Mais un père ou une mère, après avoir fait une libéralité au profit d'un étranger ou d'un enfant, peut encore en faire une au profit de l'autre époux *et vice versâ,* ou exercer sa bienfaisance envers les uns et les autres par le même acte testamentaire : alors, ce n'est que par la combinaison des dispositions des deux articles qu'on peut parvenir à fixer le montant de la double quotité disponible, et de la réduction à faire, en cas de libéralités inofficieuses.

Les questions que le conflit de ces deux dispositions du code peut faire naître, sont très-multipliées, et souvent fort difficiles à résoudre. Deux savans jurisconsultes, MM. Grenier et Toullier, ont déjà traité les principales : comme il faudrait un ouvrage *ex professo,* pour les traiter toutes, nous ne pouvons nous permettre entièrement une digression qui finirait par nous entraîner trop loin. Néanmoins nous tâcherons de donner, en passant, dans les propositions qui vont suivre, quelques aperçus des règles générales, que nous croyons devoir être suivies dans cette espèce de computation.

PREMIÈRE PROPOSITION.

356. *On ne doit pas faire concourir cumulative-*
*ment, et chacune en somme totale, les deux*
*quotités disponibles, au préjudice des enfans.*

Nous voyons dans les auteurs qui ont traité la
matière, que c'est là une règle généralement
admise.

La preuve s'en tire de la conséquence exorbitante à laquelle entraînerait la proposition
contraire.

Si, en effet, il était permis de cumuler, en
somme totale, les deux quotités disponibles, il
en résulterait qu'un père qui n'aurait qu'un
enfant, et qui aurait déjà donné la moitié de
son bien, en toute propriété, à un étranger,
pourrait encore donner à son épouse, à prendre
sur l'autre moitié, un quart en propriété, et un
quatrième quart en usufruit, et qu'ainsi il ne
resterait à l'enfant que la nue propriété d'un
quart pour toute légitime ou réserve légale : on
sent que ce serait aller trop loin, et que cela
ne peut être.

Il faut donc admettre un parti moins extrême,
et dire que les deux quotités disponibles ne
peuvent être cumulativement prélevées sur les
successions des père et mère.

## DEUXIÈME PROPOSITION.

357. *Les libéralités peuvent toujours atteindre jusqu'à la quotité la plus forte, lorsqu'elles ne sont faites qu'au profit des personnes en faveur desquelles cette quotité est fixée.*

Cette proposition porte en elle-même son évidence, puisque c'est au taux de la quotité la plus forte que la loi, dans chacune des espèces, borne le pouvoir du disposant.

Ainsi quoique, aux termes de l'article 913, le père qui a trois enfans ne puisse donner à un étranger, ou par préciput à l'un des enfans (1), que le quart de ses biens, il peut néanmoins donner à son épouse un quart en toute propriété, et un autre quart en usufruit, par l'effet de l'extension spécialement décrétée en faveur de celle-ci, dans l'article 1094.

Ainsi, au contraire, quoique celui qui n'a qu'un enfant, ne puisse, aux termes de l'article 1094, donner à son épouse qu'un quart en propriété et un quart en usufruit, il pourra néanmoins donner une moitié de ses biens en toute propriété, à un étranger, conformément à l'article 913, et jusque-là il n'y a aucune espèce de difficulté dans l'application de ces deux dispositions du code.

---

(1) *Nota.* L'étranger pouvant toujours recevoir ce qu'on peut donner par préciput à l'un des enfans, *et vicissim ;* pour plus de brièveté, nous n'énoncerons que l'un ou l'autre dans la suite.

## TROISIÈME PROPOSITION.

558. *Lorsque la quotité disponible qui, pris égard au nombre des enfans, forme le* maximum*, a été épuisée par une première donation entre-vifs, toutes autres libéralit 's, soit entre-vifs, soit testamentaires, sont inutiles et comme non avenues, sans que le premier donataire soit obligé de venir à contribution avec les autres.*

Cette proposition, fondée sur le texte de la loi (925), est aussi évidente par elle-même; car ce qui a été une fois irrévocablement donné à l'un, ne peut plus être donné à d'autres.

Ainsi, à supposer qu'un père, qui n'a qu'un enfant, eût donné la moitié de ses biens à un étranger, c'est en vain qu'il tenterait de donner encore quelque chose à son épouse : cette seconde donation ne pouvant avoir d'objet, serait nécessairement inutile et sans effet.

Ainsi, à supposer que ce même père, ayant trois enfans ou un plus grand nombre, eût, par traité nuptial, donné à son épouse un quart en propriété et un autre quart en usufruit, ou même seulement le quart en toute propriété, toute autre donation qu'il voudrait faire par la suite, soit au profit d'un étranger, soit par préciput au profit d'un de ses enfans, resterait inutile et sans objet.

359. *Lorsqu'il s'agit de combiner ensemble plusieurs legs de quotité dont la masse est inofficieuse, et dont l'un est fait au profit de la veuve, et d'autres sont faits au profit d'étrangers, on doit s'attacher d'abord à reconnaître quelle est la quotité disponible la plus forte, et, après en avoir opéré la distraction, on doit la distribuer aux légataires suivant la proportion comparative de leurs legs, et l'intention présumée du testateur.*

Ainsi, à supposer que le testateur n'ait laissé qu'un enfant, on verra d'abord que la plus forte quotité devra être prise de l'article 913, et qu'elle sera de la moitié de tous les biens de la succession.

Dans cette première hypothèse, si le testateur a légué la moitié de ses biens à un étranger, et qu'il ait, d'autre part, légué la moitié de ses biens en usufruit à sa veuve, on devra considérer le legs de moitié, fait à l'étranger, comme ne portant que sur la nue propriété, et la veuve comme légataire de l'usufruit de cette même moitié, parce qu'il est naturel de présumer qu'un père n'aura pas voulu excéder les bornes qui lui sont prescrites sur la légitime de son enfant, et qu'en conséquence on ne doit pas croire qu'il aura eu l'intention de donner tout à la fois la moitié en toute propriété, et une autre moitié en usufruit : il n'y aura donc, en ce cas, aucune autre réduction à faire par contribution entre les deux légataires. Mais c'est là un point sur lequel nous reviendrons encore plus bas.

Si, outre le legs de moitié fait à l'étranger, le testateur avait encore légué un quart en propriété et un quart en usufruit à sa veuve, on ne pourrait ici, comme dans le cas précédent, présumer qu'il eût voulu se renfermer dans les bornes d'une seule de ses quotités disponibles, puisqu'il aurait expressément donné les deux.

Cependant il faudrait réduire les deux legs dans les bornes de la plus forte des deux quotités disponibles, qui est la moitié, et qui devrait être partagée entre les deux légataires dans la proportion de leurs droits.

Ce partage ne pourrait être opéré qu'après qu'on en aurait trouvé les bases dans l'estimation de chacun des legs; et comme les droits de la veuve, quoique de diverse nature, ne devraient former qu'une seule masse estimative pour comparer la valeur de son legs avec celle de l'autre, il serait nécessaire d'estimer son droit d'usufruit pour le convertir en droit de propriété, à l'effet d'opérer une juste réduction des deux legs, en les renfermant l'un et l'autre dans la moitié des biens délaissés par le testateur.

Si, par exemple, l'usufruit légué à la veuve était estimé à la valeur de moitié du fonds, la masse totale de son legs serait d'un quart et demi, ou de trois demi-quarts; tandis que la masse des droits de l'autre légataire serait de quatre demi-quarts : d'où il résulte qu'en dernière analyse, la moitié qui serait la plus forte quotité disponible délivrée aux deux légataires, devrait être partagée en sept parts, dont trois reviendraient à la veuve, et les quatre autres à ce légataire étranger.

Dans ce cas et autres semblables, les enfans n'auraient plus de legs d'usufruit à supporter, parce qu'ils doivent toujours être quittes des legs par l'abandon de la plus forte quotité disponible.

Il nous reste encore de semblables explications à donner sur les deux autres hypothèses dans lesquelles la quotité disponible prise de l'article 913 est différente, par rapport à la diversité du nombre des enfans; mais pour ne pas multiplier inutilement des calculs dont nous n'avons à indiquer que les bases, nous supposerons toujours qu'il s'agit d'un legs de moitié fait à un étranger, et du legs du quart en propriété avec un autre quart en usufruit fait à la veuve; ce qui conservera entre les deux légataires une proportion de droits que le lecteur pourra toujours apercevoir au premier coup-d'œil et sans peine.

Si le testateur avait laissé deux enfans, la plus forte quotité disponible serait du tiers, d'après l'article 913; tandis qu'elle serait d'un quart en propriété, et d'un autre quart en usufruit, suivant l'article 1094. Cependant les enfans ne seraient obligés de souffrir que la distraction d'une des deux; mais les légataires pourraient exiger la plus forte.

Pour connaître celle qui devrait l'emporter sur l'autre, il faudrait encore apprécier le droit d'usufruit légué à la veuve, comparativement à

celui de propriété, à l'effet d'arriver à un résultat semblable à celui que nous avons indiqué dans
la première hypothèse où il n'y avait qu'un enfant.

Le tiers à prendre comme quotité disponible
d'après l'article 913, surpasse le quart d'un douzième : il s'agirait donc de savoir ce que vaudrait
ce douzième comparativement à l'usufruit du
quart pris dans l'article 1094, au-delà du quart
en propriété.

Si, pris égard à l'âge de la veuve, l'usufruit
n'était estimé qu'au tiers de la propriété, le
quart légué en usufruit ne vaudrait qu'un douzième en propriété, parce que le tiers du quart
est un douzième ; et, soit qu'on prît la quotité disponible dans l'article 913, soit qu'on la
prît dans l'article 1094, on la trouverait toujours la même, c'est-à-dire que, dans l'une
comme dans l'autre manière de la supputer, elle
ne comprendrait toujours que le tiers de la masse
totale de la succession ; et c'est ce tiers qui serait à partager entre les deux légataires, dans
la proportion de leurs droits ; en sorte que, sur
dix parts, il en reviendrait quatre à la veuve, et
six au légataire étranger.

Si, dans cette même hypothèse, l'usufruit de la
veuve était estimé à la valeur de la moitié du fonds,
le quart en usufruit vaudrait un douzième et
demi en propriété, puisque trois douzièmes sont
la même chose que le quart : or, nous venons
de voir que, quand l'usufruit est estimé au tiers,
le quart en usufruit vaut un douzième du fonds,
lequel douzième, ajouté au quart en propriété,
donne justement le tiers du tout, ce qui fait

qu'en ce cas les quotités disponibles prises des deux articles précités, tombent dans le même taux; par conséquent, en ajoutant ici au quart la seconde valeur que nous supposons actuellement au même usufruit, laquelle est d'un douzième et demi, on aurait nécessairement un demi-douzième ou un vingt-quatrième de plus que le tiers qui est la quotité disponible quand on la prend dans l'article 913 : c'est donc un demi-douzième ou un vingt-quatrième qui serait à ajouter au tiers pour avoir la quotité disponible à prendre sur la masse, au préjudice des enfans.

. Ainsi l'on aurait, d'une part, un tiers ou huit vingt-quatrièmes, et, d'autre part, un vingt-quatrième; en tout, neuf vingt-quatrièmes de la succession qui formeraient une seconde masse à partager entre les deux légataires, et sur laquelle la veuve devrait avoir ses trois parts de sept, et le légataire étranger les quatre autres.

Si enfin le testateur avait laissé trois enfans ou un plus grand nombre, la quotité disponible, qui, en la prenant dans l'article 913, ne serait que du quart, se trouverait alors bien inférieure à celle qui est fixée par l'article 1094, puisque celle-ci embrasse tout-à-la fois un quart en propriété et un autre quart en usufruit : c'est donc cette dernière dont les légataires auraient le droit d'exiger la délivrance, comme étant la plus forte; et il faudrait toujours opérer le rachat du quart légué en usufruit, parce qu'on ne pourrait faire, entre les légataires, le partage d'une masse qui n'aurait pas été rendue homogène avec les droits de l'un et de l'autre.

En supposant que la valeur de l'usufruit fût portée à la moitié de celle du fonds, il faudrait procéder comme s'il y avait un demi-quart légué en propriété au lieu du quart légué en usufruit : ce demi-quart ou ce huitième admis comme rachat de l'usufruit, et ajouté au quart légué en toute propriété, donnerait une masse de trois huitièmes de toute la succession, sur laquelle masse la veuve aurait ses trois parts de sept et le légataire étranger les quatre autres, parce que nous continuons toujours à supposer que le testateur ait voulu donner tout-à-la fois la moitié de ses biens au légataire étranger, et un quart en propriété avec un quart en usufruit à sa veuve, ce qui mettrait toujours les valeurs de leurs legs dans la proportion ci-dessus, ainsi que nous l'avons fait voir plus haut.

Vainement dirait-on que, si la quotité disponible, prise dans l'article 1094, est augmentée d'un quart en usufruit, cette augmentation n'a été décrétée que dans l'intérêt des époux ; que par conséquent elle ne doit profiter qu'à la veuve ; et qu'ainsi la veuve ne doit venir par contribution avec le légataire étranger, que quant au quart à elle légué en toute propriété, et en conservant à elle seule l'usufruit de l'autre quart : du moment, en effet, que le légataire étranger est également capable de recevoir en propriété et en usufruit, et du moment encore que ce légataire doit souffrir une diminution de son legs, en le confondant, sans en rien retenir, dans la

masse contributoire qui doit s'établir entre les
deux, il faut bien aussi que la veuve y confonde
la totalité du sien.

## CINQUIÈME PROPOSITION.

360.  *Si le quart, qui est commun aux deux quo-*
    *tités, a d'abord été irrévocablement donné, le*
    *testateur n'a plus à sa disposition que ce que la*
    *plus forte quotité peut avoir d'excédant ; et cet*
    *excédant ne peut être donné soit à l'époux, soit*
    *à l'étranger, que dans la mesure suivant la-*
    *quelle la loi permet d'appeler l'un ou l'autre à*
    *la plus forte quotité dont il s'agit.*

Les calculs contributoires que nous avons faits
dans le développement de la propositiou précédente, ne peuvent plus s'appliquer ici, puisque
celui des donataires qui est à lui seul irrévocablement saisi du quart qui lui a été donné par
acte entre-vifs, ne peut être tenu de le conférer
en partage aux autres; et comme il ne s'agit plus
que d'arriver au *maximum* de la plus forte
quotité disponible, celui en faveur duquel ce
*maximum* ou cet excédant a été décrété par
la loi, ne peut être tenu d'en faire aux autres
un rapport qui ne serait pas réciproque de
leur part.

Ainsi, à supposer qu'il n'y ait qu'un enfant,
cas auquel la plus forte quotité disponible est
prise de l'article 913, et s'étend à la moitié des
biens, si le père a déjà irrévocablement donné
un quart à son épouse, il en aura encore autant
à sa disposition, et il pourrait donner ce second

quart à un étranger, puisque la moitié elle-même aurait été disponible au profit de celui-ci, suivant le prescrit de l'art. 913; mais s'il veut rendre son épouse participante à ce second quart, il ne pourra plus lui donner que l'usufruit, parce que le *maximum* des libéralités qu'elle peut recevoir de lui, est fixé au quart en propriété et au quart en usufruit, suivant la mesure qui lui est prescrite par l'article 1094.

Ainsi, à supposer que le mari qui a irrévocablement donné un quart de ses biens à son épouse, laisse trois enfans ou un plus grand nombre, il ne peut plus rien donner, par préciput, à un de ceux-ci, ni à un étranger; mais il peut encore donner un quart en usufruit à sa veuve, parce que la plus grande quotité disponible à l'égard de celle-ci n'est pas épuisée par sa première libéralité.

Ainsi enfin, à supposer que le père, qui par contrat de mariage a donné un quart à son épouse, laisse deux enfans, il n'aura encore, par là, épuisé aucune des deux quotités disponibles qui sont fixées par les art. 1094 et 913 du code.

Il n'aura pas épuisé celle de l'art. 1094, puisqu'aux termes de cet article, il pourrait donner à son épouse un quart en usufruit, outre le quart qu'il lui a donné en propriété.

Il n'aura pas épuisé non plus la quotité fixée par l'art. 913, puisqu'il n'aura encore donné qu'un quart; tandis qu'aux termes de cet article, le père qui n'a que deux enfans peut donner le tiers de ses biens: il aura donc encore, sur cette quotité, la libre disposition de ce que le tiers a d'excédant sur le quart, c'est-à-dire d'un douzième.

Il résulte de ces calculs que le père, placé dans cette position, pourra donner encore un quart ou trois douzièmes en usufruit, à son épouse, comme il pourrait aussi donner encore un douzième en toute propriété à un étranger; mais les deux quotités ne devant pas être cumulées, s'il veut donner ce douzième à l'étranger, il ne pourra pas donner en outre l'usufruit d'un quart entier à son épouse : il faudra donc, en ce cas, faire l'estimation comparative des valeurs du douzième en propriété et du quart en usufruit. Si, par exemple, eu égard à l'âge de la veuve, l'usufruit était estimé à la moitié de la valeur du fonds, le douzième disponible au profit de l'étranger serait équivalent à deux douzièmes en usufruit, et il ne resterait plus qu'un douzième en jouissance pour la veuve.

Dans cette hypothèse, si le père avait commencé par donner irrévocablement le douzième en toute propriété à un étranger, et qu'il eût ensuite légué le quart en usufruit à sa veuve, celle-ci ne pourrait plus prendre qu'un douzième en usufruit sur les biens restant à ses enfans.

Si au contraire c'était dans le même testament qu'il eût légué le douzième à l'étranger, et le quart en usufruit à sa veuve; outre le douzième en usufruit que celle-ci prendrait sur ses enfans, elle devrait encore avoir la jouissance du douzième arrivant à l'étranger, par la raison qu'en léguant tout à la fois le fonds à l'un, et l'usufruit

fruit à l'autre, il est naturel de penser que le testateur n'a voulu donner que la nue propriété au premier.

En un mot, lorsqu'il s'agit de combiner les effets de plusieurs donations faites soit au profit de l'époux, soit au profit d'un enfant ou d'un étranger, et qu'ainsi la disposition de l'article 913 est réclamée d'une part, et celle de l'article 1094 invoquée d'autre côté, la première donation doit d'abord être exécutée en tout ou en partie sur le quart qui est commun aux deux quotités : ensuite il faut partir du principe que ce que l'une des deux quotités, fixée par ces articles, a d'excédant sur l'autre, ne peut être adjugé qu'à celui en faveur duquel cette plus grande quotité est disponible, parce que nul ne peut revendiquer, pour soi-même, un droit qui n'est établi que pour un autre.

### SIXIÈME PROPOSITION.

361. *Lorsque les libéralités, faites par un père ou une mère, portent sur des objets particuliers, on doit tout-à-la fois procéder à l'estimation des objets donnés et à celle du surplus de la succession ; parce que c'est là le seul moyen de connaître si les donations excèdent, ou non, la valeur de la quotité disponible sur le tout.*

Cette proposition s'applique également au cas des donations entre-vifs et à celui des libéralités testamentaires, puisqu'il faut suivre la même vérification dans l'un et dans l'autre.

Ainsi, à supposer que, par deux actes entre-

vifs, un père ait successivement donné son domaine de la Roche et son domaine de la Romaney, il faudra estimer, d'une part, la valeur
de ces deux domaines, et d'autre part, la valeur
de tous les biens laissés dans la succession ; et
si, en cumulant cette double estimation pour
connaître le montant des réserves légitimaires
qui doivent être calculées sur le tout (322), il
est reconnu que la distraction des deux domaines qui avaient été donnés, excède la quotité disponible, le retranchement compétent sera fait sur les donations, en commençant toutefois
par la dernière (923).

Ainsi, à supposer que ce ne soit pas par deux
donations entre-vifs, mais seulement par des legs
que le père de famille ait donné ses domaines
de la Roche et de la Romaney, il faudra toujours procéder de la même manière soit à l'estimation de ces domaines, soit à celle du surplus
des biens, pour arriver encore de même à la
connaissance du montant des réserves légitimaires ; et alors, si l'on découvre que les deux
legs excèdent la quotité disponible, le retranchement compétent devra être opéré sur les
deux pris en masse, attendu que, dans cette
hypothèse, aucun des donataires n'a de titre
préférable à l'autre, à moins que le testateur
n'ait déclaré que, ce cas arrivant, l'un des legs
serait réduit plutôt que l'autre.

Si les deux dispositions ne sont pas de même
nature, et qu'on suppose que le domaine de la
Roche soit légué en toute propriété, tandis que
celui de la Romaney n'est légué qu'en usufruit, on

sera toujours obligé d'estimer soit le montant
des autres biens, soit le montant des deux legs,
pour connaître s'ils doivent souffrir une réduction; et comme aucun des légataires ne doit
obtenir de préférence sur l'autre quand le testateur ne l'a pas dit, la réduction devra toujours
être prise sur la masse, pour porter proportionnellement sur chacune des libéralités.

Ainsi, en admettant que le domaine de la
Roche, qui est légué en toute propriété, soit
estimé à 12,000 francs, et que l'usufruit du domaine de la Romaney soit de même estimé à
12,000 francs, la valeur des deux legs sera de
24,000 francs. Si, calculant sur cette valeur, on
trouve que le testateur a excédé sa quotité disponible de 12,000 francs, il faudra retrancher
cette somme de la masse précédente; ce qui
réduira à moitié chacun des legs, en sorte
que le premier de ces deux légataires n'ob-
tiendra que la moitié de la propriété du domaine de la Roche, et le second la moitié seulement de la jouissance du domaine de la Romaney.

Si l'estimation du domaine de la Roche était
portée à 20,000 francs, tandis que celle de l'u-
sufruit du domaine de la Romaney ne serait
élevée qu'à 10,000 francs, et qu'il y eût un retranchement de 12,000 francs à faire au profit
des légitimaires, la valeur des legs serait réduite
à 18,000 fr. au lieu de 30,000 fr. qui font le
montant des deux pris ensemble; ce qui les ré-
duirait, savoir: celui du domaine de la Roche, à
une valeur en propriété de 12,000 francs, parce

qu'il serait obligé d'en relâcher huit; et celui de la Romaney à une valeur de 6,000 francs, c'est-à-dire aux six dixièmes de son usufruit, dont l'estimation totale aurait été portée à 10,000 francs, et dont il serait forcé d'en délaisser quatre.

Si les deux legs avaient été faits en usufruit, et que les héritiers à réserve les jugeassent inofficieux, ils pourraient, pour s'en rédimer, abandonner aux légataires la quotité disponible, sans qu'il fût nécessaire, vis-à-vis d'eux, de procéder aux estimations dont on vient de parler; mais, comme nous l'avons déjà indiqué plus haut, l'estimation qui ne serait pas nécessaire à l'égard des héritiers qui feraient cet abandon, deviendrait indispensable pour opérer, entre les légataires, le partage des biens qui leur auraient été abandonnés : il faudrait bien, en effet, connaître préalablement la valeur estimative de chacun de leurs legs en usufruit, pour leur attribuer à chacun une valeur correspondante dans la masse qu'ils auraient à partager entre eux.

### SEPTIÈME PROPOSITION.

362. *Lorsque les libéralités, faites par un père ou une mère, sont toutes testamentaires, et qu'il s'agit de legs de quotités, les uns en propriété, les autres en usufruit, on doit faire porter l'usufruit légué à l'un sur le legs de propriété fait à l'autre, toutes les fois que la masse des deux legs computés autrement serait inofficieuse.*

Ainsi, lorsque dans le même testament, ou dans différens codicilles, on trouve qu'un père,

ayant trois enfans ou un plus grand nombre, a
légué, par préciput, le quart de ses biens à l'un
de ses enfans, et qu'il a légué aussi l'usufruit de
la moitié de son patrimoine à son épouse, on
doit, pour l'exécution des deux dispositions,
faire porter l'usufruit de la mère d'abord sur le
quart légué en préciput à l'enfant, plutôt que de
faire l'estimation des deux legs, en supposant
le premier fait en pleine propriété, pour arriver ensuite à une réduction au marc le franc
entre les deux légataires : car, quoiqu'en général le legs du quart doive s'entendre du quart
en pleine propriété et non pas en nue propriété
seulement, néanmoins cette présomption cesse,
et la présomption contraire doit avoir lieu, lorsqu'on trouve un légataire de l'usufruit placé en
concurrence avec celui de la propriété. Dans ce
cas, le testateur parlant de l'usufruit par opposition à la propriété, est censé n'avoir voulu léguer que la nue propriété à l'un, puisqu'il voulait aussi léguer l'usufruit à l'autre, et que, pour
l'entendre autrement, il faudrait supposer qu'il
eût voulu excéder le taux de la loi à laquelle
son devoir était de se conformer (1).

Il nous paraît qu'on devrait appliquer la même
décision au cas où un légataire de propriété, à
titre singulier, se trouverait en concours avec
un légataire universel ou à titre universel de l'u-
sufruit : dans cette hypothèse, si les deux legs,
cumulativement pris, excédaient la quotité dispo-

---

(1) Voy. cette décision plus développée au chap. II,
sous le n.º 505.

nible, et si, pour rentrer dans les limites de cette
quotité, il suffisait de faire porter l'usufruit légué à l'un sur la propriété donnée à l'autre,
on devrait prendre ce parti, parce qu'il y aurait lieu de présumer que telle aurait été l'intention du testateur, plutôt que de supposer
qu'il eût voulu dépasser les limites qui lui étaient
imposées pour l'avantage de ses enfans.

Il en serait sans doute autrement si le préciput de l'enfant portait sur un fonds déterminé,
et l'usufru t de la femme sur un autre fonds également déterminé, parce qu'alors on ne trouverait aucun point d'identité entre les objets de
l'une et de l'autre disposition. On devrait, en
ce cas, procéder suivant les règles expliquées
sur la proposition précédente.

Il en serait autrement encore dans le cas où
les deux legs cumulativement pris, l'un en toute
propriété et l'autre en usufruit sur les biens restant aux enfans, ne dépasseraient pas la quotité
disponible, parce qu'il n'y aurait plus lieu à donner la même interprétation aux dispositions du
testateur. Qu'on suppose, par exemple, qu'un
homme qui n'a qu'un enfant, ait légué le quart
de ses biens à un étranger, et un quart en usufruit à son épouse, on ne devra pas faire porter
cet usufruit sur le premier legs; parce que, n'y
ayant rien dans les dispositions du testateur qui
démontre que les deux legs ne doivent porter
que sur le même quart, et les deux pouvant
être intégralement exécutés sans blesser la réserve légale, on n'aurait pas de motif pour rejeter l'usufruit de la veuve sur le legs de l'autre.

## HUITIÈME PROPOSITION.

363. *A l'exception des cas dont il est question dans la proposition précédente, lorsque toutes les libéralités faites par un père ou une mère résultent d'actes testamentaires, et, qu'en somme totale, elles excèdent le montant de la plus forte quotité disponible, la réduction en doit être faite, au marc le franc, sans distinction entre les legs universels et les legs particuliers (926), parce que les droits étant ouverts en même temps pour tous les donataires, aucun d'eux ne peut, en ce cas, avoir de priorité sur les autres.*

Ainsi, à supposer que le père, qui ne laisse qu'un enfant, ait légué le quart de ses biens à son épouse, et le tiers de ces mêmes biens à un étranger, la moitié qui est la quotité disponible la plus forte devra être partagée en sept parts, dont quatre appartiendront à l'étranger et trois à la veuve.

Ainsi encore, à supposer que le père, qui laisse trois enfans, ait légué un domaine à un étranger et le quart en propriété avec un autre quart en usufruit à son épouse, la plus forte quotité qui est ici le quart en propriété et le quart en usufruit, devra être partagée entre les deux légataires dans la proportion des valeurs de chacun des deux legs.

Mais, pour arriver à ce but, il faudra opérer le rachat de l'usufruit de la veuve, et le convertir en une portion de propriété d'une valeur égale à l'estimation qui aura été donnée à cet usufruit; puis on procédera conformément aux ex-

plications que nous avons données sur la quatrième proposition.

Néanmoins, porte l'art. 927 du code, dans
tous les cas où le testateur aura expressément
déclaré qu'il entend que tel legs soit acquitté
de préférence aux autres, cette préférence aura
lieu; et le legs qui en sera l'objet ne sera réduit
qu'autant que la valeur des autres ne rempli-
rait pas la réserve légale, c'est-à-dire, qu'autant qu'en laissant tous les autres dans la succession, il n'y resterait pas encore assez pour remplir les droits des légitimaires.

### NEUVIÈME PROPOSITION.

564. *Lorsque, pour opérer la réduction proportionnelle des legs, il faut faire une composition
de masse dans laquelle entrent tout-à-la fois des
valeurs en propriété et des valeurs en usufruit,
les juges sont obligés ou d'arbitrer eux-mêmes la
valeur de l'usufruit comparativement à celle de
la propriété, ou d'ordonner que cette valeur sera
préalablement déterminée par expertise.*

Cette proposition est fondée sur ce qu'il n'y a
aucune disposition dans nos lois qui fixe la valeur comparative de l'usufruit et de la propriété, si ce n'est en ce qui touche au droit
d'enregistrement, pour la perception duquel,
en cas de mutation, l'usufruit est considéré
comme valant la moitié du fonds (1); mais si
cette estimation, qui n'est faite que dans l'inté-

--------

(1) Voy. l'art. 15, §. 7 et 8 de la loi du 22 frimaire
an 7, bull. 248, 2.ᵉ série.

rêt du fisc, peut être invoquée comme exemple de comparaison, pour quelques cas particuliers, il est évident qu'elle ne peut être prise pour règle générale dans l'intérêt des citoyens entre eux : car, si l'usufruit légué à un homme de vingt ou trente ans peut valoir la moitié du fonds, il serait absurde d'en dire autant de celui qui serait légué à un vieillard de quatre-vingt-dix ans.

Lorsque, pour fixer la valeur de l'usufruit comparativement à celle de la propriété, il n'est question que d'apprécier la longévité probable de l'usufruitier, estimée d'après son âge connu, il peut n'y avoir pas de motif qui oblige les juges à renvoyer cet arbitrage à des experts; mais s'il fallait préalablement faire une reconnaissance de l'état des lieux pour constater des dégradations dont les frais de réparations atténueraient la valeur de l'usufruit ou celle de la propriété, il serait alors nécessaire d'employer le moyen de l'expertise sur ce point de fait.

Nous terminerons cette section, comme la précédente, par l'examen de quelques questions particulières.

### PREMIÈRE QUESTION.

365. *Le mari pourrait-il établir, par acte entre-vifs, un droit d'usufruit sur le fonds dotal de son épouse ; et quel pourrait être l'effet d'une pareille constitution d'usufruit ?*

Il est hors de doute que le mari ne peut établir un droit d'usufruit proprement dit sur le fonds dotal, puisque la constitution de ce droit emporte un démembrement de la propriété, et que le mari ne peut aliéner les immeubles de la femme.

Néanmoins cette espèce d'aliénation ne serait pas nulle dans un sens absolu, attendu que, d'une part, le mari est usufruitier de la dot, tant que le mariage dure ou qu'il n'y a pas eu séparation de biens prononcée au profit de la femme, et que d'autre côté le code (595) permettant généralement à tout usufruitier d'aliéner son usufruit, ou les émolumens utiles de son droit au profit d'un tiers, il faut arriver à cette conséquence, que l'acquéreur ou le cessionnaire aurait le droit de se faire maintenir dans la jouissance qui lui aurait été cédée, tant que le mariage serait existant ou qu'il n'y aurait pas eu de séparation de biens prononcée entre les époux.

## SECONDE QUESTION.

366. *Le fiduciaire possédant des biens grevés de substitution, peut-il établir un droit d'usufruit sur ces biens?*

L'héritier institué, ou le légataire avec charge de substitution, est réellement propriétaire des biens substitués; il pourrait donc établir, par acte entre-vifs, un véritable usufruit sur ces biens: mais comme il n'est propriétaire que sous une condition résolutoire, la constitution d'usufruit ne peut être que résoluble comme son droit de propriété.

Ainsi l'usufruit établi dans ce cas sera éteint par la mort de l'héritier institué ou du légataire si le substitué est survivant, et qu'il se présente pour recueillir le fidéicommis : et au contraire, l'usufruit sera irrévocablement acquis à l'usufruitier si le substitué, venant à mourir avant le grevé, la propriété se trouve, par ce prédécès, irrévocablement acquise à ce dernier.

## TROISIÈME QUESTION.

367. *Un fermier peut-il établir un droit d'usufruit sur son bail ; et quels seraient les effets d'une telle disposition ?*

Quoique cette question doive se présenter rarement sous les termes précis dans lesquels elle est posée, néanmoins il n'est pas inutile de l'examiner, parce qu'il peut arriver assez fréquemment qu'un homme qui était locataire, ou qui avait pris des biens à ferme, ait légué l'usufruit général de tous ses biens, et qu'il soit nécessaire de reconnaître quels doivent être, dans l'intérêt de ce légataire d'usufruit, les effets du bail ou de la location, qui avaient été stipulés avec le défunt ; ou qu'une femme engagée en qualité de fermière dans un bail qu'elle aurait stipulé elle-même, ou aux obligations duquel elle aurait succédé comme héritière de ses père et mère, vienne à se marier dans cet état de choses, et qu'alors il soit nécessaire d'apprécier les droits du mari sur les actions du bail, en sa qualité d'usufruitier des biens de son épouse, si le mariage a été contracté sans communauté, ou sous le régime dotal ; ou enfin que deux époux aient pris un domaine à ferme, et que, durant le bail, l'un d'eux mourant et laissant

des enfans mineurs de dix-huit ans, le survivant se trouve usufruitier légal des actions des
enfans dans le bail, comme dans le surplus de
la succession du prédécédé.

Suivant la disposition du droit romain, si un
fermier lègue à un tiers, pour le temps de son
fermage, la jouissance du fonds qu'il tient à
ferme, le legs est valable, et l'héritier doit non-
seulement mettre le légataire en jouissance des
fonds affermés, mais il est obligé en outre d'acquitter, même pour l'avenir, le canon du bail,
comme étant une dette héréditaire qui affecte la
succession qu'il a recueillie : *Qui hortos publi-
cos à Republicâ conductos habebat, eorum hortorum fructus usque ad lustrum quo conducti
essent, Aufidio legaverat : et hæredem eam con-
ductionem eorum hortorum ei dare damnave-
rat, sinereque uti eum et frui : respondi hæredem teneri sinere frui. Hoc ampliùs hæredem
mercedem quoque hortorum Reipublicæ præs-
taturum* (1). Il n'y a rien dans cette décision
qui ne soit conforme à la justice ; et elle doit
encore être admise dans notre droit français,
parce que la jouissance des fonds affermés étant
acquise au fermier, pour la durée de son bail,
il ne lègue réellement que le droit qui lui appartient. Néanmoins ce n'est pas là un droit
d'usufruit proprement dit, établi sur le domaine
affermé, parce que la disposition du fermier
serait impuissante pour opérer un démembrement de propriété dans ce domaine : ce n'est

_____

(1) L. 30, §. 1, ff. *de legat.* 3.

plutôt qu'un legs de fruits que le légataire devra recueillir par lui-même au lieu et place du
fermier.

En ce qui touche l'obligation où est l'héritier de payer, même pour l'avenir, le prix annuel du fermage, il faut observer que, dans le
cas soumis à la décision du jurisconsulte romain,
le fermier n'avait légué que la jouissance ou
les fruits des fonds affermés et non pas l'usufruit
de son bail : ce qui serait tout différent (1).

La jouissance du fonds affermé ne pourrait
par elle - même emporter la charge de payer
aucune dette, parce qu'elle n'aurait pour objet
que des corps certains; et c'est ainsi que l'ont
entendu les commentateurs (2).

Mais, si un fermier léguait l'usufruit de son
bail en général, c'est-à-dire l'usufruit des droits
et actions qui lui seraient acquis par sa location, le legs n'aurait plus pour objet la jouissance seulement de corps certains, mais celle
d'un droit indéterminé et général dans son espèce; et comme le *nomen juris* dont la jouissance serait léguée, embrasse également l'actif
et le passif du bail, il faut en tirer cette conséquence que, dans ce cas, l'usufruitier n'en per-
cevrait les émolumens utiles, qu'à la charge d'en
payer aussi les fermages durant sa jouissance.

L'usufruit d'un bail n'est pas l'usufruit d'une
chose corporelle : il n'est que l'usufruit d'un

---

(1) Voy. dans Pothier, en ses pandectes, la remarque
qu'il fait sur le §. 1 de la loi 30, ff. *de legat.* 3,

(2) Voy. dans Voet, *de usufructu*, lib. 7, tit. 1,
n.° 39.

droit : cet usufruit consiste dans la faculté de jouir du droit qu'avait le fermier lui-même : or le fermier n'avait le droit de percevoir les fruits du fonds qu'à la charge d'en payer le fermage; il faut donc que l'usufruitier subisse la même condition, et soit tenu d'acquitter la même charge, autrement il aurait une jouissance plus étendue que celle du fermier, ce qui ne peut être.

L'usufruitier d'un bail est donc évidemment tenu d'acquitter le passif annuel du *nomen juris* dont la jouissance lui a été léguée; mais en payant le prix annuel de la ferme, il se trouve nécessairement acquéreur des fruits annuels du fonds : d'où résulte cette autre conséquence que s'il y a de la perte il doit la supporter, et que s'il y a du profit, tout l'avantage en doit être pour lui seul, parce qu'il se trouve annuellement dans la même position où serait un tiers qui acheterait à trop haut ou à trop bas prix les fruits du même fonds.

Sans doute, lorsqu'un fermier lègue à un tiers l'usufruit de son bail, l'espèce de transport qui a lieu au profit du légataire, ne change point les actions qui restent toujours au propriétaire du fonds, envers les héritiers de son preneur; comme lorsqu'un locataire sous-loue, il n'y a rien de changé à son égard dans les actions du bailleur primitif : mais il ne résulte rien autre chose de là, sinon que si les héritiers étaient actionnés par le propriétaire, ils auraient un recours assuré contre le légataire de l'usufruit, pour l'exécution de toutes les obligations du bail.

Ainsi, lorsque le mariage est contracté sans communauté, le mari qui épouse une femme engagée précédemment dans un bail en qualité de fermière, se trouve lui-même obligé au payement du fermage en sa qualité d'usufruitier des droits et actions de son épouse; et le profit qui pourra en résulter lui doit rester propre, comme les pertes qui peuvent aussi en être la suite devront peser sur lui durant sa jouissance.

De même le légataire universel de l'usufruit de tous les biens d'un locataire ou d'un fermier, doit, durant sa jouissance, exécuter les baux dans son intérêt et à ses risques et périls.

De même enfin, le survivant des époux qui jouit, à titre d'usufruit légal, des actions que ses enfans peuvent avoir, comme héritiers de l'autre, dans un bail contracté durant le mariage, doit souffrir toutes les pertes, comme il doit avoir tous les avantages et profits qui peuvent en être la conséquence.

De là il résulte encore que si le bail était avantageux pour le fermier; que le propriétaire en provoquât la résolution, et que pour l'obtenir il payât une somme quelconque en indemnité, cette somme appartiendrait à l'usufruitier seul, comme représentative du profit qu'il aurait été en droit de faire, en continuant l'exécution du fermage; pourvu toutefois que le temps pour lequel le bail aurait été stipulé ne s'étendît pas au-delà de la durée de l'usufruit.

368. LORSQUE c'est le propriétaire de la maison ou du domaine qui en lègue l'usufruit à son locataire ou à son fermier, le legs opère une no-

vation dans les droits des parties. Le fermier cesse
de jouir à ce titre, pour jouir par la suite à
titre d'usufruitier : *Colono suo dominus usumfructum fundi quem is colebat legaverat. Agat
colonus cum hærede, ita ut judex cogat hæredem ex locationis actione eum liberare* (1); mais
quoi qu'en aient dit quelques auteurs (2), cette
libération qui est acquise au fermier ou au locataire sur les engagemens du bail, n'a lieu que
pour les prestations du temps à venir : elle ne
doit point être appliquée à celles qui seraient
dejà échues au temps de l'ouverture de l'usufruit : *sed de tempore præterito videamus, si
quid ante legati diem pensionis debetur : et puto
solvendum* (3). L'héritier pourra donc en exiger
le payement comme d'un reliquat du bail qui a
pris fin ; et réciproquement, si l'usufruitier avait,
durant le temps pendant lequel il était fermier,
fait des avances au propriétaire, ou des améliorations, *ad perpetuam rei utilitatem*, sur le
fonds, ses actions en indemnité lui resteraient
entières vis-à-vis de l'héritier; *et consequetur ut
neque mercedes præstet, et impensas quas in cul-
turam fecerat, recipiat* (4). En un mot, l'usufruit du fonds légué à celui qui en jouit comme
fermier ou locataire, emporte remise ou aboli-
tion de la location pour l'avenir; *totam enim*

---

(1) L. 3o, §. 1, ff. *de usufr. legat.*, lib. 33, tit. 2;
vid. et l. 18, ff. *de liberatione legatâ*, lib. 34, tit. 3.

(2) Voy. dans DEPEISSE sur les servitudes, art. 1,
sect. 3, n.º 1.

(3) L. 9, §. 6, ff. *locati*, lib. 19, tit. 2.

(4) L. 34, §. 1, ff. *de usufr.*, lib. 7, tit. 1.

*locationem*

*locationem legatam videri* (1) : mais les actions du bail restent acquises de part et d'autre pour les droits ouverts ou échus précédemment, *reliqua quoque in judicio locationis venire* (2).

## QUATRIÈME QUESTION.

369. *Peut-on léguer l'usufruit d'une servitude, ou une servitude en usufruit seulement ?*

Cette question peut être relative à deux cas différens, suivant qu'il s'agirait d'établir une servitude non encore existante, ou de léguer l'usage d'une servitude déjà établie. Ceci s'éclaircira par les hypothèses suivantes.

Supposons, en premier lieu, qu'un homme possédant un fonds libre, lègue, en usufruit seulement, un droit de passage sur ce fonds à un voisin pour arriver sur son héritage. Ce droit ainsi légué serait bien participant de la nature des servitudes, puisqu'il serait établi sur un fonds pour la desserte d'un autre fonds ; néanmoins il ne serait pas une véritable servitude, parce qu'il prendrait fin par la mort du légataire, sans être transmissible à ses successeurs : tandis que la vraie servitude est perpétuelle dans sa durée comme le fonds auquel elle s'applique. L'effet d'un pareil legs serait donc de produire un droit de nature mixte, c'est-à-dire, un droit d'usage au passage sur le fonds désigné, ce qui est formellement approuvé par la loi romaine : *Sed incerti*

_____

(1) L. 16, in fin. ff. *de liberatione legatâ*, lib. 34, tit. 3.

(2) L. 17, ff. *eod.*

*actio erit cum hærede : ut legatario quandiù vi-*
*xerit, eundi, agendi, ducendi facultatem præs-*
*tet* (1).

Mais cette décision, tirée du droit romain,
n'est-elle pas en contradiction avec l'article 686
du code, portant qu'il est permis aux propriétaires d'établir sur leurs propriétés, ou en faveur
de leurs propriétés, telles servitudes que bon
leur semble, *pourvu néanmoins* qu'elles ne soient
imposées ni à la personne, *ni en faveur de la*
*personne ;* mais seulement à un fonds et pour un
autre fonds ? ne résulte-t-il pas de cette disposition de la loi française qu'un legs semblable à
celui qui nous occupe, doive être nul aujour-
d'hui, par la raison qu'il tendrait à établir, contre
sa prohibition, une servitude en faveur de la
personne ?

Etendre jusque-là cette prohibition du code,
ce serait évidemment en outrer les conséquences : car, comment concevoir que le testateur
qui pouvait léguer un droit de servitude perpétuelle sur un fonds, n'ait pu le grever tempo-
rairement de la même charge, en bornant les
effets de son legs à la vie du légataire ?

Déjà, dans le droit romain, on ne pouvait
établir une servitude foncière au profit de la
personne, parce qu'une véritable servitude est
nécessairement corrélative à deux fonds : *ut po-*
*mum decerpere liceat, et ut spatiari, et ut cœ-*
*nare in alio possimus, servitus imponi non po-*
*test* (2) : et cependant on n'a jamais dit que la

---

(1) L. 1, ff. *de usufruct. legat.*, lib. 33, tit. 2.
(2) L. 8, ff. *de servit.*, lib. 8, tit. 1.

première loi citée plus haut fût en contradiction avec celle-ci; elle n'est donc pas davantage
en contradiction avec le code.

Lorsqu'on veut établir sur un fonds un droit
en faveur de quelqu'un, la constitution de ce
droit ne peut être nulle, ni aux yeux du code,
ni aux yeux de la loi romaine, par cela seul qu'on
n'a voulu l'établir qu'au profit de la personne et
non pour l'utilité d'un héritage ; mais il résulte
de la disposition du code comme de celle de la
loi romaine, qu'une faculté de cette espèce ne
peut être ni un droit de servitude foncière, ni
un droit qui soit de sa nature perpétuellement
transmissible aux successeurs de celui au profit
duquel il a été constitué, parce que ce n'est qu'un
droit d'usage : voilà toute la conséquence qu'on
puisse justement tirer de l'article 686 rapporté
plus haut.

370. Supposons, en second lieu, qu'il s'agisse
d'une servitude déjà établie sur un fonds pour
l'avantage d'un autre, et qu'on eût légué à quelqu'un l'usufruit du fonds dominant, il est hors
de doute que le légataire aurait aussi la jouissance de la servitude qui est toujours un accessoire du fonds.

Si, au contraire, on n'avait légué que l'usufruit de la servitude, sans léguer aussi la jouissance du fonds pour la desserte duquel elle avait
été établie, et que ce droit de servitude ne fût
par lui-même productif d'aucun émolument
particulier, comme un droit de passage, il est
évident que le legs serait nul, parce qu'il n'aurait véritablement pas d'objet.

371. Mais serait-il également nul si le droit de la servitude était par lui-même productif de quelques émolumens utiles ?

Je puis avoir le droit de prendre des échalas dans la forêt de mon voisin, pour l'usage de ma vigne : il est possible que j'aie un droit d'usage au bois de chauffage dans la forêt d'un autre pour la consommation des habitans de ma maison : je puis avoir, sur le terrain d'autrui, un droit de parcours pour les bestiaux nécessaires à l'exploitation d'un domaine ; un droit de tirer de la marne pour l'engrais de mon fonds ; un droit de tirer des pierres pour la reconstruction de mes bâtimens : dans ces cas et autres semblables, les droits d'usage aux échalas, au bois de chauffage, au parcours, etc., sont autant de servitudes réelles, puisque ce sont des charges imposées à un fonds pour l'usage et l'utilité d'un héritage appartenant à un autre propriétaire. Pourrais-je léguer à un tiers l'usufruit de ces droits d'usage aux échalas, au bois de chauffage et au parcours, sans lui léguer en même temps l'usufruit de la vigne, de la maison d'habitation, et du domaine rural pour l'utilité desquels ils ont été établis ? Un pareil legs serait-il valable par la raison que ces sortes de droits étant par eux-mêmes productifs d'émolumens utiles, l'acte de libéralité ne serait pas sans objet ?

Nous croyons qu'un pareil legs serait nul, comme contraire à tous les principes du droit en matière de servitude.

1.° C'est une vérité constante que la servitude est aussi essentiellement inséparable de l'héritage

dominant que du fonds qui en souffre l'usage :
et cela résulte de la définition même que le code
nous en donne, lorsqu'il dit que c'est une charge
imposée sur un héritage pour l'usage et l'utilité
d'un fonds appartenant à un autre propriétaire
(637): *ideò autem servitutes prædiorum appel-
lantur, quoniam sine prædiis constitui non possunt. Nemo enim potest servitutem acquirere
vel urbani vel rustici prædii, nisi qui habet
prædium* (1); or, léguer la jouissance du droit
aux échalas, sans léguer aussi celle de la vigne,
ce serait vouloir séparer du fonds, l'exercice de
la servitude qui lui est due; ce serait vouloir
diviser ce qui est indivisible en droit; ce serait
vouloir l'existence d'une servitude sans héritage
auquel elle fût due : ce serait donc vouloir une
chose impossible en droit.

2.º On ne pourrait admettre que l'usufruit
de la servitude fût séparable de l'usufruit du
fonds, sans être forcé d'arriver à cette conséquence que la servitude elle-même serait aussi
séparable de la propriété du fonds; car on ne
conçoit pas qu'une chose soit disponible et aliénable en usufruit sans être aussi aliénable en
propriété : il faudrait donc dire que les droits
aux échalas, au bois de chauffage, et au parcours, qui sont établis pour être perpétuels dans
leur durée, peuvent être aliénés sans aliéner
en même temps la vigne, la maison ou le domaine, pour l'utilité desquels on les avait établis,
et qu'ainsi les acquéreurs de ces droits en joui-

--------------------------------------------

(1) L. 1, §. 1, ff. *commun. præd.*, lib. 8, tit. 4.

raient à perpétuité, et pourraient les transmettre
indéfiniment à leurs successeurs ou ayant-cause;
et dès-lors ce seraient autant de servitudes réelles
établies à perpétuité sur des fonds, au profit de
la personne seulement, ce qui est littéralement
prohibé par l'article 686 du code.

3.º Les droits dont nous parlons, considérés
par rapport à leur qualité de servitudes consti-
tuées à perpétuité, sont donc inaliénables sans
les fonds auxquels ils ont été attachés, puisque
la loi ne veut pas qu'ils puissent être ainsi établis au profit des personnes seulement; mais ils
sont encore de leur nature inaliénables, par
rapport à leur qualité de droits d'usage, parce
que le code (631) déclare formellement que
l'usager ne peut ni céder ni louer son droit à
un autre.

Que le droit d'usage soit perpétuel, comme
ceux dont il s'agit ici, ou qu'il soit temporaire
dans sa durée, comme celui qui ne serait accordé qu'au profit d'une personne, et qui s'éteindrait à la mort de l'usager, peu importe; c'est
toujours un droit d'usage, et par conséquent un
droit qui, de sa nature, est incessible, par la
raison que, dans l'un comme dans l'autre cas,
quand on en vient à l'exécution, son étendue
doit toujours être mesurée sur les besoins des
personnes ou des choses pour lesquelles il a été
établi, et qu'il ne serait pas plus permis de le
séparer de ces objets de corrélation, que de
vouloir isoler un attribut de son sujet.

4.º Quoique les servitudes soient naturellement perpétuelles dans leur durée, néanmoins

elles peuvent être éteintes par divers accidens,
Suivant l'article 703 du code, elles cessent lorsque les choses se trouvent en un tel état qu'on
ne peut plus en user, c'est-à-dire que la destruction ou le changement de nature du fonds
opère l'extinction perpétuelle ou temporaire des
servitudes elles-mêmes; *quia sine prædio consis-
tere non possunt,* comme le dit aussi la loi romaine. Si donc on arrive à la supposition que
la vigne, pour l'entretien de laquelle on avait
établi un droit d'usage aux échalas, vienne à
être emportée par une ravine, ou que réduite à
un état ruineux par quelque maladie, on la con-
vertisse en pré ou en champ, le droit d'usage
aux échalas sera éteint. De même, si l'habitation pour l'avantage de laquelle on avait établi
le droit d'usage au bois de chauffage, vient à
être abandonnée, ou détruite fortuitement, ou
démolie, ce droit d'usage cessera d'avoir lieu.
De même encore, si l'on convertissait en vi-
gnoble le domaine pour l'exploitation duquel
on avait établi un droit de parcours, cet usage
ne pourrait plus être exercé.

372. Cela étant ainsi, comment concevoir que
ces divers droits d'usage puissent exister séparément des fonds auxquels ils sont dus ? Comment concevoir qu'on puisse valablement donner la vigne, la maison, ou le domaine à l'un,
et transférer le droit aux échalas, ou au bois
de chauffage, ou au parcours, à l'autre?

D'une part, on ne pourrait en agir ainsi sans
blesser les droits du propriétaire du fonds asservi, soit parce qu'il n'y aurait plus de mesure

pour régler le montant de la prestation qui serait exigée de lui, soit parce qu'en donnant à ces usages la nature de créances ayant une existence propre et indépendante, ils cesseraient de suivre la condition des fonds pour lesquels ils avaient été établis.

D'autre part, si l'on voulait que ces droits fussent toujours soumis à la condition des fonds, nonobstant qu'ils en eussent été séparés, on serait forcé d'arriver à cette conséquence que le propriétaire de la vigne qui la convertirait en pré, ou celui de la maison qui la démolirait ou la laisserait tomber en ruine, disposerait par-là même d'un droit d'usage qui ne lui appartiendrait pas : or on ne peut admettre un système dans lequel il serait permis à l'un de disposer de la propriété de l'autre.

Concluons donc que les droits de ce genre ne font qu'un tout indivisible avec le fonds pour l'avantage duquel ils ont été établis : que, si le propriétaire de ce fonds peut éteindre les droits dont il s'agit lorsqu'il y renonce formellement, il ne peut pas également les transférer à un tiers, parce qu'ils n'ont été primitivement établis que sous la condition qu'ils seraient inaliénables, à moins qu'on n'aliénât aussi le fonds ; qu'en conséquence ils ne peuvent en être séparés, puisque telle est la loi de leur nature.

373. C'est ainsi que, dans une espèce analogue, le Conseil d'état l'a décidé par un avis du 11 octobre 1811, qu'on trouve au bulletin des lois, rapporté dans les termes suivants :

« Le Conseil d'état, qui, d'après le renvoi or-

» donné par sa majesté, a entendu le rapport
» de la section intérieure sur celui du ministre
» de ce département, tendant à faire approuver
» l'acquisition à titre d'échange, par la com-
» mune de Condé-sur-Iton, département de
» l'Eure, d'une maison pour servir de presby-
» tère, à la charge par la commune de céder
» en contr'échange, 1.º des biens communaux;
» 2.º le droit de pêche dans la rivière d'Iton,
» le long du terrain communal appelé les *Prés-*
» *Morins*, le tout estimé deux mille deux cents
» francs;

   » Considérant que le droit de pêche appar-
» tenant à la commune sur la rivière d'Iton,
» résulte pour elle de la propriété des terrains
» communaux et en est une dépendance indi-
» visible;

   » Qu'elle ne peut aliéner à perpétuité ce droit
» exclusif de pêche, en conservant la propriété
» du terrain d'où ce droit découle;

   » Est d'avis, 1.º qu'il n'y a pas lieu à autori-
» ser ledit échange; 2.º que le présent avis soit
» inséré au bulletin des lois (1). »

374. Cependant, lorsqu'il s'agit d'un droit d'u-
sage susceptible du rachat par cantonnement,
si l'on avait déjà obtenu l'adjudication du cantonnement, ou même si la demande en était
déjà formée, là portion du terrain adjugée ou
demandée sur le fonds grevé de la servitude

---

(1) Voy. bull. 404, n.º des lois 7460, tom. 15, pag.
474, 4.ᵉ série.

ne devrait plus être considérée comme un accessoire inséparable du fonds dominant, parce que
ce serait un autre immeuble, n'ayant pas la nature d'un droit de servitude.

### CINQUIÈME QUESTION.

375. *Quelles sont, sous le rapport de l'utilité, les
qualités nécessaires dans la chose, pour qu'on
puisse en léguer l'usufruit? Peut-on léguer l'u-
sufruit d'une chose de pur agrément? d'une
chose inutile? d'un fonds stérile?*

Quelque minutieuses que paroissent ces questions en elles-mêmes, nous ne devons pas les
omettre, parce que leur examen doit servir à
fixer une vérité de principe dont les applications
importantes se feront sentir par la suite.

1.º Le droit d'usufruit peut être établi sur des
choses de pur agrément, par la raison que, pour
le bien-être de la vie, on profite même de ce
qui n'est qu'agréable.

376. Ainsi on peut léguer valablement l'usufruit
d'un fonds qui ne contiendrait que des bos-
quets, des allées ou des promenades uniquement destinés aux agrémens de l'habitant, et
qui ne produirait aucun autre avantage; et,
dans ce cas-là même, l'usufruitier ne pourrait
détruire ces plantations stériles, pour mettre à
leur place des arbres fruitiers, ou autres emplan-
tures produisant un revenu : *Et si fortè volup-
tuarium fuit prædium, viridaria, vel gesta-
tiones vel deambulationes arboribus infructuosis*

*opacas atque amœnas habens, non debebit de-*
*jicere, ut fortè hortos olitorios faciat, vel aliud*
*quid quod ad reditum spectat* (1).

577. Ainsi on peut léguer le droit d'usufruit sur
des statues ou des tableaux, encore qu'ils n'auraient d'autre utilité, pour l'usufruitier, que celle
de servir d'ornement dans le lieu destiné à les
recevoir ; *statuæ etiam et imaginis usumfruc-*
*tum posse relinqui magis est ; quia et ipsæ ha-*
*bent aliquam utilitatem, si quo loco opportuno po-*
*nantur* (2) : à plus forte raison un pareil legs serait-il valable, si les statues ou les tableaux étaient
destinés à servir de modèles dans une académie
tenue par l'usufruitier.

Ainsi enfin, on peut léguer l'usufruit d'un
médaillier qui peut n'être qu'un objet de curiosité pour le possesseur, ou dont on peut user
comme ornement de luxe, ou comme moyen
d'instruction pour l'histoire : *Et numismatum*
*aureorum vel argenteorum veterum quibus pro*
*gemmis uti solent, ususfructus legari potest* (3).

578. 2.º On peut léguer l'usufruit d'une chose
qui, sans être un objet d'agrément, serait d'ailleurs inutile, et même à charge, quant à présent, s'il y a lieu d'en espérer un usage ou des
services utiles pour l'avenir. Tel serait un jeune
animal (4) : dans ce cas, l'usufruit commencera
à être utile, lorsque l'animal qui en est l'objet

---

(1) L. 13, §. 4, ff. *de usufr.*, lib. 7, tit. 1.
(2) L. 41, ff. *eodem.*
(3) L. 28, ff. *eod.*
(4) *Argumentum ex lege* 55, ff. *de usufructu.*

commencera à rendre des services à l'usufruitier; ce qui suffit pour que le legs soit valable dès à présent.

579. 3.º Le legs d'usufruit d'un fonds qui serait stérile dans un sens absolu, n'aurait réellement pas d'objet; il faut par conséquent dire qu'il serait nul, comme disposition inutile. Mais nonobstant que les dépenses faites dans la culture d'un fonds ne seraient pas compensées par la valeur des fruits qu'on pourrait y recueillir, l'usufruit en serait valablement légué, parce qu'il ne serait pas vrai de dire qu'il fût stérile : *Licèt prædia quædam talia sint ut magis in ea impendamus quàm de illis acquiramus, tamen ususfructus eorum relinqui potest* (1). Un homme peut vouloir exercer, même avec perte, un genre de culture quelconque; il peut vouloir faire des essais de pure curiosité; il peut vouloir faire aussi des impenses sans compter sur aucun profit et sans que nul autre soit recevable à y mettre obstacle, parce que chaque individu est seul juge compétent de ce qui n'est que dans son intérêt personnel.

580. Dans le cas d'un legs d'usufruit sur une chose de pur agrément, toutes les charges d'entretien et des contributions publiques pèsent sur l'usufruitier, nonobstant qu'il ne retire aucun revenu pécuniaire de la libéralité qui lui a été faite. De même, lorsqu'on a légué l'usufruit d'une jeune bête, qui n'est encore utile qu'en espérance, l'usufruitier qui est obligé de prendre

---

(1) L. 41, §. 1, ff. *de usufruct.*, lib. 7, tit. 1.

les choses en l'état où elles se trouvent au moment de l'ouverture de son droit (600), est par
là même tenu de nourrir et soigner le jeune
animal, quoiqu'il ne soit encore qu'un objet de
dépenses. Enfin l'usufruitier d'un fonds dont les
fruits ne compensent pas même les frais de culture, est nécessairement en perte de toutes les
impenses d'entretien, et autres charges naturelles
et intrinsèques de sa jouissance.

Il résulte de là qu'on doit tenir pour une
vérité de principe, en cette matière, que, quelle
que soit la modicité du revenu ou des avantages que l'usufruitier perçoit sur les choses dont
il jouit à ce titre, il n'en est pas moins tenu de
toutes les charges naturelles et intrinsèques de
l'usufruit, quelque considérables qu'elles soient;
qu'ainsi il peut être obligé, à raison de sa jouissance, à des dépenses d'une valeur excédant celle
des émolumens qu'il en retire.

Vainement dirait-il que les charges qu'il doit
acquitter, ne sont pas au rang de ses dettes
personnelles, que ce ne sont au contraire que
des dettes réelles, parce que c'est la chose elle-
même qui doit, et que ce n'est qu'en qualité de
possesseur qu'il peut être forcé à payer; qu'en
conséquence il faut que le montant de la dépense soit pris sur la chose même, ou borné à
l'équivalent de son produit.

A la vérité, les charges qui pèsent sur l'usufruitier, à raison de sa jouissance, ne sont que
des charges réelles, comme nous l'expliquerons
plus au long dans la suite, et de là il résulte bien
qu'il peut s'en dégager en faisant abandon de

son usufruit; mais tant qu'il le retient, il est
obligé à les supporter, puisqu'il ne l'a reçu que
sous cette condition.

## SECTION IV.

381. *Comment l'usufruit conventionnel peut-il
être établi?*

L'usufruit conventionnel peut être établi purement et simplement :

Il peut être établi sous condition seulement :

Il peut être établi à jour certain, ou à terme :

Il peut être établi par forme de substitution :

Il peut être établi d'une manière alternative
dans son objet :

Il peut être établi à titre singulier, sur des
choses déterminées :

Il peut être établi à titre universel, sur une
généralité de biens.

Toutes ces circonstances qui peuvent diver-
sement modifier la constitution d'usufruit, mé-
ritent chacune des réflexions particulières.

## §. 1.er

*De la Constitution d'usufruit pure et simple.*

382. La constitution d'usufruit est pure, lorsqu'elle n'est subordonnée à aucun événement
futur qui en suspende les effets.

Si c'est par acte entre-vifs que l'usufruit a été
purement établi, l'usufruitier est saisi, et les
fruits ou revenus de la chose lui sont dus dès
le moment de l'acte, parce qu'il est de l'essence
des conventions de produire un effet actuel.

En thèse générale, il n'en est pas de même dans les dispositions testamentaires. Il n'y a que le légataire universel auquel la loi accorde la saisine civile, parce qu'il est subrogé au lieu de l'héritier qui serait lui-même saisi de plein droit. Les autres légataires n'ont pas le même avantage : ils ne peuvent avoir que la saisine naturelle, et celle-ci ne s'acquiert que par l'envoi en possession qui opère le complément des droits du légataire.

Il ne suffit donc pas que les droits résultant d'un legs soient ouverts, pour que tout soit consommé ; il faut d'abord que le légataire l'ait accepté ; il faut, en outre, qu'il soit envoyé en possession, et qu'il y soit envoyé suivant les formalités prescrites par les lois, pour qu'il puisse dire que sa jouissance soit légitime.

Pour indiquer les principes et les progrès des droits du légataire, nous devons successivement faire voir à quelle époque le legs d'usufruit pur est ouvert : comment la délivrance en peut être volontairement faite au légataire : quelles sont les actions qui lui appartiennent pour forcer l'héritier à cette délivrance, quand elle n'a pas été volontairement consentie : et enfin quels sont les effets de la demande en délivrance soit sur les actions ultérieures qui peuvent appartenir à l'usufruitier, soit sur le gain des fruits qui lui seront dus.

583. I. Aux termes du droit romain, lorsqu'il s'agit d'un legs de propriété, le droit en est ouvert par la mort du testateur, si la disposition est pure : *itaque si purum legatum est ; ex die*

*mortis*, *dies ejus cedit* (1); tandis qu'en fait d'usufruit, les droits du légataire ne sont ouverts que du moment de l'acceptation de l'hérédité faite par l'héritier, *dies autem usúsfructús item et usús, non priùs cedet quàm hæreditas adeatur* (2); sauf les actions de l'un en dommages-intérêts contre l'autre, en cas que son acceptation eût été différée sans motifs raisonnables et par un retard purement affecté (3). Il serait inutile de nous livrer à aucune discussion sur les motifs qui avaient conduit les Romains à admettre cette différence dans l'exécution des legs d'usufruit et de propriété : il suffit de dire que nous ne trouvons, dans la législation française, aucun vestige d'une semblable distinction, et qu'en conséquence il faut tenir pour constant parmi nous, que dès l'instant du décès du testateur, lorsque le legs d'usufruit est pur, les droits du légataire sont ouverts, en ce sens qu'il peut, sans délai, demander sa mise en jouissance.

Dans ce premier état de choses, où il n'y a qu'une simple ouverture de droits, le légataire n'est point encore usufruitier, parce qu'il n'est pas saisi; il faut de plus qu'ayant manifesté son acceptation, il soit légalement mis en jouissance; et les conditions requises pour que cette prise de possession soit régulière, forment l'objet du second point qui se présente ici à notre examen.

---

(1) L. 5, §. 1, ff. *quandò dies legat. ced.*, lib. 36, tit. 2.

(2) L. *uni.*, §. 2, ff. *quandò dies usúsfruct. ced.* lib. 7, tit. 3.

(3) L. 36, §. 2, ff. *de usufr.* lib. 7, tit. 1.

584. II. L'empereur Justinien avait défini le legs, *donatio quædam à defuncto relicta et ab hærede præstanda* (1). De ces dernières expressions on a tiré cette conséquence qu'il n'appartenait point au légataire de se mettre lui-même en possession de la chose léguée; et dès-lors il a été reçu (2), comme une règle constante en jurisprudence, règle qui se trouve formellement consignée dans notre code actuel (1011 et 1014), que tout légataire, autre que le légataire universel (1006), doit obtenir des mains de l'héritier la délivrance de son legs, comme si l'acte de libéralité était essentiellement subordonné à cette condition; en sorte que toute entrée en jouissance de la part du légataire qui n'aurait agi que par sa propre autorité, ne peut être considérée que comme une voie de fait incapable de servir de fondement à une possession légitime, et contre laquelle l'héritier est fondé à s'élever et à agir, pour obtenir lui-même sa réintégrande et la restitution de toutes choses dans leur état primitif, sauf au légataire à mieux agir ensuite, par une demande régulière en délivrance : *redigit igitur ad hæredem, per hoc interdictum, ea quæ legatorum nomine possidentur; ut perindè legatarii possint, eum convenire* (3). La nécessité de procéder ainsi est fondée sur ce que l'héritier peut avoir des exceptions à faire valoir contre la validité du legs; qu'il peut être en droit d'en retenir une partie pour l'acquit de sa réserve

---

(1) Instit., §. 1, ff. *de legat.*, lib. 2, tit. 20.
(2) Voy. l'art. 73 de l'ordonnance de 1735.
(3) L. 1, §. 2, ff. *quod legat.*, lib. 43, tit. 3.

légale ; qu'il est possible que les dettes absorbent les forces de la succession, et qu'en conséquence il ne soit rien dû au légataire; et sur ce que, dans tous les cas, il serait contraire au bon ordre que le légataire fût admis à se rendre justice à lui-même : *Hoc interdictum vulgò quod legatorum appellatur. Est autem et ipsum adipiscendæ possessionis, et continet hanc causam ut quod quis legatorum nomine non ex voluntate hæredis occupavit, id restituat hæredi. Etenim æquissimum Prætori visum est, unumquemque non sibi ipsum jus dicere occupatis legatis, sed ab hærede petere* (1). Et comme le testateur ne peut ni déroger à la loi qui donne la saisine à l'héritier, ni placer son légataire au-dessus de cette règle d'ordre public, qui veut que personne ne puisse se rendre justice à soi-même, de là les auteurs (2) concluent qu'il ne lui serait pas permis de le dispenser de l'obligation de demander la délivrance de son legs.

De ce que la possession du légataire est illégitime, lorsqu'il ne la tient que de sa propre entremise, il faut conclure qu'il est passible des dommages et intérêts que l'héritier peut ressentir de cette voie de fait, et qu'il est tenu de la restitution des fruits, comme l'enseignent les

---

(1) Ibid.
(2) Voy. dans Toullier, liv. 3, tit. 2, chap. 5, n° 540 ; — dans Pothier, des donations testament., chap. 5, sect. 2, §. 2 ; — dans le Répertoire, au mot *légataire*, §. 1, n.° 3.

auteurs (1), et comme cela résulte de la disposition du code, qui veut que les fruits ne soient dus au légataire que du jour de sa demande en délivrance, ou du jour auquel cette délivrance lui aura été volontairement consentie (1014).

385. La délivrance d'un legs peut avoir lieu soit d'une manière expresse, soit d'une manière tacite, puisqu'aux termes du code, il suffit qu'elle ait été consentie par l'héritier, et que d'ailleurs c'est un principe constant dans tous les temps, que notre consentement à l'exécution d'une chose peut être manifesté tacitement par des faits qui font connaître notre intention, aussi bien que par des paroles ou de l'écriture. Et la loi romaine le décidait déjà formellement ainsi.

Elle a lieu expressément si le légataire prend possession par suite du consentement déclaré à ce sujet, par paroles, ou par écrits émanés de l'héritier.

Elle a lieu tacitement, par tout fait quelconque qui suppose dans l'héritier la volonté d'exécuter le testament envers le légataire, comme encore lorsqu'au vû et su de l'héritier qui ne contredit point, le légataire se met lui-même en possession, ou continue (2) celle qu'il avait déjà : *Omnium prædiorum jure legati potest constitui*

---

(1) Voy. dans Sotomayor, *de usufructu,* cap. 16, n.º 15 ; — dans Pothier, des donations testament., chap. 5, sect. 2, §. 2, et sect. 3, §. 8 ; — dans Toullier, sur les dispositions testament., liv. 3, tit. 2, chap. 5, n.º 544.

(2) L. 1, §. 15, ff. *quod legat.,* lib. 43, tit. 3.

*ususfructus, ut hæres jubeatur dare alicui usum-*
*fructum : dare autem intelligitur si induxerit in*
*fundum legatarium, eumve patiatur utifrui* (1).

Ainsi la délivrance de l'usufruit des immeubles sera tacitement opérée par la remise des
clefs, s'il s'agit de bâtimens, ou par celle des
titres de propriété, s'il s'agit de toute autre espèce de fonds (1606) : celle de l'usufruit du
mobilier sera tacitement opérée par la tradition
réelle, ou par la remise des clefs du bâtiment
qui les contient (1606) : celle de l'usufruit des
créances, par la remise des titres entre les mains
de l'usufruitier (1607 et 1689).

Ainsi la délivrance du legs d'usufruit sera, en
général, censée tacitement faite envers tout légataire dont le titre ne sera pas contesté et qui
aura pris possession au vu et su de l'héritier, et
sans réclamation de sa part (2).

Ainsi l'héritier de la loi qui reçoit, de la part
d'un légataire à titre universel, le payement d'un
legs dont celui-ci a été chargé envers lui, consent tacitement la délivrance du legs à titre universel, en consentant, par le fait, à l'exécution
du testament.

386. Ainsi, à l'égard du débiteur auquel on a
légué sa libération (3); à l'égard du fermier auquel on a légué l'usufruit du domaine qu'il tenait à ferme ; à l'égard du dépositaire auquel on
a légué la jouissance de la chose déposée ; à l'é-

(1) L. 3, ff. *de usufr.*, lib. 7, tit. 1.
(2) L. 2, cod. *de acquirendâ possess.*, lib. 7, tit. 32.
(3) L. 1, §. 2, ff. *ut in possess. legat.*, lib. 36, tit. 4.

gard du créancier légataire de l'usufruit du fonds qu'il tenait par antichrèse ; à l'égard du mari légataire de l'usufruit des biens de son épouse, et de tous autres qui se trouveraient déjà en possession de la chose par acte émané de la volonté du testateur, la délivrance du legs sera censée tacitement faite, par cela seul que, sans le contester, l'héritier aura laissé le légataire dans la paisible jouissance des choses qu'il avait déjà en son pouvoir ( 1606, §. 3 ) : dans ces divers cas, dit Pothier (1), il suffit au légataire de retenir la chose, car ce serait un circuit inutile qu'il la rendît à l'héritier pour la lui redemander de suite.

387. III. Lorsque la délivrance du legs n'est pas volontairement consentie, le légataire a trois actions à exercer pour arriver à son but, l'une personnelle et les autres réelles ; et comme la libéralité doit être acquittée en son entier, la loi veut que les frais de la demande en délivrance soient à la charge de la succession ( 1016 ).

Du moment qu'un héritier accepte une succession, il se forme entre lui et les légataires, par ce seul acte d'acceptation, un quasi-contrat par lequel il s'oblige personnellement à accomplir envers eux les volontés du défunt ; il se trouve à leur égard, comme s'ils avaient contracté ensemble, avec cette différence néanmoins que dans les obligations qui naissent des conventions, le débiteur doit offrir à son créancier ce qui lui est dû, tandis que l'héritier n'est ja-

---

(1) Traité des donations testament., chap. 5, sect. 2, §. 2 ; — voy. aussi dans le Répert., *verbo* légataire, §. 5, n.° 7.

mais obligé d'aller chercher les légataires pour leur offrir leurs legs : *Hæres quoque legatorum nomine non propriè ex contractu obligatus intelligitur : neque enim cum hærede, neque cum defuncto ullum negotium legatarius gessisse propriè dici potest, et tamen quia ex maleficio non est obligatus, quasi ex contractu debere intelligitur* (1). Voilà le principe de l'action *personalis ex testamento*, qui appartient à tout légataire pour obtenir contre l'héritier la délivrance de son legs, action qui, d'après les lois (2), doit être portée par-devant le tribunal du lieu de l'ouverture de la succession, c'est-à-dire du domicile mortuaire du testateur (110).

Mais, pour donner plus d'efficacité à cette obligation personnelle de l'héritier, les lois tant anciennes (3) que nouvelles (1017) ont voulu que le légataire eût une hypothèque légale sur les biens de la succession.

Ainsi, lorsque le legs consiste dans une somme d'argent ou autres choses fongibles, le légataire est créancier hypothécaire sur les biens de la succession pour obtenir le payement de la valeur de son legs.

Ainsi encore, lorsque les choses léguées consistent en corps certains, le légataire a également une hypothèque en garantie de la délivrance qui doit lui être faite, soit pour les dommages-intérêts qui pourraient lui être dus en cas de re-

---

(1) §. 5, instit. *de obligat. quæ ex quasi-contract.*, lib. 3, tit. 28.

(2) Art. 50 et 59 du cod. de procéd.

(3) L. 1, cod. *communia de legat.*, lib. 6, tit. 43.

tard, soit pour ceux qui lui seraient dus en cas de distraction, destruction ou détérioration de la chose par la faute de l'héritier, attendu que tout ce qui est dans l'obligation personnelle de celui qui doit conserver la chose pour la délivrer, se trouve aussi dans la garantie accessoire de l'hypothèque que la loi attache à cette obligation (1).

Enfin, lorsque la chose léguée en propriété ou en usufruit consiste dans un corps certain, le légataire a l'action réelle en revendication de la propriété, ou confessoire en revendication de son usufruit.

388. Le légataire de l'usufruit qui intente son action en délivrance contre l'héritier, est en droit d'exiger le compte des fruits à dater du jour de la demande : *in his autem actionibus quæ de usufructu aguntur, etiam fructus venire plus-quàm manifestum est* (2) ; mais la saisine du légataire ne peut avoir d'effet rétroactif et être reportée au principe de la demande qu'envers l'héritier contre lequel l'action a été intentée : si donc un fonds soumis au droit d'usufruit était entre les mains d'un tiers qui en fût possesseur de bonne foi, ce n'est qu'à dater du jour d'une autre demande intentée contre lui que l'usufruitier pourrait en exiger le rapport des fruits (3).

389. IV. C'est seulement lorsque la délivrance du legs a été volontairement consentie ou ordon-

---

(1) Voy. dans GOMES, *variæ resolut. de legat.*, cap. 12, n.º 7.

(2) L. 5, §. 3, ff. *si ususfr. petatur*, lib. 7, tit. 6.

(3) Voy. dans RENUSSON, traité du douaire, chap. 5, n.º 32 ; — et dans POTHIER, *idem*, n.º 189.

née en justice, que le légataire est véritablement
saisi de son legs, ou plutôt des objets qui lui
sont légués; et par ce nouvel état de choses,
il acquiert encore de nouveaux avantages et de
nouvelles actions qui forment le dernier terme
de la progression de ses droits.

Et d'abord, étant envoyé en possession en
exécution d'un titre juste, il fera désormais les
fruits siens.

Lorsqu'après la mort du testateur il n'y a
encore qu'une simple ouverture au droit d'u-
sufruit, le légataire n'a encore directement à
exercer que sa demande en délivrance; mais
une fois que ses droits sont reconnus par la
délivrance consentie ou ordonnée à son profit,
il se trouve en voie d'agir directement par action
réelle, pour obtenir soit contre l'héritier, soit
contre tout tiers détenteur, la jouissance effective de tout héritage qui serait renfermé dans
son legs : *utrùm autem adversùs dominum dun-
taxat in rem actio usufructuario competat, an
etiam adversùs quemvis possessorem, quæritur?
Et Julianus scribit, hanc actionem adversùs
quemvis possessorem ei competere.* (1). Ces actions
sont essentiellement différentes dans leur qualité,
leur ordre, et leur objet. L'action en délivrance
est toute personnelle, et ne peut être portée
qu'au tribunal de l'ouverture de la succession;
tandis que l'action réelle doit être intentée par-
devant le tribunal de la situation du fonds (2).

---

(1) L. 5, §. 1, ff. *si ususfruc. petatur,* lib. 7, tit. 6.
(2) Art. 59 du cod. de procéd.

L'action en délivrance doit être dirigée contre tous les héritiers s'ils sont plusieurs, puisque tous sont tenus de la prestation du legs, dans la proportion de leurs droits à l'hérédité ( 1017 ) ; tandis que l'action en revendication de la propriété ou de l'usufruit ne peut être intentée que contre le possesseur de la chose. L'action en délivrance est nécessairement la première en ordre, parce qu'il faut que le titre du légataire soit reconnu avant qu'on puisse le mettre à exécution (1). La demande en délivrance est générale dans son objet : il s'agit, par cette action, de faire reconnaître les droits du légataire, et d'en faire ordonner l'exécution dans leur généralité : la délivrance ordonnée en justice comme celle qui est consentie par l'héritier, considérée en elle-même, n'est pas nécessairement spéciale quant aux choses ; ce n'est qu'au moment où l'on en vient à l'application du titre dont l'exécution a été consentie ou ordonnée, qu'il faut spécifier les objets qui y sont compris : l'action confessoire au contraire est toute spéciale et déterminée dans son objet, parce qu'elle est réelle comme l'action en revendication de la propriété : *si in rem aliquis agat, debet designare rem : et utrùm totam an partem quotam petat. Appellatio enim rei non genus sed speciem significat* (2).

390.   Enfin, tant que le legs d'usufruit n'a point été délivré, le légataire qui est sans saisine ne peut avoir les actions possessoires, et c'est encore

_____

(1) Voy. sur cette priorité d'action, l'art. 40, tit. 1, de l'ordonnance de 1747, sur les substitutions.

(2) L. 6, ff. *de rei vindicat.*, lib. 6, tit. 1.

là un nouveau genre d'actions qui ne lui sont acquises que par sa propre prise de possession : *utifrui autem prohibuisse is videtur, qui vi dejicit utentem et fruentem ; aut non admisit cùm ex fundo exiisset non usúsfructús deserendi causâ. Cæterùm si quis ab initio volentem incipere utifrui, prohibuit ; hoc interdictum locum non habet. Quid ergo est? debet fructuarius usumfructum vindicare* (1).

Aux termes de l'article 59 du code de procédure, c'est au tribunal de l'ouverture de la succession, ainsi que nous l'avons déjà dit, que la demande en délivrance des legs doit être portée; et dans tous les cas (1014), elle doit être formée suivant l'ordre établi par l'article 1011 du code civil; c'est-à-dire, qu'il faut la diriger d'abord contre les héritiers auxquels une quotité des biens est réservée par la loi; ensuite et à leur défaut, contre les légataires universels; et enfin, à défaut de ceux-ci, contre les héritiers appelés dans l'ordre établi par le code au titre des successions.

591. Quoique les héritiers ne se présentent point pour recueillir, il faut néanmoins s'adresser à eux pour les forcer à prendre qualité; et s'ils renoncent, ou s'ils ne sont pas connus, il faut s'adresser au Tribunal de l'ouverture de la succession, et lui demander la nomination d'un curateur à l'hoirie jacente, à l'effet d'agir ensuite en délivrance contre lui (811, 812 et 813).

592. Si le testateur avait légué l'usufruit du fonds à l'un, et la nue propriété à un autre,

_____

(1) L. 3, §. 14, ff. *de vi et vi armatâ*, lib. 43, tit. 16.

les deux légataires devraient également demander la délivrance, et chacun d'eux dans son intérêt personnel.

Si le légataire de l'usufruit formait seul cette
demande, l'héritier resterait toujours en possession du fonds quant à la propriété, puisqu'il
n'en aurait pas été dessaisi envers l'autre légataire qui aurait gardé le silence.

Le légataire de la nue propriété doit donc
aussi se hâter de demander la délivrance de son
chef, attendu que la possession, en tant qu'elle
s'applique au fonds, resterait toujours entre les
mains de l'héritier, nonobstant la délivrance de
l'usufruit, et qu'ainsi la prescription pourrait
s'opérer au préjudice du legs de propriété; et
attendu encore que, sous un autre point de
vue, ce légataire est intéressé à obtenir la chose
pour en jouir lui-même si le légataire de l'usufruit n'accepte pas, ou pour le surveiller dans
sa jouissance, s'il accepte.

593. Le code n'ayant accordé la saisine qu'aux
héritiers de la loi (724) et au légataire universel de tous les biens (1006) lorsqu'il ne se trouve
en concurrence avec aucun héritier de la réserve, il faut en conclure que tous autres légataires soit de propriété, soit d'usufruit, même
celui auquel on aurait légué la jouissance générale de tous les biens, ne sont point saisis, et
qu'ils sont tous également obligés à la demande en
délivrance pour pouvoir entrer en possession.

Mais tous sont-ils aussi soumis à la même
règle sur la répétition des fruits?

La règle générale est que le légataire de la

propriété du fonds ne peut exiger le rapport des fruits que du jour de la demande en délivrance de son legs, et que ceux qui ont été auparavant perçus en temps opportun, par l'héritier qui avait la saisine, doivent rester à celui-ci.

Nous disons que c'est là la règle générale, parce qu'on doit l'appliquer à tous les fruits ordinaires, c'est-à-dire à tous les fruits annuels qui ont une époque fixe de maturité, tel que le produit des champs et des vignes. Mais, lorsqu'il s'agit de coupes de bois, qui sont aussi des fruits, nous ne croyons pas que cette règle doive leur être appliquée sans quelques tempéramens.

On ne peut, en effet, s'empêcher de reconnaître une grande différence entre ce dernier genre de fruits et les autres.

Quand il s'agit de fruits ordinaires, quoiqu'accessoirement immeubles tant qu'ils tiennent au fonds, ils sont néanmoins plutôt meubles par leur nature, comme ne pouvant avoir qu'une cohérence très-passagère et très-courte avec le sol ; et si l'héritier qui est en possession n'avait pas le droit de les recueillir lorsque l'époque de la maturité est arrivée et que le légataire ne s'est pas encore présenté pour demander son legs, ils seraient exposés à périr.

Il n'en est pas de même des coupes de bois : ici le fruit tient plus intimement au fonds : il est immeuble par le vœu de la nature elle-même qui ne lui assigne aucune époque de maturité où il doive être détaché du sol, sous peine d'en souffrir la perte : il ne représente point la mince

valeur d'un produit annuellement perçu, et re-
naissant annuellement : il est le résultat des efforts
de la nature, prolongés pendant bien des années;
et souvent la valeur d'une coupe de bois excède
la valeur même du sol sur lequel elle est ex-
ploitée.

Nous croyons donc que l'héritier qui se serait
pressé d'exploiter la forêt avant la demande en
délivrance du legs qui en aurait été fait au
profit d'un autre, devrait être passible du rapport de la valeur de la coupe, et que, pour
qu'il pût être soustrait à ce rapport, il faudrait
que le légataire eût négligé de former sa demande pendant assez de temps pour qu'on pût
dire qu'en suivant l'aménagement de coupes
établi sur la forêt, il eût évidemment et largement laissé passer, en silence, l'époque à laquelle
l'exploitation devait être faite.

Quoi qu'il en soit, et pour en revenir à
l'objet que nous nous proposons plus directement, il est constant que le légataire de la propriété ne peut exiger le rapport des fruits ordinaires que du jour de sa demande en délivrance :
mais cette règle s'applique-t-elle également au
légataire de l'usufruit? Celui-ci, en ouvrant son
action plus ou moins tard, n'est-il pas en droit
de répéter les jouissances rétroactivement et à
dater de la mort du testateur?

Telle est la question importante qui se présente ici à notre examen.

394. Pour soutenir que le légataire de l'usufruit
est fondé à exiger le rapport des jouissances dès
le jour du décès du testateur, on peut dire qu'il

y a sur ce point une grande différence entre
le legs de la propriété et celui de l'usufruit;
que dans le legs de la propriété, les fruits ne
font aucunement partie de sa libéralité; qu'ils ne
sont que l'accessoire de la possession; qu'ils doivent par conséquent rester à l'héritier qui jouissait du fonds, et dont la possession paisiblement
exercée en vertu de sa saisine, était nécessairement légitime; qu'ainsi, en laissant à ce possesseur les fruits perçus avant la demande en délivrance, et en n'accordant au légataire que ceux
qui sont échus depuis l'ouverture de son action,
cela n'empêche pas qu'on ne livre réellement à
celui-ci toute la chose qui lui a été léguée: mais
qu'il en doit être autrement dans le legs d'u-
sufruit, parce qu'ici les fruits sont l'objet même
de la disposition; qu'en conséquence, si on ne
les adjugeait pas dès le moment de la mort du
testateur, on refuserait par là même au légataire une partie de la chose qui lui a été léguée:
*ex rebus donatis fructus perceptus in rationem
donationis non computatur. Si verò non fundum, sed fructús perceptionem tibi donem;
fructus percepti venient in computationem donationis* (1); qu'ainsi et par la nature de la
disposition même, nous sommes forcés de remonter à l'époque du décès du testateur pour
donner une entière exécution à sa libéralité; que
le texte positif de la loi est ici d'accord avec
les principes du raisonnement, puisqu'aux termes
de l'article 585 du code, les fruits pendans par

---

(1) L. 9, §. 1, ff. *de donation.*, lib. 39, tit. 5.

racines au moment où l'usufruit est ouvert, appartiennent à l'usufruitier; et que, suivant l'article 604, le retard où il peut être de donner
caution ne le prive pas du droit de répéter les
fruits dès le moment de l'*ouverture de son droit*,
c'est-à-dire dès l'instant de la mort du testateur; que, si le légataire de l'usufruit est toujours tenu de demander la délivrance, il ne résulte pas de là, comme une conséquence nécessaire, que les fruits perçus par l'héritier avant
cette demande, doivent lui rester, puisqu'ils ne
lui restent pas vis-à-vis du légataire universel
qui demande la délivrance dans l'année du décès (1005); qu'enfin ils ne doivent pas lui rester non plus vis-à-vis du légataire d'usufruit,
du moment que la loi veut que celui-ci les
obtienne dès l'époque de l'ouverture de son
usufruit.

395. Nonobstant tous ces raisonnemens, nous
croyons qu'il est plus conforme aux véritables
principes de la matière, de soumettre le légataire de l'usufruit à la règle générale, en ne lui
accordant le rapport des fruits que du jour de
sa demande en délivrance.

Pour expliquer, le mieux qu'il nous sera possible, les motifs de cette décision, nous examinerons la question soit dans les principes du
droit romain, soit dans ceux de l'ancienne jurisprudence française, soit enfin dans ceux de
notre code actuel, et nous répondrons ensuite
aux objections contenues dans ce qui vient
d'être dit.

Et d'abord, en remontant aux principes établis par les lois romaines sur cette matière, nous voyons que, suivant leurs dispositions, l'usufruit n'était pas une chose qui consistât seulement dans le droit, mais beaucoup dans le fait. Le droit d'usufruit n'y était pas considéré comme un droit instantané, mais comme un droit successif, tellement rattaché à la perception des fruits, qu'il était censé annuellement légué à mesure que cette perception devait avoir lieu, en sorte que le droit d'accroissement était admis entre les colégataires, même après qu'ils avaient tous accepté le legs et qu'ils avaient joui chacun de leurs parts : *ususfructus quotidiè constituitur et legatur ; non ut proprietas, eo solo tempore quo vindicatur. Cùm primùm itaque non inveniat alter eum qui sibi concurrat, solus utitur in totum* (1). Aussi telle était la condition de tout usufruitier, qu'il n'acquérait les fruits qu'autant qu'il les avait perçus ou par lui-même, ou par la main d'un autre qui les aurait recueillis de sa part : *Julianus ait, fructuarii fructus tunc fieri, cùm eos perceperit : bonæ fidei autem possessoris, mox cùm à solo separati sint* (2). Et les Romains portaient, à cet égard, le scrupule si loin qu'ils n'accordaient pas même à l'usufruitier, après sa mise en possession, la faculté de Revendiquer directement les fruits qu'un voleur aurait détachés du fonds avant la récolte ; en sorte qu'il n'y avait que le propriétaire du fonds

---

(1) L. 1, §. 3, ff. *de usufruct. adcrescend.*, lib. 7, tit. 2.
(2) L. 13, ff. *quibus modis ususfruct. amitt.*, lib. 7, tit. 4.

qui

qui eût le droit de faire cette répétition en nature, et que l'usufruitier était réduit à une simple action en dommages et intérêts, par la raison que, n'ayant pas perçu lui-même les fruits,
ils ne pouvaient être les siens : *Si fur decerpserit,*
*vel desecuerit fructus maturos pendentes, cui*
*condictione teneatur; domino fundi an fructua-*
*rio ? Et puto, quoniam fructus non fiunt fruc-*
*tuarii, nisi ab eo percipiantur, licèt ab alio è*
*terrâ separentur, magis proprietario condictio-*
*nem competere : fructuario autem furti actio-*
*nem, quoniam interfuit ejus fructus non esse*
*ablatos* (1). On conçoit aisément que, dans ce
système de législation, qui n'accordait à l'usufruitier la propriété des fruits qu'autant qu'il les
avait perçus lui-même, quoiqu'il fût déjà en
possession, il ne pouvait être question d'aucun
rapport de jouissance à faire au légataire de l'u-
sufruit pour le temps antérieur à la demande en
délivrance de son legs, et lorsque l'héritier n'a-
vait point été constitué en demeure : c'est aussi
ce qui résulte positivement d'une décision d'Ulpien : *Operæ testamento relictæ quandò cedere*
*debeant ? utrùm ex quo petit eas legatarius, an*
*ex quo adita hæreditas est ? et cui pereant dies*
*quibus æger servus fuit ? Et puto ex die petitio-*
*nis cedere : quare si post petitas æger servus esse*
*cœperit, legatario peribunt* (2); mais comme les
droits de celui qui forme une demande juste,
doivent toujours être reportés à l'époque de

---

(1) L. 12, §. 5, ff. *de usufruct.*, lib. 7, tit. 1.
(2) L. 7, ff. *de usufruct. legat.*, lib. 33, tit. 2.

l'ouverture de son action, il en résulte que, si le légataire d'usufruit vient à mourir avant d'avoir obtenu la délivrance par lui réclamée, il transmet à ses héritiers le droit aux fruits perçus ou échus dès le moment où il avait constitué l'héritier en demeure : *Cui illud consequens esse, ut si ipse Titius (legatarius) moriatur, similiter ex eo tempore, quo mora sit facta, in diem mortis æstimatio ususfructûs hæredi ejus præstabitur* (1).

On trouverait encore au besoin une décision positive à cet égard dans la loi 6, ff. *de usufructu legato,* portant textuellement que l'héritier n'est tenu à aucune indemnité de non-jouissance ou de restitution de fruits, pour le temps passé depuis la mort du testateur, qu'autant qu'il avait été constitué en demeure par le légataire de l'usufruit.

Il est donc bien constant que, suivant les principes du droit romain, le légataire de l'usufruit ne pouvait avoir droit aux fruits qu'à dater du jour où l'héritier avait été mis en demeure, par la demande en délivrance du legs.

396. Si de là nous passons aux usages français, nous trouvons qu'il y a d'abord eu de grandes controverses (2) sur le point de savoir si, en général, et dans les legs de propriété, les légataires pouvaient être recevables à exiger un rapport de fruits pour le temps antérieur à leur

_____

(1) L. 36, §. 2, ff. *de usufruct.*, lib. 7, tit. 1.
(2) Voy. dans BRETONNIER, sur Henrys, liv. 4, chap. 6, quest. 64, tom. 2, pag. 438, 2.ᵉ édit. de 1771.

demande en délivrance. Les raisons de douter
se tiraient de divers textes du droit romain,
entre lesquels il serait difficile de ne pas voir
quelques antinomies : mais toutes ces controverses avaient été écartées ; et il était enfin reçu
comme une règle constante, adoptée par l'article
40, titre 1 de l'ordonnance de 1747 pour les
fidéicommis ; et par les tribunaux pour toutes
espèces de legs, qu'en général (1) les fruits ne
devaient être adjugés aux légataires que dès le
jour de la demande en délivrance (2) ; mais il y
a quelque chose de plus positif encore, en ce
qui concerne spécialement les dispositions en
usufruit ; car, si nous ouvrons les auteurs qui
ont traité du douaire, c'est-à-dire du droit d'u-
sufruit que les coutumes accordaient à la veuve
sur une partie des biens du mari prédécédé, nous
voyons que, dans celles de ces coutumes qui déclaraient la veuve saisie de son douaire, les
fruits lui étaient dus dès le jour de l'ouverture
de ce droit, et que, dans les autres, elle ne pouvait les exiger que du jour de la demande en
délivrance : or, d'une part, le légataire de l'usufruit n'est jamais saisi, et, d'autre côté, son droit
ne peut être plus privilégié que celui de la veuve :
donc il doit être soumis à la même règle.

---

(1) Voy. dans le *nouveau Répertoire*, *verbo* LEGS, sect.
4, §. 3, n.º 27, tom. 7, pag. 339.

(2) Voy. encore dans BANNELIER, tom. 3, pag. 318
et 319, édit. in-4.º ; — dans CATELLAN, liv. 1, chap. 8 ;
— dans BOURJON, des testamens, part. 4, chap. 3 ; — dans
AUGEARD, tom. 2, pag. 297 ; — dans DOMAT, liv. 4, tit.
2, sect. 8.

Il est donc incontestable qu'en s'en rapportant soit aux dispositions de la loi romaine, soit à l'ancienne jurisprudence adoptée par les Tribunaux français, on ne doit adjuger au légataire de l'usufruit aucun rapport de jouissance pour le temps antérieur à la demande en délivrance de son legs.

Si la question n'est pas encore par-là pleinement décidée, on ne peut du moins disconvenir que ce ne soit déjà un grand préjugé pour nous amener à la même décision, sous notre législation actuelle, parce qu'on sait que les auteurs du code se sont sur-tout attachés à convertir en lois positives les usages constans déjà consacrés par la jurisprudence des Tribunaux : or, pour peu qu'on y réfléchisse, on sera bientôt convaincu qu'ils l'ont adoptée aussi cette jurisprudence sur le point particulier qui nous occupe :

397. 1.º Dans les principes du code, c'est l'héritier qui est saisi de la généralité des biens laissés par le défunt : nulle possession ne peut être plus légitime que celle-là, puisque c'est la loi elle-même qui l'accorde : nulle ne peut être fondée sur un titre plus puissant et plus juste, puisque ce titre c'est la loi ; *justè possidet qui auctore prætore possidet* (1) : l'héritier n'est point obligé d'aller chercher les légataires ; il est nécessairement possesseur de bonne foi, tant que ceux-ci ne viennent pas le troubler, en manifestant par une demande régulière, la volonté où ils sont

---

(1) L. **11**, ff. *de acquirendâ possession.* lib. 41, tit. 2.

d'accepter leurs legs ; or, le gain des fruits est
l'effet naturel et immédiat de la possession quand
elle est juste, et cet effet a toujours lieu au profit
du possesseur de bonne foi : donc ils doivent
rester à l'héritier saisi des choses léguées, jusqu'au jour de la demande en délivrance du legs.

2.º Lorsque le testateur a voulu donner tous
ses biens à un légataire universel, s'il y a un
héritier de la réserve, c'est cet héritier qui est
saisi ; et nonobstant le retranchement qu'est obligé de souffrir le légataire universel auquel on
avait voulu tout donner, il ne lui est permis de
répéter les fruits dès le jour du décès, qu'autant
qu'il intente son action en délivrance dans l'année ( 1005 ) : ne serait-ce pas une bizarrerie choquante de vouloir accorder un avantage plus
grand à un simple légataire d'usufruit, en l'admettant à répéter les fruits, dès le jour de la
mort du testateur, à quelque époque qu'il ou-
vrît son action en délivrance ?

Si un légataire d'usufruit est en droit d'exiger
des rapports de jouissance pour le temps qui a
précédé la demande en délivrance de son legs,
où faudra-t-il donc s'arrêter ? S'il peut en exiger
pour un an, il le pourra également pour deux,
pour dix, pour vingt et même pour vingt-neuf,
puisque son droit n'est prescrit que par trente
ans de non-usage (617). Ainsi, après avoir gardé le silence pendant tout ce temps, ce légataire
pourra impunément accabler l'héritier par la
répétition d'une masse énorme d'arrérages ; et
celui-ci, possesseur de bonne foi, comme ayant
été investi par la loi elle-même de tous les droits

de jouissance, n'aura pas même l'avantage qui
appartiendrait à un simple fermier contre lequel
on ne pourrait répéter que les fermages de cinq
ans (2277) ! On sent aisément qu'une telle doctrine est absolument contraire à l'esprit du code;
mais elle n'est pas moins combattue par le texte
même :

3.° L'article 1014 porte que « Tout legs pur et
» simple donnera au légataire, du jour du décès
» du testateur, un droit à la chose léguée, droit
» transmissible à ses héritiers ou ayant-cause.

» Néanmoins le légataire particulier ne pour-
» ra se mettre en possession de la chose léguée,
» *ni en prétendre les fruits ou intérêts*, qu'à
» compter du jour de sa demande en délivrance,
» formée suivant l'ordre établi par l'article 1011,
» ou du jour auquel cette délivrance lui aura
» été volontairement consentie. »

Ainsi, dès le jour de la mort du testateur,
tout légataire a un droit acquis à la chose qui lui
a été purement léguée ; droit en vertu duquel il
peut en demander la délivrance.

Si c'est un legs de propriété, le légataire a tout
à la fois le droit d'en exiger la délivrance et celui
d'en transmettre les avantages à ses héritiers ou
ayant-cause ; tandis que, si c'est seulement un
legs d'usufruit, il n'a que la faculté d'en exiger
la délivrance pour lui-même, puisqu'il ne peut
le transmettre : mais en ce qui concerne le gain
des fruits, leur condition est absolument la
même, et il serait tout-à-fait déraisonnable de
l'interpréter autrement ; car, lorsqu'un fonds est
légué en plein domaine, le droit de jouissance

en est accordé au légataire, comme celui de nue
propriété, et il serait bizarre de lui accorder,
sous ce rapport, moins d'avantage qu'à celui qui
ne serait légataire que de l'usufruit.

L'article suivant ajoute : « Les intérêts ou fruits
» de la chose léguée courront au profit du léga-
» taire dès le jour du décès, et sans qu'il ait
» formé sa demande en justice,

» 1.º Lorsque le testateur aura expressément
» déclaré sa volonté, à cet égard, dans le testa-
» ment ;

» 2.º Lorsqu'une rente viagère ou une pen-
» sion aura été léguée à titre d'alimens. »

Concluons donc que le legs d'usufruit doit
être soumis à la règle commune, puisque nous
ne le trouvons pas dans les exceptions rigoureusement limitées par ce dernier article :

4.º Ce ne serait pas même assez d'invoquer ici
les principes du droit commun contre l'usufruitier. Il est, en effet, soumis à des conditions plus
rigoureuses encore que tout autre légataire ; car,
aux termes du code, il ne lui est pas seulement
permis d'entrer en jouissance sans avoir fait inventaire (600). Et comment pourrait-il avoir
droit aux fruits même avant d'avoir obtenu la
délivrance de son legs, puisque la loi veut en
outre qu'il fasse inventaire en présence de l'héritier, pour obtenir l'entrée en jouissance (1)?

398. Mais hâtons-nous d'arriver à la discussion
des objections prévues plus haut.

On objecte, en premier lieu, que, dans le

_____

(1) Voy. encore au chap. 16, sous les n.ᵒˢ 784 et
suivans, et chap. 35, nº. 1654.

legs d'usufruit, les fruits de la chose sont l'objet même de la disposition ; qu'en conséquence ils sont naturellement dus dès le jour de la mort du testateur, autrement on n'accorderait pas au légataire tout ce qui lui a été légué.

Ce raisonnement ne part que d'une fausse supposition. Il n'est pas vrai de dire que dans le legs d'usufruit ce sont les fruits de la chose qui forment l'objet de la disposition : un legs de fruits est un legs de corps certains ; tandis qu'un legs d'usufruit a pour objet un droit incorporel, si on le considère dans un sens abstrait. Et, si au contraire on le considère matériellement dans l'objet auquel il s'applique, l'usufruit du fonds est lui-même un immeuble civilement séparé de la nue propriété : un legs d'usufruit ne peut donc, sous aucun rapport, être considéré comme un legs de fruits, puisque des fruits ne peuvent être ni un droit incorporel, ni un immeuble. La loi 9, §. 1, ff. *de donationibus*, portant que *si verò non fundum, sed fructûs perceptionem tibi donem ; fructus percepti veniunt in computationem donationis*, n'est ici d'aucune conséquence, parce qu'elle n'est relative qu'à une donation de fruits; et ce qui le prouve, c'est qu'elle statue sur la manière d'entendre la réduction que devaient subir les donations excédant le taux prescrit par la loi CINCIA (1) : or, suivant la loi *Computationi* 68, ff. *ad legem Falcidiam*, ce n'est pas sur la perception des fruits, mais sur l'estimation de droit, pris égard à l'âge des légataires, que

_____

(1) Voyez dans les pandectes de POTHIER, livre 39, tit. 5, n.ᵒˢ 40 et 41.

les legs d'usufruit ou de pensions viagères devaient être calculés, pour savoir s'il y avait lieu àréduire les libéralités.

5gg.   On oppose, en second lieu, que, suivant l'article 585 du code, « les fruits naturels et indus-» triels pendans par branches ou par racines, » *au moment où l'usufruit est ouvert, appar-* » *tiennent à l'usufruitier,* » pour conclure de là que le légataire d'usufruit doit avoir le droit de répéter les jouissances dès le jour de la mort du testateur, puisque les fruits pendans à cette époque lui sont dus et font même partie de son legs.

Mais déjà la loi romaine portait la même décision : *si pendentes fructus jam maturos reli-quisset testator, fructuarius eos feret, si die legati cedente adhuc pendentes deprehendisset, nam et stantes fructus ad fructuarium pertinent* (1); et cependant on ne lui adjugeait aucuns fruits avant la demande en délivrance de son legs : pourquoi en serait-il autrement aujourd'hui?

Lorsqu'il s'agit d'un legs de propriété, les fruits pendans par racines au moment du décès du testateur ne peuvent être moins dus à celui auquel le domaine entier a été légué, qu'ils ne le seraient au légataire de l'usufruit, puisqu'ils font incontestablement partie de l'immeuble auquel ils sont adhérens; néanmoins le légataire du fonds ne peut avoir le droit de les recueillir qu'à supposer qu'il ait formé sa demande en délivrance avant la récolte : pourquoi en serait-il autrement à l'égard du légataire de l'usufruit ?

_____

(1) L. 27, ff. *de usufruct.,* lib. 7, tit. 1.

L'héritier est saisi à l'égard du légataire d'usufruit, comme à l'égard du légataire de la propriété entière : sa possession est également légitime envers l'un et l'autre ; il est également possesseur de bonne foi, tant qu'on ne l'a troublé
par aucune demande qui lui fasse connaître que
les légataires ont la volonté de profiter de leurs
legs ; et ceux-ci sont également soumis à l'obligation de demander la délivrance, pour pouvoir
entrer légalement en possession : pourquoi donc
ne subiraient-ils pas le même sort sur le gain des
fruits ? comment les conséquences ne seraient-
elles pas les mêmes là où tous les principes sont
identiques ?

Ecoutons Pothier s'expliquant sur cette question en rapports de fruits : voici comment il ré-
fute les auteurs qui prétendaient qu'on devait
adjuger au légataire ceux qui étaient pendans lors
de l'ouverture du legs : « Il me paraît, dit-il, que
» c'est mal-à-propos que Ricard et Lebrun en
» exceptent ceux qui étaient pendans lors de
» l'ouverture du legs ; parce que, disent-ils, ils
» faisaient partie de l'héritage légué, et que l'hé-
» ritier en les percevant a diminué cet héritage
» par son fait : la réponse, c'est que la règle qui
» charge l'héritier de la diminution arrivée par
» son fait sur l'héritage légué, souffre exception,
» lorsqu'il n'a fait qu'user du droit qu'il avait de
» percevoir les fruits, comme juste possesseur.
» La loi *si pendentes* 27, ff. *de usufructu*, ( ci-
» dessus rapportée ), sur laquelle il paraît que
» ces auteurs se fondent, n'a pas été par eux
» bien entendue : il est absolument nécessaire de

» supposer que, dans l'espèce de cette loi, le lé-
» gataire avait la délivrance de son legs, et était
» entré en jouissance de l'héritage avant la ré-
» colte ; puisque, suivant les principes du droit
» romain les plus connus, les fruits n'étaient
» acquis à l'usufruitier que lorsqu'ils avaient
» été perçus par lui ou par quelqu'un de son
» ordre, loi 13, ff. *quemadmodùm ususfructus*
» *amitt.* La seule question de la loi était de sa-
» voir si l'usufruitier, quoiqu'entré en posses-
» sion avant la récolte, avait droit de percevoir
» les fruits qui étaient venus à maturité par les
» soins du défunt et non par les siens. » (1).
L'auteur du Répertoire, au mot *legs*, sect. 5, §. 1,
n.º 34, adopte entièrement le sentiment et les
raisons de Pothier.

Il résulte de tout cela que la disposition du
code, suivant laquelle les fruits pendans par racines au moment où l'usufruit est ouvert sont
dévolus à l'usufruitier, n'est point introductive
d'un droit nouveau, puisqu'elle est absolument
conforme à la loi ancienne : il en résulte qu'aujourd'hui comme anciennement, les fruits dont
il s'agit ne doivent être adjugés au légataire
qu'autant qu'il aurait demandé la délivrance de
son legs, avant la récolte, puisqu'aujourd'hui
comme anciennement l'exercice de ses droits est
subordonné à cette demande.

400. En un mot, il ne faut pas faire dire à l'article 585 ce qu'il ne dit point : il ne faut pas l'é-
tendre au-delà de ses termes, et sur-tout il ne

---

(1) POTHIER, sur la coutume d'Orléans, pag. 514.

faut pas lui donner une extension qui le mette
en contradiction avec l'article 1014. L'article
585 porte bien que les fruits pendans par racines
au moment où l'usufruit est ouvert, appartiennent à l'usufruitier ; mais il ne dit pas que ce
droit du légataire n'est subordonné à aucun devoir à remplir de sa part ; il ne dit pas que l'u-
sufruitier pourra les percevoir sans avoir préalablement demandé la délivrance de son legs :
il ne l'affranchit donc point de cette obligation
qui lui est imposée par l'article 1014, pour qu'il
puisse réellement gagner les fruits ; il faut donc
toujours qu'il se conforme à la condition prescrite par ce dernier article, pour obtenir les
avantages accordés par le premier; et, tant qu'il
n'a pas satisfait à ce devoir, il ne peut se plaindre
que de sa propre négligence. Que, si c'est par
quelques événemens imprévus qu'il a été empêché de former sa demande, il se trouve alors
dans un cas extraordinaire dont la loi ne s'occupe pas, et pour lequel elle n'a pas dû faire
fléchir la règle générale.

401.   On oppose, en troisième lieu, la disposition
de l'art 604, portant que « le retard de donner
» caution ne prive pas l'usufruitier des fruits
» auxquels il peut avoir droit, et qu'ils lui sont
» dus du moment où l'usufruit a été ouvert. »
D'où l'on voudrait conclure qu'ils doivent lui
être adjugés même pour le temps qui a précédé
la demande en délivrance du legs.

A les bien entendre, les dernières expressions
de cet article n'ajoutent rien à ce qui est porté
dans l'article 585; car, dire que les fruits pen-

dans par racines au moment de l'ouverture du droit d'usufruit, appartiennent à l'usufruitier, ou dire que les fruits lui sont dus dès cette époque, ce n'est exprimer que la même chose en termes différens. La réponse que nous venons de donner à l'objection précédente s'applique donc, avec toute sa force, à celle - ci : nous pourrions par conséquent nous contenter de dire, sur cet article comme sur l'article 585, que, si les fruits sont dus au légataire dès le moment de l'ouverture de son droit, ce n'est qu'autant qu'il aura satisfait au devoir que l'article 1014 lui impose d'en demander la délivrance. Néanmoins nous ajouterons encore quelques réflexions propres à dissiper tous les doutes, s'il pouvait en rester : (1)

En déclarant que le retard de donner caution ne prive pas l'usufruitier des fruits auxquels il peut avoir droit, et qui lui sont dus dès le moment où l'usufruit est ouvert, les auteurs du code se proposaient - ils de décider qu'un légataire d'usufruit n'est pas soumis à la loi commune sur la nécessité de la demande en délivrance? Il est évident que non, puisqu'ils ne l'ont pas dit, et que d'ailleurs, en rédigeant l'article 1014, ils n'ont voulu y consigner aucune exception pour lui sur la nécessité de cette demande; ils ont donc voulu et ils ont voulu seulement décider que le retard de donner caution ne pourrait préjudicier à ses droits :

---

(1) Voy. encore sur le véritable sens de l'art. 585, d'autres développemens au chapitre 35, sous le n° 1654.

or, en refusant au légataire les fruits échus avant
la demande en délivrance, ce n'est pas par le
retard involontaire de fournir une caution, mais
bien par le retard volontaire de former sa demande, qu'il éprouve cette privation; ce qui se
rapporte toujours au système général du code
sur cette matière.

Suivant la loi romaine, le légataire d'usufruit
n'était pas même recevable à ouvrir son action en
délivrance, pour faire courir les droits de jouissance à son profit, avant d'avoir satisfait à l'obligation du cautionnement : *Si ususfructus legatus
sit, non priùs dandam actionem usufructuario,
quàm satis dederit, se boni viri arbitratu usu-
rumfruiturum* (1).

Voilà ce que les auteurs du code ont voulu
abroger. Ainsi, sans dispenser le légataire d'usufruit du devoir qu'ils ont imposé à tout léga-
gataire particulier sur la demande en délivrance,
pour avoir droit aux fruits, ils ont néanmoins
voulu s'écarter de la rigueur de la loi ancienne,
en ce qu'elle ne permettait pas même à l'usufruitier d'ouvrir son action sans avoir, au préalable, fourni son cautionnement : voilà toute
la conséquence qu'il est permis de tirer de l'article précité.

Veut-on une autre preuve encore que les auteurs du code, parlant des avantages et des devoirs qui naissent de l'ouverture du droit d'usufruit, ont toujours voulu que l'exercice en fût
subordonné à la mise en possession de l'usufrui-

_____

(1) L. 13, ff. *de usufruct.*, lib. 7, tit. 1.

tier, nous en trouvons la démonstration dans l'article 6o5 qui porte que :

« L'usufruitier n'est tenu qu'aux réparations » d'entretien.

Que « les grosses réparations demeurent à la » charge du propriétaire, à moins qu'elles » n'aient été occasionées par le défaut de ré- » paration d'entretien, *depuis l'ouverture de l'u-* » *sufruit ;* auquel cas l'usufruitier en est aussi » tenu. »

Il est de toute évidence que ces expressions, *depuis l'ouverture de l'usufruit,* ne peuvent être entendues dans un sens absolu, et en les déta- chant de toute idée de mise en possession : il est évident qu'en mettant au compte de l'usufrui- tier les grosses réparations dont il s'agit, les auteurs du code n'ont pu vouloir l'en char- ger, par cela seul que les dégradations auraient eu lieu depuis la mort du testateur, et encore que l'usufruitier n'eût obtenu aucune délivrance de son legs.

Supposons, en effet, qu'en l'absence du légataire qui ne se présente qu'au bout de dix ans ou plus, pour demander la délivrance de son legs, l'hé- ritier qui aura joui pendant tout ce temps ait négligé les réparations d'entretien des bâtimens, et ait par là donné lieu à de grandes dégrada- tions; oserait-on soutenir que ces grosses répara- ions devraient être supportées par l'usufruitier, sous le prétexte qu'elles auraient été occasionées par le défaut d'entretien *depuis l'ouverture de l'usufruit ?* Ne répondrait-on pas victorieuse- ment qu'il serait absurde de faire supporter à

l'usufruitier la peine d'une faute qu'il n'a ni commise ni pu commettre, et qui ne peut être que
celle du propriétaire? Ne répondrait - on pas
victorieusement que, si la loi charge l'usufruitier
des grosses réparations occasionées par le défaut d'entretien, *depuis l'ouverture de l'usufruit*, c'est nécessairement à supposer qu'il ait
été mis en possession, puisque ce n'est que dans
cette hypothèse qu'il serait possible de le trouver coupable de négligence sur l'entretien de la
chose.

Mais, du moment qu'il est ainsi démontré
que les obligations qui pèsent sur l'usufruitier,
et qui naissent depuis l'ouverture de son droit,
sont néanmoins, dans leurs effets, subordonnées
à la délivrance du legs, il reste démontré aussi,
et avec la même évidence, que les avantages
qu'il doit en retirer par la perception des fruits,
sont subordonnés à la même condition, parce
que les droits et les charges sont ici des corrélatifs inséparables.

402. Au surplus, si l'on voulait absolument in-
duire des articles 585 et 604 une disposition
suivant laquelle les fruits devraient être adjugés à l'usufruitier sans en subordonner le droit
à une demande préalable en délivrance, disposition qui certainement n'est pas dans la lettre
de ces articles, on serait forcé de reconnaître
une antinomie entre eux et les articles 1014 et
1015, puisque ceux-ci exigent généralement la
demande en délivrance pour faire courir les
fruits ou intérêts au profit du légataire, sauf
deux exceptions dans lesquelles le légataire d'u-
sufruit

sufruit n'est point compris : hé bien! dans cette
supposition même, c'est encore à la disposition de
ces derniers articles qu'on devrait plutôt s'en rapporter, attendu qu'elle est plus formelle, qu'elle
est postérieure dans l'ordre du temps, qu'elle
se rattache aux principes généraux de la matière, et qu'elle a été expressément portée pour
déterminer les effets des legs à l'égard de tous
légataires qui n'ont point la saisine.

## §. II.

### De la Constitution conditionnelle de l'usufruit.

403. La constitution d'usufruit est conditionnelle
lorsqu'on a voulu la faire dépendre d'un événement futur et incertain, soit en la suspendant
jusqu'à ce que cet événement arrive, soit en
la résiliant, suivant qu'il arrivera ou qu'il n'arrivera pas (1168).

Elle peut donc être subordonnée à deux espèces de conditions, qui sont la condition suspensive ou la condition résolutoire.

La condition est suspensive lorsque la disposition du testateur est tellement dépendante de
l'événement prévu, que sa libéralité ne doit avoir
lieu qu'autant que cet événement aura lieu lui-
même (1040) : comme si je léguais l'usufruit de
mon domaine à *Titius*, à condition que la frégate l'Espérance reviendra de l'Asie dans l'année
de mon décès, ou si la frégate que j'ai envoyée
aux Indes revient dans l'année de mon décès.

La condition est résolutoire lorsqu'elle n'est
apposée que pour résoudre ou faire cesser les
effets de la disposition déjà exécutée : telle est

la condition tacitement imposée à tout usufruitier de s'abstenir d'abus graves dans sa jouissance, sous peine de voir prononcer la déchéance
de son droit.

404. Il y aurait condition résolutoire expresse,
si un mari avait légué l'usufruit de ses biens à
son épouse, pour en jouir jusqu'à ce qu'elle eût
été remboursée de sa dot.

Cette hypothèse a donné lieu à la question
de savoir si l'un des héritiers du mari serait recevable à offrir son contingent du remboursement de la dot, pour faire cesser l'usufruit de
la veuve sur sa portion héréditaire, ou si celle-
ci serait en droit de conserver la jouissance entière des biens de la succession, jusqu'à ce qu'elle
fût entièrement remboursée de ses créances dotales. On trouve là-dessus deux textes dans le
droit romain qui sont en opposition l'un avec
l'autre. La loi 30, ff. *de usufruct. legat.*, porte
littéralement que chacun des héritiers peut demander la jouissance de sa quote héréditaire,
en offrant sa part du remboursement; tandis
que le contraire résulte de la loi 44, §. 7, ff. *familiæ erciscundæ;* mais Cujas, en son commentaire sur la première de ces lois, démontre très-
clairement que c'est la décision contenue en la
dernière qui doit être suivie, par la raison que
le legs d'usufruit ainsi fait par le mari à la femme,
est pour elle un véritable nantissement ou un
gage qui lui est laissé pour sureté du remboursement de sa dot. Or le droit qui résulte du
gage, comme celui qui résulte de l'hypothèque,

est indivisible : donc la veuve ne peut pas en être privée partiellement.

405. Lorsque la condition n'est que résolutoire, les droits du légataire n'étant point en suspens, l'usufruit est ouvert à la mort du testateur, et il doit en jouir du moment que la délivrance lui en a été consentie, ou qu'il en a formé la demande suivant les formalités expliquées dans le paragraphe précédent.

Si, au contraire, la condition est suspensive, ce n'est qu'à l'instant de son événement que l'usufruit est ouvert, en ce sens que ce n'est qu'alors seulement que le légataire peut demander la délivrance de son legs.

406. Mais le légataire sous condition n'a-t-il pas déjà, dès le moment du décès du testateur, un droit éventuellement acquis, à raison duquel il soit admissible à prendre toutes les mesures conservatoires avouées par les lois ? Supposons qu'on ait légué à *Titius* une somme de 1000 écus, sous une condition suspensive quelconque, ne pourra-t-il pas, avant l'événement de la condition, prendre déjà une inscription pour conserver l'hypothèque légale accordée (1017) à tout légataire sur les biens de la succession ?

L'affirmative ne nous paraît pas douteuse, parce qu'il a déjà un droit conditionnel, et qu'un droit de cette nature est susceptible de l'accessoire d'une hypothèque subordonnée à la même condition (2148).

Il y a sans doute une grande différence entre une créance conditionnelle, fondée sur une stipulation qui ne tient point de la disposition à

cause de mort, et celle qui n'a pour cause qu'un
legs conditionnel. Dans le premier cas, lorsque
la chose qui fait l'objet du contrat n'est pas un
droit purement personnel, le créancier qui meurt
avant l'événement de la condition, transmet
tous ses droits à ses héritiers, parce qu'il est
censé les avoir stipulés tant pour eux que pour
lui-même. Dans le second cas, au contraire, le
testateur n'ayant eu en vue que la personne de
son légataire, si celui-ci décède avant l'événement de la condition, la disposition doit se trouver caduque, lors même qu'elle avait pour objet un droit de propriété (1040) qui serait transmissible aux héritiers du légataire, s'il en avait
été revêtu lui-même.

Ainsi, sous le rapport de la transmissibilité de
ses droits, le légataire conditionnel qui meurt
avant l'événement de la condition, n'est pas censé avoir été créancier : *is cui sub conditione legatum est, pendente conditione, non est credi-
ditor ; sed tunc cùm extiterit conditio. Quamvis eum, qui stipulatus est sub conditione, placet etiam pendente conditione, creditorem esse*
(1) ; mais il ne faut pas conclure de là qu'après
la mort du testateur, le légataire lui-même n'ait
aucun droit personnel avant l'événement de la
condition à laquelle l'auteur de la disposition a
voulu la subordonner : il ne faut pas croire qu'il
n'ait pas plus de droit sur la succession qui est
ouverte, qu'il n'en avait sur les biens du tes-

---

(1) L. 42, ff. *de obligat. et act.*, lib. 44, tit. 7. — Voy.
sur cette loi POTHIER, en ses pandectes, lib. 42, tit. 4,
n°. 3.

tateur, lorsque celui-ci était encore vivant. Dû
moment qu'il a un titre irrévocablement confirmé, un titre auquel on ne peut plus porter
aucune atteinte, il faut bien qu'il ait aussi un
droit acquis, pour en demander un jour l'exécution, si l'événement de la condition lui est favorable, et qu'en attendant cet événement, il
ait la faculté de recourir à toutes les mesures
conservatoires autorisées par les lois.

407. Ce droit était bien reconnu, même à Rome,
puisqu'en statuant sur le cautionnement que l'héritier devait, en général, fournir aux légataires
pour sureté des legs dont le payement était dif-
féré à un certain temps, les lois voulaient que,
dans le cas du legs conditionnel, comme dans
celui du legs pur et simple, dont le payement
était accidentellement retardé, ou qui n'avait
été fait qu'à certain terme, le légataire fût autorisé à exiger le même cautionnement pour prévenir les effets des dissipations possibles de la
part de l'héritier, avant l'événement de la condition : *hæc stipulatio et in fideicommissis locum
habet, si purè fideicommissum sit relictum : sive
ex die certâ, vel sub conditione* (1); ce qui suppose une créance déjà existante à la charge de
l'héritier, parce qu'il ne peut y avoir de véritable
cautionnement que là où il y a une obligation
principale. Ces lois allaient plus loin encore,
car elles voulaient que, sur le refus de fournir
le cautionnement demandé, le légataire pût exi-

---

(1) L. 14, ff. *ut legator. servand. causâ caveat*, lib.
36, tit. 3; — *idem*, 1. 5, §. 2, *eod.* — Voy. aussi dans
GRIVEL, décision 75.

ger la possession des biens de l'hérédité (1) jusqu'à ce que l'héritier, fatigué par les embarras
de cette espèce de nantissement (2), se décidât à
cautionner.

Si, durant le temps pendant lequel le legs
d'usufruit conditionnel était en suspens, l'héritier, possesseur de l'héritage, l'avait vendu, et
que l'événement de la condition fût favorable
au légataire, celui-ci serait fondé à évincer l'acquéreur, quant à l'usufruit, qui n'aurait pu être
aliéné à son préjudice et sans sa participation.
On doit, en effet, admettre sur l'exécution du
legs d'usufruit, qui est une portion du domaine,
les mêmes principes que sur l'exécution du legs
de propriété; et comme les lois décident que,
quand un legs de propriété est fait sous condition, si l'héritier aliène le fonds (3), l'hypothèque,
ou lui impose quelque servitude (4), lorsque la
condition arrive, l'aliénation et toutes les charges
imposées, *medio tempore*, sont résolues : il faut
en dire autant dans le cas du legs d'usufruit,
qui est un démembrement de la propriété du
fonds (5) Et c'est aussi ce que décide formellement
Ulpien en la loi 16, ff. *quibus modis ususfruct.*

_____

(1) L. 1, §. 2, ff. *eod.*
(2) L. 5, ff. *ut in poss. legat.*, lib. 36, tit. 4.
(3) L. 69, §. 1, ff. *de legat.* 1 ; — l. 81, ff. *eod.;* —
l. 105, ff. *de condit. et demonstrat.*
(4) L. 3, §. 3, cod. *communia de legat.*, lib. 6,
tit. 43.
(5) Voy. au surplus ce que nous avons dit dans la réponse à la deuxième question qui se trouve à la fin du
chap. 6 sur le douaire, sous le n°. 263.

*amitt.*, conçue en ces termes : *si sub condi-*
*tione mihi legatus sit ususfructus, medioque*
*tempore sit penes hæredem ; potest hæres usum-*
*fructum alii legare : quæ res facit ut, si condi-*
*tio extiterit mei legati, ususfructus ab hærede*
*relictus finiatur.*

408. Aux termes de l'article 900 du code, les
conditions impossibles, ainsi que celles qui seraient contraires aux lois ou aux mœurs, sont
réputées non écrites dans les dispositions soit
entre-vifs, soit testamentaires ; en sorte que,
nonobstant l'insertion des conditions de cette
nature dans les donations ou les testamens, les
libéralités qui y sont contenues doivent avoir
lieu comme si elles avaient été faites purement
et simplement, et sans être subordonnées à aucune condition.

La condition de ne pas *se marier,* conçue
dans un sens général, a toujours été placée au
rang de celles qui sont contraires aux lois et
aux mœurs, et qui, par cette raison, sont regar-
dées comme non écrites : *si testator rogasset*
*hæredem ut restituat hæreditatem mulieri, si*
*non nupsisset : dicendum erit compellendum hæ-*
*redem restituere eam mulieri etiamsi nupsis-*
*set* (1). Cette condition est réprouvée dans le
droit, par la raison qu'il est du plus grand intérêt de la société de favoriser les mariages, au
moyen desquels le nombre des meilleurs ci-

___

(1) L. 65, §. 1, ff. *ad S.-C. Trebellian.*, lib. 36, tit. 1;
— *idem,* l. 72, §. 5, ff. *de condit. et demonstrat.*, lib.
35, tit. 1.

toyens se trouve augmenté par celui des enfans légitimes (1).

409. Il n'en est pas de même de la condition de ne pas *se remarier,* apposée à une libéralité faite par le mari à sa femme, ou par une femme à son mari. Le convol à secondes noces manque rarement d'être fort contraire aux intérêts des enfans, quand il y en a; et quand il n'y en a point, la persévérance dans l'état de viduité semble être encore un hommage rendu à la fidélité conjugale de la part de l'époux survivant.

*Ille meos primus qui me sibi junxit amores*
*Abstulit, ille habeat secum, servetque sepulcro.*

En conséquence, cette condition n'était point considérée, dans le droit romain, comme non-écrite, et le légataire devait y souscrire ou renoncer à son legs. La novelle 22 de Justinien, chap. 43 et 44, est formelle à cet égard; et tous les auteurs qui ont écrit sur cette matière (2) nous attestent que sa disposition, reçue dans nos usages, était généralement suivie en France avant les lois des 5 brumaire et 17 nivôse de l'an 2, par lesquelles la condition de ne pas *se remarier* avait été aussi déclarée non écrite : mais comme ces lois transitoires ont disparu avec les circons-

---

(1 Vid. l. 2, cod. *de indictâ viduitate,* lib. 6, tit. 40; et l. 1, ff. *soluto matrimon.,* lib. 24, tit. 3.

(2) Voy. dans MORNAC sur les lois du code, *de indictâ viduitate ;* — dans le journal du Palais, tom. 1, pag. 486; — dans GRIVEL, décision 191; — dans MAYNARD en ses questions, liv. 8, chap. 93; — dans LAPEYRÈRE, lettre F, n°. 21; — dans FURGOLE, des testamens, chap., 7, sect. 2, n°s. 60 et suiv., etc., etc.

tances qui les avaient fait naître; comme on n'en retrouve aucun vestige dans le code, dont la disposition générale doit plutôt être expliquée et interprétée par les usages qui, dans tous les temps, avaient été généralement reçus et respectés en France, il faut en conclure qu'aujourd'hui la condition de ne pas se remarier serait valablement apposée dans un legs soit de propriété, soit d'usufruit, fait par un des époux au profit de l'autre.

410.    Nous trouvons même dans les articles 206 et 386, deux dispositions qui supposent que la condition dont il s'agit ne doit pas être regardée comme contraire à notre législation actuelle. Par la première, l'obligation où sont les gendres et belles-filles de fournir des alimens à leur belle-mère, cesse dès que celle-ci, devenue veuve, convole à secondes noces : par la seconde, le droit d'usufruit légal de la mère sur les biens de ses enfans mineurs de dix-huit ans, est déclaré éteint, dès qu'elle contracte un nouveau mariage : or la loi ne peut pas réprouver dans la disposition de l'homme une condition qu'elle appose elle-même à sa propre libéralité : donc la condition de ne pas *se remarier* n'a rien de contraire à nos lois.

411.    Il faut observer que la condition de viduité, apposée au legs qu'un des époux fait au profit de l'autre, peut être conçue de deux manières et en deux sens bien différens; car elle peut être exprimée par forme de condition résolutoire simplement, ou par forme de prohibition absolue des secondes noces.

Elle est conçue par forme de condition résolutoire seulement, lorsque, par exemple, un
mari lègue l'usufruit de ses biens à sa femme,
pour en jouir durant sa viduité, ou autant de
temps qu'elle se contiendra en viduité : dans ce
cas, la veuve est en droit d'entrer en jouissance,
après la mort du mari, comme si le legs était
pur' et simple; et si elle vient à se remarier,
son usufruit prend fin dès l'instant de son convol, sans qu'elle soit obligée à la restitution
d'aucuns fruits par elle antérieurement perçus.

Elle est conçue par forme de prohibition
absolue des secondes noces, lorsque, par exemple,
le mari léguant l'usufruit de ses biens à son
épouse, a déclaré qu'il ne lui faisait cette libéralité que sous la condition qu'elle ne se remarierait pas, ou qu'elle ne se remarierait en aucun
temps, ou qu'elle ne convolerait jamais en secondes noces; ou en exprimant de toute autre
manière, que sa veuve ne doit profiter du legs
qu'autant qu'elle ne contractera aucun nouveau
mariage.

Si une pareille condition devait être exécutée à la lettre, le legs d'usufruit deviendrait inutile, attendu que ce n'est qu'au décès de la veuve
qu'il peut être constant qu'elle ne se remariera
pas; mais il n'en est pas ainsi : le testateur ayant
voulu faire une libéralité, on ne doit pas lui
prêter deux volontés contraires, en supposant
qu'il ait voulu que son legs fût sans effet : la
légataire doit donc être admise à la jouissance
de l'usufruit légué, puisqu'il est naturel d'admettre dans le testateur une prépondérance de

volonté sur l'exécution de son bienfait.

412. Cette hypothèse nous offre un exemple de la condition potestative, nonobstant laquelle les Romains admettaient le légataire à demander la délivrance de son legs, au moyen de la caution mucienne, par lui fournie, pour assurer la restitution de la chose léguée, et de tous les fruits qu'il en aurait perçus, en cas de contravention de sa part aux volontés du testateur : *qui post mucianam cautionem interpositam legatum accepit; si contra cautionem aliquid fecerit, stipulatione commissâ, etiam fructus hœredi restituet. Hoc enim legatarius et in exordio cavere cogitur* (1). Dans l'application de cette règle au legs fait à l'un des époux, à condition qu'il ne se remariera pas, Justinien veut bien qu'on se contente de la caution juratoire; mais il veut aussi que, si le légataire vient à se remarier, il soit rigoureusement tenu de rendre le fonds légué avec les fruits qu'il en aura perçus : *ut si ad secundas venerit nuptias, reddat quod datum est, tale quale percepit, et quos accepit in medio fructus :* que, si le legs consistait en argent, il restitue de même capital et intérêts, *si verò pecuniœ fuerint etiam cum usuris quas indè percipere potuerit;* et que, s'il avait aliéné la chose, il soit permis de la revendiquer entre les mains de tout tiers détenteur; *et vindicetur apud quamcumque apparuerit personam* (2). Telles sont les dispositions du droit romain sur

---

(1) L. 79, §. 2, ff. *de condit. et demonst.*; lib. 35, tit. I.

(2) Novel. 22, cap. 44, §. 2 et 4.

les effets de la condition de viduité, apposée à un legs fait au profit de l'époux survivant : dispositions qui étaient suivies dans notre ancienne jurisprudence, comme l'enseignent les auteurs qui s'en sont occupés (1), et qui doivent encore être observées aujourd'hui, puisqu'elles ne sont que la conséquence naturelle et immédiate de ce qu'un époux peut actuellement, comme on le pouvait autrefois, faire à l'autre un legs, à condition que le légataire ne se remariera pas, et qu'il ne pourra profiter de la libéralité qu'autant qu'il aura perpétuellement gardé l'état de viduité.

Ainsi, à supposer que le mari ait légué l'usufruit de ses biens à sa femme, en lui imposant la condition de viduité, s'il paraît, par les termes du testament, que la volonté du testateur a été telle que la veuve ne dût aucunement profiter du legs, qu'autant qu'elle aurait perpétuellement gardé cet état, elle ne pourra se remarier sans se rendre passible de la restitution des fruits par elle perçus jusqu'à son convol à secondes noces: mais, comme le remarque CANCERIUS (2), il faut que la disposition soit bien expresse ; car, dans le doute sur l'interprétation de la clause du tes-

---

(1) Voy. dans MANTICA *de conjecturis ultimar. volunt.*, lib. 10, tit. 2 , n°. 14 ; — dans LAPEYRÈRE, lettre V, n.° 65 ; — dans les décisions de DUPERRIER, liv. 4 , n°. 270 ; — dans CHABROL, sur la coutume d'Auvergne, chap. 11, art. 1, quest. 8, tom. 1, pag. 152 ; — dans FURGOLE, traité des testamens, chap. 7, sect. 2, n°. 68.

(2) *Variar. resolut.* part. 3, cap. 20, n°. 358, usque ad n.° 368.

tament, on doit croire que le testateur a voulu
seulement priver sa veuve de la jouissance du
legs, à dater du second mariage, plutôt que de
la soumettre en outre à la charge bien grave de
la restitution des fruits antérieurement perçus.

413. Aux termes de la novelle précitée, la condition de ne pas se remarier peut être apposée
non-seulement à un legs fait par le mari à sa
femme ou par la femme au mari, mais encore à
celui qui serait fait par un étranger au profit de
l'époux survivant à l'autre : *Hanc ipsam autem
introducimus observantiam in eumdem intellec-
tum , etiamsi non conjuges alterutris sub tali
reliquerint conditione : sed aliquis alius extra-
neus sive viro sive mulieri sub tali conditione
dari quid voluerit.* Et, comme il est reconnu
que cette condition, considérée en elle-même,
n'a rien d'illicite dans nos mœurs, il faut en
conclure qu'aujourd'hui encore le légataire devrait s'y soumettre, lors même que le legs serait
fait par un étranger.

Le legs d'usufruit fait par le mari à sa femme
sous la condition qu'elle acceptera et restera
chargée de la tutelle de leurs enfans, serait, dans
ses effets, soumis aux règles dont nous venons
de parler, parce que la tutelle ne consiste pas
dans un fait instantané par lequel la condition
imposée puisse être accomplie dans un seul moment. Le testateur ayant eu en vue non la simple acceptation de la tutelle, mais bien la gestion
continuée jusqu'à l'époque fixée par la loi, s'il
arrivait que la veuve encourût la privation de
la tutelle par son convol en secondes noces ou

autrement, elle devrait aussi perdre tous les
avantages du legs qui lui avait été fait, comme
ayant manqué à la condition apposée au bienfait du mari ; en sorte qu'elle devrait rendre les
fruits perçus avant sa déchéance de la tutelle (1).

414.    Il en serait de même de la condition imposée
par un mari à sa femme de demeurer avec leurs
enfans et de ne pas se séparer d'eux ; parce que
ce serait toujours là une condition qui ne peut
être accomplie que par une exécution continue.
Néanmoins, en ce cas, l'inexécution de la condition ne devrait opérer la déchéance du legs
que quand il y aurait de la faute de la légataire.

Et d'abord, le legs ne devrait recevoir aucune
atteinte, par le prédécès des enfans avant leur
mère, quoique ce décès fût le terme de leur communion, parce qu'on n'aurait pu la charger de
les rendre immortels pour continuer à vivre avec
eux : *Quamvis verbis his quoad cum Claudio
justo morati essetis, alimenta vobis et vestia-
rium legata sint : tamen hanc fuisse cogitatio-
nem defuncti interpretor, ut et post mortem
justi Claudii, eadem vobis præstari voluerit* (2).

Si les enfans se portaient à de mauvais traitemens envers leur mère, et qu'il fût reconnu
qu'ils lui rendent trop dure la vie commune, la
condition apposée au legs d'usufruit serait cen-

---

(1) Voy. dans les lois 5, §. 2 , ff. *de his quibus ut indignis,*
lib. 34, tit. 9; l. 28, §. 1 ; l. 32; l. 33 et 35 , ff. *de excu-
sationibus tutor.,* lib. 27, tit. 1 ; et dans Chabrol, *loco
citato.*

(2) L. 1, cod. *de legat.,* lib. 6, tit. 37 ; vid. et l. 13,
§. 1, ff. *de aliment. legat.,* lib. 34, tit. 1.

sée accomplie par cela seul qu'eux-mêmes y auraient mis obstacle : *tunc demùm pro impletâ
habetur conditio, cùm per eum stat, qui, si
impleta esset, debiturus erat* (1) : ils ne seraient
pas recevables à se prévaloir de leur propre faute, et, en conséquence, la veuve devrait être
continuée dans sa jouissance : *si eâ conditione
liberto fideicommissum relictum est, NE A FILIIS
RECEDERET, et per tutores factum est quominùs
conditionem impleret : iniquum est eum, cùm sit
inculpatus, emolumento fideicommissi carere* (2).

415.   Si les enfans avec lesquels il est enjoint à la
mère de demeurer, étaient des filles, et qu'elles
se mariassent les unes après les autres, la condition apposée au legs devrait encore être considérée comme accomplie, soit parce qu'il est naturel de penser que le père n'a voulu que sa
veuve restât chargée de l'éducation de leurs filles
que jusqu'à ce que celles-ci prissent un état qui
doit les soustraire à sa direction ; soit parce que
la fille, en se mariant et se séparant de la mère,
mettrait elle-même obstacle à l'accomplissement
de la condition : soit enfin parce que, à supposer
qu'il y en eût eu plusieurs qui se fussent successivement mariées, il serait impossible à la
mère de conserver la communion avec toutes,
et que le légataire est dispensé d'accomplir la
condition qui lui est imposée, par cela seul que

---

(1) L. 81, §. 1, ff. *de condition. et demonst.*, lib. 35,
tit. 1.

(2) L. 34, §. 4, ff. *de legat.* 2.

l'accomplissement en est devenu impossible sans
qu'il y ait de sa faute (1).

416.  Mais si l'obligation de demeurer avec ses enfans n'était pas prescrite à la mère comme une
condition apposée au legs à elle fait par le père:
si au contraire on voyait, par les expressions du
testament, que le testateur n'a considéré la jouissance léguée à la veuve que comme le prix des
soins qu'elle donnerait aux enfans durant sa demeure avec eux, elle devrait cesser d'en profiter
du moment que la rupture de communion mettrait fin aux services en récompense desquels
seulement elle avait le droit d'en jouir : *Sed si
testator, propter filii utilitatem, his qui cum eo
morati fuissent alimenta præstari voluerit ; contra voluntatem defuncti petentes audiri non
oportere* (2).

417.  Lorsque le droit d'usufruit ne m'est légué
que sous condition, c'est l'héritier qui jouit
du fonds en attendant l'événement de la condition apposée à mon legs; s'il vient à décéder lui-même, et qu'il ait légué l'usufruit du
même fonds à un autre, ce second légataire devra être admis à en jouir : mais si l'événement de
la condition apposée à mon legs m'est favorable, les droits du second légataire se trouvent
résolus, et je dois moi-même être admis à la jouissance du fonds; et nonobstant que ce légataire

---

(1) *Argument. ex* l. 14, ff. *de condition. et demonstr.;*
lib. 35, tit. 1 ; et *ex* l. 3, ff. *de cond. institution.*, lib. 28,
tit. 7.

(2) L. 84 *in fine*, ff. *de condit. et demonstrat.*, lib. 35,
tit. 1.

intermédiaire

intermédiaire viendrait à me survivre, le droit
d'usufruit éteint par ma mort ne lui sera pas
réversible, parce que l'héritier n'est censé lui
avoir légué que la jouissance qui lui appartenait
dans l'intervalle : *Si sub conditione mihi legatus
sit ususfructus, medioque tempore sit penes hæredem ; potest usumfructum alii legare : quæ
res facit ut, si conditio extiterit mei legati, ususfructus ab hærede relictus finiatur. Quòd si ego
usumfructum amisero, non revertetur ad legatarium cui ab hærede purè legatus fuerat* (1).

418. Lorsqu'il y a deux légataires du même fonds;
que la nue propriété a été léguée à l'un, et l'u-
sufruit à l'autre, la totalité du fonds est par-là
même léguée; il n'en doit par conséquent rien
rester à l'héritier : d'où il résulte que si, durant
la vie du testateur, le légataire de l'usufruit vient
à mourir, le fonds sera dévolu en plein domaine
au légataire de la propriété : *si Titio ususfructus,
Mævio proprietas legata sit, et vivo testatore,
Titius decedat, nihil apud scriptum hæredem re-
linquitur* (2); et cette conséquence doit avoir lieu
lors même que le legs d'usufruit n'aurait été fait
que sous condition : dans ce cas, c'est encore le
légataire de la nue propriété qui doit jouir avant
l'événement de la condition apposée au legs d'u-
sufruit, parce qu'il est toujours vrai de dire que
la totalité du fonds a été léguée : *fundus, detracto usufructu, legatus est Titio, et ejusdem*

_____

(1) L. 16, ff. *quibus mod. ususfruct. amitt.,* lib. 7,
tit. 4.

(2) L. 33 *in princip.,* ff. *de usufruct.,* lib. 7, tit. 1.

*fundi ususfructus Sempronio sub conditione. Dixi,*
*interim cum proprietate usumfructum esse : licèt*
*placeat, cùm detracto usufructu, fundus lega-*
*tur, apud hœredem usumfructum esse. Quia pa-*
*ter-familiâs, cum detracto usufructu, fundum*
*legat, et alii usumfructum sub conditione; non*
*hoc agit ut apud hœredem ususfructus rema-*
*neat* (1). Puisque c'est le légataire de la propriété qui profiterait de la caducité du legs d'u-
sufruit, si la condition sous laquelle il a été fait
venait à manquer, il doit aussi profiter seul de
la suspension de jouissance du légataire, jusqu'à
l'événement de cette condition. Il faudrait porter encore la même décision, si l'usufruitier ne
devait jouir qu'après un certain temps, ou si le
légataire de l'usufruit était une personne prohibée ou incapable de recevoir : dans ces cas, la
consolidation temporaire ou perpétuelle de l'u-
sufruit ne devrait toujours profiter qu'au légataire de la propriété (2).

## §. III.

### *De la Constitution d'usufruit à certain jour ou à terme.*

419. L'usufruit est un droit successif dont l'utilité se mesure principalement par le temps qui
s'écoule durant la jouissance de l'usufruitier; il
peut donc être plus ou moins limité ou étendu,
partagé ou départi sous le rapport du temps;

---

(1) L. 4, ff. *si ususfructus petat.*, lib. 7, tit. 6.
(2) Voy. dans VOET, *de usufruct. et quemadmodùm,*
n°. 5.

comme le droit de propriété peut être plus ou moins étendu, partagé ou morcelé par la réunion ou la séparation matérielle des différentes portions du fonds.

Il peut être légué à jour certain (580), de deux manières : ou pour finir à une époque déterminée qui ne serait pas son terme naturel ou légal ; ou pour ne commencer seulement qu'après un délai quelconque qui devrait s'écouler depuis la mort du testateur, avant que l'usufruitier fût en droit d'entrer en jouissance : *posse enim usumfructum ex die legari et in diem, constat* (1).

Lorsque l'usufruit est légué pour un temps particulier, ou, en d'autres termes, pour finir à une époque déterminée, après dix ans par exemple, le legs est pur et simple, et doit recevoir son exécution après la mort du testateur, sans autres délais que ceux qui peuvent être nécessaires pour en opérer la délivrance ; mais comme c'est toujours un droit qui finit avec la personne qui en est revêtue, il doit s'éteindre si le légataire vient à décéder avant le terme qui avait été assigné à sa jouissance.

Au contraire, lorsqu'un droit d'usufruit est légué pour ne commencer qu'à une époque plus ou moins reculée dès la mort du testateur, le legs n'est pas pur et simple, mais conditionnel ; car il est subordonné à la condition de survie du légataire à l'époque fixée pour le commen-

_____

(1) L. 1, §. 3, ff. *quandò dies usûsfruct.*, lib. 7, tit. 3.

cement de sa jouissance : c'est là une condition
tacite qui résulte de la nature du droit légué,
puisque le légataire ne peut rien transmettre s'il
meurt auparavant : *si ex die ususfructus legetur,
dies ejus non cedit, nisi cùm dies ejus venit* (1).

420. En cela, le legs du fonds est bien différent
de celui de l'usufruit : car, quand il s'agit d'un
droit de propriété ou de tout autre droit réel,
la condition qui, dans l'intention du testateur,
ne fait que suspendre l'exécution de la disposition,
n'empêche pas l'héritier institué ou le légataire
d'avoir un droit acquis et transmissible à ses
héritiers ( 1041 ); tandis qu'en fait d'usufruit tout
étant personnel à l'usufruitier, rien ne peut lui
être acquis avant le temps fixé pour son entrée
en jouissance, et il ne peut rien transmettre à
ses héritiers; en sorte que la disposition est nécessairement caduque par son prédécès.

421. Aux termes de l'article 620 du code, l'usufruit accordé jusqu'à ce qu'un tiers ait atteint
un âge fixe, dure jusqu'à cette époque, encore
que le tiers soit mort avant l'âge fixé. Cette décision, puisée dans le droit romain, repose sur ce
qu'il est évident que l'époque de l'âge du tiers
n'a été désignée que dans l'intérêt de l'usufruitier, et pour marquer le temps de sa jouissance :
*Sancimus sive quis uxori suæ, sive alii cuicum-
que usumfructum reliquerit sub certo tempore
in quod vel filius ejus, vel quisquam alius pervenerit, stare usumfructum in annos singulos, in
quos testator statuit : sive persona de cujus ætate*

---

(1) Ibid.

*compositum est, ad eam pervenerit, sive non. Neque enim ad vitam hominis respexit, sed ad certa curricula* (1). La même loi romaine décide aussi que, quand on a légué un droit d'usufruit à quelqu'un pour en jouir jusqu'à ce qu'un tiers qui est malade ou en démence ait recouvré la santé ou l'usage de la raison, ce droit cesse comme arrivé à son terme, du moment que le tiers est parvenu à un état de guérison; mais qu'au contraire si celui-ci vient à mourir sans avoir été affranchi de son affliction, l'usufruitier doit continuer sa jouissance jusqu'à son décès, parce que le testateur est censé avoir prévu que la guérison du tiers pourrait ne point arriver, cas auquel le droit légué n'a plus d'autre terme que celui de la mort de l'usufruitier. *Sin autem talis fuerit incerta conditio : donec in furore filius vel alius quisquam remanserit : vel in aliis similibus casibus, quorum eventus in incerto sit. Si quidem resipuerit filius, vel alius, pro quo hoc dictum est, vel conditio extiterit usumfructum finiri : sin autem adhuc in furore constitutus decesserit, tum quasi in fructuarii vitam eo relicto, manere usumfructum apud eum. Cùm enim possibile erat usque ad omne vitæ tempus usufructuarii non ad suam mentem venire furentem, vel conditionem impleri : humanissimum est, ad vitam eorum usumfructum extendi.*

422. Le legs d'usufruit d'un fonds peut être fait au profit de plusieurs personnes successivement

---

(1) L. 12, cod. *de usufruct.*, lib. 3, tit. 33.

appelées à en jouir à diverses époques marquées par le testateur. On peut, par exemple, léguer l'usufruit du même domaine à CAÏUS, TITIUS et SEMPRONIUS, pour en jouir successivement et séparément pendant trente ans, savoir : CAÏUS durant une première période de dix ans, TITIUS durant la seconde période du même nombre d'années, et SEMPRONIUS enfin durant la dernière.

Dans ce cas, il n'y a ni conjonction entre les légataires, ni substitution de l'un à l'autre; ce sont trois legs particuliers et indépendans qui sont faits à trois personnes différentes, et dont les droits n'ont rien de commun. Il en est de cette jouissance divisée en trois, sous le rapport du temps, comme il en serait de la division du fonds en trois parties séparément léguées à trois personnes différentes : dans un cas comme dans l'autre, il y a également trois legs particuliers, absolument séparés dans leur objet comme dans la personne des légataires; trois legs, en un mot, indépendans les uns des autres, et qui n'ont rien de commun.

Ainsi, en admettant que le testateur soit mort le premier janvier 1810, CAÏUS, premier légataire dans l'ordre du temps, ou plutôt légataire de l'usufruit du domaine durant la première période, devra en jouir à dater du jour de la mort du testateur, jusqu'au premier janvier 1820; TITIUS, venant ensuite, jouira dès le premier janvier 1820, jusqu'au premier janvier 1830, époque à laquelle il y a encore ouverture au droit de SEMPRONIUS, pour jouir à son tour durant la dernière période de dix ans.

Ces notions nous paraissent claires et évi-
dentes par elles-mêmes; voyons-en les conséquences :

Il en résulte que si Caïus, légataire de la
jouissance pendant les dix années qui doivent
s'écouler immédiatement après l'ouverture de la
succession, venait à mourir avant le testateur,
et qu'il y eût par là caducité entière dans son
legs; ou même s'il survivait au testateur pendant
peu de temps seulement, et que, par l'événement de sa mort arrivée avant les dix ans, son
legs fût en partie caduc; dans l'une et l'autre
hypothèse, Titius, le second légataire, n'en devrait pas moins attendre que la première période
de dix ans fût écoulée, pour pouvoir demander,
à son tour, la délivrance de son legs durant la
seconde période; parce que c'est un principe
incontestable que la caducité totale ou partielle
de tout legs particulier ne doit profiter qu'à
l'héritier qui en était chargé, lorsqu'il n'y a ni
droit d'accroissement, ni droit de substitution
établi par le testament au profit d'autres légataires. Telle est aussi la décision de la loi romaine : *uxori usumfructum villæ legavit in
quinquennium à die mortis suæ : deindè hæc
verba adjecit : « Et peracto quinquennio, cùm
» ejus ususfructus esse desierit, tum eum fun-
» dum illi et illi libertis dari volo. » Quæsitum est, cùm uxor intra quinquennium decesserit, an* LIBERTIS *proprietatis petitio jam, an
verò impleto quinquennio competat; quia peracto quinquennio testator proprietatem legaverat? Respondit, post completum quinquennium*

*fundum ad libertos pertinere* (1). Il en serait autrement si le testateur, usant des termes de la substitution vulgaire, avait déclaré qu'à défaut de Caïus, premier légataire, Titius, le second, entrerait en jouissance; attendu que, dans le cas de cette substitution, la défaillance du premier appelé n'opère pas la caducité du legs, qu'elle ne fait au contraire que donner lieu à la vocation du substitué qui doit le remplacer.

Si Caïus, premier légataire dans l'ordre du temps, survivant au testateur, avait joui du legs pendant les dix ans qui lui étaient départis, et qu'à l'expiration de ces dix ans, Titius, le second appelé, fût décédé, la décision que nous avons portée sur la caducité du premier legs devrait également s'appliquer à celle du second, c'est-à-dire que c'est l'héritier seul qui aurait le droit d'en profiter par la rentrée en jouissance de son fonds, pendant les dix années durant lesquelles Titius aurait joui, s'il avait recueilli; et ce n'est qu'à l'expiration de ce terme que Sempronius, troisième légataire, pourra venir à son tour.

425. Lorsque l'usufruit d'un fonds est ainsi légué à plusieurs personnes qui sont successivement appelées à en jouir à diverses époques, puisqu'il y a plusieurs legs et plusieurs légataires indépendans les uns des autres, il faut encore en tirer cette conséquence qu'il doit y avoir aussi plusieurs cautionnemens à fournir; que la caution donnée par l'un n'est point obligée de ré-

---

(1) L. 35, ff. *de usufruct. legat.,* lib. 33, tit. 2. — Vide et Cujacium *in hanc legem.*

pondre des faits de l'autre, et que chacun d'eux entrant en jouissance doit fournir la sienne propre.

Il y a plus, le légataire appelé à jouir en second ordre a un intérêt direct à ce que le premier n'abuse pas, et le troisième a le même intérêt à ce que le fonds ne soit pas dégradé par les deux autres; et de là résulte encore cette conséquence que l'héritier, propriétaire de l'héritage grevé de l'usufruit, n'est pas le seul qui ait le droit de demander la caution *de utendo boni viri arbitrio,* ni de consentir à la réception de celle qui peut être offerte; que les deux autres légataires doivent être aussi appelés au cautionnement du premier, et le troisième à celui que devra fournir le second : *quòd si duobus conjunctìm ususfructus legatus sit : et invicem sibi cavere debebunt; et hæredi, in casum illum si ad socium non pertineat ususfructus hæredi, reddi* (1). Si, d'après ce texte, les légataires conjoints doivent se fournir mutuellement caution pour le cas arrivant où, par le décès de l'un, il y ait lieu au droit d'accroissement au profit de l'autre, ce qui était admis dans le droit romain, lors même que tous avaient accepté le legs d'usufruit et en avaient joui, on comprend qu'il en doit être à plus forte raison de même dans le cas qui nous occupe, où le second légataire ne reçoit rien par droit d'accroissement de la part du premier.

424. Si un homme léguant l'usufruit de son do-

---

(1) L. 8, ff. *usufructuar. quemadmodùm caveat,* lib. 7, tit. 9.

maine à son épouse pour en jouir *durant sa viduité* seulement, avait ajouté qu'il léguait le même usufruit à Caïus pour en jouir après la mort de sa veuve, et que celle-ci vînt à se remarier quelque temps après, à qui devrait profiter la cessation de son usufruit durant le reste de sa vie ? L'héritier propriétaire du fonds serait-il en droit d'en prendre la jouissance jusqu'au décès de la veuve, époque à laquelle seulement Caïus paraît y avoir été appelé; ou ce dernier serait-il au contraire fondé à revendiquer de suite cette jouissance, par le motif que, dans l'intention du testateur, il doit succéder immédiatement à la veuve?

Mantica (1) et Sotomayor (2) qui se sont proposé cette question, la décident en faveur du second légataire de l'usufruit, par la raison que le mari, en imposant à son épouse la condition de viduité, n'a pas dû croire qu'elle y manquerait; qu'au contraire, il est naturel de supposer en lui la pensée qu'elle se conformerait à ses volontés et garderait l'état de viduité, jusqu'à sa mort; qu'ainsi, dans l'intention présumée du testateur, l'expression du décès de la veuve ne signifie autre chose que le terme de sa viduité même où elle devra cesser de jouir, et où le second légataire devra être admis à lui succéder.

---

(1) *De conjecturis ultimarum vol.,* lib. 3, tit. 19, n.° 19.
(2) *De usufructu.,* cap. 62, n.° 7.

FIN DU PREMIER TOME.

# TABLE

## DES CHAPITRES, SECTIONS
### ET PARAGRAPHES,

CONTENUS DANS LE PREMIER VOLUME.

## CHAPITRE PREMIER.

### *De la Nature du droit d'Usufruit.*

Définition de l'usufruit,. . . . . . . . . . . . *pag.* 1
Constitution de l'usufruit considérée en elle-même, 6
L'usufruit considéré dans celui qui en est revêtu, 9
L'usufruit considéré dans l'objet auquel il s'applique, 16

## CHAPITRE II.

### *Des Qualités qu'on doit reconnaître dans l'Usufruitier.*

Il est propriétaire de son droit d'usufruit, . . . . 20
Il est possesseur civil de ce même droit, . . . . . 21
Il n'est que détenteur précaire du fonds dont il jouit, 23
Il est gardien de la chose soumise à l'usufruit, . . . 28
Il est fondé de pouvoir dans les causes où ses intérêts
  sont liés avec ceux du propriétaire, . . . . . . . . 31

## CHAPITRE III.

### *De l'Usufruit comparé.*

*Comparaison* des legs d'usufruit et de propriété, . . . 44
*Comparaison* des droits d'usufruit et d'usage, . . . . 48
*Comparaison* du legs d'usufruit avec celui des re-
  venus d'un fonds, . . . . . . . . . . . . . . . . . 53
*Comparaison* du droit d'usufruit avec celui qui ap-
  partient à l'héritier envoyé en possession des biens
  de l'absent, . . . . . . . . . . . . . . . . . . . . 58
*Comparaison* du legs d'usufruit et du legs annuel, 64

*Comparaison* de la constitution d'usufruit et du fidéicommis, . . . . . . . . . . . . . . . . . . . . 75

*Comparaison* de l'usufruit et des servitudes réelles, 77

*Comparaison* de l'usufruit et de la jouissance fondée
sur le prêt, . . . . . . . . . . . . . . . . . . 79

*Comparaison* du droit d'usufruit avec celui de jouissance par antichrèse, . . . . . . . . . . . . . 83

*Comparaison* de l'usufruit et de l'emphytéose, . . . 102

*Comparaison* des droits d'usufruit et de location, 104

*Comparaison* des droits d'usufruit et de superficie, 138

# CHAPITRE IV.

## De la Division de l'Usufruit.

*Sous le rapport* de sa cause, il se divise en légal et
conventionnel, . . . . . . . . . . . . . . . . 143

Différentes espèces d'usufruit légal, . . . . . . . *idem.*

*Sous le rapport* de l'objet sur lequel il porte, on le
divise en proprement dit et improprement dit, 144

# CHAPITRE V.

## De l'Usufruit paternel.

### SECTION I.re

Ce que c'est que l'usufruit paternel; — quelle est son
origine; — à qui il appartient; — quel est l'esprit
particulier du code à ce sujet, . . . . . . . . . 153

### SECTION II.

De l'étendue du droit d'usufruit légal : la règle générale est qu'il porte sur tous les biens des enfans, 170

*Première exception* dans le cas du divorce prononcé
entre les père et mère, . . . . . . . . . . . . 176

*Deuxième exception* dans le cas où la mère survivante
convolerait à secondes noces, . . . . . . . . . 181

*Troisième exception* dans le cas où des biens seraient
acquis aux enfans par l'effet d'une industrie séparée, 187

*Quatrième exception* dans le cas où des biens au-

raient été donnés aux enfans sous la condition que
leurs père et mère n'en jouiraient pas, . . . . . 192
*Cinquième exception* dans le cas où une succession
serait dévolue aux enfans par rapport à l'indignité
de leur père ou de leur mère, . . . . . . . . 200
*Sixième exception* dans le cas où le survivant des
père et mère aurait omis de faire inventaire des
effets de la communauté, . . . . . . . . . . . 208


SECTION III.

Des charges dont l'usufruit paternel est spécialement
affecté, . . . . . . . . . . . . . . . . . . . . 232
*Première espèce* : celles auxquelles sont tenus tous
les usufruitiers, . . . . . . . . . . . . . . . 233
*Deuxième espèce* : la nourriture, l'entretien et l'éducation des enfans selon leur fortune, . . . . . . 235
*Troisième espèce* : le payement des arrérages ou intérêts des capitaux, . . . . . . . . . . . . . . 258
*Quatrième espèce* : les frais funéraires et ceux de
dernière maladie, . . . . . . . . . . . . . . . 264


SECTION IV.

Quand et comment finit l'usufruit paternel, . . . . 279


# CHAPITRE VI.

## *Du Douaire.*

Du douaire *préfix* ou *divis*, . . . . . . . . . 315
Du douaire coutumier, . . . . . . . . . . . . . 316


# CHAPITRE VII.

De l'usufruit qui résulte de la célébration du mariage
soit au profit de la communauté sur les propres
des époux, soit au profit du mari sur les biens
dotaux de la femme, . . . . . . . . . . . . . . 356

# CHAPITRE VIII.

De l'usufruit qui appartient aux titulaires des bénéfices ecclésiastiques , . . . . . . . . . . . . 364

# CHAPITRE IX.

De l'usufruit qui appartient au Roi sur le domaine de la Couronne , . . . . . . . . . . . . . . 372

# CHAPITRE X.

De l'usufruit conventionnel, . . . . . . . . . . 373

## SECTION I.re

Par qui l'usufruit conventionnel peut-il être établi ? 375

## SECTION II.

Au profit de qui l'usufruit conventionnel peut-il être établi ? . . . . . . . . . . . . . . . . 379

## SECTION III.

Sur quelles choses l'usufruit conventionnel peut-il être établi ? . . . . . . . . . . . . . . . . 410

## SECTION IV.

Comment l'usufruit conventionnel peut être établi ? 478

### §. I.

De la constitution d'usufruit pure et simple, . . idem.

### §. II.

De la constitution conditionnelle de l'usufruit, . . 513

### §. III.

De la constitution d'usufruit à certain jour ou à terme, 530

FIN DE LA TABLE DU TOME PREMIER.

www.ingramcontent.com/pod-product-compliance
Lightning Source LLC
Chambersburg PA
CBHW031347210326
41599CB00019B/2681